Feste & Bräuche

Sybil Gräfin Schönfeldt

Das große Ravensburger Buch der Feste & Bräuche

Durch das Jahr
und den Lebenslauf

Otto Maier Ravensburg

9., überarbeitete Auflage 1993

Illustrationen (soweit nicht aus anderen Quellen) und Ausstattung: Hannelore Wernhard
Umschlagentwurf: Graphisches Atelier Otto Maier Verlag
Gesamtherstellung: Appl, Wemding
Printed in Germany

Gedruckt auf chlorfrei gebleichtem Papier

96 95 94 93 12 11 10 9

ISBN 3-473-42566-4

Inhalt

Inhalt

Vorwort

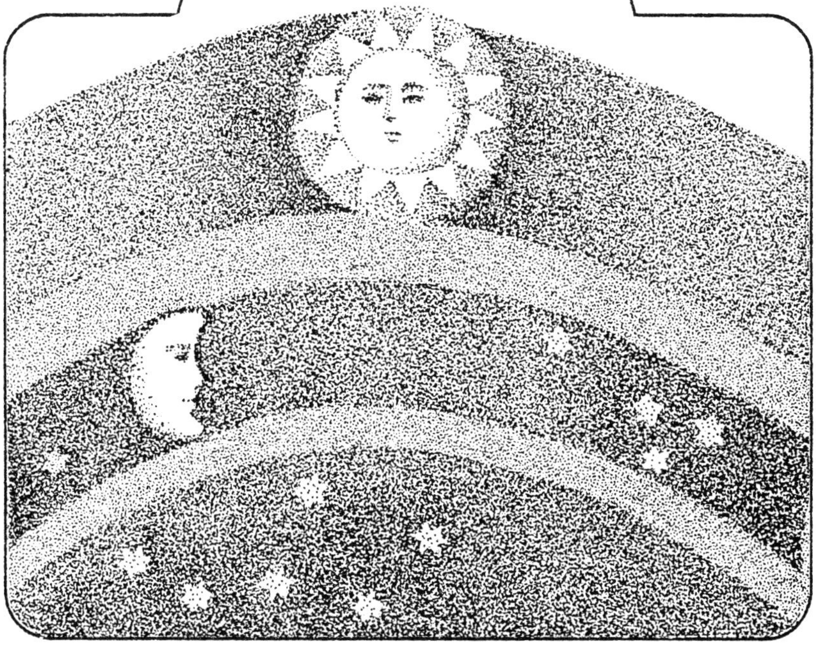

Das Jahr geht an in weißer Pracht,
Drei König stapfen durch die Nacht ...
der Ofen singt, die Zeit vergeht,
nur sacht! wir kommen nie zu spät.
Josef Weinheber

Ein Jahr – Schnee und Kindstaufe, Narrentage und Ostereier, Namenspatrone und Kräuterzauber, längst Vergessenes und immer Gefeiertes, und wenn man in alten Büchern und Kalendarien zu kramen und zu lesen beginnt, zeigen sich die zwölf Monate so bunt und vielgestaltig, so schön geordnet in »saure Wochen – frohe Feste«, so gerecht in der Achtung der Frauenarbeit, in den speziell den Kindern gewidmeten Festen, in der selbstverständlichen Einbeziehung der Alten, daß es sofort zum Nachahmen, zum Wiederentdecken verlockt. Gewiß, das Getreide wird nicht mehr von vielen Händen geschnitten, gebunden und gedroschen. Wer bricht noch Flachs, spinnt, spleißt und webt? Doch gerade der Mensch, der in den Städten und Stadtlandschaften die direkte Beziehung zur Natur und zum Jahreskreis verloren hat, braucht die Freude und die Selbstbestätigung, die in der alten Ordnung verborgen sind. Ob wir unser Brot selber backen oder verpackt und geschnitten kaufen: Nichts nimmt uns das Bedürfnis, der Tage Einerlei (und Leere) zu unterbrechen, Pausen und Höhepunkte zu markieren, mit Freunden und der Familie feierliche Anlässe festlich zu begehen. Geblieben ist die kreatürliche Wonne am Frühling, am steigenden Licht, an der ersten Schwalbe, am Selbstgeernteten, und sei es die Petersilie auf dem Balkon. Geblieben ist der Wunsch, die eigene Entwicklung sinnlich zu erfahren, die Sehnsucht nach Bildern, an denen unsere Erinnerung haften bleibt. Deshalb dieses Buch. Es kann und es will nicht vollständig sein. Es kann auch nicht präzise sein, denn Sitten wandeln sich mit uns: Wo es gestern noch eine See-Prozession gab, ist sie heute verschwunden, und morgen haben vielleicht unsere Kinder wieder entdeckt, wie schön es ist, im Nachen über das stille Wasser zu gleiten – auch wenn die Vorbereitungen für das Fest Arbeit machen. Noch sind unsere alten Sitten nicht ganz vergessen. Diese Sammlung soll an sie erinnern und daran, daß man vieles wieder beleben kann.

Sybil Gräfin Schönfeldt

Bald trifft das Jahr der zwölfte Schlag.
Dann dröhnt das Erz und spricht:
»Das Jahr kennt seinen letzten Tag,
und du kennst deinen nicht.«

Erich Kästner

Januar

Das ist der römische Name des ersten Monats im Jahr, der von Karl dem Großen Wintermonat genannt wurde, auch Schneemonat, Eismonat oder Tür des Jahres heißt. Hartung wird er genannt, weil er von all seinen Brüdern die härteste Kälte mitbringt, Januar oder Jänner heißt er nach Janus, dem doppelgesichtigen römischen Gott des Ein- und Ausgangs. Der Januar ist der erste Monat im Gregorianischen Kalender. Seine Farbe ist weiß, seine Symbole sind Schneemann, Schneeflokke und Eiskristall.

Neujahr

Neujahr wurde früher am Tag der Heiligen Drei Könige, am 6. Januar, gefeiert, noch in alten Kalendern wird es das Groß-Neujahr genannt. Unser Jahr beginnt mit dem 1. Januar, an dem früher die höchsten Beamten des Römischen Reiches ihr Amt neu antraten. Das war noch ein gutes Jahrhundert vor Christi Geburt. In den ersten christlichen Jahrhunderten war man sich über den Jahresanfang nicht so recht einig. Als man im vierten Jahrhundert das Geburtsfest Christi (24. Dezember) vom Tage der Erscheinung und der Taufe Christi (6. Januar) voneinander trennte, wurde zuerst Weihnachten als Jahresanfang betrachtet, noch Luther hat an diesem Datum festgehalten, und bis heute beginnt mit Weihnachten und dem Advent, seiner Vorbereitungszeit, das Kirchenjahr. Ende des 17. Jahrhunderts wurde dann jedoch der 1. Januar allgemein als Jahresanfang bezeichnet. Durch dieses Hin und Her tauchen im Herbst und im Frühling immer wieder Bräuche auf, mit denen man sich für die kommende Zeit Glück und Segen wünscht.

Januar

Neujahr

Das neue Jahr ist immer mit großen Hoffnungen und Erwartungen begrüßt worden. Alter Aberglaube aus vorchristlicher Zeit und frommer Glaube an den Beistand des Himmels haben sich an diesem Tag wie bei fast all unseren Festen so durchdrungen, daß der eigentliche Ursprung oft in Vergessenheit geraten ist.
So hat man das Neue Jahr in Gesellschaft begrüßt, weil man sich durch die Gemeinsamkeit des geschlossenen Kreises vor den bösen Geistern sicherer gefühlt hat.

Der Choral vom Kirchturm galt früher allen in Dorf und Stadt und wurde im Hannoverschen und in England und auch heute noch in Teilen Deutschlands im ersten Augenblick des Neuen Jahres von einem Posaunenchor geblasen. In manchen Gegenden gab und gibt es eine Silvesterpredigt, manchmal fand sich auch die ganze Gemeinde auf dem Kirchplatz ein und sang: »Nun danket alle Gott«. An der Küste und in Hafenstädten begrüßen zusammen mit den Glocken vom Turm die Schiffssirenen das Neue Jahr. Eine Musikkapelle oder Pannkokenkapelle wanderte manchmal schon in der Nacht von Haus zu Haus, blies überall ein Stück, wünschte allen ein gutes Neues Jahr und sammelte dafür Gaben ein, meist frisch gebackene Pfannkuchen.

Neujahrsbrezeln essen die unverheirateten Burschen im Schwarzwald im Wirtshaus und marschieren mit dem Glockenschlag zwölf los, um das Neue Jahr im ganzen Dorf anzusingen. Sie werden dann von denen, vor deren Haus sie gesungen haben, zum Essen und Trinken eingeladen.

Brezenspiel, von F. Quidenus, München, 1908

Das Neujahrssingen hat in manchen Berggemeinden im großen Stil stattgefunden. Ein Vorsänger zieht mit einem Chor durch das Dorf, gewöhnlich ein älterer Bauer, der gut reimen kann und noch besser über die Haus- und Hofverhältnisse seiner Nachbarn und Freunde Bescheid weiß. Er singt den Neujahrswunsch, beginnt mit einer frommen Einleitung, wünscht dem Bauern oder der Bäuerin ein gutes Jahr, und spielt dabei auf einzelne Ereignisse des Vorjahres oder auf Eigenheiten der Leute an. Nach diesen Neckversen singt der ganze Chor einen Segenswunsch für das Haus, dann werden die Sänger von den Hausleuten beschenkt, und die Burschen böllern und schießen hinterm Haus, ehe sie sich weiterbegeben. Die Neujahrssänger wandern bis zum Morgengrauen durch das Dorf und die Umgebung, dann werden die Spenden, die in Körbe gesammelt wurden und aus Lebensmitteln und Geld bestehen, gleichmäßig aufgeteilt. Oft kommen die Sänger aus den ärmeren Familien der Gemeinde und können sich nach einem guten Neujahrszug wenigstens ein üppiges Festmahl leisten.

Rummelpott: In Norddeutschland zogen Kinder zum Gabenheischen um die Weihnachtszeit oder am Neujahrstag durch die Nachbarschaft und machten dabei mit dem Rummelpott Lärm: das war ein mit einer Schweinsblase überzogener Topf, mit dem man surrende und rumpelnde Geräusche erzeugen und auf sich aufmerksam machen konnte. Heute ziehen die Kinder nur noch verkleidet durch die Gegend, der alte Rummelpott ist verschwunden.

Rummelpott in Holstein, von Carl Schildt, 1894

Januar

Neujahr

Hochzeitsorakel: Die Mädchen banden einen Goldring an ein Haar und hielten ihn in ein leeres Glas. So viele Male der Ring an das Glas schlug, so viele Jahre mußte das Mädchen noch warten, bis es einen Mann bekam.
Die Mädchen liefen vors Haus und rafften in der Dunkelheit einen Arm voll Holzscheite oder Späne vom Brennholz. In der Stube wurde das Holz dann gezählt, waren die Späne oder Scheite paarig, so gab es noch im kommenden Jahr eine Hochzeit, war die Zahl ungerade, so mußte das Mädchen noch warten.

An die Stubentür wurde das ABC gemalt, ein Mädchen oder ein Bursche bekam die Augen verbunden und einen Stock in die Hand gedrückt. Dann mußte die Person zweimal gegen die Tür stoßen. Der erste Buchstabe bedeutete den Vornamen, der zweite den Nachnamen des künftigen Ehepartners.

Der Sprung ins neue Jahr: Früher war der Nachtwächter oder ein Mann, der sich als Nachtwächter verkleidet hatte, der erste Gast im Neuen Jahr. Er kam um Mitternacht, verkündete mit seinem Horn das Neue Jahr, Tanz und Unterhaltungen wurden unterbrochen, zwei Stühle nebeneinander gestellt, und wer sich dazu imstande fühlte, sprang über die Stühle – oder den Schemel – hinweg ins Neue Jahr.

Freigebigkeit bringt Reichtum: Das glaubte man auf der Insel Helgoland, wo im vorigen Jahrhundert der Wirt seine Stammgäste in der Neujahrsnacht freihielt. In manchen nördlichen Städten war es Sitte, vor den Häusern Tische aufzustellen, auf denen Gebäck und Getränke bereitstanden, von denen sich jeder bedienen konnte, der vorüberkam.

Das Neujahrsfrühstück spielt in Skandinavien eine große Rolle. Dort wird der Tisch besonders festlich gedeckt, und es gibt am späten Vormittag ein üppiges Frühstück, zu dem Freunde, Nachbarn und Verwandte eingeladen werden, das bis zum Nachmittag dauert und nach einer letzten Tasse Kaffee meist mit einem großen Spaziergang endet.

Das Neujahrsschlittschuhlaufen ist in Holland üblich gewesen, auch in Friesland, falls das Wetter entsprechend war. Groß und klein läuft die breiten Kanäle entlang, und zum Schluß treffen sich alle bei Freunden, verzehren Neujahrskuchen und trinken heiße Schokolade.

Hopping John: Im Süden der Vereinigten Staaten heißt es, daß man ein Jahr lang Pech haben wird, wenn es am Neujahrstag nicht eine Schüssel mit Hopping John gibt.
Der Name erklärt sich vermutlich aus der Sitte, daß die Kinder vorm Essen erst einmal rund um den Tisch hüpfen mußten, ehe sie etwas auf die Teller bekamen.
Hopping John hat ursprünglich aus gekochtem Speck und Hülsenfruchterbsen bestanden, die mit frisch gekochtem Reis gemischt worden sind. Eine moderne Version besteht aus gleich viel Erbsen und Reis, in Butter und gewürfeltem gekochten Schinken geschwenkt.

Neujahr

Alles neu: Die Überzeugung, wie es am ersten Tag des Jahres ist, so wird es an allen kommenden sein, hat eine Reihe von Sitten begründet, die sich über den ganzen Tag erstrecken.
Am Neujahrstag zieht man frische Wäsche, möglichst auch neue Kleider an, und man geht frischgewaschen und sauber ins Neue Jahr hinein. Das hat ursprünglich einen magischen Sinn gehabt, Wasser übte einen starken Reinigungszauber aus und stellte einen Schutz vor bösen Mächten dar.
Im Erzgebirge sagt man: Wenn man etwas falsch anzieht, dann geht es das ganze Jahr hindurch verkehrt.
Am Neujahrstag darf man nicht streiten, sonst gibt es Streit im ganzen Jahr; wenn Schränke und Kästen am Neujahrstag nicht sauber und ordentlich sind, so werden sie es das ganze Jahr nicht sein; und es muß gutes Essen in Hülle und Fülle geben, damit man im neuen Jahr keinen Hunger leidet.
Der guten Vorbedeutung wegen wünscht man Glück und möchte selber möglichst viele Glückwünsche bekommen und Glückszeichen um sich sehen:

Das Glücksschwein erinnert an den wilden Eber, das heilige Tier der germanischen Götter (siehe Weihnachten).

Die Glücksschuppe und die Fischrogen bedeuten ebenfalls Glück und die Vermehrung des Geldes.

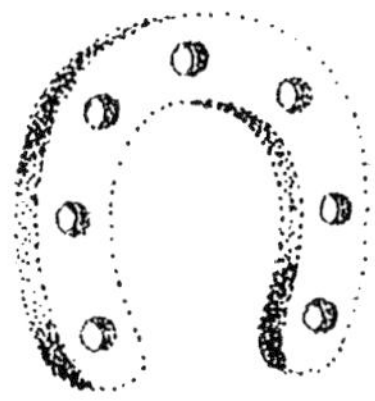

Das Hufeisen als Glückssymbol kann das Hufeisen von Wotans Pferd aus der *Wilden Jagd* sein, in dessen Form man Hörnchen bäckt, möglich ist aber auch, daß dabei die Verehrung des Eisens eine Rolle spielt, denn man hat früher Edelsteinen, Edelmetallen und Erz besondere Kräfte zugeschrieben. Umstritten ist, wie man Hufeisen schenkt oder anbringt: öffnet es sich nach oben oder nach außen, so empfängt es sozusagen mit offenen Armen das Glück, öffnet es sich nach unten oder nach innen, so leitet es auf diese Art und Weise das Glück ins Haus. Es bringt also auf jeden Fall Glück.

Das vierblättrige Kleeblatt ist glücksverheißend, weil es jedes Heil vervielfältigt.

Neujahrsbesuche und Neujahrsgebäck waren früher in Stadt und Land üblich. Man überbrachte persönlich den Neujahrswunsch samt Backwaren, Kringeln, Brezeln und herzförmigen Kuchen, die mit Sprüchen verziert waren.
Die Kinder gingen zu den Großeltern und den Paten, wünschten Glück zum Neuen Jahr und wurden dafür mit Backwerk beschenkt. Das war meist ein Neujahrskranz oder ein Zopfbrot, beides Backformen, mit denen ein magischer Schutz gegen Unheil und Dämonen beschworen wird. Es gab oft ein Geldgeschenk dazu, weil auch das Gold die Dämonen vertreibt. In Ostfriesland zeigte der Neujahrskuchen ein sprin-

gendes Pferd, in der Schweiz heißt das Brot für die Kinder Heilswekken, weil das Brot heilig ist und schützende Kraft haben soll.
Brezeln aus Mürbeteig sind in Württemberg das liebste Geschenk zwischen jungen Paaren. Die jungen Burschen bringen es ihrem Schatz und werden dafür mit Glühwein bewirtet.

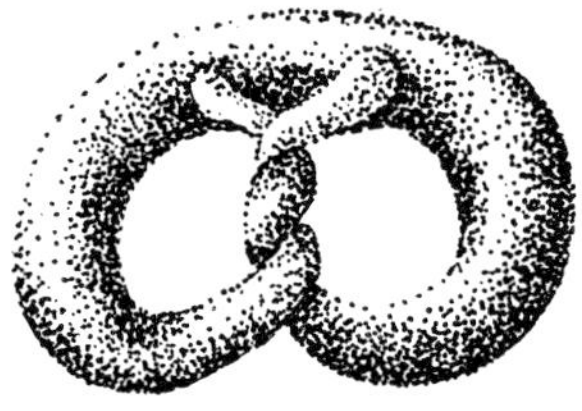
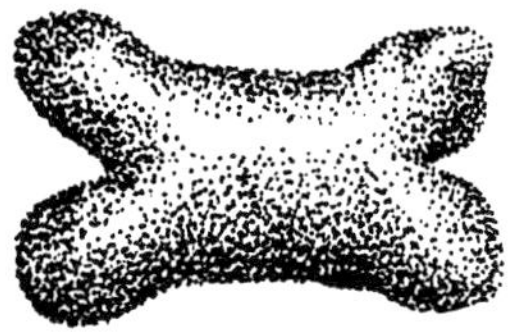

Das Neujährchen heißt am Rhein ein Gebäck, das entweder die Kleeblattform hat oder rund und mit einem Ewigkeitssymbol versehen ist. In Mecklenburg war es ein kleines Brot, das die alten Leute zu Neujahr in ihrem Kachelofen gebacken und dem Vieh vorgebrockt haben, dies sollte den Tieren Segen bringen.

Das Liefbrot oder Lebensbrot ist ein dreieckiger Neujahrskuchen, den man in England mit Mincemeat füllt und für die Menschen bäckt, während man das Lebensbrot in Pommern aus Brotteig, manchmal wie ein Nest mit Eiern, formt und dem Vieh am Neujahrsmorgen unter das erste Futter brockt. Das Nest-Brot ist natürlich für das Hühnervolk, das Lebensbrot mit den drei Hörnern, ein Fruchtbarkeitssymbol, für das übrige Vieh.

Das Neujahrgewinnen ist eine Sitte aus der Rheingegend. Derjenige, der dem anderen mit dem Glückwunsch zuvorkommt, hat das Recht, von diesem ein Geschenk zu verlangen. Ein Brauch, der besonders in den Familien listig und einfallsreich geübt worden ist.
In Böhmen ist dieser Brauch ebenfalls bekannt gewesen, nur etwas komplizierter: die Neujahrssprüche mußten gereimt sein und mußten sich auf die Person beziehen, die man mit diesem Gedicht begrüßte.

Neujahrssprüche hat man auch in geschriebener Form ausgetauscht. Es gibt schon aus dem 15. Jahrhundert gedruckte Neujahrsgrüße und Neujahrskarten. Oft haben die Kinder der Familie Neujahrswünsche in Reime gebracht, den Eltern auf den Frühstückstisch gelegt oder bei Verwandten und Bekannten ausgetragen, wofür sie meist ein Geschenk bekommen haben.

Neujahr

Ich wünsche euch aus Herzengrund
ein gutes Neues Jahr zur Stund
ein Neues Jahr, das auch erquickt
und alle Übel von euch schickt.

Gott soll euch segnen und erhalten
im Neuen Jahr wie auch im alten.
Das wünsch ich euch, Gott mach es wahr!

Ich wünsch euch ein gutes Neues Jahr,
und wenn ihr mir nichts gebt,
dann pack ich euch am Haar.

Ein gutes Neues Jahr, die Augen hell und klar,
steht was Gut's auf dem Teller, und mir einen Heller.

Zum Neuen Jahre Glück und Heil,
für alte Wunden ne gute Salben,
auf grobem Klotz nen groben Keil,
auf einen Schelmen anderthalben. Goethe

Neujahrsbrief, 1822

Neujahr

Heischegänge und Bittgänge werden im Jahreslauf immer wieder erwähnt. Es gab im Mittelalter viele Kriegszüge, Seuchen und Hungersnöte, deshalb viele Witwen und Waisenkinder, viele Arme und keine allgemeine Altersversorgung. Die oft bunten und heiteren Heischeumzüge durch Dorf und Kirchspiel mit Lied, Musik und Spiel für Gotteslohn waren also nicht nur Vergnügen und Volkskunst, sondern bittere Notwendigkeit. Sie appellierten an die Christenpflicht, an die Rechte der Besitzlosen, die »arm wie unser Herr Jesus« durchs Land ziehen mußten. In guten Jahren mag der bittere Anlaß der Umzüge in Vergessenheit geraten sein, aber wer davon liest, sollte daran denken, daß dies die andere Seite der malerischen alten Sitten war – gar nicht so lange her und auch noch längst nicht überall auf der Welt vergessen.

Orakel: gehören zu den klassischen Neujahrsbräuchen, denn man wollte unbedingt erfahren, was die Zukunft brachte. So hat man Nüsse geknackt und aus dem Kern gelesen, ob ein mageres (vertrocknete oder taube Nuß) oder ein fettes Jahr bevorstand. Man gießt bis zum heutigen Tage Blei oder Wachs und deutet die sich zufällig ergebenden Formen.

Pantoffelwerfen in Pommern, von F. Iwan

Schuhwerfen: Das war ein Spiel für Mädchen und junge Burschen. Sie setzten sich mit dem Rücken gegen eine geöffnete Stubentür und schleuderten den Schuh mit dem Fuß über den Kopf. Zeigte der Schuh dann mit der Spitze ins Zimmer, so blieb der Betreffende auch dieses Jahr noch daheim, zeigte die Spitze aus dem Haus hinaus, so bedeutete das den Auszug.

Foto rechte Seite: Berchtesgadener Neujahrsschützen

Januar

Neujahr

In England hat man sich Neujahrsgeschenke gebracht und eine Orange mit Gewürznelken gespickt, für den Glühwein gedacht, aber auch als Symbol, denn die Orange ist der goldene Lebensapfel und verheißt Reichtum und Segen. Oder man schenkte sich gegenseitig Rosmarinsträuße, Marzipan, Wein und Lebkuchen. Die Ladies bekamen Handschuhe oder Handschuhgeld oder Nadeln, die nach dem 16. Jahrhundert, als die Nähnadeln erfunden wurden, besonderen Wert besaßen. Die Nadeln konnten auch durch »Nadelgeld« ersetzt werden.

In Wales sammeln die Buben ihre Neujahrsgaben ein, wobei sie Äpfel oder Orangen tragen, die mit Hafer oder kleinen immergrünen Zweigen gespickt, oft auch rot angemalt sind, auf drei Beinen stehen können und einen Griff zum Tragen haben. Diese Apfelmännchen schenkt man auch Freunden, und sie entstammen einer römischen Sitte, sich mit *strena,* Fruchtbarkeitssymbolen, ein gutes und fruchtbares neues Jahr zu wünschen. Die Buben singen dazu:

> Ich bin extra früh aufgestanden und so rasch gelaufen, wie ich konnte, um am ersten Tag des Neuen Jahres bei dir zu sein. Wenn du dich darüber freust, so schenk mir Sixpence oder einen Shilling, ein glückliches Jahr für einen Penny oder einen halben!

In Wales ist Jane ein Glücksname, und wenn man am Neujahrstag als erstes von einer Jane besucht oder begrüßt wird, so hat man das ganze Jahr Glück.

In Basel besucht man sich am Neujahrstag zwischen Kirchgang und Mittagessen und trinkt ein Glas Hippokras (Rotweinpunsch mit vielen Gewürzen) und ißt dazu ein Baseler Leckerli.

In den USA begrüßt man das Neue Jahr im Kreis seiner Freunde mit einem heißen Eggnog.

In Schweden gehören zum Frühstück ein Apfel, ein Brötchen und eine Wurst, Symbole für Glück, Fruchtbarkeit und damit Segen – und gegen das Wirken der bösen Geister.

In Frankreich findet die große Bescherung für die Kinder am Neujahrstag statt.

In Rußland ist der Neujahrstag ebenfalls ein Tag für die Kinder: Väterchen Frost (die östliche Version des Weihnachtsmannes) kommt mit einem Sack voller Pfeffernüsse und Lebkuchen und beschert ihnen Geschenke, es gibt Ausfahrten mit dem Schlitten, Theater- oder Zirkusbesuch, Marionettentheater oder ein Fest zu Hause.

In den Alpen ›wandert‹ das Gesinde am 31. Dezember zu einer neuen Stelle, hat vorher einen Flicktag, damit es mit heilen guten Kleidern am Neujahrstag in den neuen Dienst und das Neue Jahr gehen kann.

Januar

Neujahr

Fast überall auf dem Lande ist der Bauer früher in den Garten gegangen und hat seinen Bäumen feierlich das Neue Jahr gewünscht, damit sie im kommenden Herbst gut und reichlich tragen.

Kalender zum neuen Jahr schenken sich Freunde, schenken Kaufleute ihren Kunden. Das Wort Kalender stammt vom lateinischen Wort *calendae,* für den ersten Tag, eigentlich den ersten Tag des Monats.
Im Mittelalter wurde das Kalenderblatt noch schlicht und schmucklos Evangeliaren, Psalterien und Stundenbüchern beigelegt: Notizzettel mit christlichen Festen, Fastentagen, Daten von Gestirnen und Gezeiten.
Mitte des 16. Jahrhunderts hat sich der Kalender als immerwährende Jahrestafel selbständig gemacht, und 100 Jahre später gab es die ersten Tafel-Kalender nur für ein Jahr.
Der Almanach der Aufklärungszeit war ein Kalenderbüchlein, meist bestimmten Themen gewidmet, schmückte sich mit Holzschnitt und Kupferstich, wurde weltlich, bot Wetterregeln, Kalendergeschichten, Ratschläge für die Lebensführung und neueste Literatur.
Industrie und wachsender Reichtum schufen Wegwerfkalender, Abreiß- oder Blockkalender, in Werbekalendern versuchen Waren, sich durch optische Reize in unser Unterbewußtes zu schleichen. Wer den Platz an der Stubenwand keinem solchen Fremdbild gönnt, läßt sich deshalb am liebsten von Kindern Kalender malen und kleben.

Titelblatt aus einem Steirischen »Mandelkalender«. Blatt »Januar« auf Seite 20

Januar

Neujahr **Der Zwiebelkalender** oder das Zwiebelorakel gehören zu den Sitten am Neujahrstag oder Dreikönigstag. Man schnitt sechs Zwiebeln durch und legte die zwölf Hälften in eine Zwiebelschüssel oder Zwiebelkachel, ein Gefäß, das nur für dieses Orakel verwendet wurde. Jede Zwiebelhälfte stellt einen Monat des kommenden Jahres dar, und wie die Hälften die Feuchtigkeit aufnehmen und treiben, wird der Regen und die Fruchtbarkeit im entsprechenden Monat des Jahres sein.

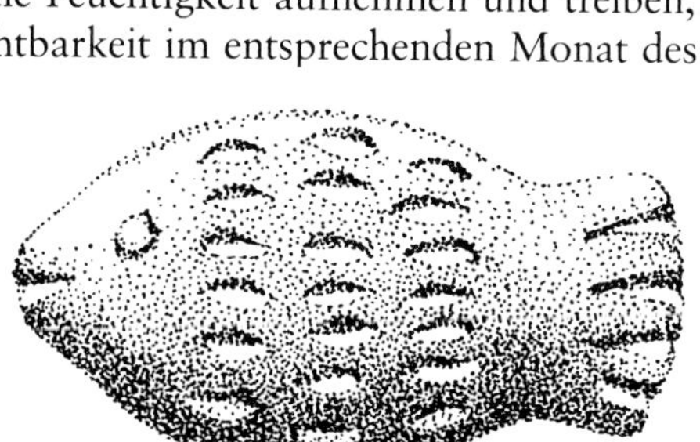

Gebäck schenken sich in vielen Gegenden auch die Erwachsenen gegenseitig: einen Fisch aus Lebkuchenteig, Neujahrszöpfe und Wecken. In Schottland wird Shortbread gebacken, ein Mürbeteiggebäck, das »keinem anderen Gebäck ähnelt« und für das nur bestimmte Zutaten genommen werden, nämlich 500 Gramm Mehl und ein Beutel Backpulver, 250 Gramm Butter, 125 Gramm Zucker, ½ Teelöffel Salz, etwas kaltes Wasser.

Daraus wird rasch ein Mürbeteig geknetet, ausgerollt und rund ausgestochen. Dann kneift man den Rand der Plätzchen zwischen Daumen und Zeigefinger, so daß er etwas gezackt wird und legt dünne Streifen aus Orangenschale so auf die Plätzchen, daß jedes wie eine Sonne aussieht, deren Sinnbild sie früher als Opfergebäck gewesen sind.
In Wales gab es Neujahrskuchen aus den beiden Zutaten, die dort üppig wuchsen: Kartoffeln und Äpfel. Dazu vermengte man 500 Gramm gekochte und durchgequetschte Kartoffeln mit 125 Gramm Mehl, etwas Backpulver, 2 gehäuften Eßlöffel braunem Zucker, goß 30 Gramm geschmolzene Butter dazu, verknetete sie mit einer Prise gemahlenem Ingwer oder Zimt und etwa ⅛ Liter Milch zu einem steifen Teig. Auf einem bemehlten Brett gut durchkneten, dann daumendick ausrollen, rund ausstechen, von beiden Seiten in heißer Butter golden backen und mit flüssiger Butter servieren.
Das ist die Alltagsversion. Für Festtage wie Neujahr rollt man den Teig zu einem großen Fladen aus, bedeckt die eine Hälfte mit feingewürfelten Äpfeln, bestreut diese mit Zucker (möglichst braun), etwas gemahlenem Ingwer und Butterflöckchen. Die andere Teighälfte drüberklappen, die leicht befeuchteten Teigränder gut zusammendrücken, und den Kuchen auf einem gefetteten Blech bei Mittelhitze etwa 45 Minuten backen.

Das schottische Neujahrsessen: In Schottland wurde das Neue Jahr im Kreis der Familie begrüßt und mit einem großen Festessen gefeiert. Zuerst wurde Het Pint gebraut, früher sogar in großen Kesseln durch die ganze Stadt getragen, so daß sich jedermann davon bedienen konnte.

Het Pint
2 Liter mildes Ale, 1 gehäufter Teelöffel gemahlener Muskat, 125 Gramm Zucker, 3 Eier, ¼ Liter Whisky. Das Bier mit dem Muskat heiß werden, aber nicht kochen lassen, den Zucker hineinrühren und schmelzen lassen. Dann die Eier schaumig schlagen und im dünnen Strahl ins Bier gießen, dabei ständig weiterrühren, damit die Eier nicht gerinnen. Zum Schluß den Whisky dazugießen und alles erhitzen, aber wieder nicht kochen lassen. Das Heißbier dann in einen vorgewärmten Krug gießen, von dem in einen zweiten, immer hin und her, so daß das Het Pint klar und schaumig wird. Man kann das Bier auch durch Weißwein ersetzen.

Haggis ist das klassische Gericht für den Silvesterabend. Es sieht wie eine große runde Wurst aus, ist aber ein gefüllter Schafsmagen und schmeckt ausgezeichnet, viel besser, als es sich anhört. Das Wort Haggis kommt vermutlich aus dem Französischen, ist eine Verschleifung von hachis, gehacktes Fleisch. Man kann Haggis in Dosen kaufen, und nach manchen Rezepten wird er auch nur in gereinigtem Schafs- oder Schweinenetz gekocht. Die Fülle besteht auf jeden Fall aus Haferflokken, Fett, feingewiegter Leber und Herz vom Lamm, gewürfelter Zwiebel, Fleischbrühe, Cayennepfeffer, Salz und schwarzem Pfeffer. Der gefüllte Schafsmagen wird 4 bis 5 Stunden lang leise gekocht, dann ißt man ihn mit einem Mus aus Kartoffeln, Rüben und Zwiebeln und trinkt Whisky dazu.

Black Bun
Der Schwarze Laib wurde früher für die Zwölfte Nacht gebacken, gehört heute aber zum Silvesterabend und ist der Nachtisch. Dieser Kuchen wird genauso wie der weihnachtliche Früchtekuchen schon Wochen vor dem Fest gebacken, damit er reifen kann. Dies ist ein altes traditionelles Rezept:

Black Bun

Für den Teig: 350 g Mehl, ½ Teelöffel Salz, 200 g Backmargarine oder halb Margarine, halb Nierenfett, 3–4 Eßlöffel kaltes Wasser
Für die Fülle: 250 g Mehl, 1 Teelöffel gemahlener Zimt, 1 Teelöffel gemahlener Ingwer, 1 Beutel Backpulver, 125 g brauner Zucker, 125 g gemahlene Mandeln, 1 Glas Whisky oder Brandy, 500 g kernlose Rosinen, 500 g Korinthen, 125 g Orangeat und Zitronat

Eine große Springform ausfetten und aus den Zutaten einen Mürbeteig kneten. Im Kühlen rasten lassen. Alle Zutaten für die Fülle vermengen und mit dem Whisky befeuchten. Dann zwei Drittel des Teigs ausrollen, die Springform damit bis zum Rande ausfüttern, die Fülle hineinschütten, die Form auf den Tisch schlagen, so daß sich die Fülle gut setzt, wobei man eventuell die Fülle etwas festdrücken muß. Den restlichen Teig zu einem Deckel ausrollen, auf die Fülle legen, den Rand gut zusammendrücken. Mit verquirltem Ei bepinseln, mehrmals mit der Gabel einstechen, in den auf 160 Grad Celsius vorgeheizten Ofen schieben und 2½ bis 3 Stunden backen. In der Form erkalten lassen, herausnehmen, in Alufolie wickeln und mindestens einen Monat reifen lassen. Dieser Kuchen hält sich gut in einer luftdicht verschlossenen Dose und wird oft ein Jahr im voraus gebacken.

Januar

Der Tag des heiligen Basilius 1. Januar

Basilius wird in Griechenland am 1. Januar gefeiert. Er ist ein frommer Mönch und ein Wohltäter gewesen, und deshalb bekommen ihm zur Erinnerung die Kinder eher an diesem Tag Geschenke als zu Weihnachten. Das griechische Neujahrsbrot, das nach dem Mönch heißt, wird um Mitternacht angeschnitten, und je nach Gegend und Familientradition besitzt es die Form eines Hefebrotes oder einer köstlichen Torte. Auf jeden Fall sind eine Gold- oder eine Silbermünze mitgebakken, und wer sie in seinem Kuchenstück findet, hat im kommenden Jahr Glück. Ein gutes Rezept für eine

Vasilopita

Aus 30 Gramm Hefe, ¾ Tasse handwarmer Milch, 100 Gramm geschmolzener Butter, 3 Eiern, 1½ Teelöffel Orangenschalen, 150 Gramm Zucker, 750 Gramm Mehl, ¼ Teelöffel Salz, ½ Teelöffel gemahlenem Zimt und einem ½ Teelöffel gemahlenen Muskat einen Hefeteig arbeiten, daraus einen runden Laib formen, auf dem Blech oder in einer Form 1½ Stunden gehenlassen, dann mit verquirltem Ei bepinseln und aus abgezogenen Mandeln die Zahl des neuen Jahres darauflegen. Die Pita wird nun 45 Minuten im auf 200 Grad Celsius vorgeheizten Ofen gebacken.

Man kann auch die Münze nach dem Backen, in Aluminiumfolie eingewickelt, von unten in den Kuchen schieben.

2. Januar

An diesem Tag feierten früher die Hausfrauen in New York ihr erstes Jahresfest und luden sich gegenseitig zu Wein und Kuchen ein.

Handsel Monday heißt in Schottland der erste Montag im Jahr. Das ist ein wichtiger Tag für die Kinder, die mit ihren Eltern Paten und Verwandte besuchen und einen Beutel mit Geschenken bekommen.

6. Januar
Dreikönig

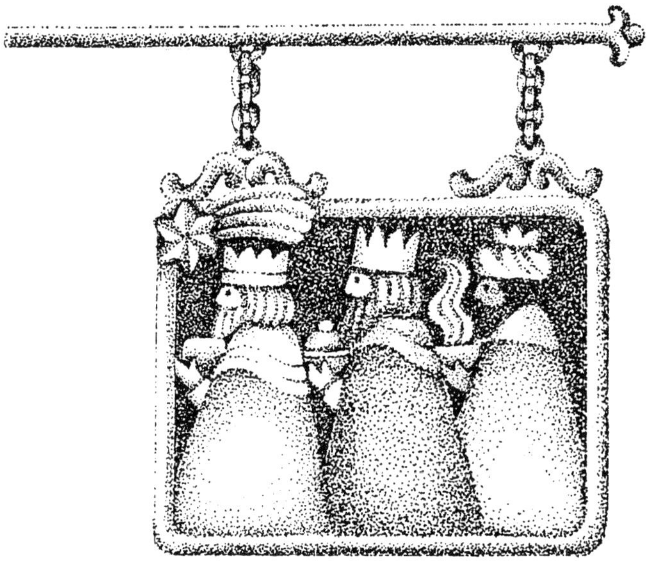

6. Januar Dreikönig

Fest der Erscheinung des Herrn, Epiphania Domini. Das Fest der Erscheinung, des Offenbarwerdens der Gott- und Königswürde Christi ist das zweite Hoch-Fest der Weihnachtszeit, der Tag der Taufe Christi. Es ist auch das Drei-Königs-Fest, das Fest der drei Magier oder Weisen aus dem Morgenland, von deren Reise hinter dem Stern her das Evangelium dieses Tages erzählt. Die drei Magier, Kaspar, Melchior und Balthasar, sind der weiten Reise wegen, die sie vom Morgenland nach Bethlehem unternommen haben, die Schutzpatrone der Reisenden, und wenn ein Wirtshaus Zur Krone heißt, Zum Stern, Zum Mohren oder zu den Drei Königen, so ist es nach ihnen genannt. Ihre Gebeine sind 1163 vom Morgenland nach Köln in den ihnen zu Ehren gebauten Dom gebracht worden, und diese Reliquien haben zu Dreikönigsspielen in Kirchen und Klöstern angeregt, aus denen sich im Laufe des Mittelalters das Sternsingen entwickelt hat.

Foto rechte Seite: Sternsinger in Schliersee

Sternsingen: In Süddeutschland und Österreich ziehen am Vorabend des Dreikönigstages Kinder durchs Dorf, als Kaspar, Melchior und Balthasar verkleidet und mit dem großen goldenen Stern aus Goldpa-

Vorbereitung der Kinder zum Dreikönigsfest, von Reinhard S. Zimmermann

6. Januar Dreikönig

pier oder mit Sternlaterne am langen Stecken. Sie singen vor Häusern und Höfen ihr Sternsingerlied und bekommen dafür Weihnachtsgebäck, Obst oder Geld. Manchmal ist mit dem Sternsingerlied auch ein kleines Spiel verbunden, das sich auf die Geschichte der Heiligen Drei Könige bezieht. Heute ziehen die Sternsinger oft durch die Gemeinde und sammeln gezielt für einen wohltätigen Zweck.
Die Überlieferung schreibt den Heiligen Drei Königen starke Schutzkräfte zu. Sie sollen Schicksalsschläge und alles Böse von Mensch, Haus und Vieh abwenden.

Sternsinger, von F. Quidenus, 1908

Am Groß-Neujahr, wie dieser Tag früher genannt worden ist, schreibt deshalb der Pfarrer oder der Hausvater die Anfangsbuchstaben der Namen der Heiligen Drei Könige über die Tür, und setzt drei Kreuze und die Jahreszahl dazu. Das kann auch anders gedeutet werden: die drei Kreuze werden als dreifacher Hammer des Donnergottes Thor betrachtet, und die drei Buchstaben CMB bedeuten für den frommen Christen: Christus mansionem benedicat, Christus möge mein Haus schützen.

Orakelsprüche kennt auch dieser Tag, an dem bis ins Mittelalter hinein das Neue Jahr begonnen hat. Am Dreikönigstag kann man zum Beispiel das Wetter des kommenden Jahres ablesen: jede Tagesstunde gilt für einen Monat im kommenden Jahr, und wenn man am Vorabend vom Dreikönigstag zwölf Weizenkörner vor den Ofen legt, von denen jedes einen Monat bedeutet, so kann man am Morgen des Dreikönigstages ablesen, was einem in den Monaten bevorsteht: die Körner, die am weitesten fortgesprungen sind, deuten auf Glück, Gesundheit und gute Ernte.

Die Weihnachtstanne bleibt in vielen Gegenden bis zu Dreikönig stehen, wird dann abgeplündert und fortgeworfen. In England hat sich in

6. Januar
Dreikönig

vielen Gemeinden die Sitte herausgebildet, alle alten Tannenbäume auf dem Plan oder auf dem Dorfanger zu sammeln und zu einem Stoß aufzuschichten, der dann am Dreikönigsabend zu einem prachtvollen Freudenfeuer angezündet wird.
Auf dem Lande räuchert der Bauer Haus und Stall, danach wird der Rauchwecken angeschnitten, von dem jedes Familienmitglied und jedes Haustier ein Stück erhält.

Bohnenkuchen wird in vielen Gegenden gegessen. Diese Bohnenkuchen oder Dreikönigstorten tauchen in den verschiedensten Formen auf. Es gibt Reistorten, üppige Hefekuchen oder flache Fladen. Auf jeden Fall ist im Teig ein Bohnenkern oder als Ersatz eine ganze geschälte Mandel versteckt. In manchen Gegenden sind es auch zwei Bohnen oder eine Bohne und eine Erbse. In der Eifel wird ein Königskuchen gebacken, in dem eine schwarze und eine weiße Bohne stekken; wer in seinem Stück die schwarze Bohne findet, wird König, die weiße Bohne bezeichnet die Königin.
Der Spaß am Bohnenkuchen besteht darin, daß König und Königin, oft ein ganzer Hofstaat bestimmt werden und den ganzen Tag über ihre Rollen zu spielen haben. Steckt in einem Kuchen nur eine einzige Bohne oder Mandel, so wird der Finder der Bohnenkönig, der sich seine Bohnenkönigin erwählt.
In Frankreich ist die Galette du Roi ein flaches Blätterteiggebäck mit

Das Bohnenfest, von Gabriel Metsu

6. Januar Dreikönig

Mandelcreme, in der die Bohne steckt, und der ganze Kuchen ist mit einer Goldkrone geschmückt. Diese Krone bekommt derjenige mit einem Kuß aufgesetzt, der König oder Königin wird. Er darf sich nicht nur einen Gemahl aussuchen, sondern ist für den ganzen Rest des Tages König. Erwachsene sind heutzutage meist mit Küssen und Krone zufrieden und suchen sich höchstens das Getränk zum Essen aus, Kinder genießen die Königsmacht jedoch ausgiebiger: wenn man Kinder in der Familie hat, so sollte man die Torte schon mittags als Nachtisch auftragen und – falls ein Kind König wird – den Nachmittag zum Kinderfest ernennen, bei dem König oder Königin Spiele bestimmen, Spielleiter sind, Preise verteilen und so weiter. Beim Abendessen wird der König auf einen besonders geschmückten Stuhl gesetzt, und man kann Reden, möglichst gereimt, auf ihn und seine Herrschaft halten. Hübsch ist es, wenn das Kind diese Reden ebenfalls gereimt erwidert. Früher war das Bohnenspiel in der strengen Zunft- oder Familienhierarchie auch für alle Erwachsenen ein Spaß, die über den Hausvater oder über den Meister einmal König oder Königin sein konnten.

Galette du Roi

Ein Paket Blätterteig oder selbstgemachter Mürbeteig; 100 g Butter, 100 g Zucker, 1 Beutel Vanillezucker, 200 g gemahlene Mandeln, 3 Eidotter, Rosinen, Zitronat, 1 Bohne

Ein Paket tiefgekühlten Blätterteig auftauen und zu einem großen Rechteck ausrollen oder Mürbeteig aus 300 g Mehl kneten und ebenfalls zu einem großen Rechteck von etwa 40 mal 50 Zentimetern ausrollen. Dann aus der Butter, dem Zucker und einem Beutel Vanillezucker eine Creme rühren, die gemahlenen Mandeln und die Eidotter dazugeben, auf schwacher Hitze einmal aufkochen lassen und mit einer Handvoll Rosinen, etwas feingewiegtem Zitronat und einer Bohne verrühren. Abkühlen lassen.

Die Fülle auf den Teig streichen, diesen von der Breitseite vorsichtig aufrollen und zum Kranz legen. Das geht am besten, wenn man das Backblech entweder mit kaltem Wasser abspült (Blätterteig) oder leicht einfettet (Mürbeteig), dann den Reif der Springform daraufsetzt und die Galette hineinlegt. Sie wird mit Eigelb bepinselt und backt im auf 220 Grad Celsius vorgeheizten Herd 30 bis 40 Minuten. Den Reif abnehmen, den Kuchen mit Puderzucker oder mit einem Zukkerguß überziehen, aus Goldfolie eine Krone schneiden und auf die Torte setzen.

6. Januar
Dreikönig

Königsbriefe: Auf diese Weise hat man früher ebenfalls den König gewählt. Es wurden sogenannte Königsbriefe geschrieben, Zettel, die zu Losen gefaltet und gezogen werden konnten. Wer den Zettel zog, worauf ›König‹ stand, der mußte in vielen Orten die Zeche des ganzen Tages zahlen.

Das Königsspiel: Dazu sind früher Freunde und Nachbarn mit ihren Kindern eingeladen worden. Sobald sich alle Gäste versammelt und mit Tee oder Kaffee bewirtet worden sind, wurden die Kuchen angeschnitten oder die Lose gezogen. Dazu wurden die Zettel der Frauen in ein Kopftuch geworfen, die der Männer in einen Hut. Ein Mann und eine Frau gingen herum und ließen die anderen Gäste ziehen. Die beiden Lose, welche übrig blieben, waren dann für die Verteiler bestimmt. Spielt man das Spiel nur mit Hülsenfrüchten, so ist eine Bohne der König, der sich seine Königin wählen kann, eine Erbse der Marschall und so weiter. Läßt man Königsbriefe ziehen, so kann man die alten Rollen auf die Lose schreiben, König, Königin, Rat, Sekretär, Arzt, Mundschenk, Vorschneider, Diener, Sänger, Musikant, Koch, Hofnarr – was einem einfällt. Jeder liest auf dem Los, welche Rolle ihm zugefallen ist, die oft mit einem lustigen Vers verkündet wird, und nun beginnt beim Essen und Trinken das Spiel des Bohnenkönigs mit seinem Hof. Bis Mitternacht muß jeder sich seiner Rolle entsprechend benehmen und reden: Der Mundschenk muß immer dafür sorgen, daß die Gläser voll sind, der Sänger muß Lieder vortragen, der Musikant muß zum Tanz aufspielen, und wenn der König einen Schluck Kaffee oder Tee oder Wein trinkt, so rufen alle: »Der König trinkt!«
In Holland bekommt jeder, der bei dem Spiel einen Fehler macht, einen schwarzen Strich ins Gesicht.

Twelfth Night Characters: Das sind Spielkarten, die man in England für das Königsspiel benutzt: die Karten sind König, Dame, Dandy, Hauptmann, Monsieur, Parlez-vous, Bauer Mangelwurzel und so weiter: jeder zieht sich eine Karte und spielt so lange diese Rolle aus dem Hofstaat des Bohnenkönigs, bis der König Rollenwechsel befiehlt. So ein Kartenspiel kann man sich ohne Schwierigkeiten selber herstellen.

Die 12. Nacht oder Twelfth Night heißt Dreikönig auch, weil es die 12. Nacht nach Weihnachten ist, die letzte der Rauh- oder Rauchnächte, also eine letzte Zaubernacht.
Der Sage nach können die Tiere in dieser Nacht sprechen, das Wasser hat eine starke Heilkraft, und wenn man in der Nacht die Heilige Dreifaltigkeit im offenen Himmelstor sieht, so findet sich Verlorenes wieder, und Wünsche gehen in Erfüllung.
Um das Haus zu schützen und zu segnen, hat man in England einen dunklen Kuchen aus Honigkuchenteig in Kreuzform gebacken, der mit goldenem Zuckerguß überzogen war. Im alten Schottland gab es einen schwarzen Kuchen, den Black Bun, der heute auch noch als Neujahrskuchen verspeist wird.

6. Januar
Dreikönig

Twelfth Night (die 12. Nacht) in Devonshire

In Somerset, wo die meisten englischen Äpfel wachsen, entstand die Sitte, die Bäume mit dem Wassailgetränk (siehe S. 362) zu begießen. Zu dieser letzten feierlichen Veranstaltung der Weihnachtszeit versammelten sich die Obstbauern im Dunkeln um den stärksten und größten Baum des Apfelgartens, böllerten in die Zweige, ließen den Wassailkrug kreisen, meist mit Cider, der wie Glühwein mit Gewürzen erhitzt wurde. Jeder goß den letzten Schluck aus seinem Becher auf die Apfelbaumwurzeln.
Auf ähnliche Art und Weise wurde in allen Obstgegenden Deutschlands um Segen für die künftige Ernte getrunken und begossen. Selbst in den USA wassailte man die Obstbäume, damit sie im kommenden Jahr gut trugen.

Klöpflisnacht: Zum Zeichen, daß das neue Jahr begonnen hatte, klopfte man dreimal an die Haustür. In den Bergen liefen Buben und Mädchen zwischen den Häusern umher und klopften mit Hämmern, Holzscheiten und Schlegeln an Fensterläden und Haustüren, oft verkleidet, oft mit einem Beutel versehen, in dem Gaben gesammelt wurden.

Der Königssprung ist in Holland üblich gewesen. Am Tag des Dreikönigsfestes wurden überall Lichter entzündet, die in der Dämmerung und die ganze Nacht hindurch brannten, und die Kinder sprangen dreimal über drei Kerzen hinweg. Das sind Spiele, in denen der Kampf zwischen Dunkelheit und Licht eine Rolle spielt, in der Feuer und Kerzen angezündet werden, um die bösen Geister mit Licht und Lärm zu verscheuchen:

6. Januar
Dreikönig

Das Schellenrühren: In den Bergen machen die Buben und jungen Burschen stundenlange Umgänge um und über die Felder und läuten dabei mit großen Kuhglocken, um das Gras aufzuwecken. In Salzburg kennt man *Aperschnalzen,* das von Dreikönig bis Lichtmeß geübt wird: da knallen die unverheirateten Burschen mit langen Peitschen, um den Schnee zu vertreiben.

Pongauer Schiachperchten

Perchtenlaufen: Die Perchta ist eine der alten Naturgöttinnen, ursprünglich eine regenspendende Wolke, Gemahlin des Sturmgotts und damit Herrin über Wolken und Wind; sie besaß also die Macht, Sonnenschein und Fruchtbarkeit der Feldfrüchte zu gewähren, war auch als mütterliche Schützerin der Frauen, vor allem der Spinnerinnen bekannt. Es gibt die schiache Perchta, eine gefährliche Person, die die Mägde erschreckt und die Kinder jagt und mitzunehmen droht; sie spukt auch als Frau Harke oder Frau Gode in Norddeutschland und jagt mit dem wilden Heer, von heulenden Hunden umkläfft; sie taucht

6. Januar
Dreikönig

aber auch als Frau Holle auf, die die Federbetten schüttelt und es schneien läßt, oder als Frau Hulda, als weiße schöne Frau mit langen goldenen Haaren. So ist sie das richtige Abbild der irdischen Natur, das sich uns bald grausam und streng, bald heiter und freundlich zeigt. Die schiache Perchta oder die böse Frau Holle wird gern in der Nacht als Strohpuppe verbrannt, manchmal wandert die Perchtel oder Perchta allein mit einer fürchterlichen hölzernen Maske vorm Gesicht und in einem alten Zottelpelz durchs Dorf, springt durch die Häuser, scheucht die Leute und die Kinder, fragt, ob alle fleißig und brav sind und verschwindet wieder.

Pinzgauer Schiachperchte

6. Januar
Dreikönig

Frau Berchta, Holzschnitt nach einer Miniatur von 1486

Beim Perchtenlaufen ziehen die jungen Burschen oft zu Hunderten durch die Bergdörfer, teils vermummt und verkleidet, teils mit Peitschen bewaffnet, mit denen sie knallen. In manchen Gegenden ist die Perchta vom Bischof, vom Teufel und von anderen Naturgottheiten begleitet.
In Oberbayern waren es stets drei alte Weiber, die am Dreikönigsabend Perchten gingen, wozu sie sich alte Hosen ihrer Männer, alte Jacken und Säcke anzogen, in die sie Löcher für Augen und Mund geschnitten hatten. Dann rasselten sie vor den Häusern mit den Ketten, schlugen an die Haustüren und die Leute gaben ihnen Birnen, Brot und Nudeln, damit sie wieder weiterzogen.

Der Lord of Misrule, der Herr der Unordnung und des Unfugs, führt mit einem Jester, einem Spaßmacher, die Festlichkeiten der 12. Nacht in England an, und diese Feste sind so wild, üppig und ausschweifend gewesen, daß sie nach der Regierungszeit der Königin Elizabeth von den Puritanern so unterdrückt und verboten worden sind, daß es fast 200 Jahre dauerte, bis man sich wieder ihrer entsann. Dann lebten die alten Sitten auf, es wurde geschmaust und gefeiert.
In Wales wird die 12. Nacht in der Stadt mit einem Maskenball gefeiert, zumindest aber mit einem festlichen und sehr üppigen Dinner, bei dem Fische aller Art, Wild und Gebäck nicht fehlen dürfen.
Früher wurde dieser Tag festlicher als Weihnachten begangen, mit Spielen und Unterhaltungen. Der 12.-Nacht-Kuchen war üppig und ebenfalls mit einer Bohne und einer Erbse versehen. Wer sie bekam, war Bohnenkönig und Königin Markfett oder König und Königin Misrule (Lord Misrule war im alten England der Spielleiter der Unterhaltungen der Weihnachtstage), und alles mußte ihren Anordnungen folgen.

6. Januar
Dreikönig

Die Graue Mary oder graue Mähre taucht in Wales in der Nacht vor Neujahr, Dreikönig oder Weihnachten auf.
Die Sitte geht wohl auf den keltischen vorchristlichen Pferdekult zurück: die Graue Mary besteht aus einem Pferdeschädel auf einer Stange, von einem Mann oder einem Jungen getragen, den ein großes Laken verhüllt. Der Schädel ist mit Bändern und Glassteinen geschmückt, die die Augen darstellen sollen. Der Darsteller der Grauen Mary konnte den Unterkiefer der Mähre mittels eines kleinen Holzgriffs bewegen, also das Maul aufklappen lassen. Er mußte vor allem ein guter und schneller Stegreifdichter sein, denn die Graue Mary pochte an jedes Haus und forderte die Bewohner zu einem Dichtwettbewerb auf: die Hausleute konnten die Graue Mary und ihre Begleiter so lange draußen halten, wie sie auf ihre Spottverse ebenfalls in Reimen antworten konnten. Fiel ihnen kein Reim mehr ein, so brachen alle in das Haus ein, der Pferdeschädel wurde auf den Tisch gelegt, und die Graue Mary und ihre Begleiter bekamen zu essen und zu trinken.
Eine etwas schwierige Abwandlung: die Hausbewohner mußten nicht nur auf die Pferdeverse eine Reimantwort finden, sondern diese auch noch singen.
Die Mähre soff besonders gerne Honigpunsch.

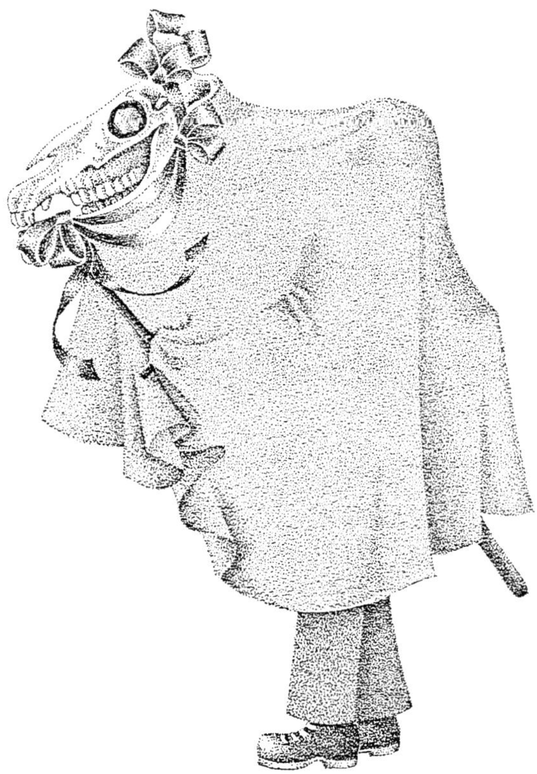

6. Januar
Dreikönig

Dreikönig in Spanien: Die Heiligen Drei Könige sollen, so sagt man, in der Nacht auf den 6. Januar in Spanien an jedem Haus vorbeiwandern. Deshalb stellen die Kinder ihre Schuhe vor die Tür oder aufs Fensterbrett und füllen sie mit Heu oder Hafer: für die müden Kamele der Drei Könige. Die Kinder hoffen, daß ihre Gabe gegen Geschenke eingetauscht wird. Der Dreikönigstag selbst wird mit der ganzen Familie groß und festlich gefeiert.

Die Befana ist die Dreikönigshexe aus Italien. Ihr Name ist eine Verschleifung des Wortes Epiphania, und der Legende nach ist die Hexe mit der Knollennase, die die Kinder beschert, wie sie bei uns zu Weihnachten beschert werden, eine unglückliche Person. Sie hat wohl von den Hirten die Botschaft von der Geburt Christi vernommen, und sie ist auch dem Stern gefolgt, aber sie ist zu spät aufgebrochen, hat den Stern verfehlt und ist seitdem immer noch und ewig auf der Suche nach dem göttlichen Kind. Das ist auch der Grund, warum sie in jedes Haus Geschenke bringt: es könnte ja gerade das sein, das das Jesukind beherbergt. Die Befana saust in Italien auch durch den Kamin und ist deshalb schwarz vom Ruß. Die Kinder stellen erwartungsvoll die Schuhe vor den Kamin, aber böse Kinder bekommen nur ein Stück Kohle.

Mutscheltag: So wird in Reutlingen, Württemberg, der Donnerstag nach Dreikönig genannt, nach den Mutscheln, die an diesem Tag gebacken und verschenkt werden. Die jungen Leute schenken ihren Mädchen einen Mutschelstern, einen schön verzierten Stern aus Mürbeteig. Um dieses Gebäck wird gemutschelt, das heißt: im Wirtshaus oder zu Hause wird gewürfelt.

Twelfth-Night-Cake

500 g Butter, 500 g Zucker, je ½ Teelöffel gemahlener Zimt, Ingwerwurzel und Koriander, 1 Teelöffel Piment, 9 Eier, 500 g Mehl, 1 Beutel Backpulver, 6 Eßlöffel Brandy, 150 g gemahlene Mandeln, 100 g feingewiegtes Zitronat und Orangeat, 500 g Rosinen, 500 g Korinthen, 1 Prise Salz

Aus allen Zutaten einen Rührteig zubereiten, mit der Hand Orangeat, Zitronat, Rosinen und Korinthen unterheben, das Salz nicht vergessen, den Teig in eine gut ausgefettete große Springform füllen und im auf 180 Grad Celsius vorgeheizten Ofen 1½ Stunden backen. Dann etwas abkühlen lassen und nach Belieben mit warmer Aprikosenmarmelade bestreichen und mit Zuckerguß überziehen.

13. Januar **Tag des heiligen Hilarius aus Aquitanien**
Hilarius war im 4. Jahrhundert nach Christi Bischof, stritt als Kirchenlehrer gegen die Irrlehre der Arianer, die ihn dann ins Exil schickten.
Sein Name ist zu Gläres oder Kläres verschlissen.

Am Gläreștag gab es eine festliche Mahlzeit, die sich bestimmte Gruppen oder Arbeitsgemeinschaften selber ausgerichtet haben: die Männer eines Dorfes, die Frauen der Spinnstube, das Gesinde, das neu im Ort war, die Gemeindebeamten, die neugewählt oder bestimmt worden waren. Das gemeinsame feierliche Mahl war eine Gelegenheit zum gegenseitigen Kennenlernen, eine Verschnaufpause in der Winterarbeit, eine Belohnung für eine gemeinsam gut geleistete Arbeit.

9. Januar **Tag des heiligen Julian,**
Schutzpatron der Gastlichkeit, den man in manchen Gegenden der USA mit einem großen Fest für Freunde feiert und ein Diner aus lauter verschiedenen Spezialitäten der einzelnen Länder und Gegenden zusammenstellt.

13. Januar **Am Tag des heiligen Knut**
hört in Skandinavien das Weihnachts- oder Julfest auf. An diesem Tag wird also noch besonders viel gegessen, getrunken und getanzt, bis alle Festvorräte verschwunden sind.

14. Januar

Das ist der Tag, an dem Maria mit dem Jesuskind auf einem Esel nach Ägypten floh: wer früher an diesem Tag einen Esel sah, steckte ihm aus Dank ein Stück Zucker ins Maul.

Gebetszettel

Am Sonntag nach Dreikönig haben früher die Dienstboten den sogenannten Schwarzen König gefeiert, für dieses Fest haben sie von der Herrschaft große Brote mit eingebackenen Bohnen geschenkt bekommen, die sie mit nach Hause nahmen, um mit der eigenen Familie ein Bohnenfest zu feiern.

Der erste Montag nach Epiphania heißt in England Pflugmontag, die jungen Männer tragen einen Pflug durchs Dorf, das heißt: die Vorbereitungsarbeiten für das Frühjahr beginnen, der Bauer setzt sein Arbeitsgerät instand, der Gärtner schaut nach, was vorbereitet, ersetzt oder bestellt werden muß.

Am Pflugmontag wird oft ein großes Fest gefeiert, ein Ball in einer leeren Scheune oder im Festsaal des Dorfes. Die Wände werden mit Immergrün geschmückt, es gibt Glühwein, Warmbier und Kuchen, Bohnenkönig und Bohnenkönigin spielen noch einmal ihre Rollen, werden feierlich begrüßt, auf die Ehrenplätze geführt, führen den Tanz an, und oft gibt es im Laufe des Abends Geschicklichkeitsspiele.

Verlorener Montag heißt dieser Tag in den Niederlanden, es ist Kehraus und Aufräumtag nach den langen Weihnachtsfestlichkeiten.

Frauenmontag wird der Tag in Nordbrabant genannt, Frauen spielen an diesem Tag die Hauptrolle, werden bedient, geben allein die Befehle und lassen sich von ihren Ehemännern verwöhnen und beschenken. Auch das ist eine Belohnung für die reichliche Arbeit in der Weihnachtszeit.

17. Januar **Tag des heiligen Antonius**
Ein Einsiedler, der als Patron und Beschützer des Hausviehs gilt und auf alten Bildern mit einem Schwein dargestellt wird. An diesem Tag bekam das Schwein besonders gutes Futter, früher durften die sogenannten Antonssäue frei im Dorf und in der Stadt herumlaufen und mußten von jedem gefüttert werden. Im Rheinland gab es nach dem Gottesdienst ein Schweinebratenessen für die Armen, in vielen Gegenden wurde dieser Tag mit einer besonders leckeren Schweinskopfsülze oder einem Kasslerbraten gefeiert.
Das Antoniusbrot, ein Weizenbrötchen, galt als besonders heilkräftig auch für die Tiere.

19. Januar **Frauenabend in Brüssel,** ein Fest, das an die glückliche Heimkehr der Ehemänner aus einem Kreuzzug erinnert, und das immer wieder mit einem großen Verwöhnungsmahl gefeiert wurde. Dafür, daß die Frauen damals so lange Haus und Betrieb alleine geführt haben, dürfen sie an diesem Tag immer machen, wonach ihnen der Sinn steht. Auf jeden Fall gibt es abends ein Familienfestessen, bei dem der Mann die Frau bedient.

20. Januar **Fabian und Sebastian**
Der heilige Sebastian wurde seines Glaubens wegen von heidnischen Bogenschützen des Kaisers Diokletian mit Pfeilen zu Tode geschossen und ist deshalb der Schutzpatron der Schützen. Er wird auch als Schutzheiliger gegen die Pfeile der Pest und anderer Seuchen verehrt, die das Vieh bedrohen.

Votivbild vom Dreifaltigkeitsberg bei Rimbach, um 1800

20. Januar

An diesem Tag wird der Rest vom weihnachtlichen Kletzenbrot verzehrt. Es heißt: von Steffl (26. Dezember) bis Bastl muß das Kletzenbrot reichen.
Nach der alten Wetterregel schießt an Fabian und Sebastian der Saft in die Bäume, es darf in vielen Gegenden von nun an kein Holz mehr gefällt werden, und die Kinder haben sich die erste Pfeife aus Weidenruten gemacht.

Großmuttertag ist der 20. Januar in Bulgarien. An diesem Tag kocht man der Großmutter ein nahrhaftes Gericht aus Bulgur (Weizenschrot) oder einen Lammeintopf mit Zwiebeln und Paprikapulver, und nach dem Essen setzt sie sich mit Kaffee und Nußkuchen in die Ofenecke und erzählt von früher, kramt im Kasten mit alten Fotos und Erinnerungsstücken, und die Enkel malen ein Bild von ihr.

Großmutter erzählt, von Otto Lorch, 1892

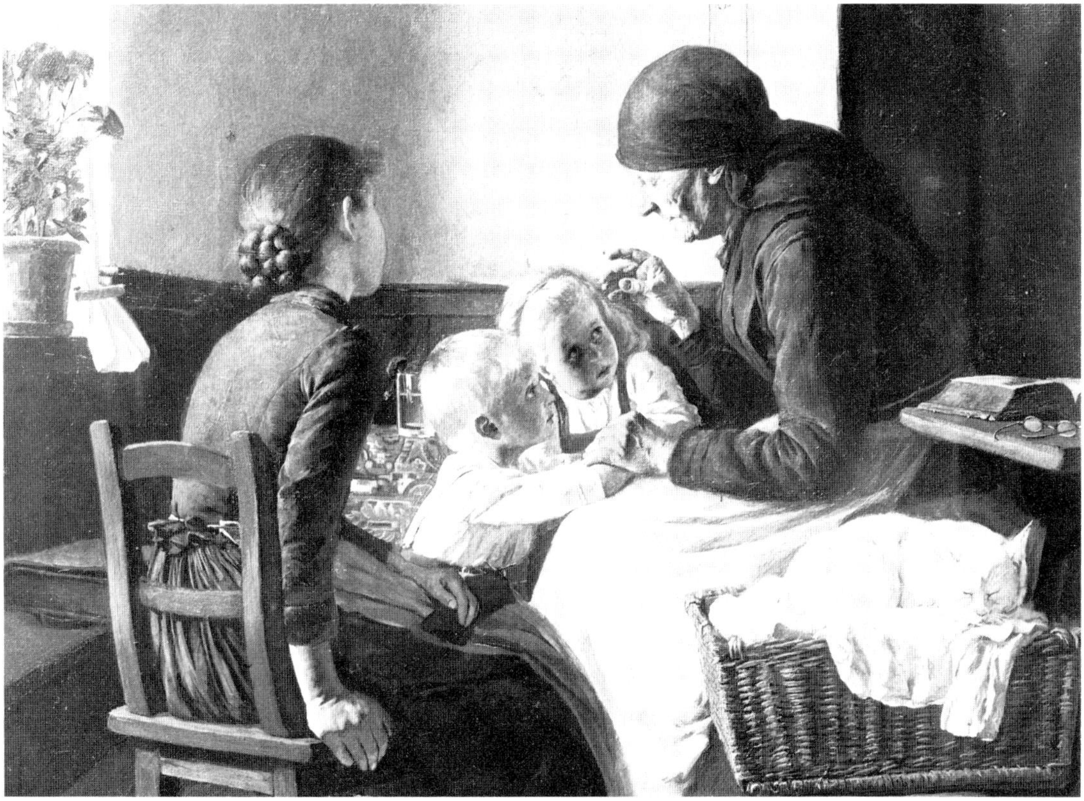

21. Januar

Tag der heiligen Agnes
Ihr sind die Lämmer geweiht. An diesem Tag bekamen die Schafe besonders gutes Futter, die Hausfrau hatte Agnetenbrot gebacken, das es zum Frühstück gab, denn früher gingen die Mädchen vor dem Agnestag ohne Abendessen ins Bett und hofften, von ihrem künftigen Eheliebsten zu träumen.

22. Januar **Tag des heiligen Vinzenz**

Die Winzer bitten ihn um Segen für das Wachstum, denn das Wetter scheint an diesem Tag von besonderer Vorbedeutung für die Ernte zu sein: die steigende Sonne tritt in das Zeichen des Wassermanns ein. Der Vinzenztag ist auch der der Vogelhochzeit und damit die Zeit für ein Frühlingsorakel: sieht ein Mädchen oder ein junger Mann an diesem Tag ein Vogelpaar, so haben sie im kommenden Jahr den Ring am Finger, sehen sie nur einzelne Vögel, so bleiben sie ledig.

25. Januar Am Abend des Tages stellen sorbische Kinder leere Teller vors Fenster. Am nächsten Morgen finden sie dort allerlei Süßes: die Reste von der Vogelhochzeit. Am Tag wird die Hochzeit nachgespielt, ein Brautpaar wird gewählt, in Tracht gekleidet und von den anderen, als Vögel verkleideten Kindern durchs Dorf geführt.

Das Fest von Pauli Bekehrung

Die Hälfte der kalten Jahreszeit ist vorbei, auch wenn es jetzt erst zu schneien beginnt. In Hoffnung auf den Frühling hat man an diesem Tag Vögel aus Hefeteig gebacken, immer paarweise, oder Storchennester, die im heißen Fett ausgebacken werden.
Die Wetterregel heißt: Paulitag hell und klar, bedeutet ein gutes Jahr.

28. Januar In Frankreich geben die Studenten zu Ehren von Charlemagne, den wir Karl den Großen nennen, ein festliches Frühstück, zu dem das Getränk gehörte, das heute bei keinem Empfang oder Cocktail fehlt: halb Orangensaft, halb Champagner.

Versöhnungstag wurde im Januar als Nachbarschaftsfest in kleinen Winzerorten am Rhein gefeiert. Der Sühnungstag fand an einem Sonntag statt, nach dem Kirchgang trafen sich alle im Rathaussaal, alte Feindschaften und Streitigkeiten wurden begraben, Freundschaften erneuert. Jeder brachte seinen eigenen Wein mit, und wer keinen anbaute, wurde vom Nachbarn eingeladen.
In Franken sollen diese Feste drei Tage lang gefeiert worden sein.

28. Januar

Januar und Februar waren die Monate für bestimmte Winterspiele:

Januar/Februar

Das Klootschießen oder Eisboßeln wurde bei festem Schnee oder Eis querfeldein über Straßen und Weiden und Gräben gespielt. Der Kloot ist eine mit Blei ausgegossene Holzkugel, etwa ein Pfund schwer. Das Klootschießen beginnt nach einem verabredeten Ziel, das etwa eine Stunde entfernt und möglichst eine Gastwirtschaft ist. Zwei Parteien werden gebildet, sie werfen den Kloot abwechselnd so weit wie möglich. Der Punkt, an dem der erste Kloot zu liegen kommt, wird vom sogenannten Bahnwieser bezeichnet, einem drei Meter langen Stock. Dann versuchen alle, ihre Kloots an diesen ersten zu werfen, und gewonnen hat die Partei, der das am besten, also mit den wenigsten Würfen gelingt. Die Verlierer zahlen den Preis, das Klootscheterbeer (Klotschießerbier). Ganze Dörfer haben gegeneinander gespielt: Hatte jemand vor seinem Haus den Kloot herausgehängt und wurde dieser

Der Schneebär, von Albert Anker, 1873

von jemandem aus dem Nachbardorf heruntergenommen, so heißt das: die Herausforderung ist angenommen.
Eisboßeln findet über den zugefrorenen Kanälen statt. Die Schetboßeln (Schießboßeln) sind ebenfalls um 500 Gramm schwer und werden mit einer Drehung wie ein Diskus geworfen. Wenn Dörfer oder Gemeinden gegeneinander spielen, werden Wetten abgeschlossen, und ein alter erfahrener Kämpe ist Krettler, Schiedsrichter.

Bockschießen: Im Havelland und in Ostpreußen wurde die abgenadelte Tanne so behauen, daß ein Stück dicker Stamm und vier oder fünf Aststummel einen »Bock« oder eine »Geiß« bildeten.
Dann werden zwei Male bezeichnet, 50 oder mehr Schritt voneinander entfernt, und der Bock in die Mitte gestellt. Um den Bock zieht man einen Kreis von 10 Schritt Radius, an dessen Rand sich der Aufsteller postiert. Er gibt das Zeichen für den Spielbeginn: Am einen Mal stehen alle Spieler und werfen mit einem Stock nach dem Bock, rennen sofort ihrem Stock nach und zum anderen Mal. Ist der Bock getroffen und umgekippt, muß ihn der Aufsteller wieder richtig hinstellen und hat das Nachsehen, denn unterdessen sind alle Kinder am anderen Mal angekommen. Hat jedoch kein Stock getroffen oder ist der Aufsteller fix, so berührt er einen Spieler mit seinem eigenen Stock, und dieser Erhaschte ist beim nächsten Mal Aufsteller.
An der Elbe und in Hinterpommern ist der Bock eine Sau, und es gilt nur, die etwa 30 Schritt entfernte »Sau« mit einem Stock oder Knüppel zu treffen. Wer sie am weitesten aus ihrem »Stall« werfen konnte, war der Sieger dieser Runde.
Diese ersten Bubenspiele des Jahres waren ein Austoben und ein Kräftemessen. Die Mädchenspiele, die überliefert wurden, sind leiser und anmutiger: Kreis- und Reigenspiele, auch Hüpftänze, bei denen es nicht um den Wettbewerb, sondern um Rhythmus und Körperbeherrschung geht.
In Norddeutschland, entlang der Ostseeküste, ahmte das Kibitz- oder Tütenlopen (-laufen) den Gang der Vögel mit einem stelzenden Dreischritt nach: rechts, links, rechts, dann ein Sprung zum links, rechts, links. Wer am weitesten kam, ohne über seine wintersteifen Beine zu stolpern, konnte sich jedenfalls als Gewinnerin fühlen.

Februar

Unser zweiter Monat heißt auch Taumond, Schmelzmond, Narrenmond oder Hornung, weil sich das Vieh in diesem Monat hörnt, hat seinen Namen nach dem römischen Februarius, dem Reinigungsmonat. Es ist der kürzeste Monat, kann der kälteste sein, ebensogut aber auch frühsommerlich warme Tage bringen.

2. Februar
Mariä Reinigung oder Lichtmeß

Dies ist der Tag von Mariä Reinigung und der Darstellung des neugeborenen Gottessohnes im Tempel. Ein hoher Feiertag, der schon im 5. Jh. v. Chr. als Fest zu Ehren des altitalischen Gottes der Unterwelt, Februus, gefeiert wurde, dem dieser Monat mit seinen Reinigungs- und Sühnefesten geweiht war.

Bei diesem Fest werden in der katholischen Kirche alle Kerzen geweiht, die man im Lauf des Jahres in der Kirche und in der Familie braucht. Sie schützen vor Feuersgefahr und vor Blitzschlag; in den Alpendörfern hat man weiße Kerzen für jeden Mann im Haushalt und rote für die Frauen gekauft. In manchen Gegenden werden besonders lange Kerzen geweiht, die der Hausvater daheim in so viele Stücke schneidet, wie die Familie Mitglieder und Dienstboten hat. Die Kerzen werden dann aufs Fenstersims geklebt und angezündet. Beim Rosenkranzbeten schaut man zu, welche Kerzen besonders ruhig oder unruhig brennen, welche langsam brennen und welche zuerst auszulöschen drohen. Das wird symbolisch genommen.

Die Kinder machen mit den frisch geweihten Lichtern Laternenumzüge, und in romanischen Ländern wurde dieser Tag mit Prozessionen

2. Februar
Mariä Reinigung oder Lichtmeß

gefeiert. In Paris wanderte ein Umzug von Kindern und Frauen mit brennenden Kerzen in der Hand durch die Stadt und über die Seine, sang Choräle und freute sich auf die heißen frisch gebackenen Crêpes, für die man den Teig in der Morgenfrühe angesetzt hatte, und die nach der Prozession die Durchfrorenen aufs köstlichste belohnten.
Auch an diesem Tag haben sich Christliches und Heidnisches vermischt, das Lichterfest gilt als erstes Frühlingsfest, und um das Pfannkuchenbacken hat sich seit den Tagen des Mittelalters allerhand Aberglaube gerankt.
Wenn die Hausfrau die erste Lichtmeßcrêpe beim Wenden so in die Luft warf, daß sie wieder mitten in der Pfanne landete, so ging ihr das ganze Jahr das Geld nicht aus.
In den alten eisernen Pfannen des Mittelalters hat der erste Pfannkuchen sicher angehängt, deshalb wurde in Poitou die erste Crêpe, die meist verunglückte, ganz und gar zerrissen und für die Vögel in den Baum vorm Haus geworfen, damit diese nicht vergessen, die Hausfrau vorm Wolf zu warnen.

In Brie gab man sie den Hühnern, damit sie das ganze Jahr gut legten, und in Languedoc warf man sie auf den Vorratsschrank, damit er das ganze Jahr lang voll an guten Dingen blieb.

2. Februar
Mariä Reinigung oder Lichtmeß

Crêpes Seigneur

300 g Mehl, 3 Eier,
5 g Salz, 10 g Zucker,
½ l Milch, 100 g Sahne oder
50 g geschmolzene
abgekühlte Butter

Zutaten mit dem Elektroquirl (Schneebesen) verrühren. Sollte der Teig nach dem Quellen zu fest geworden sein, gießt man so viel Wasser dazu, daß ein leichter, flüssiger Teig entsteht, der 2 Stunden stehen soll. Beim klassischen Crêpebacken wischt man die Pfanne nur mit einem Mulläppchen aus, in das ein Stück Butter eingebunden worden ist, denn die Pfannküchlein sollen trocken und hauchdünn werden.
Zum Crêpe-Essen bestreicht man jedes Pfannküchlein mit Butter, bestreut es mit Zukker, rollt es auf und ißt es mit den Fingern. Das ist ein Spaß für die Kinder, die sich die Crêpes auch mit gemahlenen Nüssen, mit geraspelten Äpfeln, mit Marmelade oder mit geschmolzener Kochschokolade füllen können.

Zu den frischgebackenen Crêpes wurden Nachbarn und Freunde zum Kaffee eingeladen, und man servierte die Pfannküchlein direkt aus der Pfanne. Crêpes haben übrigens die gleiche Wortwurzel wie die rheinische Kreppchen.
Wenn man keine Crêpes backt, so werden andere Küchlein gebacken, denn man ißt an diesem Tag gut.
Die Dienstboten haben an diesem Tag ihren Lohn bekommen und wandern. Dabei haben sie einige Tage frei.

Die Schlenkeltage, wie diese freien Tage in Süddeutschland heißen, werden mit größeren Lustbarkeiten gefeiert. Es gibt ein Festessen im Wirtshaus, es hat auch Umzüge gegeben, und oft werden die Angehörigen besucht.
In Mexiko umkränzen die Gläubigen Christkindstatuetten mit Gebäck, Broten und Blumen und stellen Kerzen in die Mitte des Aufbaus.

Blauer Montag: Mit Lichtmeß hört für das Handwerk die Arbeit bei Licht auf, die am Montag nach Michaelis (29. September) angefangen hatte. Der Nachmittag nach diesem Datum wurde von den Meistern meistens freigegeben und hat Lichtblaumontag geheißen.

Februar

3. Februar — **Der Tag des heiligen Blasius**

Blasius war Bischof und Schutzheiliger gegen Halsweh, weil er der Legende nach einen Jungen vorm Ersticken gerettet hat, indem er ihm eine Gräte aus dem Halse holte.

Früher hat man das Blasienbrot gebacken, ein Heilbrot mit getrockneten Früchten.

4. Februar — **Tag der heiligen Veronika**

Das Vreneli ist die Brotheilige, an diesem Tag sollte man also Roggenbrot backen oder ein selbstgebackenes Brot anschneiden.

5. Februar — **Tag der heiligen Agathe**

Sie stammte aus Sizilien, hat in grausamer Marter ihre Brüste verloren, weshalb sie die Fürbitterin der Brustkranken ist, und die Reliquie ihres Schleiers hat die Stadt Catania so oft vom Lavastrom des Ätna gerettet, daß die Heilige Agatha auch die Patronin gegen Feuersgefahr geworden ist. In der Kirche wird das Brot der Heiligen Agatha geweiht, und es wird besonders verehrt.

Weihe des Agathenbrotes in St. Agatha im Kinzigtal

5. Februar

Brot wurde früher zu vielen Mahlzeiten gegessen, wurde als etwas Heiliges betrachtet, keine Hausfrau schnitt einen Brotlaib an, ohne vorher das Kreuz darauf zu zeichnen, und wenn ein Brot auf die Erde fiel, so war es im Mittelalter Brauch, das Brot zur Versöhnung zu küssen. Diese Sitte wird heute noch in katholischen Ländern – in Spanien und im orthodoxen Griechenland und und Rußland – geübt. Ein Haus ist früher nur bezogen worden, wenn es eingesegnet war und wenn das jüngste Mitglied der Familie Brot und Salz über die Schwelle trug.
Das Brot ist noch heute im Osten die Gabe für den Gast, mit der er begrüßt wird.

1. Sonntag nach Lichtmeß

Der Adamsbaum wurde früher in Saulgau im Februar umgetragen. Das war ein kahler kleiner Baum, reich behängt mit Äpfeln und Gebäck und anderen Eßwaren, ein Fruchtbarkeitszauber, der das Jahr reich und gesegnet machen sollte. Das ganze Dorf marschierte unter Trommeln und Pfeifen dreimal um jeden Brunnen herum, dann balgten sich die Kinder um die Eßwaren.

Planetenbaum heißt er im Osten Europas und hat sieben Zweige mit goldenen und roten Früchten.

6. Februar **Der Tag der heiligen Dorothea**
Früher wurden die Schülerinnen und Lehrmädchen durch den Gemeinderat beschenkt.

9. Februar **Tag der heiligen Apollonia**
Apollonia war die Schutzheilige gegen Zahnweh, weil ihr heidnische Folterknechte die Zähne ausgebrochen haben.

Zahnoperation, Votivtafel aus Bayern

14. Februar **Valentinstag**
Im Mittelalter war der Tag des heidnischen Priesters, der ein christlicher Märtyrer unter dem Soldatenkaiser Claudius II. wurde, ein Tag für große Gastmähler, ein Termin für die Seefahrtsmahlzeiten, auch für andere Festmahlzeiten von Gilden, Zünften und Bruderschaften. Mit Sankt Valentin beginnt die eigentliche Faschingszeit, die Karnevalsgesellschaften geben große Bälle, in Tirol findet das Schelmenlaufen statt. Auch die Büttner und Scheffler feiern ihr Fest, weil im Februar die Fässer gerichtet werden. Valentinstag heißt auch *Viellieb-chentag*, denn die Mädchen glaubten früher, sie würden den Mann heiraten, den sie am Valentinstag zuerst vor dem Haus erblickten. Ein Tag, der besonders in England und Amerika gefeiert wird, ein Tag der Freundschaft, an dem man Kollegen und anderen, die man gern hat, Blumen oder Geschenke schickt.

14. Februar

Das Herz ist das Symbol des Tages, deshalb werden Sträuße in Herzform gebunden und Kuchen in Herzform gebacken – und natürlich besonders reich gefüllt und lieblich dekoriert. Der Valentinstag ist seit dem Mittelalter das eigentliche Fest der Jugend und der Liebe, wenn der Ursprung auch nicht ganz geklärt ist. Vermutlich geht die Sitte auf ein römisches Fest der Göttin Juno zurück, bei dem die jungen Männer ein Los mit dem Namen des Mädchens zogen, mit dem sie ein Frühlingsfest feierten. Eine andere Interpretation sagt, daß dies der Tag ist, an dem sich die wilden Vögel ihre Partner suchen.
Am Valentinstag schickt man sich seit der Zeit der Königin Victoria kleine Karten mit Spitzenrand, Rosen und Herzen, lädt sich gegenseitig ein und befragt alle möglichen Liebesorakel: Junge Männer und Mädchen zogen die Namen ihrer Zukünftigen, wobei natürlich die berücksichtigt werden konnten, die gleichzeitig anwesend waren.
Mädchen hefteten sich Lorbeerblätter an alle vier Kissenzipfel, um vom Zukünftigen zu träumen.
Mädchen schreiben die Namen ihrer Verehrer auf kleine Zettel, wickeln diese in Lehm und werfen die Kugeln ins Wasser: welcher Zettel sich zuerst befreit und aufsteigt, der wirds.
Der Tag war besonders bei Kindern beliebt, weil es ein Tag mit Wechselgeschenken war.
In England standen die Kinder an diesem Tag so früh wie möglich auf und versuchten, jemanden vor Sonnenaufgang zu erwischen. Wenn ein Kind zweimal sagen konnte: »Guten Morgen, Valentin!«, ehe der andere etwas erwiderte, bekam das Kind ein Geschenk. War die Sonne aber schon aufgegangen, so konnte das Geschenk mit der Angabe verweigert werden, es sei »von der Sonne verbrannt«.
Wenn man selber ein Geschenk macht, muß man dabei ungesehen bleiben und sich heimlich davonstehlen.

Postkarte, um 1900

17. Februar Donatustag

Das Blocksfest wurde am Donnerstag vor Fastnacht (siehe dort) in der Schweiz gefeiert. Die Mädchen und Burschen schlugen an einem der Vortage einen hohen und starken Baum, schälten ihn blank und legten den Stamm, den Block, mit Girlanden, Blumen und Schleifen geschmückt, auf ein Gespann oder einen Schlitten und fuhren am Festtag ins Dorf. Voran der älteste Junggeselle, auf dem Block ein Herold oder ein Narr, der auf dem Stamm hin und her lief und eine ganze Sammlung von Gedichten im Vorrat haben mußte. Denn wenn er jemanden sah, rief er ihm einen Lob- oder Neckreim zu, vor allem den Mädchen, die beim Nahen des Zuges aus dem Haus traten oder zum Fenster hinausschauten. Der Zug wurde von lauter Masken umschwärmt, die auch gereimte Wahrheiten zu sagen hatten oder als Zigeuner und Zigeunerinnen wahrsagten, als Barbier die Zuschauer einzuseifen versuchten, ihnen als Quacksalber Sirup einflößten und so weiter. Wer wollte, konnte sich mit Schnaps oder Bier freikaufen, von Zeit zu Zeit wurde der ganze Zug vorm Wirtshaus oder vor einem Hof zu einer Stegreifaufführung oder zu einem Imbiß eingeladen und zum Schluß endete alles in einem großen Nachbarschaftsfest.

17. bis 21. Februar

In diesen Tagen hatte das altrömische Totenfest der Parentalia, der Ahnen stattgefunden. In den Alpen war es üblich, an diesen Tagen Seelenbrote zu backen und die Geister der Verstorbenen mit Broten und anderen Gerichten abzuspeisen. Die Toten bekamen Veilchen, Salz, Wein und Brot. In der Schweiz backte man ein Veilchenbrot, einen runden Fladen, mit violett gefärbtem Zuckerguß.

18. Februar

Der Tag vom Riß im Eis: In Irland feiert man voll Hoffnung den Anfang vom Ende des Winters, betrachtet sich Schnee und Eis und kehrt bei Freunden zu einer deftigen Erbsensuppe mit gepökeltem Schweinefleisch ein. Wenn der Tag aufs Wochenende fällt, sollte man die Eisbetrachtung ohne Rücksicht auf den tatsächlichen Stand des Winters im Rahmen eines ausgiebigen Spaziergangs machen.

21. Februar

Am Vorabend vom Petritag wird der Frühling in Friesland mit Strohfeuern eröffnet, die auf Anhöhen und alten Grabhügeln abgebrannt werden. Diese Strohfeuer nennt man Bieken, und da nach dem Bieken abends keine Lampe mehr brennen soll, muß man das Abendessen bei Tageslicht einnehmen.

22. Februar

Peterlispringen: Damit vertreiben die Kinder am Vorabend des Festes »die Schlangen und Krotten« mit Schelle und Kettengerassel und holen sich dafür die Erlaubnis, am nächsten Tag mitfeiern zu dürfen.

Petristuhlfeier
Die Sonne tritt in das Zeichen der Fische ein, und an diesem Tag »geht kein Fuchs mehr über das Eis«; der Heilige Petrus ist der Patron der Fischer, und damit ein Feind der winterlichen Eisdecke.

Tag des Kornaufweckens ist der Petritag in Tirol, an dem nun die Erwachsenen mit dem Geläut der Schellen, mit Peitschenknallen und

Böllerschüssen dem Acker zeigen, daß sich die Herrschaft des Winters zu Ende neigt. Wenn es dämmrig wird, werfen die jungen Burschen glühende Holzscheite durch die Luft, die als Sinnbild der Sonne deren Kraft herbeilocken sollen.
Der Hausherr oder der Hirte geht am Abend mit einem Hammer durch Haus und Stall, klopft die Pfosten und Bretter ab und »vertreibt die Hexen, die die Milch stehlen«. Die Kinder bekommen an diesem Tag einen besonders guten Milchbrei zum Abendessen.

Peter-Schwein: Kurz vor dem Frühling spielen auch der Eber und die Sau als Wachstumsdämonen wieder eine Rolle. Am heutigen Petritag hat man einen mächtigen Schweinebraten gegessen, die Knochen aufgehoben und entweder zerschlagen und unter das Saatkorn gemischt, oder man hat die Rippenknochen ins Saatfeld gesteckt. Auf jeden Fall ein Anlaß, Freunde einzuladen.
Im übrigen: erste Vorbereitungen aufs Frühjahr, ein erstes großes Putzen.

Des nachtes auff die schlauffende leút
Das es in heymliche ding bedeüt
Vnd vil zauberey vntayn
Die sehent an dem schulter payn
Was dem menschen sol beschehen
Vnd etlich die yehen
Es sey nit gůt das man
Den lincken schůch leg an
Vor dē gerechten des morgens frů
Vnd vil die iehen man stoß der ků
Die milch auß der wammen
So seynd etlich der ammen

Milchzauber, Holzschnitt, 1486

Peterdreck: Spinnweb und Kehricht aus der Spinnstube, damit bewirft man die Stubentür. Je höher der Topf fliegt, desto länger wächst der Flachs. Angenehmer ist der Peterdreck, den man sich aus Butter, Zukker, Kakao und gerösteten Haferflocken rührt und in Pralinenhütchen füllt.

Tag des heiligen Matthias

24. Februar

Der heilige Matthias hat noch mehr Gewalt gegen das Eis, denn er ist der Apostel mit dem Beil. Sein Wetterspruch setzt den Frühlingshoffnungen jedoch einen Dämpfer auf:

Mattheis
bricht das Eis,
hat er keins,
so macht er eins.

Das entspricht aller Erfahrung: wenn es bis jetzt warm gewesen ist, muß man meist noch einmal mit einer starken Kälte rechnen.

Vorfastenzeit und Fastenzeit

Mit der Woche vor der Fastenzeit schließt im Kirchenjahr der Weihnachtsfestkreis. Christus ist geboren, am Fest der Erscheinung als Herr und König gefeiert worden – nun schickt er sich an, den Satan und damit die vergängliche Welt der falschen Wünsche und Begierden, der Eigensucht und Sünde zu überwinden, bis er im Licht von Ostern aufersteht.
Die Woche vor der Fastenzeit hieß in manchen Gegenden

Weiße Woche, und man aß an diesen Tagen nur weißes Fleisch von Kalb, Huhn und Kaninchen. Wahrscheinlich hat das den gleichen Ursprung wie die Faschingspfannkuchen.

Die Sonntage der Vorfastenzeit heißen Septuagesima, Sexagesima und Quinquagesima, also: der siebzigste, sechzigste und fünfzigste Tag vor Ostern, bezeichnen jedoch nicht die genaue Zeitspanne.

Februar

Fastnacht

Der fette oder schmalzige Donnerstag oder feiste Donnerstag ist der Donnerstag vor Quinquagesima. Im Alemannischen heißt er der Schmutzige oder Schmotzige Dunstig, weil die Fastnachtsküchlein im Schmutz, im Schmalz, gebacken werden. Dann sind sie fett = feist! Jetzt beginnt in den meisten Orten, die den Fasching feiern, das allgemeine Treiben mit Umzügen, Verkleidungen und Narrenspielen.
Das Wort Fastnacht ist aus dem Mittelhochdeutschen vas[e]naht entstanden, und bedeutet den Unfug in der Nacht aus Freude über den kommenden Lenz. Es handelte sich um das Jahr 1200 herum dabei um den Vorabend der Fastenzeit. Lange vor dem 12. Jh. ist Fastnacht als altes Vorfrühlings- und Fruchtbarkeitsfest gefeiert worden. Noch heute wiederholen sich die alten Mummenschänze, mit denen sich unsere Vorfahren in vorchristlicher Zeit die Angst vor dem Nebel und den Sturmgeistern, vor Kälte und Krankheit aus der Seele spielen konnten.

Fastnachtstreiben, von F. Nork, Festkalender, 1847

Die Kirche hat immer wieder versucht, diesen Heidenspuk zu überwinden oder zu verbieten. Das einzige, was gelang: daß der Aschermittwoch diesem Getriebe ein absolutes Ende setzte.
Wenn auch heute niemand mehr an Dämonen und Naturgötter glaubt: die Masken und das Winterspiel rühren die Menschen trotzdem an, so daß viele alte Bräuche weitergepflegt werden. Besonders im Südwesten und im Westen haben sich Faschingsformen ausgebildet, die weltbekannt geworden sind: von der Baseler Fasnacht mit dem Morgenstreich über das Taganrufen, das Narrengericht, Hexen- und Narrenlaufen, Hänselschlag, Reif- oder Schwertertänze bis zum Kölner Karneval sind das alles Ereignisse, die man als Zuschauer betrachten und mitmachen kann. Verkehrsbüros und Reisegesellschaften geben darüber Auskunft.

Fastnacht

Baseler Morgenstreich

Fastnachtsspeisen zeichnen sich durch Fett und Fülle aus. Das hat einen doppelten Grund. Diese Zeit sollte genau wie die Zeit der winterlichen Schmausereien zwischen Weihnachten und Neujahr als Fest begangen werden. Das Ende des Winters war abzusehen, man war dankbar, daß man bis jetzt noch nicht verhungert und nicht erfroren war, im März würde die Feldarbeit beginnen, man konnte also voller Hoffnung auf den Sommer und ohne schlechtes Gewissen an die letzten Wintervorräte gehen und sich und den Göttern etwas gönnen.
Der zweite Grund für das Schwelgen: das christliche Fasten dauerte vierzig Tage, und selbst bei Kälte waren die Methoden der Vorratshaltung früher noch nicht so, daß man Milchprodukte und Eier, die während des strengen Fastens nicht verzehrt werden durften, über diese lange Zeit hätte frisch halten können.

Bratwurst ist in vielen Gegenden die klassische, aber bescheidene Fastnachtspeise gewesen, nichtsdestoweniger gab es überall große Festschmausereien, damit man sich vor dem Abschied von der Fleischkost noch eine Woche lang tüchtig satt essen konnte. Die Arbeit ist dem alten Aberglauben nach praktischerweise in der Fastnachtswoche ver-

Fastnacht

Umzug der Metzger im Jahre 1658

boten gewesen, so daß man ausreichend Zeit zum Essen und Trinken hatte, denn das eine sollte reich machen und das andere Kraft verleihen.

Butterwoche heißt die Woche vor der Fastenzeit in Rußland, was bedeutet: auch dort ist eine Woche lang gegessen und gefeiert worden. Erwachsene und Kinder liefen verkleidet durch die Dörfer, in den Städten gab es Bälle, Schauspielertruppen reisten durchs Land, und jede Mahlzeit war so üppig, wie man es sich leisten konnte.
Am letzten Tag wurde Prinz Karneval, eine Strohpuppe, bei Sonnenuntergang verbrannt.
Fastnacht war ja eigentlich die Nacht vor Aschermittwoch, mit dem die Fastenzeit beginnt.

Junge Fastnacht hieß im Oberdeutschen der Tag vor dieser Nacht, auch die Zeit vom Fest der Heiligen Drei Könige bis zum Aschermittwoch, »welche in der römischen Kirche mit allerley Ausschweifungen und Lustbarkeiten zugebracht wurde«, wie es im Adelung, dem ersten Wörterbuch der Neuhochdeutschen Sprache steht.

Alte Fastnacht oder Große Fastnacht wird der erste Fastensonntag genannt, Sonntag Invocabit.
Fastnacht wird also in jeder Gegend etwas anders datiert, genannt und gefeiert. Es gehören Gelage, Possen, Tänze und Mummenschanz samt Spielen und Stegreifaufführungen allgemein, aber überall in anderer Form zur Fastnachtszeit, aus der sich im Laufe der Zeit der Karneval und der Fasching entwickelt haben. Fastnacht und Fasching gehören mit ihren Feiern und Umzügen heute noch zu den großen und beliebten Formen des Gemeinschaftslebens in Dorf und Stadt.

Fastnacht

Fastnachtsspiele sind die ältesten Formen des deutschen Lustspiels. Sie wurden ursprünglich von jungen Leuten aufgeführt, die von Haus zu Haus und von Wirtschaft zu Wirtschaft zogen und ihre Stegreifspiele ohne Kulisse und Vorhang aufführten. Die Spiele waren derb, schilderten den Alltag, hatten allgemein bekannte Typen zu Helden, und es ging meist um Streitfälle, der Bauer vor Gericht, der Doktor bei den kranken Bauern, Schwänke und Novellen wurden auch aufgeführt. Es gibt berühmte Fastnachtsspiele von Hans Sachs.

Theaterprogramm zu einem Fastnachtsspiel von Hans Sachs

Februar

Fastnacht

Hölsen war eine Kindersitte in der Fastnacht. Hölse ist eine im Niederdeutschen weit verbreitet gewesene Bezeichnung für die Stechpalme. In vielen Gegenden von Norddeutschland zogen nun die Kinder morgens in aller Herrgottsfrühe in kleinen Gruppen von Haus zu Haus und versuchten, mit Stechpalmenbüschen Frauen und Mädchen zu schlagen, bis diese ein Lösegeld gaben, nämlich frische Stuten aus Hefeteig.

Fastnachtsaberglauben: Wie bei allen wichtigen Festen gibt es eine Reihe von Möglichkeiten, sich das Geschick günstiger zu gestalten oder einen Blick in die Zukunft zu tun.

Hirse war als Fruchtbarkeits- und Reichtumssymbol eine alte und beliebte Fastnachtsspeise.

Träume gehen in der Fastnachtszeit in Erfüllung.

Verboten waren im bäuerlichen Jahresraum das Spinnen, das Wasserholen am Brunnen und die Feldarbeit.

Biertrinken und Tanzen waren dagegen die befohlenen Tätigkeiten, und das Tanzen muß vor allem den Kindern, die im langen Winter ohne viel Bewegung in der Stube still und brav haben ausharren müssen, sicher besonders großen Spaß gemacht.

Donnerstag vor Aschermittwoch

Weiberball fand in manchen Alpenorten statt, der meist schon am hellen Nachmittag begann, und nachdem die Frauen den ganzen Nachmittag allein getanzt hatten, durften am Abend die Männer dazu erscheinen.

Der Wiener Opernball findet ebenfalls am letzten Donnerstag vor Aschermittwoch statt.

Die Weiberfastnacht am Rhein, die früher auch Mützenbistohltag nach der im Wort beschriebenen Sitte hieß, wird im Südwesten Deutschlands und im Alpengebiet als *Pfinztag* feiert, auch als unsinniger Pfinztag. Häuptsächlich Männer tanzen als Hexen verkleidet durchs Dorf.

Die Habergeis wird in den Alpen ausgetrieben: die Habergeis bestand aus einem hölzernen Kopf mit Wollfell, der an einer langen Stange saß. Die Stange wurde von drei bis sechs Männern getragen, die alle miteinander unter einem großen weißen Laken steckten. Eine würdige Person, entweder der Hirte, der Bürgermeister, der älteste Junggeselle oder der Rechenmacher besaß das Recht, die Habergeis durchs Dorf zu treiben, und je nach Gegend wurde mit der Habergeis allerlei Unfug und Schabernack getrieben. Man versuchte, sie einzufangen, zu melken, einen besonders steilen Hang hinaufzutreiben und ähnliches. Zum Schluß wurde die Habergeis versteigert, und für das Geld bekam die ganze Geißengesellschaft oder das ganze Dorf beim Wirtshaus Freibier.

Die Faschingshochzeit war ebenfalls in vielen Gegenden ein Anlaß zum Verkleiden und zum gemeinsamen Feiern. Besonders hübsch: die Kinderfaschingshochzeit, zu der sich die Kinder als Braut und Bräutigam, als Brautbitter, als Pastor und als Hochzeitsgesellschaft verkleideten, oft auch schon die zukünftigen ›Kinder‹ im Puppenwagen durchs Dorf schoben und überall Eier und Butter und Zucker einsammelten, um zum Schluß das Hochzeitsfest so üppig und ausgiebig wie möglich zu feiern. Manchmal hatten die Kinder das Recht, sich nur die Erwachsenen zur Feier einzuladen, die sie wirklich mochten oder die ihnen im vorangegangenen Jahr besonders Gutes getan hatten.
Wenn die Erwachsenen die Faschingshochzeit feierten, so war die Braut meist ein verkleideter Bursch, und die Hochzeit endete in einer Scheidung, bei der möglichst alle Scheidungsgründe in gereimter Form genannt werden mußten, wobei meistens das ganze Dorf, besonders die erwachsenen Leute, durch den Kakao gezogen wurden.

Faschingsspiele
Im Fasching und in der Fastenzeit hat man viele Frühlingsspiele, auch Eierspiele gespielt, die meist das ganze Dorf zusammenbrachten.

Eierwerfen, von Johann B. Pfung

Das Eierwerfen wurde an jedem Sonntag in der Fastenzeit gespielt: ein Ei wurde in eine Hutdelle gelegt und mit der Hand so weit wie möglich verdeckt. Der Gegner mußte von einer bestimmten Entfernung aus eine Münze werfen. Traf er damit das Ei, so war es seins. Traf er es nicht, gehörte die Münze dem Eierbesitzer.

Das Pickeln konnte nur dann gespielt werden, wenn der Boden schon weich, also getaut war. Es wurden zwei Parteien gebildet, jedes Kind oder jeder Erwachsene hatte einen schlanken langen Stock, der vorn wie ein Speer zugespitzt war. Der erste Spieler schleuderte den Pickel so weit wie möglich in die Wiese, und sein Partner mußte versuchen, seinen Speer so neben den ersten zu setzen, daß dieser zumindest durch den Anprall herausgetrieben wurde. Lag der Pickel auf der Erde, so mußte der Gegnerwurf ihn treffen oder festnageln.

Der Heimgarten ist eine spezielle Gesellschaftsform der Alpengegenden. Heimgartengehen begann in der Fastenzeit, und zwar meist an den Nachmittagen oder Abenden der Fastensonntage. Das Dorf oder die Nachbarschaft traf sich jedesmal bei einem anderen Bauern, wobei sie mit Kaffee und Schmalzgebackenem bewirtet wurden. Die jungen Leute veranstalteten bestimmte Spiele, die älteren Leute haben gestrickt und gesponnen. Die Geselligkeiten dauerten oft bis zum frühen Morgen, und wenn nicht gestrickt und gespielt wurde, erzählte man sich Geschichten.

Den Fuchs ins Loch treiben: Die Spieler stellen sich mit gespreizten Beinen dicht hintereinander, so daß zwischen ihren Beinen eine möglichst lange Gasse entsteht. Ein vorher ausgeloster Spieler ist Fuchs und ein zweiter Jäger. Der Jäger ist mit einer grünen Rute oder einem Holzscheit bewaffnet, jagt den Fuchs und muß ihn ins Loch treiben. Gelingt es ihm, den Fuchs vorher noch mit der Rute oder dem Scheit zu treffen, so muß er das Holzscheit schnell wegwerfen und davonlaufen. Denn jetzt ist aus dem Jäger der Gejagte geworden: der Fuchs krabbelt so rasch wie möglich durch die Gasse, um sich vorne aufzustellen. Der allerletzte aus der Reihe löst sich jedoch ab, muß zuerst das Scheit oder die Rute holen und dann auf die Jagd nach dem ehemaligen Jäger gehen. Hat dieser schon durch die Gasse nach vorn krabbeln können, weil das Scheit so weit fortgeworfen worden ist, ist wiederum der letzte der Fuchs. Das kann man so lange spielen, wie man will, es gehörte zu den Bewegungsspielen, die die Kinder nach einem langen Winter brauchten.

Pantoffelverstecken verläuft wie »Ringlein Ringlein du mußt wandern«: alle Mitspieler setzen sich dicht nebeneinander in einem Kreis auf den Fußboden, und einer wird durch das Los bestimmt, der den Pantoffel jagen muß. Der Pantoffel wandert nun unter den aufgestellten Knien so lange im Kreise hin und her, bis der Jäger ihn entdeckt hat. Dann ist derjenige der Pantoffeljäger, bei dem der Pantoffel erwischt worden ist.

Die Sonne über den Berg treiben war ein Spiel für Kinder oder für Burschen: immer zwei knien sich so hin und halten sich gegenseitig an den Fesseln des anderen fest, daß sie zusammen eine Purzelbaumrolle machen können. Auf »Eins zwei drei!« rollen zwei Paare um die Wette.

Die wandernde Karawane wurde im Haus und im Dorf gespielt: die Kinder verkleiden sich als Menagerie, als Kamel, Bär oder als Löwe

Fastnacht

und ziehen mit einem Bärenführer durchs Haus oder durch die Gassen. Überall machen sie so viel Kunststücke, wie sie zustandebringen und sammeln danach natürlich Faschingskrapfen oder Geldstücke ein.

Böhmischer Heische-Umzug mit dem Fastnachtsbären

Die Faschingsjagd: Zwei Burschen versuchen sich so zu verkleiden, daß sie von niemandem erkannt werden. Manchmal stellen sie den Sommer und den Winter dar, manchmal sind es Masken, die für die Gegend typisch sind, Schellennarren oder Strohmänner. Sie sind auf jeden Fall mit Ruten und Reisern bewaffnet, werden von den Kindern umringt, gejagt und geneckt, dürfen sich mit Rutenstreichen wehren und stellen alles nur erdenkliche an, um nicht erkannt zu werden. Sie müssen versuchen, so lange wie möglich in ihren Vermummungen herumzulaufen und dann – wie spurlos – zu verschwinden. Gelingt es nämlich einem Mädchen oder einem Kind, die Verkleideten zu erkennen, so erhalten diese einmal alle Streiche zurück, die sie ausgeteilt haben.

Eisstockschießen: Wenn es in der Faschingszeit noch Eis gibt, so wird, meist in der Nähe eines Wirtshauses, mit runden Holzstöcken so weit wie möglich geschossen oder geschussert. Man spielt in zwei Parteien, die Parteien kommen abwechselnd an die Reihe, und diejenige hat gewonnen, deren Holzstöcke am dichtesten beim Zielstock stehen.

Fastnacht

Jede Partei hat meist eine vorher verabredete Anzahl von Spielen, und erfahrene Eisstockschießer versuchen, mit jedem Wurf nicht nur so weit wie möglich zu kommen, sondern gleichzeitig die Holzstöcke der Gegner wegzutreiben.

Fastnachtssamstag

Frauensamstag oder Frauchensamstag heißt in Flandern der Fastnachtssamstag. Alle Ehefrauen luden sich gegenseitig gleich nach dem Mittagessen zu Kaffee und Pfannkuchen ein und spielten Karten. Um acht Uhr durften die Männer dazukommen, es gab Punsch und Wacholderschnaps, es wurde tüchtig gegessen und getanzt, und früher haben die Leute noch auf dem Heimweg den Reigen weitergetanzt.

Fastnachtssonntag
Quinquagesima

Der Fastnachtssonntag wird auch Estomihi nach den beiden ersten Worten des kirchlichen Eingangsgebetes genannt: Esto mihi in Deum protectorem, Sei du mein Schützergott. Er leitete früher allgemein die drei wilden Fastnachtstage ein, die auch als fette, tolle oder Torkeltage bezeichnet werden. Dort, wo die Fastnacht gefeiert wurde und wird, sind dann Geschäfte und Schulen geschlossen, alle ziehen auf die Straße, um sich die Umzüge anzuschauen, zu essen und zu trinken, und die Fastnacht war richtig, wenn man danach keinen Pfennig mehr im Sack und dazu noch sein Federbett verpfändet hatte.
In Osteuropa wurde den Eiern magische Wirkung gegen Unheil und böse Geister zugeschrieben. So taucht bei den Kroaten schon am Fastnachtssonntag ein rotes Ei auf: Es hängt an einem Faden im Stubenwinkel von der Decke, und der Hausvater gibt ihm einen Stups, daß es kreist. Wenn es nun schön schwingt, bringt es das Rad des Lebens in Schwung. In der Altmark warf man Eierschalen dem Vieh vor, das zum ersten Mal auf die Weide ging.

Platzmacher für den Schembartlauf in Nürnberg

Männersonntag hieß der Fastnachtssonntag in Holland. Die Männer mußten sich vorsehen, sonst wurden sie von den Kindern und den Frauen irgendwo eingeschlossen oder im Reigenkreis gefangen. Sie kamen erst nach einem Lösegeld frei.

Mädchenmontag wurde das gleiche Spiel mit den unverheirateten Frauen getrieben.

Knabendienstag waren die Buben an der Reihe. Männer bekamen als Lösegeld einen Flip, Eierbier, für Mädchen und Buben mußte man Schokolade, Kaffee und Rosinenbrötchen parat haben.

Fastnachtsmontag

Montag nach Quinquagesima heißt auch guter Montag, blauer Montag, Bauernfasnacht oder Rosenmontag.

Hirsenmontag heißt der Tag in der Schweiz, wo es als Morgenmahlzeit einen Hirsebrei mit viel Butter und Milch gibt, und wo es früher Sitte war, daß sich die Nachbardörfer gegenseitig Boten zuschickten, die alles das in Form eines gereimten Briefes vortragen und verspotten mußten, was im vergangenen Jahr im Nachbardorf geschehen war.

Fastnachtsmontag

Dabei wurde auch an Einzelpersonen eine unter Umständen recht bissige Kritik geübt. Den Brief und die Sitte nannte man den Dorfruf.

Rosenmontag ist der Tag der großen Karnevalsumzüge. An diesem Tag ließ man in der Rheingegend am Abend die Fenster offen, damit sich die Engel etwas von der Mahlzeit holen konnten. Man glaubte, daß die Fastenzeit im Himmel besonders streng gehalten würde und gab den Engeln deshalb Gelegenheit, sich auch noch einmal tüchtig satt zu essen. Besonders die Kinder warteten voll Spannung vor der geschlossenen Tür, bis sie die Flügel rauschen und die Engel wieder fortfliegen hörten. Erst dann setzte sich die Familie zu Tisch.

Rosenmontag in Rottweil

Fastnachtsdienstag

Dienstag nach Quinquagesima, Mardi gras in Frankreich, heißt bei uns auch Schnitzdienstag nach dem Eintopf aus Schnitz (getrockneten Birnen) und Speck, den es im Schwarzwald und in den Alpentälern gab, oder Narrenfastnacht.

Das Narrenrecht an diesem Tag: Wenn sich die Mädchen nach drei Uhr nachmittags auf die Straße wagten, so hatten die Narren oder die Gecken das Recht, sie einzufangen und als Lösegeld einen Kuß zu fordern.

Das Spießrecken war früher im sächsischen Erzgebirge üblich. Da liefen die Kinder bis zehn Jahre mit langen Stöcken oder Spießen in kleinen Gruppen durchs Dorf, schon die Dreijährigen waren dabei, und sammelten so lange Brezeln und Hefekringel, bis sie ihren Spieß voll hatten.

Februar

Fastnachtsdienstag

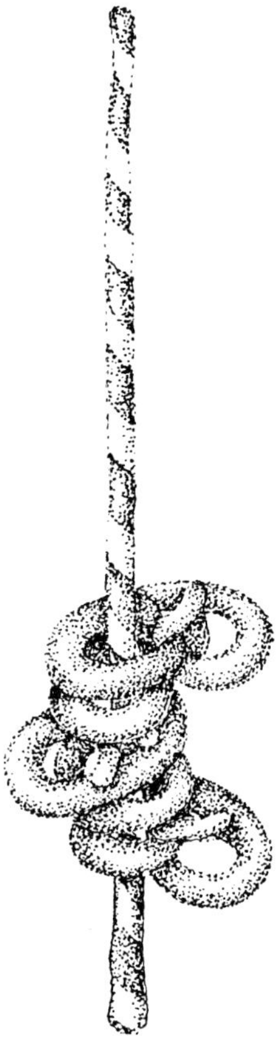

Ein Windopfer, also ein Fruchtbarkeitsopfer an die Windgeister hat man in manchen Gegenden in der Schweiz und auch in Bayern veranstaltet: Nüsse und Gebäck, oft rautenförmig geschnittene Lebkuchen, wurden für die Windgeister zum Fenster oder zum Rathausfenster hinausgeworfen. Unten standen natürlich die Kinder und liefen so schnell wie der Wind, um die guten Gaben einzusammeln.

Shrove Tuesday heißt der Faschingsdienstag in England, was auf die alte Sitte der römisch-katholischen Kirche hinweist. Die Frommen sind vor der Reformation an diesem Tag um zehn Uhr zur Beichte gegangen, nach der sie *shriven* sind, das heißt: von den Sünden losgesprochen. Dieser Tag wurde aber auch als letzte Gelegenheit zum Merrymaking vor der Fastenzeit, also zu einem allgemeinen Fest verstanden. Es gab Hahnenkämpfe, Fußball auf der Straße und ein großes Festgelage.

Pancake Tuesday ist ein anderer Name dafür in England, weil man genau wie bei uns Butter und Eier, die während der Fastenzeit nicht gegessen werden durften und schlecht geworden wären, zu köstlichen Pfannkuchen verarbeitete.

Die Pancake bell, die Pfannkuchenglocke, läutete in London um zehn Uhr am Faschingsdienstag, um die Frommen zur Beichte zu rufen, läutete aber oft den letzten tollen Tag ein und abends aus.

Pancake-Wettessen gab es in Cheshire. Das war ein Wettrennen der Hausfrauen nach Glockenschlag zur Küche, sie mußten dabei die Pfannkuchen in der Pfanne hochwerfen. Was auf die Erde flog, gehörte den Glockenläutern.

Lin-Crock-Day ist auch eine englische Bezeichnung für den Faschingsdienstag. Die Kinder liefen durchs Dorf, sammelten altes Porzellan und Steingut ein, warfen es mit großem Getöse und manchmal bei Musik zu Scherben, natürlich um die Geister zu vertreiben, und bekamen zur Belohnung Pfannkuchen, so viel sie essen konnten.

Collop-Day war in manchen englischen Gegenden der Faschingsmontag, in anderen der Faschingsdienstag. Collop heißt Fleischschnitt und weist darauf hin, daß man an diesem Tag noch einmal so viel Fleisch verspeiste, wie man aufschneiden konnte.

Nickanan Night hieß in Cornwall die Nacht vom letzten Faschingstag, und es herrschten wilde archaische Sitten. Die Frauen rieben ihre verrußten Hände an allen Gesichtern derer ab, die ihnen über den Weg liefen, junge Burschen klopften mit Knüppeln an alle Haustüren, schleppten Türen und Gartentore weg oder begossen jeden mit Wasser, der so unvorsichtig war, ihnen über den Weg zu laufen.

Hühnerschlagen fand in England statt, in Essex und Suffolk, ist aber auch über das Meer nach USA gewandert.

Fastnachtsdienstag

Ein frisch geschlachtetes Huhn oder ein Hahn – Erinnerung an ein Fruchtbarkeitsopfer – wurde einem mit Schellen behangenen Burschen auf den Rücken gebunden, die übrigen Burschen bekamen die Augen verbunden, ursprünglich mit den Schürzen ihrer Mädchen, und mußten, nur vom Schellengerassel geleitet, dem ersten Burschen nachlaufen und das Huhn mit Meien, grünen Zweigen, abschlagen. Nach der wilden und oft sehr komischen Jagd wird das Huhn für alle gekocht und mit Pfannkuchen gemeinschaftlich verzehrt.

Der erste Pfannkuchen wurde demjenigen überreicht, der sich nach Meinung aller im letzten Jahr etwas hatte zu Schulden kommen lassen. Das war wie bei vielen Sitten im Fasching eine Gelegenheit, im heiteren Rahmen und spielerisch über sich selbst und in zweiter Linie über andere Gericht zu halten und einander die Wahrheit zu sagen.
Wenn sich die Gesellschaft nicht auf einen einigen konnte, bekamen die Hunde den ersten Pfannkuchen.

Ein Fußballspiel wurde am Faschingsdienstag in Inveresk veranstaltet, wobei eine Mannschaft aus Verheirateten bestand und die andere aus Unverheirateten. Es war Sitte, daß die Verheirateten siegten, denn da das Spiel eine moderne Form des alten Winteraustreibens war, mußten die Verheirateten, die die Fruchtbarkeit repräsentierten, natürlich den Sieg davontragen.
In anderen Gegenden wurden die Mannschaften nach dem Geburtsdatum der Spieler zusammengestellt: in der Sommerpartei befanden sich alle, die im Sommer geboren waren, zur unterliegenden Winterpartei gehörten alle Spieler mit einem Wintergeburtstag.

Kölner Mutzenmändelchen
Man rührt 225 Gramm Butter schaumig, gibt 8 Gramm ganz feingestoßenes Hirschhornsalz (besser 10 Gramm Backpulver) dazu, und mengt abwechselnd Mehl, Eier, Zucker und feingeriebene Mandeln unter den Teig, bis man 750 Gramm Mehl, 400 Gramm Zucker, 200 Gramm geriebene Mandeln und 10 ganze Eier verbraucht hat. Aus dem so entstehenden Teig, der recht lange und gleichmäßig gerührt werden muß, werden mit dem Teelöffel kleine mandelförmige Klößchen abgestochen und in Schmalz gebacken.
Das ist nur eins von den zahlreichen Rezepten für Mutzenmandeln.

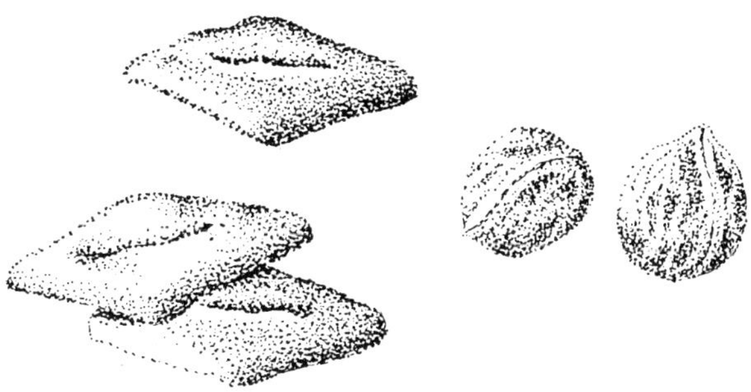

Fastnacht

Narr und Narrenmutter: Die Fastnacht löst die alten Ordnungsregeln, der Narr sagt die Wahrheit, verkörpert die Freiheit, die früher das Jahr über unerreichbar war, verkörpert auch die unbändigen und noch nicht gezähmten Lebenskräfte der jungen Natur. Es gibt den Narren in vielerlei Erscheinungsformen: als Fastnachtslümmel und Faselhans, als Schellennarr und Hansl. Er trägt meist Maske und Trietsche, die aus den alten grünen Fruchtbarkeitsreisern entstanden ist, Schellen oder andere Lärminstrumente, die daran erinnern, daß man früher mit dem Lärm die junge Saat meinte wecken zu können, und er pariert höchstens dem Narrenvater oder der Narrenmutter, beides oft durch Holzkonstruktionen körperlich riesige Gestalten, die im Narrenzug Ordnungsfunktionen besitzen.

Narr und Narrenmutter aus Stuttgart

Foto rechte Seite: Schleicherlaufen in Telfs/Innsbruck

Narrensamen: Das sind die Kinder, die als Nachwuchs durch den Zug wuseln und oft aus dem ›Untergestell‹ der Narrenmutter wie aus einem Bauch schlüpfen.

Februar

Fastnacht

Narren-Gerichte, Narrensprünge und -läufe oder -Tänze werden mit Reif und Schwert veranstaltet und können und sollen die Narrentradition fortführen.

Frau Perchta wandert als schiache und gute oder schöne Perchte durch die Zeit vor Weihnachten und vor Ostern. Berchta, Frigga, Frick oder Frau Holle sind alles Namen für die Frau von Wotan, dem obersten Naturgott der Germanen. Er ist in seiner friedlichen und guten Form der Herrscher über das Wetter, den Erntesegen und alles, was mit dem Land zu tun hat, sein Zeichen ist die Sonne, also das Rad, Jul. So beschert seine Frau als gute Berchtel den Kindern Äpfel und Nüsse und tritt auch oft als schöne, strahlende Frau im blauen Kleid auf, die einen Schellenkranz trägt und singt und tanzt. Beide, Wotan und Perchta, sind Schutzgottheiten der heiligen Zeit, in der die Ernte eingebracht und die Wintersaat bestellt ist.

Schimmelreiter ist Wotan, der segnend durchs Land reitet, begleitet von Frau Holle und anderen Naturgeistern, und wie er ritt ein Schimmelreiter bei vielen ländlichen Festen, Hochzeiten, Weihnachten, Sommerfesten, Pfingsten und Johannisfest durch Dorf und Gemarkung. Klapperbock, Pelzmärte, Krampus, Knecht Ruprecht und viele andere Gestalten dieser Art sind eigentlich seine Begleiter gewesen. Je nach Anlaß sind sie gütig und segensspendend wie er oder so wild wie die Wilde Jagd, in der Wotan zwischen den Jahren mit Hunden und Gefolge donnernd und brausend über den Himmel zieht.

Frau Perchta taucht wie er in vielerlei Form auf: Erdmutter und Mittagsmuhme, schiache Perchta im Fastnachtstrubel, auch in männlicher Gestalt als Bartel, Bertel und im Perchtenlauf am Abend vorm Faschingsdienstag als schiache Perchtl oder Wuzel. Dann trägt sie eine fratzenhafte Holzmaske und einen Zottelpelz, jagt die Leute durch die Stube und soll nicht nur eine Erinnerung an die Dämonen sein, sondern sie ist auch ein Opfer der Versuche des Christentum, die Gestalten der Heidenzeit zu verschiachen.

Fastnacht

Schönperchten aus Imst/Tirol

Der Perchtenlauf oder das Perchtenspringen, also die wilde Jagd in Perchtenmasken fand und findet in den Alpen zu Weihnachten, Neujahr und Fastnacht statt. Dabei mischen sich die guten und die schiachen Perchten, laufen durcheinander und werden immer von Burschen dargestellt. Alle haben lange Röcke an, die schönen Perchten mit Bändern und Schleifen, die schiachen oder grauslichen mit Ratten und Mäusen und Fellfetzen besetzt, mit Ketten und Rasseln. Die schönen tragen eine Frauenmaske und verteilen oft Gaben, Dörrfrüchte, Gebäck und kleine Münzen, die schiachen tragen eine Teufelsmaske und einen Blasebalg, mit dem sie den Zuschauern Ruß oder Asche ins Gesicht zu pusten versuchen.

Der Wilde Mann ist eine weit verbreitete Figur der Fastnachtsumzüge. Er kann auch als Wilde Frau oder Wildes Fräulein auftauchen, ist aber in Wirklichkeit immer ein Mann und steckt in der Fastnachtsmaske mit einem grünen Gewand aus Blättern, Laub und Moos, Rinde oder Flechten. Dazu trägt er oft ein Bäumchen in der Hand.
Der Wilde Mann kann wie das Laubmännchen als eine der Sommergestalten verstanden werden, als guter und lichter Geist, der auf kommendes Grün und Wachstum hinweist.
Im Mittelalter wurden die Wilden Leute jedoch als Un-Menschen be-

Fastnacht

Die Tötung des Wilden Mannes, von Pieter Brueghel d. Ä.

trachtet, also Wesen, die außerhalb der Glaubens- und Segenslehre der Kirche in der Gottlosigkeit hausten, im tiefen düsteren Wald also, reine Naturwesen, die nicht böse, sondern lebendige Geschöpfe waren, die so wie die Tiere noch nichts von dem österlichen Licht wußten, das die Welt gerettet hat. So stellten die Wilden Leute die dunkle, die noch unerlöste Seite des Lebens dar, wurden natürlich in den Faschingsumzügen auch zu Schreckgestalten und Teufeln, die den Winter und alle Nacht- und Sturmdämonen darstellen.

Die Weiberfastnacht, bei der die Frauen das Regiment übernehmen und oft auch die Männer jagen, wurde fast überall in Süddeutschland gefeiert. Im Elsaß dürfen an diesem Tag nur die Frauen und Mädchen in der Wirtschaft sitzen. Wenn sich ein Mann hineinwagt, jagen sie ihm Mütze oder Hut ab. Die Sitte geht auf alte Fruchtbarkeitsbräuche zurück: mit der Frau, die der Natur näher steht als der Mann, werden alle Wachstumskräfte dargestellt, und nach dem Analogieglauben fördern junge, schöne und kräftige Frauen auch die Reproduktionskräfte der Natur. So zogen in vorchristlicher Zeit Jungfrauen den Pflug über den Acker, und die Burschen führten das Weibergespann auch noch an einem Bach vorbei und besprengten die Mädchen und Pflugscharen.

Das Wasser spielte zur Steigerung aller Fruchtbarkeitssitten eine große Rolle. Die Knechte begossen die Mägde, die Kinder bespritzten sich gegenseitig und versuchten, auch die Mutter zu bespritzen.

Fastnachtsumzüge haben schon in alter Zeit zu den Fastnachtstagen gehört. Die Vorbereitungen haben das ganze Dorf, die ganze Gemeinde zusammengebracht, Stil und Thema dieser Umzüge waren oft eng mit dem Leben des Ortes verknüpft. So gibt es Umzüge, die auf bäuerliches Brauchtum zurückgehen, vor allem auf den Glauben, man kön-

Fastnacht

ne mit Krach und Lärm die schlummernde Saat unter der Erde wekken. In anderen Fällen beruhen sie auf den Dämonenglauben unserer Voreltern, gehen auch auf die Winter-Sommergefechte in der Frühlingszeit zurück, aber auch auf historische Geschehnisse. Bei vielen Fastnachtsumzügen gibt es bis heute Anspielungen auf gesellschaftliche Ereignisse und Mitbürger- oder Regierungsschelte.

Der Bonbonregen des Kölner Karnevalszuges erinnert daran, daß viele Umzüge eigentlich Heischegänge gewesen sind. Manche Umzüge der Narren- oder Karnevalsgesellschaften und -Zünfte, die im Mittelalter oder später von diesen Vereinigungen selber gestiftet oder von den jeweiligen Herrschern gegründet worden sind, folgen festen Regeln und Ritualien, die immer wieder streng eingehalten werden.

Fastnachtsumzug

Die echte Fastnacht hieß die Nacht vor Aschermittwoch. An diesem Abend oder am Morgen des Aschermittwoch findet man überall, in Ost und West, die gleiche Sitte:

Die Fastnacht wird begraben: Die Fastnacht wird dabei von einer Strohpuppe dargestellt, die aus dem Dorf getragen wird, oft um Mitternacht, um verbrannt oder in den Bach geworfen zu werden.

Fastnacht Das ist in manchen Gegenden ein Kinderspiel geblieben: Ein Kind wurde durchs Los zur Fastnacht bestimmt, mußte sich verstecken, wurde durchs ganze Haus oder den ganzen Hof gejagt und dann unter Gelächter und Geschrei unter Kissen und Decken oder Heu und Stroh begraben. Nach dem Begraben gab's den ›Leichenschmaus‹ im Wirtshaus oder am Familientisch.

Der Fastnachts- oder Erbsenbär oder eine Strohpuppe, die die Fastnachtsmutter darstellte, wurde gern vor einem richtigen Narrengericht zum Tode verurteilt und dann erst im fröhlichem Zug durchs Dorf zum Feuer geführt.

Die Asche der Fastnacht wurde aufs Feld gestreut, Strohhalme oder Papierblumen, mit der die Fastnacht geschmückt war, galten als Träger der alten Lebenskraft und wurden auch in den Acker gesteckt oder im Triumph durchs Dorf nach Hause gebracht und ins Dach oder an den Stallbalken gesteckt.

Das Faschings-Ertränken in der Steiermark, 1881

Karneval
Das Wort wird auf verschiedene Art und Weise erklärt: daß es aus *carne vale*, Fleisch leb wohl, entstanden sei, wird selbst als Faschingsscherz bezeichnet. Wahrscheinlicher ist, daß es vom *carrus navalis*, dem Schiffskarren abgeleitet ist, mit dem sich der Sage nach die verschiedenen Göttinnen des Frühlings und der Fruchtbarkeit durch die Lüfte und über Land und Wasser bewegen, und der als Räderschiff oder Räderwagen bei vielen Fastnachtsumzügen auftaucht.
Nach einer anderen Erklärung hängt der Name mit dem Sonntag Quinquagesima zusammen, dem Vortag des eigentlichen Fastenbeginns. Denn wenn das Fasten für die Laien auch erst am Aschermitt-

Fastnacht

woch beginnt, so bezeichnet der Name *Herrenfastnacht* oder *Pfaffenfastnacht* für den Sonntag Quinquagesima die Tatsache, daß er den Vortag ihrer Fastenzeit darstellt. Quinquagesima ist der Sonntag, an dem die Geistlichkeit der Sitte gemäß noch einmal Fleisch ißt, um sich dann bis Ostern zu enthalten. An diesem Tag also eine größere Portion Fleisch als sonst, dann vierzig Tage carnem levare, Fleisch vermindern, woraus durch Umstellung das Wort Karneval entstanden sein kann.

Fastenzeit

Die Fastenzeit beginnt am Aschermittwoch, dauert vierzig Tage lang und endet am Karsamstag.
Die Zahl vierzig ist wichtig, vierzig Tage und Nächte lang strömte der Regen der Sintflut, vierzig Jahre lang mußten die Israeliten warten, bis sie ins Gelobte Land ziehen konnten, vierzig Tage und Nächte fasteten Moses, Elias und Christus, und früher fasteten die Gläubigen so streng, daß sie Karfreitag und Karsamstag überhaupt nichts aßen.

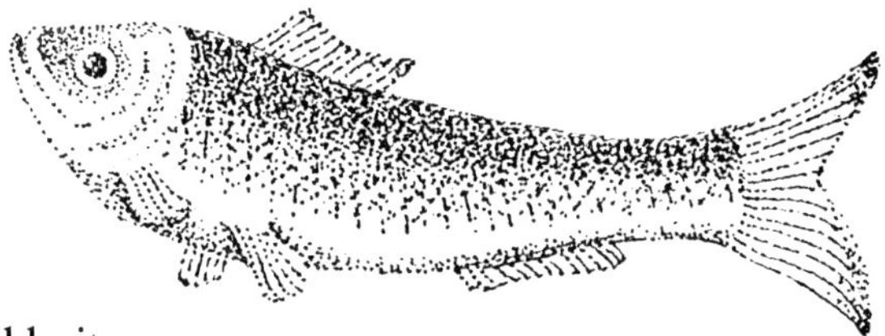

Fastenmahlzeiten
Gerichte, an denen sich die Erwachsenen zwischen einundzwanzig und sechzig Jahren nur einmal am Tag sättigen dürfen, enthalten kein Fleisch, ursprünglich auch keine Eier, keine Milch und keine Milchprodukte.
Nach den strengen Fastenregeln des Mittelalters wurde der von der Kommunion ausgeschlossen, der außer im Krankheitsfall in der Fastenzeit Eier gegessen hatte. Den Laien war manchmal erlaubt, Milch und Milchprodukte zu essen, meist bestand jedoch die Regel, daß man in der Woche von Palmsonntag bis Ostern sowie an allen Montagen, Mittwochen und Freitagen in der Fastenzeit keine Milch und keine Eier anrühren durfte. Oft war die Verwendung von Milch und Eiern nur mit Dispens erlaubt.
Fasten-Nahrungsmittel waren also hauptsächlich Fische und Öle, und in der Rheinpfalz waren zum Beispiel Sonntag, Montag und Donnerstag Eiertage, Dienstag und Freitag Mehl- und Fischtage. Am Samstag gab es Hülsenfrüchte und am Mittwoch Knödel.
Unter »Fasten-Speisen« steht in einem alten Kochlexikon aus der Jahrhundertwende: »Früher waren die Vorschriften der Kirche für die Fastenzeit bedeutend strenger als heutzutage, wo viele sonst verbotene Speisen gestattet sind, während man früher an solchen Tagen und in der ganzen Fastenzeit nur Fische, in Wasser gekochte oder mit Öl angemachte Gemüse und in Wasser oder Wein und Zucker gekochte Früchte genießen durfte, sind jetzt nicht nur Eier, Butter und Milch, also Mehlspeisen aller Art, sondern auch außer den Fischen, Krebsen,

Fastenzeit

Austern, Muscheln und Schnecken verschiedene Wasservögel und Amphibien gestattet, und zwar vom Geflügel die See-Ente, das Wasserhuhn, die Krickente, die Wasserralle, die Taucherente, der Flamingo, der Reiher, der Regenpfeifer, von Vierfüßlern der Biber, der Fischotter, der Igel, das Stachelschwein, der Iguan und der Frosch.«

Klassische Fastenspeisen: Gemüsesuppen, Fischsuppen, Wein- und Biersuppen, Wassersuppen mit Reis, Graupen und Gries, Milchsuppen und Kaltschalen, alle Brot- und Semmelspeisen und Aufläufe, Pfannkuchen, Hirsebrei, Hülsenfruchtgerichte und Hülsenfruchtbrei, alle Milch- und Käsespeisen.

Kartäuserklöße sind ein besonders schmackhaftes Fastengericht, das wie die meisten ihrer Art in Klöstern, in diesem Fall in einem Kartäuserkloster, entstanden sein soll.

Kartäuserklöße

½–¾ l Milch, 3–4 Eier, Zucker, Zimt, Zitronenschale, 4–5 altbackene Mundbrötchen, Butter

Man zerquirlt die Milch mit den Eiern, einem Eßlöffel Zucker, etwas gemahlenem Zimt und abgeriebener Zitronenschale. Den Mundbrötchen säuberlich die Rinde abreiben, dann in Viertel schneiden und in der Milch einweichen. Wenn sie völlig durchgezogen sind, mit der abgeriebenen Rinde bestreuen, in heißer Butter goldgelb ausbakken und mit Obstsauce, Kompott und Zucker und Zimt servieren.

In Schweden backt man semla, große weiche Brötchen, die aufgeschnitten und mit Marzipan und Schlagsahne gefüllt werden. Das ißt man zu einer Tasse Kaffee oder serviert die semla in einer Schüssel mit heißer, zimtgewürzter Milch.

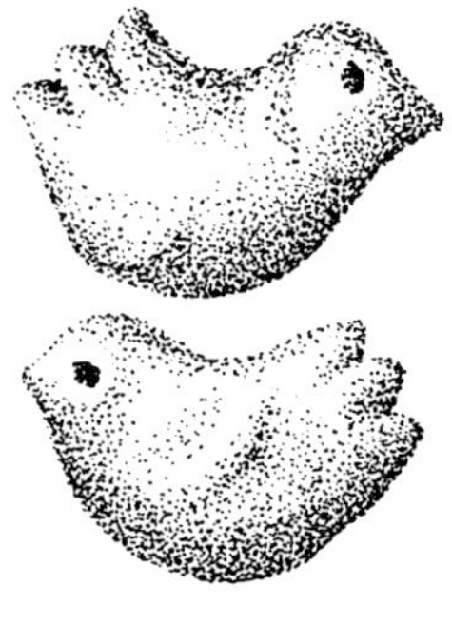

Kringel und Brezeln, auch Salzbrezeln, sind fast überall üblich. In Wien bot der Brezenmann ab Aschermittwoch seine Brezeln als Belohnung für den standhaften Verzicht auf Fraß und Völlerei an.

Frühlingsvögel: In Rußland glaubte man, am 10. März kehrten die Frühlingslerchen heim, deshalb wurden Vögel aus Brotteig gebacken. Die Kölner Göbbelchen sollen ursprünglich auch Vögel darstellen. Ein ganzer Kranz aus Göbbelchen ist ein typisches Fastengebäck.

Fastenzeit

In der Schweiz sind Kutteln eine beliebte Fastenspeise, und da die Fastenzeit nicht nur unter dem Zeichen von Fasten und Beten steht, sondern auch das Almosengeben dazugehört, war es in vielen Gemeinden üblich, am Faschingsmontag die Armen zu speisen.

Im Tessin wurde auf dem Kirchplatz ein Risotto ausgeteilt, eine Sitte, die noch heute in den größeren Orten weiterlebt. Je nach Gegend und Familie gibt es zum Risotto Kochwürste, Siedfleisch oder Pilze.

Das Fasten ersparte unseren Vorfahren, erspart heute noch den Strenggläubigen ganz nebenbei eine Frühjahrskur. Fasten gehörte schon zum alten heidnischen Frühlingsritual: beim Seelen- und Totenkult gab es eine vollkommene Enthaltsamkeit zugunsten der Toten. Es wurde immer in den Nächten vor den großen Jahresfesten gefastet.

Opfer an Windgeister wurden in dieser Fastenzeit zum ersten Mal gebracht. Man warf die Opfergaben aber nicht in die Luft, sondern man verzehrte die Gerichte aus Körnern, Mehl und Erbsen in der fastenzeitlichen Saatperiode.

In Italien hat man zu Beginn der Fastenzeit das hölzerne Bild einer alten Frau durchgesägt, so wie in Deutschland die Faschingsstrohpuppe verbrannt worden ist. Sie war das Symbol für den besiegten Winter und Nebel.

Aschermittwoch

Mit diesem Mittwoch nach den drei Vorfastenwochen beginnt im Kirchenjahr die Heilige Quadragesima, das vierzigtägige Osterfasten. Für die Christen sind diese vierzig Tage eine Zeit der Vorbereitung, zu denen das Fasten, Beten und Almosengeben ebenso wie der Geist der Zurückgezogenheit gehört: in katholischen Gegenden und Familien finden keine weltlichen Unterhaltungen wie Bälle oder große Partys statt.

Die Aschenbestreuung findet am Vormittag in den katholischen Kirchen statt. Die Asche, Symbol unserer Vergänglichkeit, ist die Asche der geweihten Palmzweige vom vorigen Palmsonntag, durch den Priester geweiht und den Gläubigen »aufs Haupt gestreut«, meist: in Kreuzform auf die Stirn gestrichen. Damit ist auch die Zeit der Narrenherrschaft vorbei.

Heringstag oder Kücheltag heißt der Aschermittwoch nach den ersten klassischen Fastenspeisen.

Geldbeutelwäsche: im Süden und im Westen Deutschlands wurden an manchen Orten aus Spaß die Geldbeutel gewaschen. Man hängte sie neben dem Brunnen nebeneinander auf die Leine, um anzudeuten, daß in der Faschingszeit auch der letzte Heller ausgegeben worden war.

Frösche und Schnecken sind Fastengerichte. In Baden gab es Frosch- oder Schneckenmahlzeiten, bei denen sich die erschöpften Fastnächtler trafen.

Februar

Aschermittwoch

Zum Heringsschmaus haben die Wirte eingeladen, in vielen Familien ist es jedoch auch üblich, an diesem Tag ein besonders gutes Heringsgericht oder ein kaltes Büfett mit verschieden eingelegten Heringen für Freunde vorzubereiten.

Grüne Girlanden haben die Wirte überall dort ausgehängt, wo Bier gebraut wurde, um anzukündigen, daß es ab jetzt das Fastenbier gab, ein gut gebrautes Starkbier.

Pfeffertag heißt dieser Tag in vielen Gegenden, weil die Langschläfer mit (grünen) Ruten aus den Betten gepfeffert wurden.

Der Aschermittwochsstreich: Die Kinder gingen fast in allen Landschaften in der Frühe des Aschermittwochs mit einem grünen Reis zu den Paten, gaben ihnen ein paar Streiche und erhielten dafür die letzten Faschingsbrezeln.
In Sachsen weckten die Kinder ihre Eltern und die Paten, wenn sie im gleichen Hause wohnten, mit bändergeschmückten Tannenzweigen und bekamen einen Faschingskrapfen als Lösegeld. Im Harz und in Mecklenburg benutzten die Kinder Birkenreise, oft liebevoll und lange vorher mit bunten Wollfäden und langen Schleifen geschmückt, sie gingen damit zur ganzen Familie, auch zu den Großeltern und zu Nachbarn und Bekannten, und bekamen für die Segensstreiche Brezeln oder Heißwecken.
Im Hannöverschen zogen junge Burschen gemeinsam durchs Dorf, warfen mit Asche, peitschten mit Zweigen und kochten sich abends aus den Lösegaben ein gutes Essen und vertranken das gesamte Geld im Wirtshaus.

Fuen nannte man dieses Schlagen mit den grünen Zweigen in Norddeutschland, wobei die Kinder Wacholder- und Fichtenzweige benutzten. Sie weckten mit den Streichen die Langschläfer in der eigenen Familie und droschen manchmal aus Leibeskräften, bis sich die Erwachsenen loskauften: mit Äpfel und Birnen, mit Pfannkuchen für die Kinder, mit Wurst, Schinken und Brot für die jungen Leute.

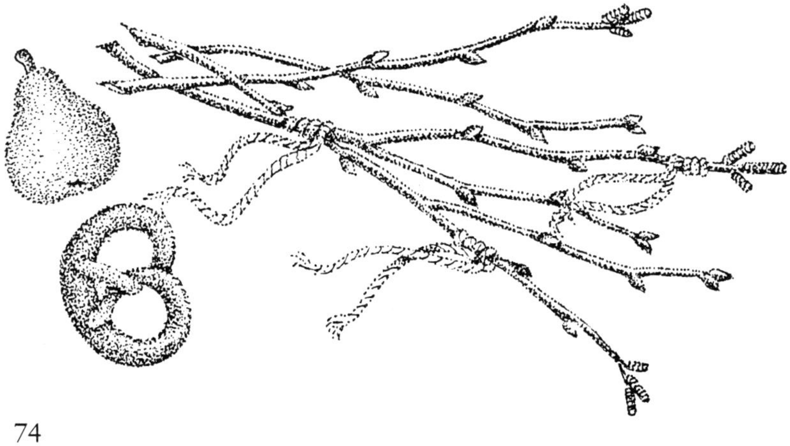

Aschermittwoch

Das Feuer ist ein Sonnensymbol. Die Sonne überwindet den Nebel: das Feuer, das den Fasching, die Winterpuppe aus Stroh, verbrennt, vernichtet mit diesen Sinnbildern den Todeszauber. Deshalb taucht das Feuer im Jahreslauf immer wieder auf, flammt als Trost im Dunkeln, knattert als Schutz gegen böse Geister und leuchtet als Segen für künftige Fruchtbarkeit.
Was jedoch überwunden worden ist, wirkt in seinen Resten und Überbleibseln abermal als Zauber, nun aber als guter: deshalb schätzte man die Asche des Opferfeuers und glaubte in ihr die weiterwirkende Kraft des einstigen Widersachers zur Verfügung zu haben.

Erster Fastensonntag
Invocabit

Der Sonntag nach Aschermittwoch hat seinen Namen nach dem ersten Wort des Eingangsgebetes: Invocabit me, er wird mich anrufen. *Weißer Sonntag* wird Invocabit auch genannt, weil in Rom die Ostern zu taufenden Erwachsenen an diesem Sonntag zum ersten Mal in ihren weißen Taufhemden in die Kirche gezogen sind.

Funkensonntag ist der Name, den ihm der Volksbrauch gegeben hat, denn an diesem Sonntag sind überall Feuer angezündet und Fackeln als Fruchtbarkeitswecker über die Felder getragen worden.

Scheibenschlagen wurde veranstaltet: die Feuer wurden am Abend auf einem Hügel entzündet, und die jungen Leute ließen Holzscheiben glühend werden und ins Tal fliegen oder rollen.

Funkenschlagen diente dem gleichen magischen Zweck. Eine Stange wird mit Strohseilen umwunden, diese angezündet, und dann wird die riesenhafte Fackel so lange geschwenkt, bis das Stroh abgebrannt ist.

Fastnachtsfeuer oder Fasnetfunken sind andere Bezeichnungen für das Feuer an diesem Sonntag.

Hüttensonntag hieß Invocabit in der Eifel, wo die Kinder und die jungen Burschen am Tag vorher durch die Ortschaften zogen, Stroh und Reisig sammelten, daraus eine Hütte auf einem Hügel bauten, auf die am Sonntag ein Strohmann gesetzt und am Abend mit dem Feuer angezündet wurde.

Beim Saatgang spielen auch die Kinder und die jungen Leute eine große Rolle. Sie, auf die die Alten genauso viel Hoffnung wie auf die sich verjüngende Natur setzten, machten einen Fackelzug durch die Gemarkung, um die Saat zu wecken. Das endete manchmal im Fackelschwingen oder im Fackelwettrennen.

Kuckucksfeuer hieß das Frühlingsfeuer am Fackeltag im Schwarzwald, denn mancherorts wurde es erst nach der Rückkehr von Schwalben, Nachtigall oder Kuckuck angezündet. Bei all diesen Veranstaltungen führen die Kinder und die jungen Leute die Vorbereitungen durch, sie sammeln und betteln im ganzen Dorf das Holz und das Stroh zusammen, und sie sammelten nach dem Feuerfest Heischega-

Erster Fastensonntag
Invocabit

ben in Form von Geld oder Lebensmitteln ein, mit denen sie sich für ihre Arbeit ein gemeinsames Fest machten.

Knäbelessonntag heißt der Tag nach diesen eifrigen Buben.

Jungfernfastnacht deutet auf die Sitte hin, daß die Mädchen und die Mägde von ihren Eltern oder ihrem Dienstherrn an diesem Tag ein Geschenk gestiftet bekamen.

Hutzelsonntag: Der Name stammt von der Sitte her, an diesem ersten Fastensonntag ein Gericht aus getrockneten Birnen zu kochen.
In anderen Gegenden gibt es Funkenküchle oder Funkenringe, Kringel oder Brezeln, die in Fett ausgebacken werden, in der Schweiz gibt es gebackenen Schnitten, also eine Art Arme Ritter, in Österreich wurden Honigkuchen in Butter gebacken.

Brot- und Käsesonntag: Das ist eine schöne Nachbarschaftssitte aus Holland. Dort glaubte man, man müsse an diesem Tag siebenerlei Brot essen, deshalb besuchte man alle Freunde und Verwandten nacheinander und ließ sich von allen mit Brot und Käse bewirten.

Einen Funkenkranz flochten die Mädchen an diesem Tag in Westfalen. Die Kränze waren aus Efeu, wurden zum Nachbarn getragen, über der Herdstelle aufgehängt, wobei der Beschenkte versuchen mußte, die Mädchen mit Wasser zu bespritzen. Der grüne Kranz deutet auf den kommenden Frühling, und das Bespritzen mit Wasser weist wahrscheinlich auf den alten Fruchtbarkeitszauber hin.

Der Fuchs erschien in Böhmen, wohl auch als Fruchtbarkeitsdämon, an diesem ersten Fastensonntag. Am Vorabend oder in aller Herrgottsfrühe hängten die Eltern heimlich Brezeln in die Obstbäume und weckten die Kinder vor Sonnenaufgang. Sie sagten ihnen, der Fuchs sei vorbeigekommen und habe ihnen Brezeln in die Bäume gehängt.

Lichter oder Lampen stellten in der Schweiz die Jungverheirateten oder Liebesleute ins Fenster und bekamen von bunt verkleideten jungen Leuten ein Ständchen gebracht. Die Belohnung: in einem Korb am Seil wird den Musikanten ein Imbiß aus Faschingskrapfen und Wein herabgelassen.

Vierter Fastensonntag
Laetare

Der vierte Fastensonntag heißt Laetare nach dem ersten Wort des Eingangsgebetes: Laetare Jerusalem, freu dich Jerusalem. Laetare wird auch oft Mittfastensonntag genannt, denn drei Wochen sind vergangen, und in drei Wochen ist Ostern.

Rosensonntag heißt dieser vierte Fastensonntag in Rom, wo man sich mit Rosen beschenkt, der Papst eine goldene Rose weiht, wo statt der violetten rosarote Gewänder getragen werden, und wo der Altar mit Blumen geschmückt wird.

Schwarzer Sonntag ist ein weiterer Name für diesen Tag. Dazu gehören einige Frühlingsbräuche, die mit dem alten Naturglauben zusam-

Vierter Fastensonntag
Laetare

menhängen und noch einmal das wiederholen, was schon vielerorts am ersten Fastensonntag, am Funkensonntag Brauch war. So fand noch einmal in anderer Form das Saatwecken statt.

Saatwecken: Strohumflochtene Räder wurden brennend die Hügel hinabgestoßen, es gab Scheibenschleudern, Fackelschwingen und ähnliches. Das alles sollte auch vor Hagelwetter schützen und den Winter, den Tod austreiben. Eine Stroh- oder Holzpuppe wurde in Schlesien und in Thüringen zuerst an einer Stange oder in einem Kasten (Sarg) zum Dorf hinausgetragen und dann ins Wasser geworfen oder verbrannt.

Das Todaustreiben gab dem Sonntag auch den Namen Totensonntag. Ursprünglich war der Tod der Winter, später sah man in ihm den Verräter Judas. In anderen Gegenden verband man Winter- und Sommerfest, warf zuerst den ›Tod‹ fort und holte dann den Sommer heim: eine Strohpuppe, die nur mit Blüten und Grün geschmückt ist.

Das Winteraustreiben war ein Fangspiel zwischen Kindern und jungen Leuten, wobei einer von ihnen durch das Los zum Winter wurde und von anderen zum Dorf hinaus gejagt wurde. Dabei haben die Winteraustreiber Schläge mit der segensbringenden Lebensrute ausgeteilt, mit grünen Zweigen.

Totenfangen spielen in anderen Gegenden die Kinder direkt nach dem Winterverbrennen. Sie laufen davon, als ob der Tod hinter ihnen her wäre. Manchmal übernimmt ein Kind die Rolle des Schwarzen Mannes und jagt sie.

Einen geschmückten Tannenzweig brachten die Mädchen in Schlesien als Sommerdocke mit heim, nachdem sie den in ein weißes Frauengewand gehüllten ›Tod‹ ins Wasser geworfen hatten. Am Mittelrhein war Laetare ein Fest für die Kinder.

Winter-Ertränken, von F. Quidenus

Vierter Fastensonntag Laetare

Stab-Aus-Fest: Die Kinder waren mit weißgeschälten Stäben bewaffnet, in zwei Parteien geteilt, wobei die eine von einem Jungen angeführt wurde, der als Winter in Stroh gehüllt war, während der Anführer der anderen mit Efeuranken umwickelt war und den Sommer darstellte. Sie führten ein Scheingefecht mit ihren Stäben, denn selbstverständlich mußte bei diesem Spiel der Winter unterliegen.

Der Sommertag, wie man den Sonntag Laetare auch nennt, wird in »Des Knaben Wunderhorn« so beschrieben: die Kinder gehen auf den Gassen mit hölzernen Stäben herum, an welchen eine mit Bändern geschmückte Brezel hängt, und singen den Sommer an, worüber sich jedermann freut. Auch gehen oft zwei erwachsene junge Burschen verkleidet herum, von welchen einer den Sommer, der andere den Winter darstellt, diese kämpfen miteinander, und der Winter verliert.

Im Kraichgau tragen die Mägde bei diesem Fest einen mit Immergrün umwundenen Reif auf einen Stecken, an dem Reif hängen kleine Spiegel, Goldflitter und Brezeln. Die Knaben tragen viele solche kleineren Kränze an ihren Stecken und geben immer einen als Gegengabe in jedem Haus ab, wo sie für ihren Gesang Geld, Eier, Schmalz oder Mehl erhalten. Dieser Kranz wird in der Stubenmitte über dem Tisch aufgehängt und bleibt bis zum nächsten Jahr hängen. Durch die Ofenwärme, die in die Höhe zieht, bewegt sich der Kranz zuweilen, dann sagen die Kinder, das bedeute was Gutes, wenn aber eine Hexe in die Stube kommt, sagen die alten Weiber, stehe der Kranz still. Das Sommerlied heißt so:

Tra, ri, ro,
der Sommer, der ist do!
Wir wollen naus in Garten
und wollen des Sommers warten,
jo, jo, jo,
der Sommer, der ist do.

Tra, ri, ro,
der Sommer, der ist do!
Wir wollen hinter die Hecken
und wollen den Sommer wecken,
jo, jo, jo,
der Sommer, der ist do.

Tra, ri, ro,
der Sommer, der ist do!
Der Sommer, der Sommer!
Der Winter hats verloren,
jo, jo, jo,
der Sommer, der ist do.

Vierter Fastensonntag
Laetare

Die Sommerheirat: In der Nähe von Ulm suchten sich die Burschen ihre Mädchen zum »Feuerjucken« (Feuerspringen) aus. Das bedeutete, daß sie den künftigen Sommer über mit ihnen zusammen waren, also alle Veranstaltungen und Feste gemeinsam besuchen wollten. Die Mädchen hießen Sommerbräute. Eine der zahlreichen Gelegenheiten, die das alte Bauernjahr den jungen Leuten gab, sich ohne feste persönliche Bindung, aber in der Geborgenheit der Tradition, kennenzulernen.

Den Ring holen: Wer schon ein Mädchen hatte, holte sich an diesem Sonntag einen Funkenring (Schmalzgebäck) oder ein Taschentuch. Die Funkenringe wurden andernorts im Wirtshaus verlost. Das Geld kam in die allgemeine Festkasse, und man bezahlte damit das Feuerholz.

Gebackene Dreizacke (Gebäck in Kleeblattform) wurde nach dem Winteraustreiben in der Alpengegend auf Gemeindekosten gebacken und an die Kinder verteilt oder zum Fangen hingeworfen.

Beim Schwerttanz oder Riesentanz traten Wotan in Riesengestalt und Frigga, seine Frau, in den Reigen, beide vermummt und Wotan mit einem Schwert versehen, das einem Knaben inmitten des Kreises um den Hals geschwungen wurde. Es kann sein, daß der Tanz die Befreiung der Erde (Frigga) vom Winter darstellte, es kann auch sein, daß der Knabe die Paradiesschlange darstellen sollte. Auf jeden Fall wurden die Kräfte der Natur dargestellt, oder die Naturgottheiten, die von den feindlichen Kräften der Unfruchtbarkeit bedroht sind und wie im Kampf verteidigt werden müssen.

Der Tanz hat immer und in allen Formen Segenswirkung, und je höher die Tänzer springen, desto höher wächst im Sommer das Korn.

Waffentänze hat es sicher schon lange vor der Zeitrechnung gegeben. Dem widerspricht nicht, daß manche Städte ihr Recht auf einen besonderen Schwerttanz darauf zurückführen, daß es ihnen in der Zeit des Absolutismus feierlich verliehen worden ist.

In Österreich haben die Kinder den Kampf zwischen Winter und Sommer manchmal in Form eines strengen Gerichts durchgeführt. Jede Partei war entsprechend der Jahreszeit verkleidet, es gab Verteidiger und Ankläger, Sommer und Winter waren besonders unverkennbar mit leichtem Gewand, Strohhut und Dreschflegel oder mit Pelzmütze und Zottelmantel, dicken Stiefeln und Schlitten ausgerüstet, und es mag oft den ganzen Witz der Buben und Mädchen gekostet haben, dem Sommer den Sieg zuzusprechen, denn das gesamte Dorf hat zugeschaut und sich eingemischt. Zum guten Schluß haben alle den Sieg gefeiert und getanzt.

Sommer und Winter, von Joseph F. v. Goez

In der Schweiz war der Sommer mit einem besonders schönen Lebensbaum ausgerüstet, an dem alle Kinder mitgearbeitet hatten. Die Zweige waren mit vergoldeten Früchten, mit Schleifen und Bändern, mit Nüssen und Bildern geschmückt. In England heißt der vierte Sonntag in der Fastenzeit

Mothering Sunday: Der Name stammt von der alten Sitte der frommen Christen, sich besonders an diesem Sonntag voll Dankbarkeit an die Mutter Kirche zu wenden, von der sie die Taufe empfangen haben. Man schmückte den Altar mit Blumen und brachte der Kirche Geschenke. Zugleich wurde von den jungen Leuten, die schon das Elternhaus verlassen hatten, und in der Umgebung in Diensten standen, ein Besuch zu Hause erwartet, so daß sich alle Kinder wieder unter dem Dach des Elternhauses und die Christen in der Kirche trafen. Die jungen Leute, besonders die Mädchen, brachten bei diesem Besuch, der oft auch der erste Urlaubstag war, einen Simnelkuchen mit. Weil dieser Kuchen ein Sinnbild des kindlichen Dankes für die mütterliche Liebe darstellt, ist er besonders reich in seinen Zutaten, und er verrät schon die Nähe von Ostern: für die simnels, die Semmelbrösel, wird

Simnel cake

450 g Mandeln, 450 g feiner Zucker oder Puderzucker, 5 Eier, Zitronensaft, 250 g Mehl, Salz, Zimt, Muskat, 200 g Butter, 200 g Zucker, 350 g Korinthen, 125 g Sultaninen, 100 g Orangeat, 100 g Zitronat, Aprikosenmarmelade

Aus den Mandeln, dem feinen Zucker oder Puderzucker, einem Ei und etwas Zitronensaft Marzipan kneten und ruhen lassen, während der Teig entsteht.

Dazu das Mehl mit einer Prise Salz, je einem Teelöffel gemahlenem Zimt und Muskat, der Butter, dem Zucker, vier Eiern und nach Bedarf ein wenig Milch zu einem Rührteig verarbeiten, mit Korinthen, Sultaninen, Orangeat und Zitronat vermengen. Die Hälfte des Teiges in eine gut ausgefettete und ausgebröselte Springform füllen. Ein Drittel des Marzipans auf Puderzukker zu einer runden Platte ausrollen, diese auf den Teig legen und nun den Teigrest darüberfüllen. Bei Mittelhitze eine gute Stunde backen, dann die Garprobe machen. Abkühlen lassen, aus der Form nehmen, mit Aprikosenmarmelade bepinseln, dann das restliche Marzipan ausrollen und die Torte damit umhüllen. Aus den Marzipanresten elf Kugeln rollen und mit etwas Eiweiß im Kranz auf die Torte kleben.

Vierter Fastensonntag
Laetare

besseres Mehl verwendet. Diesen Kuchen, der oft auch erst für den Passions-Sonntag gebacken und verschenkt worden ist, gab es schon zu Zeiten von Henry III.

In Belgien war zu Halbfasten, wie der vierte Fastensonntag dort heißt, noch einmal Karneval. Es gab am Vormittag Maskenzüge durch die Straßen, abends Maskenbälle und am Abend kam der Graf von Halbfasten oder der Heilige Graf und brachte jedem Kind das einen Korb mit Heu und einer Brotkante oder einer Mohrrübe für das Pferd des Grafen vor den Kamin gestellt hatte, ein Geschenk. Manchmal ritt der Graf wie Wotan auf seinem Schimmel durch die Stadt, von einem verkleideten jungen Mann, ebenfalls zu Pferd, gefolgt, der die Gräfin von Halbfasten darstellte und rechts und links vom Sattel große Körbe voller Süßigkeiten hatte, die er (oder sie) mit vollen Händen den Kindern zuwarf, die den Zug säumten.

In Zürich läutet am Sonntag Laetare zum ersten Mal die Abendglocke um sechs Uhr. Das ist das berühmte Sechseläuten.

Sechseläuten stammt noch aus der Zeit, in der anders gemessen wurde: im Winter gab es kürzere Tagstunden und lange Nachtstunden. Das Sechseläuten deutete an, daß nun wieder die langen Tage kommen.

Sechseläuten in Zürich: Der Böögg wird verbrannt

Passionssonntag Judica

Der Passionssonntag heißt auch Judica nach dem ersten Wort im Eingangsgebet: Judica me, Deus, schaff Recht mir, Gott. In der Messe dieses Tages steht der leidende Christus im Vordergrund, das Altarkreuz und die Altarbilder werden mit dunklen Tüchern verhüllt, um an die Erniedrigung des Erlösers zu erinnern.

Carlings-Sonntag heißt der Passionssonntag in England, carling heißt Fessel oder Schlinge. Die Sitten dieses Tages weisen jedoch auf heidnische Gebräuche hin: früher hat man den Seelen und den Windgeistern geopfert, deshalb kochen die Bauern in Yorkshire ihre Lieblingsgrütze, die Carlings groat aus Birnen und Erbsen und spenden sie den Seelengeistern.

Erbsensonntag heißt dieser Tag in Wales, wo man sich geröstete Erbsen einpackt, auf die Hügel klettert und dort die Erbsen zusammen mit dem Wasser einer Bergquelle aufißt.
Oder man weicht die Erbsen am Vorabend in Wasser, Wein oder Apfelwein ein und kocht eine kräftige Suppe, zu der Freunde eingeladen werden.
In Nordostengland gibt es Hülsenfrüchte, also Bohnen oder Erbsen in Butter gebraten und mit Essig und Pfeffer gewürzt.

Als Whirling-Sunday wird der Passionssonntag auf den kleinen westlichen Inseln bezeichnet, man backt Whirling cakes, Wirbelkuchen, kleine Windbeutel, die ursprünglich für die Windgeister bestimmt waren.

Der erste Storch, der erste Maikäfer, die erste Schwalbe wurden früher als Sommerboten feierlich begrüßt, vom Turm aus angeblasen, und wer als Bote die Ankunft melden konnte, bekam einen Dankestrunk oder ein Geschenk.
Kinder trugen im gleichen Sinn einen Kranz, eine Puppe oder ein Tier als Stellvertreter der Sommer-Verkünder im Korb durch die Straßen und Dörfer. Sie sangen dazu Willkommenslieder für den Sommer und sammelten dafür bei den Erwachsenen Gaben.

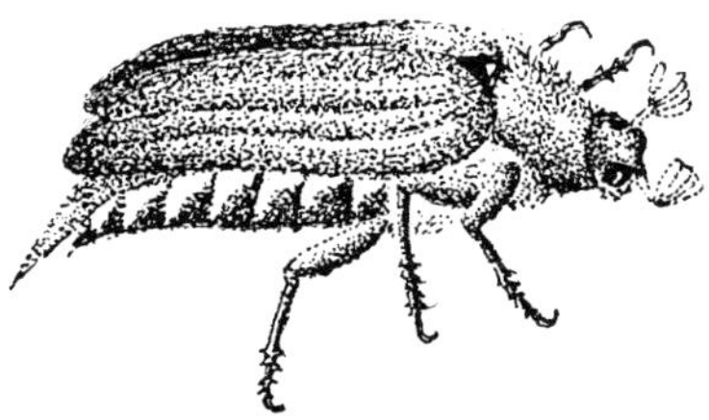

Illustration zu »Der Winter ist ein rechter Mann«, von Ludwig Richter

Der Winter ist ein rechter Mann,
Kernfest und auf die Dauer;
Sein Fleisch fühlt sich wie Eisen an,
Er scheut nicht süß noch sauer.

Wenn Stein und Bein vor Frost zerbricht
Und Teich' und Seen krachen;
Das klingt ihm gut, das haßt er nicht.
Dann will er sich tot lachen.

Da ist er denn bald dort, bald hier.
Gut Regiment zu führen,
Und wenn er durchzieht, stehen wir
Und sehn ihn an und frieren.

Matthias Claudius

Februar

Die winterlichen Kinderspiele in der Karnevalszeit sind oft aus den sehr viel grausameren der Erwachsenen hervorgegangen.
So wurden in Dänemark der Winter und die Winterhexen in Form einer schwarzen Katze vertrieben. Das Tier saß tatsächlich in einer Tonne, die an einem Seil hing, das quer über die Straße gespannt war, und alle Burschen und Männer warfen ihre Knüttel nach dem Faß, bis dieses glücklich zerfiel und die arme schwarze Katze sicher wirklich wie ein Teufel herausfuhr.
Daraus ist ein Kinderkarneval geworden: Die Kinder verkleiden sich genauso bunt und verrückt, wie es die Männer taten, und sie dreschen auch ebenso wild auf die Tonne ein, in der jedoch nur eine Spielzeugkatze sitzt.
Auch aus dem Tauziehen in englischen Dörfern, bei dem ganze Mannschaften erbittert gegeneinander antraten, ist ein Wettspiel für Kinder geworden, bei dem sie zeigen können, wieviel Kraft sie seit dem letzten Jahr dazugewonnen haben. Bei diesem Wettkampf wird den Gewinnern ein immergrüner Kranz aufgesetzt, Verheißung des kommenden, unwiderstehlichen Sommers.

März

Er heißt auch Lenzmonat, Lenzing oder Frühlingsmond, ist mit seinem lateinischen Namen März dem römischen Kriegsgott Mars geweiht gewesen, am 20. beginnt der Frühling, auch die Arbeit im Garten, und die Sommersaat, Roggen, Hafer und Gerste wird in den Acker gebracht. **1. März**

Der 1. März war früher ein beliebter Verlobungstermin, galt den Liebenden als Orakeltag: Wer in der Mitternachtsstunde dreimal um sein Bett geht, wird dann im Traum den zukünftigen Ehepartner sehen.

Sankt Davidstag, die Waliser tragen am Tag ihres Landespatrons grünen Lauch und weiße Narzissen am Hut und kochen eine Lauchsuppe. Alle Gärtner, die sich gegenseitig helfen, bringen Zwiebeln mit und kochen sich daraus eine Zwiebelsuppe mit Brot.
Das Rezept für ein klassisches grün-weißes Gericht zu Ehren des heiligen David:

Lauchpasteten
Aus 450 Gramm Mehl, 250 Gramm Butter oder Margarine, einem Teelöffel Backpulver, einem halben Teelöffel Salz einen Teig kneten, ausrollen und zu 12 Rechtecken schneiden. Unterdessen das Weiße von 12 großen Lauchstangen putzen und mit einem Eßlöffel Zitronensaft, einem Teelöffel Zucker und etwas Salzwasser fünf Minuten blanchieren, sehr gut abtropfen lassen, auf den Teig legen, etwas Sahne mit einem Eigelb verrühren und die Lauchstücke damit bepinseln. Den

März

1. März Teig am Rand mit Wasser befeuchten, über dem Lauch zusammenklappen, mit verquirltem Eigelb bepinseln und 20 Minuten in einem auf 200 Grad vorgeheizten Ofen backen. Dies Gericht schmeckt besonders gut, wenn man ein bißchen gewürfelten Schinken auf den Lauch streut.
Wenn man den Tisch für diese Waliser Mahlzeit deckt, stellt man einen großen Strauß Narzissen in die Mitte.

Anfang März »Wenn der März wie ein Lamm kommt«, hat man in manchen Gegenden ein

Baumfest in Form eines Picknicks auf der Terrasse oder im Garten gefeiert.

Die erste Märzwoche ist in den USA die Girlsscout-Woche. Eine Gelegenheit für Wanderungen, Picknicks und Lagerfeuer. Eltern bereiten dafür Salate vor und backen Brownies, die es als praktisch zu transportierenden und sättigenden Nachtisch gibt.

Brownies
100 Gramm Kochschokolade mit einer Tasse Öl oder Margarine und drei Tassen Zucker zerschmelzen lassen, abgekühlt mit zwei Tassen Mehl, einem Beutel Backpulver, einem halbem Teelöffel Salz, anderthalb Tassen gemahlenen Nüssen und 6 Eiern verrühren. Zum Schluß eine Tasse kernlose Rosinen darunterheben und mit einem bis zwei Beuteln Vanillinzucker würzen. In das gut gefettete Backblech streichen und im auf 180 Grad vorgeheizten Ofen eine gute halbe Stunde backen lassen. Noch heiß in Würfel schneiden.

Winteraustreiben findet allerorts von Anfang März bis Frühlingsanfang oder Sonnenwende statt. Das ist ein Kampf oder ein Wettstreit, bei dem der Bursche, der den Sommer darstellt, oft einen Baum oder

einen Buschen trägt, der mit leuchtend roten Früchten oder Schmuckschleifen, Äpfeln, Birnen und vergoldeten Nüssen geschmückt ist. Der Kampf mag hin und her wogen, zum Schluß siegt natürlich der Frühling oder der Sommer, und der Winter wird vertrieben, seines Schmucks beraubt, in den Bach gestoßen, oder er muß die Zeche für das Fest zahlen, das sich an das Winteraustreiben anschließt.
Die Schulkinder verkleiden sich im Unterengadin, ziehen unter Peitschenknall und Glockengeläut den ebenfalls schellenschwingenden Sommer auf einem Schlitten hinter sich her. Die Kinder ringen zu Paaren, sammeln dafür Geschenke ein, Eßwaren, die eine vorherbestimmte Mutter für alle kocht. Das Fest endet also in einer großen Schmauserei, und es gibt auf jeden Fall karamelisierte Maroni mit Schlagsahne und in Fett gebackene Hufeisen, ein Gebäck, das mit den Hörnchen die Winterdämonen abwehrt.

Winterspiele und Frühlingsfeste

Das Frühlingsfest symbolisiert den Frühlingseinzug und fand in der Pfalz und in Schwaben zu Mittfasten statt, also am Sonntag Lätare, am vierten Fastensonntag. Am Rhein wurde es um Ostern herum gespielt, und in manchen anderen ländlichen Gegenden hing es von der Ankunft der Vögel ab, von Schwalbe, Nachtigall oder Kuckuck. Der Ablauf war jedoch überall fast gleich: die ganze Dorf- oder Stadtbevölkerung zieht auf den Anger oder auf die Festwiese hinaus, die jungen Leute haben sich in zwei Parteien geteilt, Winterparteien und Sommer- oder Frühlingspartei. Die Winterburschen sind mit Stroh umwickelt, der Winterkönig trägt eine Strohkrone und marschiert ihnen mit einem Holzschwert voran. Die Sommerburschen tragen grüne Laubkleidung, und ihnen marschiert der Sommerkönig mit einem Blumen- oder Efeukranz voran. Beide Parteien singen oder lassen sich von der Dorfkapelle begleiten. Der Kampf beginnt, wobei der Sommer mit grünen Blättern, Moos und Blumen wirft, während sich der Winter mit Häcksel und Asche zu wehren versucht, dann aber unterliegt. Die Winterbuben werfen die Strohkleider in den Bach oder schichten damit ein Feuer auf, um das sie singend herumtanzen. Gemeinsam marschieren sie dann ins Dorf zurück, wo es einen großen Festschmaus gibt.

Der Bändertod ist ein Frühlingsspiel, das in Böhmen von Kindern aufgeführt wurde: es gehören fünf Buben und Mädchen dazu, die den König darstellen, seine Tochter als Verkörperung des Frühlings, zwei Diener, die Sommer und Herbst darstellen, und schließlich noch den Winter, den Tod. Sommer und Herbst werben beim König um die Frühlingstochter, bis unter großem Gepolter und Aufwand der Winter erscheint und die Frühlingstochter zu rauben versucht. Der König merkt aber rechtzeitig, was der Winter vorhat, kämpft mit ihm und vertreibt ihn oder sticht ihn nieder. Alle Darsteller sind kunstvoll mit Bändern geschmückt, woher das Spiel auch seinen Namen hat. Nach dem Spiel werden nicht Geldmünzen, sondern Lebensmittel eingesammelt, aus denen sich die Kinder einen Belohnungsschmaus kochen oder zusammenstellen.

Sommertag ist zwischen Sonntag Lätare und Frühlingsanfang mit einem Kinder-Umzug gefeiert worden. Alle Kinder hatten auf sauber geschälte Weidenruten eine Brezel, einen Apfel und ein ausgeblasenes Ei gesteckt, zogen hinter zwei Spielern her, die als Sommer und Winter verkleidet waren, also im Zottel- oder Sackgewand steckten und im grünen Kleid, den Kranz auf den Kopf; vor der Stadt bildeten die Kinder einen Kreis, in dem Winter und Sommer miteinander kämpften.

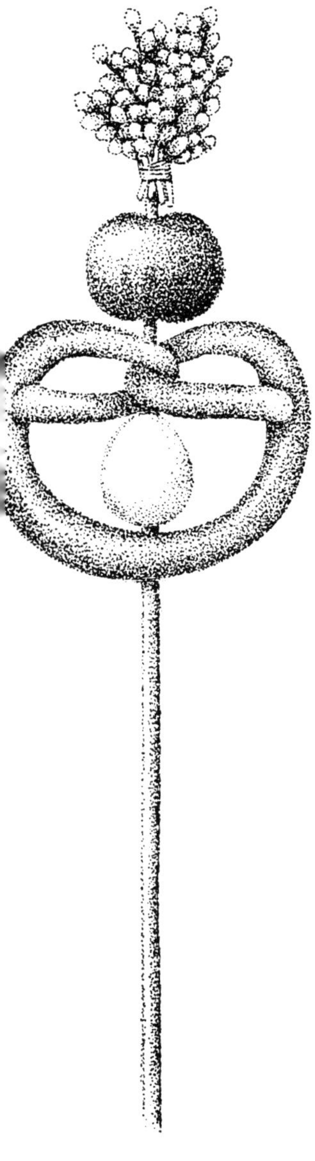

Die Sommerdocke (Sommerpuppe) ist in Böhmen ein geschmücktes Tannenbäumchen, in dessen Zweigen eine kleine Puppe sitzt, die als Winter angezogen ist. Der Winter wird ins Wasser geworfen und verbrannt, das Tannenbäumchen noch zusätzlich mit Blumen und Bändern geschmückt und im Triumph ins Dorf zurück getragen, wo es den Mittelpunkt des anschließenden Festes darstellt.

Gebackene Dreizacke oder Gebäck in Kleeblattform, Glücksgebäck also, ist früher oft auf Gemeindekosten unter die Kinder verteilt worden, oder eine der Mütter hat sie gebacken, die dafür die eingesammelten Lebensmittel bekam.

Den Laubmann oder den Wilden Mann mußte man in Thüringen aus dem Holze holen, damit mit all dem Grün der Sommer herbeikam. Ein Bursche wurde in Zweige und Laub gewickelt und mußte sich als Wilder Mann im Wald verstecken. Kinder und junge Leute zogen dann aus, um ihn zu suchen, führten ihn schließlich im Triumph ins Dorf, wo sie vor jedem Hause anhielten, manchmal sangen, manchmal gereimte Sprüche aufsagten und um ein Geschenk für das Fest baten.

Der Winterbär wird in einem Dorf im Schwarzwald von jungen Leuten ertränkt: sie ziehen dem Burschen, der den Winter darstellt, den alten Strohpelz aus und werfen ihn ins Wasser. Dann werden gemeinsam Eier eingesammelt und verzehrt.
Je näher das Frühjahr rückt, desto freundlicher werden die Winterspiele, der Kampf zwischen den Jahreszeiten. Der Winter verschwindet ganz aus den Spielen, im Mittelpunkt stehen nur noch grünes Laub und Blumen.

Sommergewinn hieß ein Volksfest in Eisenach, bei dem früher in der Abendämmerung ein brennendes Rad den Berg hinuntergerollt wurde. Zuvor fand ein Jahrmarkt statt, auf dem man Apfelwein und Kaffee, Krapfen und Windbeutel kaufen konnte und vor allem die sogenannten Heiligen Geister: das waren aus Binsen geflochtene Vögel, die vermutlich nach dem Hospital Zum Heiligen Geist genannt wurden. Sie wurden ebenso wie kunstvoll mit bunten Stoffläppchen beklebte

Heidelberger Sommertag

Eier und kunterbunt angemalte holzgeschnitzte Gockelhähnchen mit einem Faden an die Stubendecke gehängt und sollten den Sommer verkünden oder herbeirufen.

Das Kräutchenpflücken ist eine Sitte aus dem alten Westfalen, wo die Mädchen hinausziehen, Kränze aus weißen und gelben Blumen winden, die in der Stube oder im Stall hängen bleiben, bis man sie im kommenden Jahr durch einen frischen Kranz ersetzen kann.

Zum Kränzewinden muß man oft fast noch in der Nacht aufstehen, muß schweigend durch den Wald ziehen und weiße und rote Blumen pflücken, wobei die Kränze dann einen besonderen Ehrenplatz bekommen: Sie werden über den Eßtisch der Familie gehängt. Oft sind es doppelte Kränze, die ineinander hängen oder ineinander verschlungen sind, so daß sie das Ewigkeitszeichen bilden.

Das Veilchenfest: In den Dörfern wurde das erste Veilchen feierlich auf eine Stange gesteckt und umtanzt.

Frühlingsherold ist in den Städten derjenige geworden, der mit dem ersten Veilchen auf dem Stock vorm Tor erschien. Er wurde vom Türmer feierlich mit einer Fanfare begrüßt, und dann bekamen beide, der Türmer und der Frühlingsherold, einen Ehrentrunk.

März

Anfang März **Das erste Veilchen** wurde schon im Mittelalter hoch geehrt: es durfte nur vom sittsamsten und schönsten Mädchen gepflückt werden.
In Wien ist es schon im 12. Jahrhundert Brauch gewesen, im März in den Donauauen das erste Veilchen zu suchen. Wer es fand, benachrichtigte sogleich den Herzog, der dann mit seinem ganzen Hofstaat hinauszog, um das Veilchen als Frühlingsboten feierlich zu begrüßen. Hans Sachs hat später ein Fastnachtsspiel geschrieben, in dem ein Dichter das erste Veilchen sucht, findet, mit seinem Hut zudeckt, zur Herzogin eilt – doch als alle feierlich den Hut aufdecken, da haben die Bauern vom Nachbarfeld das Veilchen schon gepflückt und stattdessen einen Roßapfel unter den Hut gelegt

Blumenorakel: In Anhalt sagte man, wer das erste Veilchen des Jahres findet, der darf sich etwas wünschen. Es wird so gewiß in Erfüllung gehen, wie nun der Frühling kommt.

3. März **Tag der heiligen Kunigunde**
Sie war die Gemahlin Kaiser Heinrichs des Zweiten und lief über glühende Pflugscharen, um im Gottesurteil die Reinheit ihres Herzens zu erweisen. So liegt ihr Ehrentag im Frühling richtig, die Glut des Eisens symbolisiert die kommende Glut der Sonne, die Schneeschmelze, nach der der Pflug vorbereitet wird und der Frost aus der Erde weicht. Der Wetterspruch: Kunigund/ macht warm von unt'.

Das Puppenfest in Japan heißt auch Tag der jungen Damen. Die Eltern von Mädchen beten an diesem Tag, daß ihre Tochter eine gesunde und glückliche Kindheit haben und zu einer schönen und freundlichen Dame heranwachsen möge.

3. März

Dazu werden auf einer leuchtend roten Bühne Puppen aufgebaut, die manchmal seit Generationen im Familienbesitz sind und die kaiserliche Familie, Minister und Würdenträger, Hofdamen und Musikanten darstellen. Zwischen die Puppen werden kleine häusliche Gegenstände aufgebaut: Geschirr und blühende Bäume, Hausgerät und Kutschen. Ein Tag, an dem man Puppensachen aufräumen und ergänzen, alte Puppenhäuser neu zurechtmachen und kranke Puppen zum Puppendoktor bringen kann.

Kinderstube, von Fritz von Uhde, 1889

10. März

Der Tag der Vierzig Ritter, die um ihres Glaubens willen den Martertod erlitten.
Der Wetterspruch: Friert's am 40 Rittertag, /so kommen noch 40 Fröste nach.

12. März

Tag des heiligen Gregorius
Er war Kirchenvater und Papst. Da Gregor der Große als Kinderfreund bekannt war, gilt er außerdem als Schutzherr der Schule und der Schuljugend. Bei den Germanen war dies der Tag der Knaben- und Jünglingsweihe.
Früher schloß an diesen Tag das Wintersemester in den Schulen, es fanden festliche Umzüge statt, bei denen die Kinder als Handwerker verkleidet waren oder historische Kostüme trugen, es gab Schülerspiele und Wettsingen.
Berühmt war der Gregoriustag in Prag, wo der Rektor die Studenten zum Essen einlud und sie dabei halb im Scherz, halb im Ernst ermahnte, ihren Lebenswandel zu bessern.

12. März

Heimkehr vom Schulfest, von Christian E. Boettcher

In Sankt Gallen ließ der Bischof zweierlei Speisen von den Lehrern verteilen: trockenes, nahrhaftes Schulbrot und süße Gregori-Zuckerln, Symbole für den Ernst und die Süßigkeiten des Schullebens.
In manchen Gegenden verkleidete sich ein Schüler, der von allen anderen gewählt worden war, als Schülerbischof und ritt auf einem Schimmel herum, mit einer langen Stange, auf der Brezeln steckten, die er an die Kinder verteilte.
Viele Schülerumzüge endeten auf einem Jahrmarkt, wo Zelte und Buden aufgeschlagen waren, wo man auf Scheiben schießen und nach Vögeln Stangen empor klettern konnte, wo getanzt wurde und es zum Schluß einen Schmaus, zumindest einen Korb voller Brezeln für die Kinder gab.

Das Gregorisingen ist eine Sitte, die zeigt, wie bettelarm damals die Schulmeister und ihre kleinen Schulen gewesen sind. Das Gregorisingen war ein Bettelsingen, der Schulmeister ging mit seinen Schülern von Haus zu Haus, von Gehöft zu Gehöft, sammelte Mehl, Eier, Fleisch, Brot und Schmalz ein und ließ den Kindern in einem Wirtshaus aus allen guten Sachen ein kräftiges Mahl kochen.
Manchmal gab es beim Gregorisingen, oft als Wettsingen veranstaltet, nur Brotgeschenke oder Brezeln, manchmal wurden von den Schülern Eier eingesammelt, die dann an die Sänger verteilt wurden.

12. März

In Baden zogen die als Engel verkleideten Schulkinder mit dem Lehrer, der den Heiligen Gregor darstellte, von Haus zu Haus, sagten Gedichte auf und sangen, Gregor hielt eine kleine scherzhafte Versrede, bei der ein Schüler, als Fuchs verkleidet, ins Haus huschte, bei der vorgewarnten Hausfrau den Küchentisch abplünderte und Gebäck und Obst in die Körbe der Mädchen füllte.

15. März

Die Iden waren im römischen Kalender die mittleren Tage eines Monats, und zwar im März, Mai, Juli und Oktober jeweils der 15. Tag des Monats, in den anderen Monaten der 13. Tag des Monats. Bei allem, was einen Wechsel, einen Abschnitt darstellt, lauert nach der Ansicht unserer Vorväter Gefahr, deshalb galten die Iden als unheilvolle Tage, die Iden des März als erste Iden des Jahres ganz besonders. Man mußte sich an diesem Tag nicht nur vor den wohlvertrauten Hexen und Dämonen, sondern auch vor Vampiren hüten.
Jahrhundertelang hat man Knoblauch als magischen Schutz vor solchen Unholden betrachtet und eine Zehe am Band um den Hals getragen.
Heutzutage reibt man lieber die Salatschüssel damit aus und ißt den ersten knackigen Märzsalat.

17. März

Tag des heiligen Patricius
Patrick genannt, ist er der Schutzpatron von Irland. Er soll in Schottland geboren und als Sechzehnjähriger von Seeräubern nach Irland entführt worden sein, wo er sechs Jahre lang das Vieh hütete, ehe er wieder nach Haus fliehen konnte. Doch als Bischof kehrte er nach Irland zurück, begann sein Bekehrungswerk und gründete viele Klöster, Schulen und Kirchen. Er kann aber auch ein römischer Kriegsmann gewesen sein, der sich später Patrick nannte.
An diesem Tag sind in Irland Schulen und Geschäfte geschlossen, man begeht den Tag gern mit festlichen Einladungen, wobei die leckersten Gerichte des Landes serviert werden, Lachs oder eine traditionelle Suppe aus Lauch, Petersilie, Milch und Hafermehl: erstens sind Weiß und Grün die Farben des Landes und zweitens hat der Legende nach eine sterbenskranke Frau, die der heilige Patrick gepflegt hat, nach einer binsenähnlichen Speise verlangt, ohne die sie sterben müsse. Da segnete der heilige Patrick die Binsen, sie wurden zu Lauch, die Frau aß davon und wurde flugs gesund.

Ein Kleeblatt gehört auch zu diesem Tag, weil der heilige Patrick den Iren an den drei Blättern die heilige Dreifaltigkeit erklärt hat. Deshalb trägt man am Patricktag ein Kleeblatt im Knopfloch.

Tag der heiligen Gertraud
Sie ist die Schutzpatronin der Spinnerinnen, die früher an diesem Tag einen festlichen Umzug machten und ein Frühlingsessen veranstalteten. Ein guter Anlaß, mit den Kindern ins Heimatmuseum zu gehen, um ihnen zu erklären, wie ein Spinnrocken funktioniert.

Am Spinnrad, von Daniel Chodowiecki

19. März

Fest des heiligen Joseph

Er war der Nährvater des Christkindes. Am Josefitag feiern die Zimmerleute ihren Schutzpatron, der Heilige Joseph ist außerdem der Schirmherr von Kärnten, Steiermark und Tirol.
In Berchtesgaden ist früher bei der Festmesse des Tages von den Zimmerleuten ein Brot geweiht worden, das Baumwollbrot hieß und aus vier runden aneinander gebackenen Brötchen aus Hefeteig bestand, der reichlich mit Rosinen und Korinthen versetzt war.
In den Alpen »bestellt« sich der junge Mann an diesem Tag sein Ostergeschenk (Ei), das er am Ostermontag von seinem Mädchen abholt. Wenn das Mädchen ihn liebt und erhören will, so bereitet es drei Eier vor, färbt sie rot und beschreibt sie mit Liebesversen.

Frühlingsanfang

Am 20. und 21. März ist Frühlings-Tagundnachtgleiche, die Sonne tritt in das Sternbild des Widders, mit dem der Frühling beginnt.
In vorchristlicher Zeit hat man geglaubt, daß an diesem Tag der Frühlingsgleiche die Welt erschaffen worden sei. Deshalb hat auch Romulus, der den Römern den crsten Kalender entwarf, das Jahr mit dem März beginnen lassen, wobei sie diesen ersten Monat nach ihrem wichtigsten Gott, nämlich dem Kriegsgott Mars benannt haben.

Frühlingsbegrüßen: Kinder sind früher durchs Dorf gezogen, mit langen Stangen oder Zeptern, die mit Weidenkätzchen oder Papierblumen, Bändern, roten Äpfeln und rot gefärbten Eiern behängt und geschmückt waren.
Ein letztes Mal zieht der Sommer mit einem geschmückten Baum und der Stroh-Winter mit einem Dreschflegel durchs Dorf, der eine wurde zum Abschied der andere zur Ankunft mit Gebäck und Eiern beschenkt.

Sonnenräder: Das ist das Gebäck für diesen Tag der steigenden Sonne, und sie wurden in jeglicher Form und Größe gebacken.

Umritte: Das ganze Frühjahr und den Sommer hindurch hat es früher Umritte gegeben – Georgiritte, Leonhardiritte, Wendelin, Ulrich und Stephanus nicht zu vergessen –, die stets dem betreffenden Heiligen zur Erinnerung geschehen, aber auch in der Form des magischen Kreises das umrittene Gebiet – meist Felder – vor Dürre und Hagelschlag und Unholden schützen sollen. Heute nehmen viele Reitervereine diese Sitte auf, und in Süddeutschland gab und gibt es berühmte Umritte, bei denen ein Ritter im Gewand des Heiligen auf einem Schimmel die Prozession durchs Land anführt.

Frühlingsspiele

Die alte Wetterhex erinnert noch einmal an die Kämpfe von Wintergeist und Frühlingsvertretern. Dazu wird eine Wetterhexe durch Auszählen oder Zuruf gewählt und bekommt den Oberkörper mit Zweigen oder Stroh umflochten. Manchmal wird ihr auch noch ein Strohkreuz aufs Haupt gedrückt. Die übrigen Spieler binden sich am linken Oberarm ein Büschel Stroh oder einen Zweig fest. Die Spieler heißen Katzen, stellen sich im Kreis um die Wetterhexe auf, springen um sie herum und beginnen sie zu necken. Die Wetterhex, die auf einem Besen reitet, versucht eine der Katzen zu fangen, was ihr schon gelungen ist, wenn sie einer Katze das Strohbündel vom Arm reißt. Wenn sie alle Katzen gefangen hat, stellen sich die Spieler in zwei Reihen auf, fassen sich fest an den Händen, legen die Wetterhexe auf die Brücke und werfen sie dreimal in die Luft. Das nennt man: die Wetterhex verbrennen. 20. März

Strunkenstehlen: In Holstein wurde in der Zeit, in der die alten Kohlstrunke aus dem Acker gerissen werden, ehe im März der Boden umgegraben wird, dieses Spiel gespielt: zwei Parteien wurden ausgezählt oder gewählt, jede sammelte sich einen Berg von vierundzwanzig Kohlstrünken zusammen, wobei zwischen den Parteien eine Grenzlinie gezogen wurde. Nun versuchte jeder, bei der anderen Partei einen Kohlstrunk zu stehlen, ohne gefangen zu werden. Wer angetippt wurde, mußte reglos stehenbleiben, bis ihn jemand aus seiner eigenen Partei durch Antippen wieder erlöste.
Das Spiel war zu Ende, wenn eine Partei alle anderen festgebannt hatte. Sie bekamen von der besiegten Partei drei oder vier Kohlstrünke, je nach Vereinbarung, und dann ging das Spiel wieder los, unter Umständen so lange, bis eine Partei alle Kohlstrünke hatte.

Fest des heiligen Benedikt 21. März
Benedikt wurde ein halbes Jahrhundert nach Christi in Nursia in Umbrien geboren, hat sich früh in die Einsamkeit zurückgezogen und mehrere Klöster gegründet. Monte Cassino gehört dazu und wurde nicht nur die Wiege des Benediktinerordens, sondern der Mittelpunkt des abendländischen Mönchtums, der abendländischen Kultur. Der Legende nach soll Benedikt einem Mitbruder, dem die Sichel aus der Hand und in die Tiefe eines Wassers gefallen war, diese auf wundersame Weise wieder herausgeholt und mit folgenden Worten überreicht haben: »Nimm das, arbeite und sei nicht traurig.« Ein Satz wie ein Motto für Arbeits- und Lebenshaltung der Benediktiner.

Fest des heiligen Erzengels Gabriel, der als Bote Gottes zu Maria geschickt wurde. 24. März St. Gabriel

Mariä Verkündigung ist eines der ältesten Feste der Kirche, das schon im 5. Jahrhundert an diesem Tag gefeiert worden ist. Maria ist die Schwalbe geweiht, wie einst der Iduna, der nordischen Göttin der Unsterblichkeit, die durch Lokis Verrat vom Winterriesen gefangen gesetzt wurde, mit jedem Frühlingsbeginn aber in Gestalt einer Schwalbe befreit nach Walhall zurückfliegen kann. 25. März Mariä Verkündigung
Dieser Tag der Wiedergeburt des Lichtes ist mit vielen Frühlingsbräuchen verbunden, man hat den Tag sogar früher als eigentlichen Frühlingsanfang gefeiert.

25. März
Mariä Verkündigung

Mariä Verkündigung, Meister der Lyversberger Passion

24. März **Um Gabriel** wird die erste Furche gezogen, das erste Korn gesät, und in Norddeutschland hört an diesem Tag die Abendarbeit bei künstlichem Licht auf und beginnt erst wieder zu Michaelis.

25. März **Der Marientag** ist in Schweden ein Frauentag, an dem man sich gegenseitig einlädt und Waffeln mit Marmelade und Sahne ißt.

Das echte schwedische Waffelrezept
50 Gramm Butter schmelzen und abkühlen lassen. ⅛ Liter Wasser und 150 Gramm Weizenmehl zu einem glatten Teig verrühren, ¼ Liter Sahne steifschlagen und mit der Butter zum Teig rühren. Im vorgeheizten Waffeleisen eßlöffelweise ausbacken, der Teig reicht für ungefähr zehn Waffeln, die heiß und mit Marmelade oder Kompott und Schlagsahne serviert werden.

Palmsonntag Mit diesem Sonntag beginnt die Karwoche. Die Palmweihe ist am Palmsonntag der Beginn der katholischen Messe. Sie ist eine Wiederholung des Jubels, von dem Jerusalem widerhallte, als Christus im Triumph in die Stadt einzog. Bei Matthäus heißt es: »Sehr viele vom Volke breiteten ihre Kleider über den Weg, andere hieben Zweige von den Bäumen und streuten sie auf den Weg...«

Foto rechte Seite: Palmbuschen

März

Palmsonntag

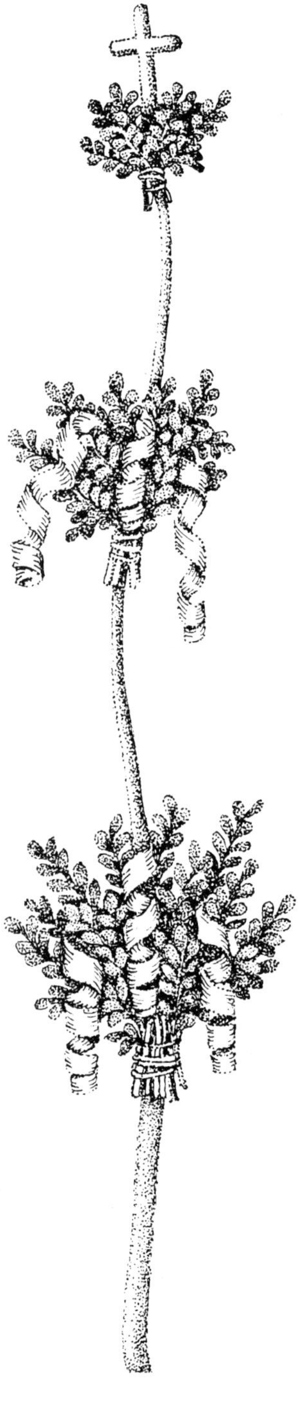

Das waren Palmen und Ölzweige, Palmen als Symbol des Siegs über den Fürsten des Todes, Ölzweige als Symbol für den Frieden.
Und weil Jesus vor allem die Kinder entgegenliefen, tragen sie auch heute bei der Prozession nach der Palmweihe in der Kirche festlich geschmückte Palmstecken in der Hand. Die Palmen werden je nach Landschaft ersetzt durch »Palm-«Kätzchen, Buchsbaum oder Immergrün, Wacholder, Tanne, Haselzweige, Stechpalmen mit roten Beeren, Tannen mit roten Äpfeln, große Holzkreuze, mit roten oder violetten Seidenbändern umwickelt, auch Herzen, die mit den beiden Buchstaben AM geschmückt sind, welche Ave Maria bedeuten, und je nach Gegend gehören zu den Palmbuschen Gebildbrote, Früchte, Eier, Goldflitter, Locken aus Holzspänen, Seidenbänder, Kerzen und Kreuze.

Der »richtige« Palmbusch besteht in manchen Gegenden aus immer dreierlei vom Gleichen: drei Buchszweige, drei blühende Palmkätzchen, drei Stechpalmenzweige, drei lange blühende Haselruten, drei Zweige Immergrün, drei Wacholderzweige, drei Eichenzweige mit dem roten Laub vom Vorjahr, Pflanzen, die wie Buchs, Hasel und Eiche schon in grauer Vorzeit vor allem Bösen und Schädlichen haben bewahren sollen.
Die einfachsten Palmbuschen sind Handsträußlein, die einfachsten Palmstecken bestehen aus einem Stab, an dessen Spitze ein Palmenstrauß mit einem Kreuz, einem Ei oder einem anderen Wachstums- oder christlichen Symbol gebunden wird. Der Stab kann mit violetten oder grünen Bändern umwickelt werden, in Bayern und Salzburg bindet man buntgefärbte Spanbänder an den Stecken, und wenn man eine Haselgerte verwendet, so muß sie geschält sein, damit sich zwischen Holz und Rinde keine Hexe versteckt. Die Kinder tragen die Palmbuschen zur Kirche, wo sie geweiht werden, es folgt die Palm- oder Palmsonntags-Prozession, und dann tragen die Kinder die Palmbuschen, und die Erwachsenen die geweihten Palmzweige oder Buchszweige nach Hause.

Die hohen Palmbuschen werden vorm Haus oder im Garten aufgestellt, sie schützen vor Feuer und Blitz, auch vor Krankheit, oft werden sie zum Friedhof gebracht und auf die Gräber gesteckt, andernorts trägt man sie in feierlicher Prozession zum neugepflügten Acker und bohrt sie als Segenssymbol in die Erde.

Palmzweige oder geweihte Buchszweige werden zu Hause im Herrgottswinkel am Kruzifix, am Spiegel oder an den Heiligenbildern angebracht, werden an das Weihwasserbecken gesteckt oder auch im Stall an den Balken. Der fromme Glaube schreibt ihnen auch Schutz- und Segenswirkung zu. Früher haben die Bauern die Palmzweige an die Ecken des Feldes in die Erde gesteckt, um den Acker vor den Verwüstungen des Korngeistes zu schützen.
Die Palmenträger lassen sich von der Mutter dafür belohnen, daß sie

Palmsonntag

den Palmbuschen heil nach Haus gebracht haben. Sie bekommen Apfelküchlein, die eigens für den Palmsonntag gebacken werden.
Der Palmbuschen blieb früher bis zum Ostersonntag im Garten, und dann wurde ein Wettlauf danach veranstaltet, denn wem es gelang, ihn zuerst ins Haus zu bringen, durfte sich ein Ostergeschenk erbitten, meist eine bestimmte Anzahl von Eiern.

In Holland werden besonders kunstvolle »Osterpalmen« hergestellt: sie bestehen aus gebackenen Kränzen aus einfachem Hefeteig um ein Kreuz, das an die vier Speichen eines Rades erinnert. Mit den senkrechten Speichen wird das Kreuz an einen schön verzierten Stab gebunden, vor einen möglichst großen Buchs- oder Palmenstrauß. In den vier Lücken zwischen Kreuz und Rad oder an den Enden der Buchszweige sitzen Tierfiguren aus Teig, meist kleine Hähne, die manchmal wie Schwäne aussehen. Die Tiere werden gleich nach der Palmprozession von den Kindern aufgefuttert, aus Kranz und Kreuz wird jedoch am nächsten Tag eine Suppe gekocht, die den Kindern besonders viel Kraft und Gesundheit verleihen soll.

Holländischer Palmpaasch

Palmsonntagsumzüge: In manchen Dörfern und Gemeinden sind noch Bräuche aus dem Mittelalter lebendig, die alle auf den Einzug Christi in Jerusalem zurückgehen. Wie bei einem Passionsspiel stellt ein Schüler oder ein Bürger Christus dar und reitet auf einem Esel in die Ortschaft. Oder: Ministranten haben einen hölzernen Esel durchs Dorf

Palmsonntag

gezogen und gesungen und Kinder gegen eine milde Spende auf dem Esel reiten lassen. Da gerade diese Sitte in eine allgemeine Bettelei ausartete, ist sie verboten worden. Manchmal stellen auch Geistliche den einziehenden Heiland dar, und reiten auf einem Schimmel vor der Palmsonntagsprozession.

Palmeselprozession, von F. Nork, Stuttgart, 1847

Palmesel ist derjenige, der als letzter aufsteht, der als letzter in die Kirche kommt oder der als letzter die Kirche verläßt: auf jeden Fall einer, der gern alles verschläft.

Die ersten Frühlingsblumen am Palmsonntag zu pflücken, galt im Rahmen der Frühlingsfeiern als besonders glück- und segenbringend.

Palmsonntagsspiel: In Westfalen war es Brauch, den Palmbuschen mit Palmvögeln aus Kuchenteig, mit Brezeln, Zuckerzeug und Früchten zu schmücken und nach der Kirche im Haus zu verstecken. Die Kinder mußten ihn suchen, und wer ihn fand, rief: »Palmsonntag!« und besaß das Recht, den Buschen als erster zu plündern.

Lederbälle, selbstgemacht, schenkte man sich in Thüringen, und die Kinder probierten die Bälle gleich auf den Wiesen aus.

Palmsonntag

Ein Nadelkissen bekamen alle, die im letzten Jahr geheiratet hatten, von den »alten« Ehepaaren: Symbol für die kleinen, aber überwundenen Sticheleien des ersten Ehejahres.

Den Brautball, einen größeren Ball, früher aus buntem Leder, warf die junge Frau als Gegengeschenk aus dem Fenster, wenn die unverheirateten jungen Leute vor ihrem Haus vorbeizogen und ein Sommerlied sangen. Mit diesem Ball wurde dann gemeinsam gespielt, manchmal eine Art Schlagball.

Der Osterbusch oder Osterstrauß: Am Palmsonntag oder Gründonnerstag zieht man auch heute noch in vielen Gegenden aus und schneidet im eigenen Garten Palmkätzchen oder Forsythienzweige oder sammelt sich abgeschnittene Zweige, die die (Stadt-)Gärtner beim Frühjahrsauslichten der Büsche aufgehäuft haben. Zu Hause stellt man die Zweige in warmes Wasser und schmückt sie am Karsamstag mit ausgeblasenen und einfarbig oder bunt bemalten Eiern.
Wer einen Garten hat, schmückt einen Strauch vorm Haus oder neben dem Gartentor.

Kränzchentag hieß der Palmsonntag in der Schweiz, wo ein Kinderfest gefeiert wurde: alle zogen auf einen Berg oder Hügel, die kleinen Kinder pflückten Blumen, aus denen die großen Mädchen Kränze

Mädchen beim Kränzewinden, von Albert Anker

wanden, während die Jungen Weidenflöten schnitzten oder andere Musikinstrumente machten. Nur die unverheirateten Frauen waren als Gäste auf dem Berg gelitten. Die anderen Erwachsenen mußten aber auch etwas zum Kränzchentag beitragen: am Nachmittag zog die Kinderschar bekränzt und zur Musik der Jungen wieder ins Tal, wo eine gemeinsame Mahlzeit auf alle wartete.

Die Karwoche

Die Karwoche beginnt am Palmsonntag und endet am Karsamstag.

Große Woche hieß sie in Jerusalem schon um 400 nach Christi der Geheimnisse wegen, die dort geschehen sind. Diese Bezeichnung ist in der römischen Kirchensprache erhalten geblieben und heute noch üblich.

Stille Woche oder Heilige Woche nennt man sie wegen der Geschehnisse um das Leiden Christi und der Erlösung der Menschheit durch seinen Tod. Weil Christus aber von einem Menschen verraten wurde, hieß diese Woche früher auch:

Klage-, Reue- oder Trauerwoche: Trauer heißt auf althochdeutsch Chara oder Kara. So ist der Name Karwoche entstanden.
Lange Zeit hindurch hat man in der Karwoche keine knechtlichen Arbeiten verrichtet, es fanden keine Gerichtsverhandlungen statt, es

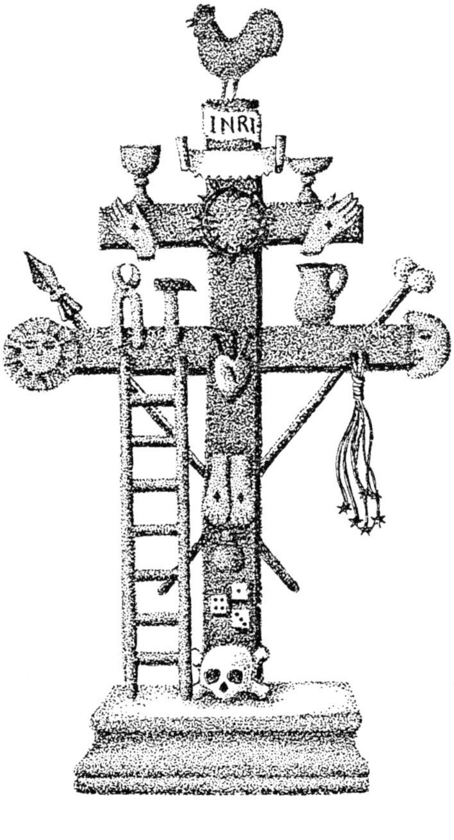

wurden keine Schulden eingetrieben und ähnliches. Das galt nicht nur für die Kar-, sondern auch für die Osterwoche. Es war ebenso eine Zeit für Freilassung und Begnadigung von Gefangenen und Straffälligen. Im Alltagsleben bedeutet es: kein Tanz, kein Fest, kein Schießen und Jagen und kein Lärmen.

Gründonnerstag

Die Sitten dieses Tages gehen auf das zurück, was im Evangelium über den Tag vor dem Kreuzestod Jesu berichtet wird: es ist der Tag gewesen, an dem die Versöhnung mit den am Aschermittwoch ausgeschlossenen öffentlichen Büßern stattgefunden hat. Daher stammt wohl auch der Name: die Büßer waren die Greinenden, die Weinenden. Das ist verschlissen worden zu Greindonnerstag und dann zu Gründonnerstag.
Trotzdem: die Farbe Grün spielt an diesem Tag auch ihre Rolle. Früher sind an diesem Tag grüne Meßgewänder getragen worden, und noch heute ist es Sitte, etwas Grünes zu essen, Spinat oder anderes grünes Gemüse. Das geht vermutlich auf den heidnischen Brauch zurück, zu Ehren von Thor, dem Donnergott, Nesseln mit grünem Kohl zu essen.

Grünes Essen war überall Brauch. Am ältesten ist wohl der Gründonnerstagskohl, der aus Nesseln und grünem Kohl gekocht wurde, wobei der Kohl je nach Jahresklima auch durch Brunnenkresse, Scharbockskraut, Hopfenkeime und anderes Grünzeug von Wiese und Garten ergänzt worden war. Am bekanntesten: die Suppe aus siebenerlei oder neunerlei Grün.

Die Siebenkräutersuppe enthielt Lauch, Salat, Spinat, Petersilie, Schnittlauch, Sauerampfer und Löwenzahn.

Die Neunkräutersuppe enthielt z. B. Brunnenkresse, Lauch, Brennesseln, Sauerklee, Wegwarte, Löwenzahn, Bibernelle, Bachbunge und Fetthenne. Oder auch: Schlüsselblume, Holundersprossen, Frauenmantel.

Grüne Speisen aus den verschiedenen Landschaften: In Schwaben hat man die Laubfrösche oder Maulschellen gekocht, mit feingewiegtem Gemüse gefüllte Nudeln (sie sollten an die Ohrfeigen erinnern, die Christus von Kaiphas bekommen hat). In Sachsen gab es Rübensalat, in Böhmen Spinatkrapfen, das sind Krapfen aus Kartoffelteig, die mit Kräutern und Spinat gefüllt waren. In Norddeutschland, vor allem in Hamburg, kochte man eine Kräutersuppe, in Hessen ein Gemüse aus neunerlei Grün, in Bern gab es Krautkuchen, in der Heide ein Krautbrot, im Schwarzwald wurden grüne Pfannkuchen mit grünem Schnittlauch gebacken, im Elsaß Brennesselküchlein.

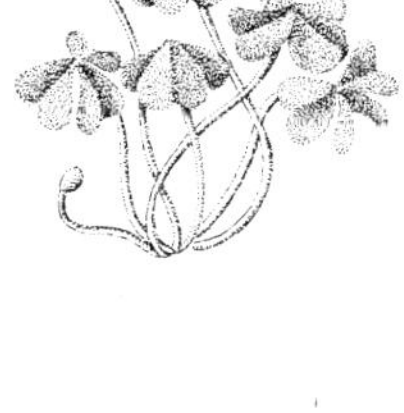

Zauberspeisen gehören auch zu diesem Tag, die – mit dem steigenden Frühling – die Lebenskräfte erhöhen sollen. So muß man am Gründonnerstag vor allem Honig oder Honigbrötchen essen, die in Böhmen

Gründonnerstag

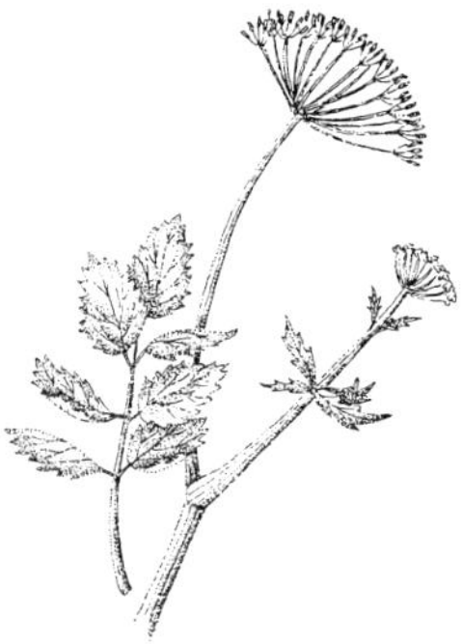

und in Sachsen auch Judasbrötchen genannt wurden, während man in Hamburg die Judasohren, ebenfalls eine Brötchenart, gebacken hat. Zumindest muß man bei Sonnenaufgang ein Stück Brot mit Honig bestrichen essen. Genauso heilsam sind aber auch ungesalzene Butter, Linsen oder Hirse, Äpfel und Brezeln, die an die Fesseln Christi erinnern.
In bestimmten Gegenden Bayerns war es Brauch, am Gründonnerstag die letzte Milchsuppe zu essen: von Karfreitag bis zum Gloria-Läuten am Karsamstag gab es dann nur Wassersuppe. Aber nicht nur beim Essen wurde das Fasten strenger genommen:

Raucher und Schnupfer haben in der gleichen Zeit die Zigarettenpäckchen und die Schnupftabaksdosen geschlossen gehalten.

Grünes Säen: Knechtsarbeit ist in der Karwoche zwar verboten, auch Waschen und Backen, dafür bringt es Segen, wenn man an diesem Tag auf dem Acker und Feld arbeitet. So war es üblich, gerade am Gründonnerstag Blumen, Kohl und Kräuter zu säen oder zu pflanzen.

Die Gründonnerstagseier, also die Eier, die an diesem Tag gelegt wurden, sollen besonders heilkräftig sein und wurden früher sorgfältig eingesammelt, aufgehoben und als Ostereier verwendet. Sie heißen auch:

Antlass-Eier, vom mittelhochdeutschen Wort antlâz, Ablass oder Befreiung. Das spielt auf die Sünder, auf die Greiner an, die am Gründonnerstag aus der Kirchenbuße entlassen und losgesprochen wurden. Antlass-Eier sollen das ganze Jahr über frisch bleiben, und in ihnen verbinden sich Christentum und Heidentum in schönster Selbstverständlichkeit: die Eier, eigentlich Fruchtbarkeitssymbole und Opfergaben für Thor, werden fromm eingesammelt und Ostern zur Kirche getragen, um dort geweiht zu werden.

Antlass-Kränzlein: Die Kräuter, die man am Gründonnerstag sammelt, gelten als besonders heilkräftig. Aus ihnen und aus Frühlingsblumen wird ein Kranz gewunden, der oft den Sommer über aufgehoben und samt einem Antlass-Ei in den Erntekranz gesteckt wurde.

Lichter schwimmen lassen ist eine Sitte aus der Schweiz, die darauf hinweisen will, daß nun endgültig die Arbeit bei künstlichem Licht vorbei ist. Auch etwas von einem Frühlingsfest steckt in diesem Tag, denn es gibt in manchen Gegenden Heischegänge der Kinder, und nach altem Aberglauben werden an diesem Tag verborgene Schätze sichtbar.

Die Glocken nach Rom: In der Kirche verstummen bei der Messfeier nach dem »Gloria in excelsis« die Orgel und die Glocken. Sie fliegen nach Rom, wie der Volksmund sagt, und mit diesem immer wieder ergreifenden Verstummen soll dargestellt werden, daß damals, als Christus litt und starb, aller Wohlklang der Welt erlosch. In vielen

Kirchen entblößt der Priester alle Altäre, verhängt Kruzifixe und Bilder, und statt der Glocken erklingt der schrille Ton der Holzratschen. Heute noch laufen die Buben in fränkischen und bayerischen Gegenden mit Ratschen durchs Dorf, mit Brettlratschen oder Kastenratschen, die sie sich selber basteln und die oft jahrelang halten und Generationen alt werden. Klappern, Ratschen oder Raffeln sind für den Handgebrauch gemacht, es gibt aber auch größere Schallbretter

Gründonnerstag

Ratschenbuben beim Heischgang

und Klappertafeln als Ersatz für die Turmglocken. In manchen Gegenden wird die Turmratsche tatsächlich auf den Turm der Kirche gestellt, zeigt dort die Stunden an und ruft zum Gottesdienst, manchmal werden sie auch vor der Kirche aufgepflanzt, zum Beispiel auf dem Friedhof, und zeigen dann als Stundenratschen die Zeit an.

Die Rumpelmette oder Pumpermette oder Finstermette wurde manchmal schon am Vorabend des Gründonnerstag gehalten. Die Gemeinde kam nicht nur mit Holzratschen, sondern mit Stöcken und Prügeln, Brettern und Schlegeln in die Kirche und veranstaltete einen buchstäblichen Höllenlärm, der den Aufruhr der Natur beim Tode Christi darstellen soll. Die Erinnerung an Thor oder Donar, den Wetter- und Gewittergott der Germanen, dem der Donnerstag zugeordnet war, mag diesen Heidenlärm noch gesteigert haben.

Der ›Judas‹, ein junger Mann in roter Weste, wurde in Schlesien mit viel Lärm von der Jugend aus der Kirche getrieben, worin wohl auch noch eine späte Form des Winteraustreibens steckt.

Gründonnerstag

Das Abendmahl: Christus hat mit seinen Jüngern am Gründonnerstag das Osterlamm verzehrt und dieses Heilige Abendmahl als Sinnbild des Neuen Bundes eingesetzt. Zur Erinnerung daran fand früher die feierliche Zeremonie der *Fußwaschung* statt: in der Kirche, Klosterkirche oder Bischofskirche stellten zwölf alte Männer die Jünger dar. Meist schloß sich daran eine Speisung der Armen, eine Brotspende.

Maundy Thursday heißt der Gründonnerstag in England nach dem maund, dem altsächsischen Korb, in dem die Armen ihre Gaben heimgetragen haben. Beim Royal Maundy hat der englische König so vielen Bettlern in Westminster Abbey beschert, wie er selber Jahre zählte. Er hat ihnen auch selbst die Füße gewaschen, eine Sitte, die noch im vorigen Jahrhundert in München und in Wien vom bayerischen König und vom Habsburger Kaiser gepflegt wurde.
Elizabeth I. hat im Jahre 1572 nachweislich jedem Bettler Stoff für ein Gewand gegeben, ein Paar Ärmel, eine halbe Lachsseite, sechs rote Heringe, Brot und Claret, Rotwein aus Bordeaux.
Königin Victoria hat 1838 Wolle und Leinen verschenkt, den Mädchen Schuhe und Strümpfe, den Frauen fünfunddreißig Shilling für einen Kleiderstoff. Ende des vorigen Jahrhunderts wurden rote und weiße Geldbörsen mit eigens geprägtem, aber gültigem Silbergeld verschenkt, einen Penny für jedes Lebensjahr der Königin.

Den Altar anbeten: Das ist eine Sitte aus den katholischen Gegenden Österreichs und Bayerns. Am Gründonnerstagnachmittag und -abend oder am Karfreitag ging man durch alle Kirchen, um die verhängten Altäre anzuschauen und zu beten, denn oft wurde das Allerheiligste schon am Vorabend von Karfreitag zur Verehrung ausgestellt.

Ostergaben haben sich Frauen in Württemberg, grün gekleidet, schon an diesem Tag gebracht: Eier, Hasen und Brezeln.

Fliegende Händler, von Karl Fröhlich, um 1880

Karfreitag

Der Todestag Christi ist der höchste evangelische Feiertag und steht mit strengem Fasten, Stille und Besinnlichkeit, Trauergesängen statt Kirchenliedern, Schweigen von Orgel und Glocken, Prozessionen und Friedhofsbesuchen ganz im Zeichen der Trauer. Die Arbeit ruht, Tanz und lärmende Freuden sind untersagt.
In der katholischen Messe mit den vorverwandelten Gaben (Hostien) steht die Enthüllung und Verehrung des Kreuzes im Mittelpunkt. Diese Huldigung findet statt, seitdem im vierten Jahrhundert das Kreuz aufgefunden worden ist und einmal im Jahr, am Todestag des Herrn, in Jerusalem den Gläubigen gezeigt wird.

Das Heilige Grab wird in manchen Kirchen feierlich aufgestellt: um die verschleierte Monstranz herum werden Gärten aus Blumen, Zweigen, Glaskugeln und Metallzierat aufgebaut. Die Frommen ziehen von Kirche zu Kirche oder Kapelle und verrichten vor jedem Grab ein Gebet.

Das Kalvarienberg-Anbeten fand und findet in der Nacht von Gründonnerstag auf Karfreitag statt. Die ganze Gemeinde trifft sich entweder zum nächtlichen Gebet, das um Mitternacht herum endet, oder es lösen sich die Gruppen einander ab, so daß wirklich die ganze Nacht so durchwacht wird, wie es die Jünger nicht getan haben.
Auf dem Lande gab es für den Karfreitag bestimmte Verbote. Weil die belebte und die unbelebte Natur an der allgemeinen Trauer teilnehmen, unterblieben auch in nichtevangelischen Gegenden alle geräuschvollen Arbeiten, vor allem das Graben und das Pflügen, um den Herrn nicht im Grabe zu stören. Handwerker arbeiten vor allem nicht mit Werkzeugen aus Eisen oder solchen Werkzeugen wie Zange und Hammer, die an die Marterwerkzeuge erinnern.
Es ist dagegen üblich, gerade an diesem Tag im Obstgarten zu arbeiten, man schlägt die Obstbäume, um ihre Fruchtbarkeit zu steigern, schüttelt das welke Laub heraus, umwindet sie wie zu Weihnachten mit Strohseilen und begießt sie möglichst mit geweihtem Wasser.

Karfreitag-Fisch: Im Binnenland aß man entweder frischen Fisch aus Teich oder Fluß, oder es gab ein Gericht aus getrocknetem Fisch, meist Stockfisch (an der Luft getrockneter Kabeljau) oder Klippfisch (gesalzener und getrockneter Kabeljau). Der nur gesalzene Kabeljau, Laberdan, tauchte auch immer in klassischen Karfreitagsgerichten auf.

Karfreitags-Brezeln sind Symbole der Fesseln Christi. Es war in Süddeutschland Sitte, daß der Bräutigam seiner Braut an diesem Tag Brezeln brachte, bis zu vier Dutzend, auf einem Stecken aufgefädelt.

Karfreitags-Speisen: In Tirol backte man Ölkuchen, aus Hanf-, Lein- und Rapsöl, den typischen Fastenölen, weil Butter, die vom Tier stammt, erst wieder Ostern erlaubt ist. In Baden und in Schwaben gab es Eierkuchen, in vielen Gegenden Brezeln, in Bunzlau sogenannte Judasse, Hefegebäck in Form eines gedrehten Strickes, Symbole für

Karfreitag

den Strick, mit dem sich Judas erhängte. In Nordengland gab es einen Kräuterpudding, doch allgemein sind in England am Good Friday, wie der Karfreitag dort heißt, sogenannte Kreuzbrote üblich.

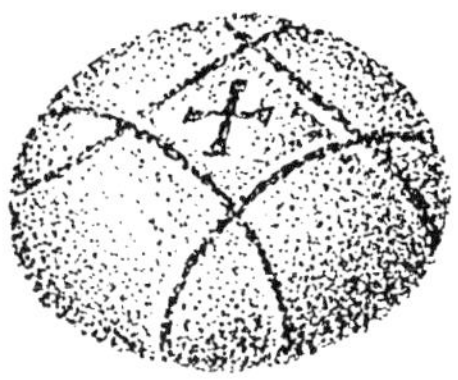

Marterbrote oder Kreuzbrote sind ursprünglich Weizenbrote der Frühlingsfeste bei Griechen, Sachsen und Römern gewesen, die man sich gegen Krankheit und Feuerbrunst das ganze Jahr aufgehoben hat. Die Sitte blieb, und es war nicht nur üblich, sondern auch löblich, am Karfreitag in der Früh frisches Brot zu backen. Die Kreuzbrote bestehen aus einem normalen Hefeteig, der mit einer Prise Zimt, einem halben Teelöffel gemischten Gewürzen, einer Handvoll Rosinen und einem Eßlöffel Zitronat und Orangeat verknetet und zu kleinen Kugeln gerollt wird. Wenn sie zu Brötchen aufgegangen sind, wird die Oberfläche kreuzweise eingeschnitten, oder man rollt Makronenteig zu dünnen Streifen und legt diesen kreuzförmig auf die Brötchen. So oder so werden die Kreuzbrötchen mit verquirltem Ei bepinselt und bei starker Hitze braun gebacken.
Es wird gesagt, daß die Briten schon in heidnischen Zeiten zur Feier des Frühlingsanfangs kleine Brote und anderes Gebäck gegessen hatten, das mit magischen Symbolen versehen war. Die ersten christlichen Missionare waren nicht imstande, diese Sitte auszurotten und ersetzten deshalb kurzerhand die heidnischen Zeichen durch das christliche Kreuz.
In Schweden wurden aus Hefeteig Kreuze gebacken, die man zum selbstgebrauten Bier aß oder in Fleischbrühe tauchte. Die nordischen Brezeln werden oft als Entsagungsopfer bezeichnet, als Trauergebäck, das auf den Totenarmring der Germanen zurückweisen soll.

Das Karfreitags-Ei, das Ei, das an diesem Tag gelegt wurde, war früher für die Schulkinder wichtig. Man hat die gebackenen großen und kleinen Buchstaben vom ABC ganz fein verhackt und mit dem ebenfalls feingewiegten hart gekochten Karfreitags-Ei vermengt und den Buben zu essen gegeben, die im Frühjahr zur Schule kamen. Das sollte ihnen das Lernen erleichtern und sie schlau machen.

Das Moos-Holen: Wer am Sonntag Ostereier verstecken will, zieht am Karfreitag mit den Kindern in den Wald und sammelt Moos für die Osternester.
Die über das Religiöse hinausgehenden Sitten stellen im Zusammenhang mit dem nahenden Frühlingsfest eine Mischung von kirchlichem Teufels- und Hexenglauben mit altgermanischem und altrömischem Aberglauben dar. So wurde in Böhmen wegen der Hexengefahr kein Brot gebacken, dafür, wie immer bei Totenmählern, viel und häufig gegessen, besonders Erbsengerichte.

Veilchen wurden an diesem Tag in der Bretagne ausgesät. Sie sind die Blumen der Persephone, der Tochter von Zeus und Demeter, der Fruchtbarkeitsgöttin. Persephone heiratete Hades, mußte ein Drittel des Jahres bei ihm in der Unterwelt leben und wurde in jedem Frühling, so wie die Veilchen, in die Oberwelt entlassen.

Karsamstag

Der Tag war schon immer im Volksbrauch der Reinigungstag, das Haus wird für Ostern gescheuert und festlich geputzt, die Osterbrote werden gebacken und alles wird zurechtgelegt. In Rom wurde nach dem Hausputz das Bett mit Leinen und Spitze geschmückt, der Tisch mit Blumen bekränzt, Eier, Salami und ein in Kreuzform geteiltes reiches Weißbrot fürs Ostermahl gesegnet.

Färbersamstag heißt der Karsamstag in Rußland, was darauf hinweist, daß sich die ganze Familie mit dem Eierbemalen beschäftigte.
Karsamstag hat man früher so wie den Karfreitag in stiller Trauer und im Gebet am Grab verbracht, denn Christus ist erst in der Morgenfrühe des Ostertages aus dem Grab erstanden. Auf jeden Fall fanden sich die Gläubigen und die Täuflinge erst am Abend in der Kirche ein, und die Ostervigil, die Nachtfeier, dauerte tatsächlich im frühen Mittelalter, schon der vielen Taufen wegen, bis zum Morgengrauen.
In dem Maße, in dem die Kindtaufen üblich wurden, rückte die Feier wieder aus der Nacht zum Nachmittag.
Seit dem Heiligen Jahr 1950 wird die Auferstehungsmesse jedoch wieder abends oder nachts gefeiert, und zwar in drei Ereignissen vor der eigentlichen Messe, bei der die Täuflinge das Sakrament erhalten.

Die Weihe von Feuer und Weihrauch: In der Kirche sind alle Lichter erloschen, Sinnbild des Alten Bundes, der beim Erscheinen Christi endete. Vor der Kirche wird Feuer aus einem Stein geschlagen, Sinnbild Christi, der wie der Funke aus dem verschlossenen Steingrab hervorgegangen ist. Mit diesem Funken wird das Feuer für die Osterkerze angezündet und zugleich mit den fünf Weihrauchkörner geweiht.

Weihe von Osterkerze und Weihwasser: Die Kerze ist das Sinnbild des Auferstandenen, wird am Feuer geweiht, mit den Weihrauchkörnern besteckt, die an die fünf Wunden Christi erinnern, und in feierlicher Prozession in die Kirche getragen. An ihrem Licht werden alle anderen Kerzen in der Kirche, das Ewige Licht und die in den Händen der Gläubigen entzündet, Lumen Christi venit, das Licht Christi kommt. Nach der Weihe des Taufwassers wird die Taufe vollzogen, und beim Gloria der Messe ertönen zum ersten Mal wieder seit Gründonnerstag die Orgel und die Glocken. Dieser Glockenklang verkündet auch das Ende der Fastenzeit.

Taufsamstag heißt der Karsamstag auch, weil früher alle Erwachsenen nur zweimal im Jahr, Ostern und Pfingsten getauft wurden.

Die Osterkerze wird bis zum Himmelsfahrtstag auf einem eigenen Leuchter neben dem Hochaltar aufgestellt und bei jeder Messe angezündet. Auch die eigene Osterkerze wird mit nach Hause genommen,

Karsamstag

gut aufbewahrt und im Laufe des Jahres bei Krankheit oder Not wieder angezündet.
In den Alpen versuchen die Kinder, das Osterlicht der Kerze brennend heimzutragen. Manche Kinder stecken eine Kerze in eine Laterne, bringen sie zum Osterfeuer, zünden sie an ihm an und bringen das Osterlicht auf diese Weise wohlbehütet nach Hause. Fürs Osterfeuer verwendet man vor allem Buchen-, Hasel-, Eichen- und Nußbaumholz, manchmal auch Kastanie.

In Österreich und im deutschen Süden ist es noch vielfach üblich, am Karfreitag das Feuer im Herd zu löschen, so wie in der Kirche die Kerzen gelöscht werden.

Das Osterfeuer vor der Kirche wird dann schon am Nachmittag oder Spätnachmittag des Karsamstag entzündet und geweiht, und die Bu-

Feuerweihe in der Osternacht

ben zünden ein Holzscheit, meist ein Buchenscheit an einem Draht, eine Teerfackel oder einen Feuerschwamm daran an und bringen das Osterfeuer heim. Damit wird dann das Herdfeuer wieder entzündet. Manchmal wird das Holzscheit gespalten, mit der einen Hälfte wird das Herdfeuer angezündet, die andere wird ins Feld gesteckt. Oder man hebt das Scheit für Gewitter auf oder für den nächsten Heiligen Abend, um damit das Weihnachtsscheit anzuzünden. Das Löschen des alten Herdfeuers und das Anzünden des neuen soll ebenso wie Dunkelheit und Licht in der Kirche sinnbildlich darstellen, daß das Alte vergangen ist und daß mit Christus etwas Neues kam.

Judasfeuer oder Osterfeuer wurden und werden auch als alte Frühlingsfeuer in der Karsamstagnacht oder in der Osternacht entzündet. Östlich der Elbe waren Osterfeuer nicht so üblich wie im Westen. Eine Ausnahme machten die Sorben, bei denen jede Gemeinde nach besten Kräften und Holzvorräten ihr Osterfeuer entfachte.

Im Harz entzündet man das Feuer auf einem Hügel, und die Jugend steckte die ebenfalls seit langem vorbereiteten Pechfackeln an langen Stangen in die Glut und machte Fackelschwenken.
In manchen Gegenden tanzt man um die Feuer oder verbrennt einen Strohmann, einen Judas. Oder man singt Auferstehungslieder.

An der Elbe, in Blankenese und im Alten Land, tun sich immer die Kinder von ein paar Häusern zusammen, sammeln ab Weihnachten Holz und Brennmaterial und bauen gemeinsam auf dem Sandstrand Holzstöße auf, wobei jeder natürlich größer und mächtiger als der der Nachbarn sein soll. Manche Holzstöße werden höher als die Häuser. Bei Einbruch der Dunkelheit wird der erste Holzstoß angezündet, dann antworten die Flammen auf dem anderen Elbufer und flußaufwärts und -abwärts, und schließlich ist der breite Strom von steilen Feuersäulen und rotgoldenen Glutbergen gesäumt, und man wandert hin und her oder fährt mit dem Boot an den Feuern vorbei und vergleicht und bewundert, bis überall der letzte Funken erloschen ist.

Hildebrand hießen die Osterfeuer oder die »Heiligen Brände« in Hamburg schon vor 500 Jahren, und sie sollten Hexen und andere Unholde abwehren.

Die Asche von beiden Feuern, den kirchlichen und den heidnischen, galt als segensreich. Mancherorts schnitzte man aus den angesengten Holzscheiten Späne und verarbeitete sie zu Kreuzen, die im nächsten Jahr in die Palmbuschen gesteckt wurden, oder man steckte die Scheite in alle vier Ecken des Feldes oder streute die Asche aufs Feld.

Die Sonne tanzen sehen: Der Legende nach macht die Sonne am Ostermorgen drei Sprünge aus Freude über die Auferstehung des Herrn.

In Schlesien wanderte das ganze Dorf in der Karsamstagnacht nach der Messe auf einen Hügel, lagerte sich dort ums Feuer und verbrachte

Karsamstag die Nacht mit Essen und Trinken und Gesprächen, bis das Morgenrot den Sonnenaufgang ankündigte. Dann riefen alle: »Christ ist erstanden, Halleluja!« und wanderten heim.

Das orthodoxe Osterfest, das in Rußland und Osteuropa gefeiert wird, kannte immer schon die Auferstehungsfeier in der Nacht. Die Gläubigen nehmen nicht nur die Osterkerze, sondern auch den brau-

Kulitsch

750 g Mehl, 2 Würfel Hefe, 3 Eier, 3 Eigelb, ¼ l Milch, 250 g Butter, 200 g Puderzucker, Salz, 100 g Rosinen, Rum, 100 g gemahlene Mandeln, Fett für die Form

Für diesen russischen Osterkuchen braucht man eine hohe, zylindrische Form. Am besten nimmt man eine große, am oberen Rand sauber abgeschnittene Konservendose, die man auf jeden Fall mit Backpapier ausfüttert. Dann gibt man der Form noch zusätzlich einen Kragen aus doppelt gefaltetem Pergamentpapier, wie bei einem Soufflé.
Die Hefe mit einem Löffel Zucker in ⅛ l lauwarmer Milch auflösen, 250 g Mehl in eine vorgewärmte Schüssel schütten, in der Mitte eine Vertiefung machen und die Hefelösung hineingeben. Mit etwas Mehl verquirlen, den Vorteig dann zudecken und am warmen Ort in etwa einer ½ Stunde gehen lassen. Unterdessen Eier, Dotter und Butter schaumig rühren, die Rosinen mit heißem Wasser übergießen, gut abtrocknen und in Rum quellen lassen. Das restliche Mehl mit Puderzucker, Salz und Mandeln vermengen und in eine große Schüssel füllen. Dann den Vorteig, die restliche warme Milch und die Eiercreme dazugeben, alles gut mit dem Holzlöffel oder dem Handrührgerät, Knetwendel, vermengen, bis sich der Teig von der Schüssel löst. Dann auf dem bemehlten Backbrett kräftig weiterkneten, bis der Teig glatt und elastisch ist. Zudecken und etwa eine Stunde an einem warmen Ort gehen lassen, dann abermals durchkneten und dabei die Rosinen hineinkneten.
Der Teig kommt in eine große oder zwei kleinere Backformen. Wieder zudecken und etwa eine halbe Stunde gehen lassen, bis der Teigumfang sich wieder verdoppelt hat. Den Kulitsch dann in den auf 220 Grad Celsius vorgeheizten Backofen schieben und etwa 1 Stunde backen. Auf jeden Fall die Garprobe machen. Er bekommt einen dikken Zuckerguß, der an allen Seiten herunterrinnen soll.

Karsamstag

nen Kulitsch aus reichem üppigem Hefeteig (Symbol für die Erde) und die weiße Paßcha (Symbol für das wiederkehrende Licht) und die am Vortag von den Kindern bemalten Ostereier mit in die Messe und lassen alles weihen.
Nach der Auferstehungsmesse wandern alle mit den Körben voll geweihter Speise heim und stellen sie auf den schon vorher gedeckten Ostertisch. Dann wird beim Licht der Oster- und anderer Kerzen gegessen und getrunken, bis die Sonne aufgeht: vielerlei Schinken, Spanferkel, Eier, alle Arten von Sakusska, kleinen Happen, verschiedene Brotsorten, Wodka, Tee und Kaffee, Kulitsch und Paßcha.
Das Taufwasser und das Osterwasser werden in der Kirche geweiht. Das Osterwasser wird als besonders segensvolles Weihwasser betrachtet. Man nimmt es mit nach Hause, füllt das eigene Weihwasserbekken, und die Bauern haben das Vieh damit besprengt.

Der Osterfrühstückstisch stand im alten Rußland drei Tage lang als immerwährendes Osterbuffet gedeckt da, wurde für immer neue Gäste immer wieder ergänzt: durch kalten Stör, Leberpasteten, eingelegte Pilze und Rote Bete, Piroschki, kleine Teigpasteten mit verschiedenen Füllungen.

Das Osterwasser besitzt jedoch seit jeher auch als heidnisches Symbol besondere Heil- und Segenskraft und erhält jung und schön.
Die Mädchen haben sich früher im fließenden Osterwasser gewaschen, oder sie haben das Osterwasser aus einer bestimmten Quelle geschöpft und mit heimgenommen, im Westen wie in Böhmen.
Das Wasser kann jedoch nur dann seine Wunderkraft erweisen, wenn man es in tiefstem Schweigen einholt, und oft war nur den Mädchen erlaubt, es heimzuholen. Auf jeden Fall sind Neckspiele entstanden: Die Burschen haben sich in der Nähe der Quelle versammelt und versucht, die Mädchen zum Lachen und Sprechen zu bringen.

Plapperwasser wurde das Osterwasser deshalb auch genannt, und die Mädchen brachen am liebsten gleich nach Mitternacht auf, denn bei Sonnenaufgang mußten sie wieder daheim sein. In Ostpreußen bespritzte man jeden mit kaltem Wasser oder Osterwasser, den man mochte und dem man Glück wünschen wollte.

Oster-Tau: Ebenso viel Wunderkraft wie das Quellwasser besaß dem alten Naturglauben nach auch alles Naß, das vom Himmel fiel, Tau, Schnee und Regen. Deshalb breitete man vielerorts weiße Bettlaken im Garten aus und wusch sich mit dem Ostertau. Die Kinder wälzten sich vor Sonnenaufgang im Wiesentau.
Da das Osterwasser so wertvoll ist, schmückte man gern die Quelle oder den Brunnen mit kleinen Büschen oder Nadelbäumen. Die Burschen mußten das Grün schlagen, die Mädchen schmückten die Zweige mit bunten Holzspanlocken, Papierblumen oder ausgeblasenen bunten Ostereiern.

Karsamstag

Kaukenbackensonnabend hat der Karsamstag in den norddeutschen Küstenländern geheißen. Es war also der Tag, an dem man die verschiedenen Osterzöpfe, Osterlämmer oder andere Gebildsbrote hergestellt hat.
Im übrigen wurden an ihm auch alle anderen Vorbereitungen getroffen, die sich ebenso auf vielfältige Ostersitten wie auf Ostermahlzeiten erstreckten.

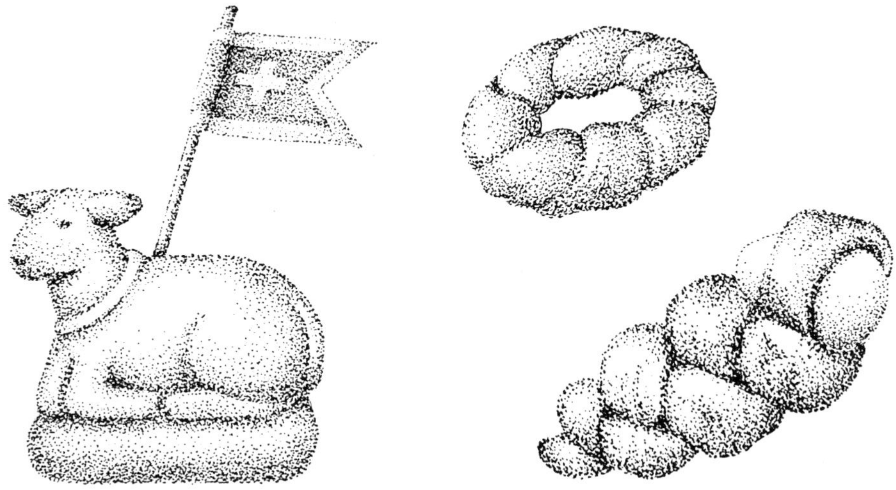

Osterbaum: Der klassische Osterbaum hat sich aus dem immergrünen Lebensbaum entwickelt, besteht aus einem Holzstab, der mindestens fünfzig Zentimeter lang sein soll und drei Querstäbe aus dünnen Hölzern besitzt, von denen das unterste am längsten und das oberste am kürzesten ist. Praktischerweise befestigt man die Querstäbe mit Hilfe von Blumendraht an den senkrechten Stab. Dieses dreifache Kreuz wird nun dicht mit Buchsbaum und Blumendraht umwickelt, in einen großen, mit Erde gefüllten Blumentopf gestellt, in den man noch Frühlingsblumen oder Primeln pflanzen kann. An jedem Querstab werden vier ausgeblasene und bunt bemalte Eier gehängt, die die zwölf Monate symbolisieren sollen.

Ein Osterzweig ist leichter herzustellen: ein passender, vielleicht schon blühender Zweig wird in einen Blumentopf oder eine Vase gestellt und mit zwölf ausgeblasenen und bunt bemalten Eiern behängt.

Ostersonntag

Ostern hängt vom Frühlingsanfang und vom Vollmond ab: es wird jedes Jahr am Sonntag nach dem ersten Vollmond nach Frühlingsanfang gefeiert, nach den vierzig Fastentagen nach Aschermittwoch.
Das jüdische Osterfest Passah oder Pascha wird am 14. Nisan, also am Tage des Vollmonds gefeiert, gleichgültig auf welchen Wochentag er fällt. Die frühen Christen hatten nämlich die Sitte fortgesetzt, das alte

Ostersonntag

Schmücken des Osterbaums

jüdische Fest zu feiern, wobei nun Christus das Osterlamm darstellte. Ostern ist eines unserer ältesten Feste, auch von der Bibel her. Es reicht bis tief ins alte Testament hinein, denn im Paschafest wurde das Andenken an das erbarmungsvolle Vorübergehen des Würgeengels an den mit dem Blute des Osterlammes bezeichneten Häusern der Israeliten und damit überhaupt das Andenken an die sich daran anschließende wunderbare Befreiung aus der ägyptischen Knechtschaft gefeiert.
Als christliches Fest wurde Ostern schon im vierten Jahrhundert als »Fest der Feste« besonders wichtig genommen und ausgiebig gefeiert. Der Name Ostern kommt laut dem Heiligen Beda, der im achten Jahrhundert gelebt hat, vermutlich von der altdeutschen Gottheit Ostera oder Eostre, eine angelsächsische Göttin des strahlenden Morgenrots und des aufsteigenden Lichtes, also: Frühlingsgöttin, für die auch jährlich ein Frühlingsfest veranstaltet worden war. Andere Forscher nehmen an, das Wort Ostern stamme von ôstrâ, einem althochdeutschen Wort, das die Zeit bezeichnet, in der die Sonne wieder genau im Osten aufgeht.

Der Sonntag als erster Wochentag hängt auch mit der christlichen Tradition zusammen: im Gegensatz zum jüdischen Sabbat, für den der Sonntag der letzte Tag der Woche ist, der Tag nämlich, an dem sich

Gott von seinem Schöpferwerk ausgeruht hat, ist für die Christen der Sonntag der erste Tag der Woche. Er heißt der Tag des Herrn, weil die Frauen am Sonntag das Grab Christi leer gefunden haben. So wurde allmählich an diesem Tag und nicht am Sabbat die Messe gefeiert, die immer wieder den Sieg Christi über Tod und Grab wiederholt. Auf diese Weise ist jeder Sonntag ein »kleiner Ostertag«, so wie jeder Freitag ein »kleiner Karfreitag« ist.
Wie bei Weihnachten mischen sich bei allen österlichen Sitten Christliches und Heidnisches, selbst bei der Sonntagsfrage: auch die Heiden hatten sich diesen Tag für die Verehrung ihrer Sonnengottheiten ausgesucht.

Ei und Osterei
Das Osterei im christlichen Sinn ist ein Symbol der Auferstehung. Die Schale bedeutet das Grab, aus ihr geht ein lebendiges Wesen hervor. Nach altem Volksbrauch ist das Ei das Symbol von Fruchtbarkeit und ewiger Wiederkehr des Lebens. So begegnet es uns nicht nur im Frühling- sondern auch im Erntebrauchtum, Eier gehören an den Palmbuschen, in den Erntekranz, selbst zum Weihnachtsschmuck. Eier gehören mit Mehl und Salz zu den drei weißen Gaben, waren auch ein beliebtes Totenopfer, und man hat schon 320 nach Christi in Steinsärgen bei Worms gefärbte und mit Blumen bemalte Gänseeier als Grab-

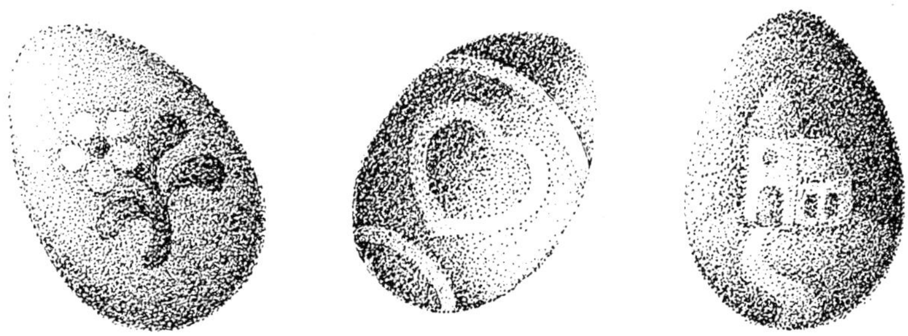

beigaben gefunden. Daß Eiern auch magische Wirkung zugeschrieben wurde, meint man daraus erklären zu können, daß man schon früh Eierschalen im Fundament von Waldhäusern und Kirchen und in Häusern am strombedrohten Ufer entdeckt hat. Das Ei war auf jeden Fall ein Fruchtbarkeits- und Kraftmittel bei den Germanen, und es gibt viele Erklärungen, wieso das Ei gerade Ostern eine so große Rolle spielt:
Frühlingsopfer mag das Ei gewesen sein, weil nichts anderes da war. Es trat anstelle des lebenden Opfertieres, das jetzt keiner schlachten mochte, denn das Vieh und das Geflügel, das über den Winter gebracht worden war, diente der Aufzucht. Der Sommer muß die Lükken füllen, die im Winter entstanden sind. Es hätte früher wahrhaftig nicht viel zu essen gegeben, wenn nicht die Hühner schon fleißig gelegt hätten.

Ostersonntag

Bis zum Mittelalter wurden die Eier gleich gesotten, also gekocht, weil sie sich dann länger hielten und besser transportieren ließen: Ursprung unseres hartgekochten Ostereies.
Nach dem altdeutschen Eiergesetz mußte der Grund- und Bodenzins in Form von Eiern erbracht werden, und da der Stichtag für die Zinseier Ostern war, wird angenommen, daß der Begriff Osterei und die Sitte, zu Ostern Eier zu verschenken, auch auf diese Tatsache zurückgehen könnte.
Eine letzte Erklärung: Das strenge Verbot der Kirche, während der Fastenzeit Eier und Eierspeisen zu verzehren, fiel just mit der besonders guten Legezeit der Hühner zusammen. Auf diese Weise kamen große Mengen Eier zusammen, die man sich am Ostertag großzügig gegenseitig schenkte.

Die bunten Eier sind uralt: Schon vor fünftausend Jahren sollen die Chinesen buntverzierte Eier zum Frühlingsanfang verschenkt haben, und die alten Ägypter haben das Ei ebenso wie unsere germanischen Vorfahren als Symbol der Fruchtbarkeit verehrt.

Das christliche Osterei soll von dieser Sitte abstammen: die Jungfrauen in Armenien haben schon in den frühesten christlichen Jahrhunderten Eier geschenkt bekommen, und zwar als Erinnerung an die frommen Frauen aus Galiäa, die Jesus mit Josef von Arimathia ins Felsengrab legten und für ihn Spezereien und Salben bereiteten. Manche sind der Ansicht, daß die Sitte, Eier als christliche Ostersymbole des neuen Lebens zu verschenken, das die Schale immer wieder so durchbricht, wie Christus das Felsengrab zerbrochen hat, aus dieser Zeit und dieser Gegend stammt.

Die Glocken aus Rom bringen einer freundlichen Kinder-Legende nach die Ostereier mit: sie sind am Gründonnerstag nach Rom geflogen, haben dort nach Ansicht der Kinder vom Rhein Milchsuppe und Milchbrote gegessen und gebeichtet, und wenn sie in der Karsamstagnacht nach Hause fliegen, so streuen sie bunte Eier übers Land oder lassen ein Stück Stoff herunterflattern, aus dem sich das Kind ein neues Gewand nähen lassen kann. In manchen Gegenden wird angenommen, daß die kleinen Glocken auf Flügeln durch die Luft fliegen, und manchmal lassen sie auch deftige Speckseiten und ganze Kleider herabregnen.

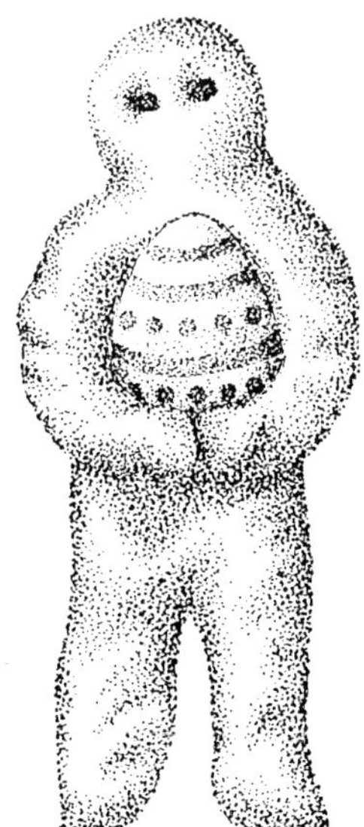

Heischelohn: Die Jungen, die in den Kartagen Klapper- oder Ratschenbuben gewesen sind, ziehen am Karsamstag herum, um sich in jedem Haus der Gemeinde Eier einzusammeln. Eier bekamen auch diejenigen, die den Frühling brachten: wenn die Hütebuben oder die Hirten am Ostersonntag mit grünen Zweigen pfeffern gingen, wurden sie ebenfalls mit Eiern belohnt.

Ein Eiermann war besonders beliebt: das war ein Hefekerl, der mit beiden Händen ein schönes buntes Ei vor seinen Bauch hält.

Ostersonntag

Weiße Eier waren bei uns ursprünglich Brauch. Sie wurden ungefärbt verschenkt. Erst im zwölften und dreizehnten Jahrhundert gibt es Berichte darüber, daß sie bemalt werden, zum Beispiel in Freidanks »Bescheidenheit«.

Rotes Ei: Rotgefärbte Eier sind aus China bekannt, aus Ägypten wird von Zaubereiern in Rot und Gold berichtet, und es mag wohl sein, daß Rot als Farbe des Lebens, als Farbe der Sonne und als Farbe des Gewittergottes Donar, später auch als Farbe des Blutes, das Christus für uns vergossen hat, stärker als andere Farben gewirkt hat. Rote Eier sind am beliebtesten gewesen, in Österreich war Rot bis zum Ersten Weltkrieg die ausschließliche Eierfarbe, und der Begriff »Rotes Ei« war die Bezeichnung für jedes Ostergeschenk. Es gibt freilich Rechnungen aus Frauenstiften, nach denen rote, grüne, blaue und schwarze Farbe zum Eierfärben eingekauft worden ist, und schon aus dem Barock gibt es Berichte, daß man die Eier vergoldet, versilbert, mit schönen Flecken belegt, daß man Figuren darauf macht, daß man anmalt, verziert, auskratzt, besprenkelt: das Osterbasteln hat begonnen.

Christliche Ornamente: Das Ei als Symbol des Erlösers, der aus dem Grabe zum Leben ersteht, damit alle, die an ihn glauben, durch ihn zum neuen Leben auferstehen können, hat so der Sitte, Eier zu schenken, neuen Sinn gegeben. Die Eier wurden der kirchlichen Auslegung gemäß in vielen Gegenden mit den Bildern eines Engels, eines Christkindes oder eines Lammes mit der Friedensfahne verziert, auch mit einem Pelikan, der sein Junges mit seinem eigenen Blut speist, und anstelle der Eieropfer, die der Göttin Ostera gebracht wurden, trat die Gewohnheit, sich Eier als Zeichen der Freundschaft zu schenken.

Eierfärben mit Naturfarben: Zwiebelschalen, in Wasser aufgekocht, und Tee machen die Eier braun. Noch heiß mit einer Speckschwarte einreiben.
Efeu- und Brennesselblätter machen die Eier grün.
Safran und Kümmel machen die Eier gelb, wenn man die Gewürze zuerst im Wasser aufkochen läßt.
Getrocknete Zwiebelschalen lose in Mulltüchern um rohe Eier gewickelt, ergibt marmorierte Eier. Rote Betesaft ergibt rote Eier.

Eierfärbe-Tips: Alle Eier glänzen, wenn man sie mit Speckschwarten abreibt.
Gekochte Eier werden ins warme Wasser gelegt, bis die Farbe stark genug ist.
Rohe Eier kocht man gleich mit Farbe oder Blättern, und zwar so lange, wie man will. Man läßt sie dann im Wasser abkühlen. Essig im Wasser ergibt eine leuchtendere Farbe.

Russische Eier: Die gekochten Eier werden in flüssiges Bienenwachs getaucht, dann kratzt man Muster hinein und legt sie in Farblösung.

Oder man malt mit flüssigem Wachs Muster auf die Eier und färbt sie dann. Bei beiden Methoden kann man mit mehreren Farbbädern arbeiten, so daß kunstvolle Farbschattierungen und Muster entstehen.

Scheckige Eier: Das Ei mit Eiweiß bestreichen, aus Zwiebelschalen Sterne, Buchstaben, Zahlen und andere Figuren schneiden und auf das Ei legen. Diese Muster werden gelb.

Österreichische Eier: Gefärbte Eier trocknen lassen, dann mit einer in Salzsäure getauchten Stahlfeder Zeichnungen und Wörter wieder herausätzen.

Sorbische Eier: In der Oberlausitz, in den Kreisen Bautzen, Weißwasser und Hoyerswerda, steht die Kunst des Eierverzierens in höchster Blüte. Nach sorbischem Brauch wird vor allem mit Kratz- und Ätztechnik gearbeitet, oder es entstehen Batikeier.
Die Wachsbatik ist die älteste und am weitesten verbreitete Technik. Dazu wird eine Mischung aus Bienenwachs und Paraffin erhitzt, man tunkt eine in einen Halter gesteckte Stecknadel mit dem Kopf ins Wachs und tupft diesen Tropfen auf das Ei. Zieht man den Tropfen aus, so entstehen Ovale oder Tränen. Benutzt man zugeschnittene Vogelfedern, so kann man Dreiecke oder Quadrate auf das Ei stempeln. Verwendet man Schreibfedern, so kann man ganz fein zeichnen oder schreiben. Die fertig wachsbemalten Eier dürfen in nur mäßig warme Farbbäder getaucht werden, weil Wachs schon bei 40 °C schmilzt.

Ostereier im sorbischen Stil

Binsenmark-Eier: Aus Mittel- und Ostdeutschland stammt die Technik, das wollfadendicke Mark der Binsen, die dort an Bächen und auf sumpfigen Wiesen wachsen, in Kringeln und Spiralen auf ausgeblasene Eier zu kleben. In Polen legt man tatsächlich kunterbunte

Wollfäden dazwischen, und in Thüringen klebt man Applikationen aus Stoff in die Binsenmark-Schlaufen.

Stroh-Eier: Ihre Heimat ist Mähren. Man weicht, schlitzt und bügelt Strohhalme und schneidet die gewonnenen Bänder in schmale oder dickere Rhomben oder Rechtecke. Diese klebt man mit (sehr viel Geduld und) einer Pinzette auf ausgeblasene oder hartgekochte Eier zu graphischen Mustern. Das wirkt vor allem, wenn die Eier dunkel gefärbt worden sind.

Geweihte Eier: Zur Speisenweihe am Ostersonntag gehören Meerrettich, Eier und Salz, Speck oder Schinken, Wurst oder Rauchfleisch, auch Osterbutter und der Osterfladen. All diese leckeren Gaben werden in den sogenannten Weihe-Korb gepackt und gleich nach der Speisenweihe verteilt. Die frischgemachte Butter, meist in schöne Formen gepreßt, bekommt die Verwandtschaft des Bauern, und Eier und Wurst, Speck und Schinken müssen gleich zum Osterfrühstück aufgetischt werden, denn Geweihtes muß man nüchtern essen. Dann wirkt der Segen. Die Kinder schlagen die Ostereier meist vor der Weihe an beiden Enden etwas an, »damit die Weihe besser hineingeht.«

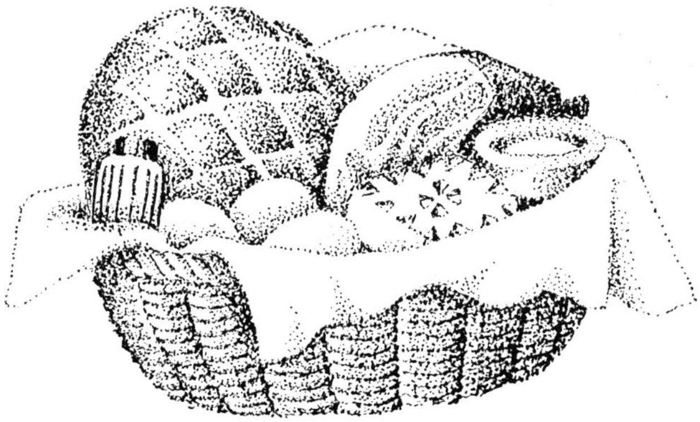

Das Patenei: Besonders schöngemalte und verzierte Eier bekommen die Kinder von ihren Paten geschenkt. Das kann dann auch im übertragenen Sinne ein Porzellanei oder ein Alabaster-Ei sein.

Eiertausch: Eine Sitte aus dem noch sparsamen vorigen Jahrhundert, als nur ein paar bemalte oder verzierte Eier inmitten der schlicht weißen auf dem Ostertisch standen: Kinder tauschten zwei oder drei weiße gegen ein buntes Ei.

Liebes-Ei: In Südtirol schenken die Mädchen ihrem Burschen schön verzierte Ostereier und erwarten natürlich, daß sie eine Gegengabe erhalten. Siehe auch Joseftag, 19. März. Oder sie schenken sich gegenseitig Ostereier, die mit Versen beschrieben sind, die wie Frage und Antwort wirken.

Ostersonntag

Reimgefülltes Ei: Im 17./18. Jahrhundert galt es als höchste Kunst, ein Ei auszublasen und ein Holzstäbchen hindurchzustecken. Um das Holzstäbchen war ein hauchdünner Papierstreifen gewickelt, auf dem ein gereimter Glückwunsch stand. Eduard Mörike hat einmal geschrieben: »Auf ein Ei«

Die Sophisten und die Pfaffen
stritten sich mit viel Geschrei:
was hat Gott zuerst erschaffen,
wohl die Henne, wohl das Ei?
Wäre das so schwer zu lösen?
Erstlich ward ein Ei erdacht,
doch weil noch kein Huhn gewesen,
Schatz, so hat's der Has' gebracht.

Speisenweihe am Ostersonntag

Ostersonntag

Der Osterhase

Er ist die umstrittenste »Person« dieses Festes. Er bringt den Kindern erst seit dem 16. Jahrhundert allein die Eier, denn früher besaß er allerlei Mitbewerber um dieses Amt: in Holstein, Thüringen und Sachsen war es der Hahn, im Elsaß und in Thüringen der Storch, in Hessen der Fuchs und in der Schweiz und der Altmark der Kuckuck, der den braven Kindern die Eier legte und brachte. Man nimmt an, daß er zum Schluß das Rennen gewann, weil er unter allen Tieren der heimischen Wiesen und Wälder das fruchtbarste gewesen ist, also das beste Frühlingssymbol darstellt. Außerdem ist er das Tier der Liebesgöttin Aphrodite und der Begleiter der germanischen Erdgöttin Holda, der er auf ihren nächtlichen Umzügen mit Kerzen voranleuchtet.

In Norddeutschland sagt man: der Hase backt, wenn der Nebel wallt. Er backt Hasenbrot, und so hat man früher in der Mark das Geschenk genannt, das der Fortreisende denen gab, die daheimblieben. Im sogenannten Hasenei meinen manche Forscher das Sinnbild der Welt zu erkennen: die Wölbung der Schale ist das Firmament, der Dotter die Erde, die im Wasser schwimmt.

Andere Quellen lassen darauf schließen, daß der Hase auf einem Mißverständnis beruht und eigentlich ein mißglücktes Osterlamm ist: Schon im Mittelalter hat man zu Ostern ein Lamm aus Teig gebakken, doch besaßen nicht alle Bäcker das Geschick eines Bildhauers, so daß ihre sogenannten Lämmer wie Hasen ausgesehen und die mythologische Verbindung zum Hasen wohl verstärkt haben. Es mag auch sein, daß der Osterhase genau wie das Christkind und der Weihnachtsmann im reformatorischen Sinn die katholischen Vorstellungen hat verdrängen und die Kinder für sich einnehmen sollen. Auf jeden Fall hat früher in Bayern kein Osterlamm aus leichtem Hefe- oder Biskuitteig im Speisenkorb gehockt, sondern ein glänzend braunes Lamm aus Lebkuchenteig, das mit dem Schinken und dem Brot fürs Osterfrühstück gesegnet wurde.

Das älteste Zeugnis über die Ostereier stammt wohl aus Heidelberg, wo der Mediziner Georg Franck Ende des 17. Jahrhunderts schreibt: »In Südwestdeutschland, in unserer heimatlichen Pfalz, im Elsaß wie auch in Westfalen heißen solche Ostereier die Haseneier. Man macht dabei einfältigeren Leuten und kleinen Kindern weis, diese Eier brüte der Osterhase aus und verstecke sie im Garten ins Gras, ins Gebüsch und so weiter, man will sie so von den Buben umso eifriger suchen lassen, zum erheiternden Gelächter der Älteren.«

Osternest: In Schwaben und in Franken hat man dem Osterhasen ein Hasengärtlein gebaut, ein Nest aus dem ersten Frühlingsgrün, aus Blumen und Moos, manchmal auch ein Spankorb oder ein kleiner Weidenkorb, der am Tag vor Ostern von den Kindern mit Moos oder Heu ausgepolstert und in den Garten gestellt worden war. In Nürnberg gab es sogar fahrbare Hasengärtlein.

Osterhasjagen hieß das Verstecken und das Suchen der Eier auch, was insgesamt keine sehr alte Sitte ist, sondern erst aus dem 17. Jahrhundert stammt.

Dem Has' läuten sagte man in Hessen, wenn das Eiersuchen beginnen sollte. Den tiefsten Grund im Verstecken sehen manche darin, daß solch wundersame Gegenstände wie Eier in ihrem Versteck aufgesucht werden müssen, weil sie wie alles das, was uns Heil bringt, nicht ohne Schwierigkeiten zu erwerben sind.

Das Osterfeld oder Osterbeet ist im Osten Deutschlands und im Egerland das Nest für die Eier gewesen. Dazu braucht man Weizenkörner, die man in der Großstadt im Gartenfachgeschäft kaufen kann, sät sie dicht in Blumenerde in einer besonderen Osterschale oder in einen schönen großen Suppenteller.
Die Weizen- oder Haferkörner gut andrücken, mindestens einen Zentimeter Erde darüberfüllen und gleich am Anfang gut gießen, weil der erste Quelleffekt für das Gedeihen des Osterfeldes besonders wichtig ist. Nach zehn bis vierzehn Tagen wird das Getreide keimen. In dem spannehohen frischen grünen Feld werden dann die bunten Eier auf den Ostertisch gebracht.
Ein schnelles Osterfeld entsteht, wenn man vier Kästen Kresse kauft und sie dicht nebeneinander setzt.

Osterspiele
Mit den hartgekochten Ostereiern hat man früher alle möglichen Spiele und Wettspiele durchgeführt. Das bekannteste, das in der Schweiz, in Böhmen, in Holland und in England genauso beliebt wie in Deutschland war und ist:

Eierschlagen, Eierkippen, Eierticken, Eierspecken: Dazu braucht man zwei Spielpartner, die die Eier mit den spitzen oder stumpfen Enden gegeneinanderstoßen. Abwechselnd hält der eine oder der andere sein

Ei hin, und der Gegner läßt seins dagegen knallen. Wessen Ei dabei zerbricht, der hat verloren und muß es dem anderen geben, dessen Ei – zumindest in diesem Fall – härter gewesen ist.

Eierschlagen oder Eierspecken

Das Eierrollen oder Eierwerfen ist vor allem ein Spaß für Kinder. Sie rollen ihre hartgekochten Ostereier einen Hang hinunter oder werfen sie über einen Busch. Wessen Eier am weitesten kommen oder wessen Eier heil bleiben oder wer zum Schluß die meisten unzersprungenen Eier hat, ist Gewinner. Im Südharz hat man das Spiel so gespielt, daß jedes Kind ein Ei den Hang hinabrollen ließ und dann ein Wettlauf danach veranstaltet wurde. Ein sorbischer Brauch war das Waleien: man mußte mit dem eigenen Ei das des anderen Spielers in einer Kuhle treffen.
In Böhmen hat man die Eier in einer Reihe nebeneinander gelegt, jedes Kind hat seinem Ei einen Stups gegeben, und welches Ei am raschesten den Hang hinabgekullert und am weitesten gerollt ist, das hat gewonnen.

Das Eierwettlaufen kann ebenfalls nach verschiedenen Spielregeln in verschiedenen Schwierigkeitsgraden gespielt werden. Für Kinder verläuft es nach der üblichen Regel: jedes legt ein hartes Ei auf einen Suppenlöffel, läuft mit den anderen um die Wette zu einem bestimmten Ziel und wieder zurück, wer zuerst am Ziel ist und sein Ei dabei weder verloren noch zerschlagen hat, der ist der Sieger. Man kann das Spiel schwieriger gestalten, indem man den Suppenlöffel gegen einen Teelöffel vertauscht.

Ostersonntag

Das Eieranwerfen oder Eierpoizen: Man braucht wieder zwei Spieler, wobei der eine sein Ei in die Hand nimmt, mit Daumen und Zeigefinger aber nicht vollkommen umschließt. Der zweite Spieler muß sich in einem bestimmten Abstand aufstellen und mit einer Münze auf das freie Fleckchen Ei werfen. Trifft er das Ei, so gehört es ihm, verfehlt er das Ei, so gehört die Münze dem Eier-Halter. Dies Spiel soll genau wie das Eierpecken darauf zurückzuführen sein, daß man nicht nur die Geschicklichkeit prüft, sondern auch die Härte und Widerstandsfähigkeit des heilstragenden Eies.

Eierlesen oder Eierlaufen ist ein ausgezeichnetes Spiel für Erwachsene und Kinder. Man braucht dafür zwei Gruppen, die Springer und die Sammler. Die Springer sind in den Nachbarort gelaufen, um Osterbrezeln abzuholen, die Sammler sind von Haus zu Haus gelaufen und haben eine bestimmte Anzahl von Eiern gesammelt. Die Gruppe, die zuerst wieder auf dem Dorfanger war, hatte gewonnen und mußte für die anderen aus den eingesammelten Eiern eine Mahlzeit zubereiten, zu der es die Brezeln zu essen gab. Von der Eierspeise aßen natürlich alle, und danach spielte die Musik auf, und das Fest endete mit einem Tanz.
Nach einer anderen Regel braucht man zwei Parteien, aus denen je ein Wettkämpfer bestimmt wird. Sie ziehen ein Los, nach dem sich entscheidet, wer Sammler und wer Springer ist. Der Springer muß ins Nachbardorf und einen bestimmten Gegenstand abholen und so schnell wie möglich zurückkehren. Der Sammler muß unterdessen mindestens hundert rohe Eier einsammeln, die mit Musik und Beteiligung des ganzen Dorfes vorher zusammengebettelt und auf einer Wiese oder auf einem Weg jeweils mit einem Schritt Abstand voneinander hingelegt worden sind. Beim Einsammeln dürfen höchstens zwei Eier zerbrechen, und wer von den beiden Spielern eher wieder am Ziel ist oder alle Eier eingesammelt hat, der hat gewonnen. Der andere muß die Eier bezahlen und den Rest der Gesellschaft einladen.
Nach anderen Regeln muß der Verlierer einen großen Kuchen backen lassen und beide Parteien mit Wein freihalten. Der Kuchen wird gleich gebacken und noch warm verzehrt.
In manchen Orten wird der Sammler von vermummten Gestalten gestört oder Hexen versuchen, ihm Eier wegzustehlen.
Das Spiel kann noch dadurch verändert werden, daß der Sammler hüpfen oder hinken muß, daß auch der Springer von anderen Burschen aus dem Dorf durch allerhand Späße oder einen angebotenen Schnaps aufgehalten wird.

Pfahllaufen: Zwei Parteien werden durch Losen oder Wählen gebildet, und jede wählt aus ihrer Mitte einen Läufer. Der eine muß aus der Nachbarschaft eine bestimmte Sache holen, während der andere ein langes Seil, das an einem Pfahl befestigt ist, so rasch wie möglich um diesen wickelt.

Ostern

Das Eierkullern erinnert an das Waleien der Sorben: Ein Erwachsener macht den Kindern eine Kuhle in die Erde oder in den Sand, die groß genug sein sollte, um sechs Eier aufzunehmen. Fünf Spieler legen ihr Ei in die Kuhle, der sechste kullert sein Ei von einer bestimmten Entfernung aus in das Nest. Trifft er ein Ei, so muß ihm der Besitzer eine Stecknadel geben. Wer am Schluß die meisten Stecknadeln hat, der hat gewonnen.

Eierkullern, ein beliebtes Osterspiel

Das Osterlabyrinth wurde früher in Pommern aus ausgestochenen Rasenstücken gelegt, und der Irrgang mußte so verschlungen wie möglich angelegt sein. Am Ostersonntag laufen oder hüpfen die Kinder hindurch, und wer am schnellsten wieder draußen ist, bekommt ein Ei zur Belohnung.

Das Osterspritzen hat Glück bringen sollen, die Burschen haben am Ostersonntag die Mädchen mit duftendem Wasser bespritzt, während die Mädchen am Osterdienstag die Burschen bespritzt haben. Für die Bespritzten gab es buntbemalte Eier oder andere kleine Geschenke.

Das Schmackostern oder Osterschmück ist ebenfalls eine Sitte, bei der es Geschenke gibt. Mit Schmack- oder Schmeckostern bezeichnete man kleine Peitschen aus abgeschälten Weidenruten, die neunmal mit bunten Bändern durchflochten und umwunden waren,

Ostern

Lebensruten also, mit denen die Kinder die Eltern mit einem leichten Schlag geweckt oder die Jungen die Mädchen geschlagen haben. Für jeden Streich bekam man ein Osterei oder ein Osterbrötchen.
Der Sinn dieser Sitte: er ist zwiefach, wie so vieles zu Weihnachten und zu Ostern, denn mit den Streichen von Lebensbäumen oder grünen Maien hat man früher die Dämonen vertrieben, und außerdem soll der Schlag eindringlich an die Auferstehung des Herrn erinnern. Im Eichsfeld wurde der erste Sinn der Sitte ganz unumwunden dadurch betont, daß nur die jungen Männer mit den grünen Ruten geschmackt wurden, die im Lauf des letzten Jahres geheiratet hatten.

Neue Kleider gehörten auch zu Ostern: man zog sie zum Kirchgang an, denn man wollte sich so wie die Natur erneuern. In Süddeutschland war es üblich, daß die Kinder in ihrem neuen Gewand zu den Großeltern oder zum Paten gingen, um Geschenke einzusammeln.

Der Osterumgang oder Osterspaziergang hat die Menschen früher nach dem langen Winter wieder ausgiebig ins Freie geführt.

Die Osterumritte oder Osterumgänge dienten dem Gedeihen der Saat. In manchen Gegenden war es üblich, den Saatreitern oder Umgängern

Osterfest in Schlesien

Kuchen und Getränke auszuschenken, in anderen Gegenden ging man ins Feld hinaus, sang Osterlieder für das Korn und tanzte auf dem Felde. Das nannte man »ums Korn singen«. Dazu wanderte man gleich nach der Morgenmesse aufs Feld.

Die Vögel wecken: Das ist eine Sitte aus der Lausitz, wo man die Vögel mit gemeinsamen Umzügen und Liedern geweckt hat. In manchen Gegenden zogen die Mädchen und die Frauen alleine los, und die Männer machten Musik und es läuteten die Kirchenglocken.

Wettreiten und Wettläufe fanden statt, manchmal ging es durch dick und dünn, durch Gestrüpp und Unterholz und andere besonders schwierige Strecken entlang, und wer gewonnen hatte, war Osterkönig und wurde im feierlichen Triumphzug durchs Dorf geführt.

Oster-Ballspiele fanden gern am Ostersonntag, in manchen Gegenden auch am dritten Ostertag statt, wobei die Bürger früher auf die Wiese vor der Stadt gezogen sind und dort gespielt haben.

Der Ball ist vermutlich das Symbol für die Sonne gewesen, und der hohe Wurf das Hoffnungszeichen für ihren wieder länger und höher werdenden Lauf: es ist ebenso möglich, daß man auf diese Weise die Ballsaison eröffnet hat, denn das Ballspielen war im ganzen Mittelalter besonders bei Frauen und Mädchen große Mode. Man nähte sich bunte, auch bemalte Lederbälle, verschieden groß, je nachdem, ob er mit der Hand oder mit einem Stecken geschlagen oder getrieben wurde.
Der mittelalterliche Ball war mit Haaren gefüllt, es gab viele Wettspiele, und man hat sich dabei tüchtig ausgetobt. Ein paar Ballspiele, die am Nachmittag vom Ostersonntag gespielt wurden:

Loepeball (Laufball) wird auf dem Anger, der gemeindeeigenen Wiese mitten im Dorf von Jung und Alt gespielt und entspricht in der Regel unserem Schlagball. Andere Bezeichnungen waren in Hannover und Westfalen: Feuerball, Hering, »Aus der Pfanne schlagen« oder Kuhschwanz.

Königsball (wurde in Braunschweig und Schleswig-Holstein gespielt): Alle Spieler müssen die Ballwürfe oder Schläge nachmachen, die der gewählte oder ausgezählte König vormacht.

Reiterball (Elsaß) war früher nur ein Knabenspiel: Ein Junge hockte auf einem zweiten auf, der das Pferd war. Dann warfen sich die Reiter den Ball zu, und wer ihn nicht fangen konnte, zahlte Strafe. Nach einem Spiel wechselten Pferd und Reiter die Rolle.

Kappenball: Beim Kappenball stellen die Kinder oder Spieler ihre Mützen nebeneinander, der Werfer wirft den Ball in eine Mütze, dessen Besitzer den Ball aufnehmen muß und einen aus der davonstiebenden Schar zu treffen versucht.

Katzenball hieß das Spiel in der Priegnitz: Ein Spieler stand im Kreis der anderen und mußte die springende ›Katze‹, den von der Erde abprallenden Ball fangen, den ihm die anderen Spieler zuschnellten.

Zum Brautball werden die im verflossenen Jahre verheirateten Frauen gebeten, und nach ihrem Ballspiel bekommen die Knechte und die Mägde den Lederball, den sie auf der Tenne zerdreschen.

Emmausgang heißt der erste Spaziergang ins Grüne, den man dann nach Goethe den Osterspaziergang nannte.

Osteressen
In ländlichen Gegenden wird gleich das verarbeitet, was man zur Speisenweihe in die Kirche getragen hat, »damit das Essen nach der langen Fastenzeit besser bekommt.« Es gibt in vielen Gegenden das Osterlamm, Rauchfleisch mit Kren (Meerrettich), gebackenen Kuchen und Osterbrot, besonders gerne den runden Osterfladen, der an das Sonnenrad erinnern soll. Im allgemeinen entsprach die Fleischportion beim Osterfest ungefähr jener, die man am letzten Tag vorm Fastenbeginn verzehrt hatte. Es war in vielen Gegenden Sitte, zum Ostermahl

Verwandte und Freunde einzuladen und ein Lamm zu essen, das zuvor geweiht worden war.
Hans Sachs spricht in einem seiner Texte von einer gelben Ostersuppe, einer Eiersuppe, und in alten Kochbüchern werden Milchrahmsuppen als Ostersuppen bezeichnet. Speck und Schinken gehörten ebenfalls zu klassischen Osterspeisen, ebenfalls Reis-, Quark- und Mandelfladen, Krautkuchen und in Böhmen Kitzbraten mit Rapunzelsalat. In Österreich und im Elsaß aß man ein Osterlaibl zum Kitzbraten, in Nordeuropa gab es ein Osterbrot, das früher, im 14. Jahrhundert, ein ungesäuerter Fladen war, der nur aus Weizenmehl bestand.
In Rußland gibt es die Passcha zum Kulitsch, und man ißt auf jeden Fall ein hartgekochtes Ei mit geweihtem Salz. In Schlesien gab es safrangelbes Brot, in Österreich rotes Brot, das an das Blut des Lammes erinnern sollte, in vielen Alpentälern ißt man Kren mit Ei und Brot, in Franken gab es eine Pumpernickelart aus Roggenmehl und Honig als Godenbrot, Taufpatengeschenk. Im Hunsrück schickte der Pate zwei Eier und ein Roggenbrötchen und erhielt ein Stück Kuchen und ein Ei als Dankesgabe zurück. In der Lausitz wurden Patensemmeln gebacken, die Taufgaben hießen.

Das Osterbrot der Schüler in christlichen Klöstern war zu Ostern, was gleichzeitig Beginn des neuen Schuljahres war, ein Brot aus Marzipan, das sogenannte Märzbrot der Römer. Krautkuchen, die üppig mit Frühlingskräutern gefüllt waren, galten in der Schweiz als Geschenk an Klöster, während Mohn- und Quarkfladen den Hirten mitgegeben wurden. In vielen Gegenden gab es Eierkuchen oder Pfannkuchen, in Süddeutschland galten Äpfelküchle jetzt als besonders festliches Gebäck, weil die Äpfel schon rar waren, und in Holstein und Hamburg wurde ein Eiermond gebacken, ein Plunderteigkringel, dessen Loch mit Früchten gefüllt werden konnte.

Gebackene Osterlämmer wurden in der Zeit des Rokoko erfunden, und sie werden heute noch gern aus zartem Rühr- oder Biskuitteig in Extraformen gebacken. Sie werden dann mit Zuckerguß oder Puderzucker weiß gemacht, bekommen ein rot-weißes Auferstehungsfähnchen aus Papier an einem Holzspan zwischen die Vorderpfoten gesteckt und rosa Seidenbändchen um den Hals gebunden.

Ostergebäck in Tierform. Einen gebackenen Osterhasen erhalten in Tirol die Jungen von ihren Paten, während die Mädchen eine Osterhenne bekommen. In Österreich gibt es auch Osterlebkuchen in der Gestalt eines Hahnes. Insgesamt gibt es so viel gebackene Tiere wie es Vorgänger des Osterhasen gibt, also auch einen Osterkuckuck, einen Osterstorch, eine gebackene Osterente oder einen Osterwolf. Der Ostervogel aus der Pfalz ist jedoch kein Gebäck, sondern ein ausgeblasenes großes Ei, meistens ein Gänseei, das mit farbigem Papier so bunt wie möglich beklebt ist.

Im Schwarzwald gibt es eine Osterhenne mit dem Osterei unter dem Flügel, auf Korfu wird eine Taube gebacken, auch ein Pelikan aus Teig und Marzipan, in der Schweiz formt man einen Frühlingsvogel mit Augen aus Wacholderbeeren, und es gibt dort auch einen Fleischvogel, Kalbfleisch mit Speckfülle, nach der Fastenzeit ein Hochgenuß. Dabei gilt die gleiche Regel wie in Preußen: man soll den Speck nicht anschneiden, bevor der Kuckuck ruft.

Der gebackene Hase war ein Paten- und Dienstbotengeschenk, wobei der »Hase« auch eine Osterpastete mit Hasenfleisch sein konnte. Der Hase, den man eigentlich nicht essen durfte, weil er nach Ansicht der Kirchenväter sinnlich machte, war das Symbol für einen elbischen Vegetationsdämon, den man am ersten März oder an den drei Freitagen im März erlegen soll.
In England besteht der Osterkuchen auch aus Käse (Quark) oder es ist ein Pudding pie oder ein Gericht aus Eiern und etwas Grünem, den ursprünglichen Zutaten der Ostermahlzeit gewesen: beides besonders starke Symbole für Fruchtbarkeit.

Tansy cakes waren klassische Beilagen zum Osterfleisch. Tansy ist Rainfarn, Drusenkraut, dessen Blätter im Mittelalter als Küchengewürz gebraucht wurden, aber sehr streng und bitter schmecken. Tansy cakes sind rhombenförmige Eierstichstücke, wobei die Eiermilch mit Tansy gewürzt ist. Die Bitterkeit soll inmitten der Osterfreude noch einmal an Karfreitag gemahnen.
In manchen englischen Kirchen wurden zwei große Fladen oder Kuchen an die jungen Leute verteilt. Das wurde dann von der Kirche verboten. Sie meinte, man solle den Armen lieber Brot geben. Daraufhin gab es sogenannte Pfennigbrötchen, die unter die Kinder geworfen wurden, die sich darum rauften.
In Wales ißt man am Ostersonntag Lammbraten, gebratene oder geschmorte Hühner oder Eier.

Waliser Hühner-pie
Ein Hahn wird mit Knochen und Haut gekocht, unterdessen wird aus 250 Gramm Mehl, 125 Gramm Butter, einem Ei, zwei Eßlöffeln Wasser, einer Prise Salz und Pfeffer ein Teig geknetet und ausgerollt. Eine Pieform wird mit einer fingerdicken Schicht gekochtem Lauch und Petersilie gefüllt, dann kommen vier dicke Scheiben gekochter Schinken, das abgelöste Fleisch vom Huhn, beides kleingewürfelt dazu. Eine gewürfelte angedünstete Zwiebel darüber füllen, mit Zucker und Muskat würzen, mit Hühnerbrühe auffüllen, und mit einem Teigdekkel verschließen. Den Rand mit Wasser anfeuchten, damit er gut an der Form haftet, einen ›Kamin‹ hineinschneiden, den Deckel dann mit Milch bepinseln und das Gericht vierzig Minuten backen. Zum Schluß vier Eßlöffel warme Sahne hineingießen und noch einmal fünf bis zehn Minuten weiterbacken lassen.

Ostermontag

Menschertag: Der Ostermontag galt als Tag, an dem die Frauen das Sagen hatten. In Bayern holte sich der junge Mann von seinem Mädchen die roten Ostereier als Ostergeschenk, mußte es als Gegengabe ausführen und sich in allem nach seinem Wunsch richten.

Die Brunnentaufe fand in Ostdeutschland statt. Dabei wurden die noch nicht verlobten Mädchen am Brunnen von den Junggesellen mit Wasser bespritzt; ein Mädchen konnte nur erlöst werden, wenn einer der Burschen es als sein Mädchen bezeichnete. Geschah das nicht, so blieb es vogelfrei.
In Hamburg lebte die Brunnentaufe in veränderter Form wieder auf: Im Hofweg schmückten Bürger zu Ostern ihren Brunnen, der im Cholerajahr 1892 gebohrt worden war; damals waren die meisten Brunnen verseucht. Der Schmuck aus Girlanden, Schleifen und Blumen sollte daran erinnern, wie wichtig und wie wenig selbstverständlich sauberes Trinkwasser war und ist.

Semmel- oder Brezeltag: Das war um Ostern herum ein Fest für die Kinder, die in die Schule kommen oder ihre Osterprüfung bestanden haben, also versetzt worden sind. Die Kinder bekommen Brezeln, die sie an bunte Bänder binden und mit in die Ferien nehmen.
Dieses Fest müßte heute einen neuen Termin bekommen.

Osterzeit: So heißen die Wochen nach Ostern in Thüringen, Wochen, in denen noch Zeit für Spiele bleibt.

Kugelschlagen: Eine mit Blei ausgeschlagene Holzkugel wird auf einen meterhohen Pfahl gelegt und mit einem Holzhammer abgeschlagen. Die Spieler bilden zwei Parteien, es wird abwechselnd geschlagen, der Pfahl und das Spiel wandern vom Wirtshaus über eine bestimmte Strecke, etwa eine Stunde lang, und kehren zum Wirtshaus zurück. Die Partei, die mit den wenigsten Schlägen auskommt, hat gewonnen. Oder: wer zuerst durch ein offenstehendes Fenster des Gasthauses schlägt, hat gewonnen.

Watscheln (Kugelschlagen) in Tirol: Da geht es darum, wer die Kugel am weitesten schlägt, entweder welche Partei oder welcher Einzelspieler.

Hocktide: Hocktuesday-Essen findet am zweiten Montag und Dienstag nach Ostern statt. Und es ist in England Sitte, daß es eine watercress Suppe gibt, danach welsh rarebit oder: schwarze Suppe, Makkaroni und Punsch.

Weißer Sonntag

In vielen Gegenden ist es heute noch üblich, mit den Kindern an diesem Tag zur ersten Kommunion oder zur Konfirmation zu gehen. Die Häuser der Kinder oder Jugendlichen wurden früher festlich mit jungem Grün und Buchsbaum geschmückt, und in der Gegend von Mans-

Weißer Sonntag

feld war es Sitte, daß eine Konfirmandin bis zur Haustür der anderen weißen Sand und grüne Blätter streute, so daß der Weg von allen, vom entferntesten Haus bis zur Kirche, sichtbar gezeichnet war.
In Schlesien wurde die Aufforderung, sich mit seinem Bruder zu versöhnen, ehe man zum Altar schreitet, vor der Messe verwirklicht: die Kommunionkinder holten erst sich gegenseitig, dann den Priester ab und baten sich und den Pastor um Vergebung.

Die weiße Farbe der Kleider, Schleier, Kerzen und Blumen der Kommunionkinder versinnbildlicht die Unschuld und Reinheit Christi und derer, die die Kommunion empfangen.
In Norddeutschland haben die Konfirmanden die Türen der Paten grün bekränzt.
Im Harz wurde der Zusammenhalt der Konfirmandengruppen noch dadurch betont, daß die Jugendlichen zu Paaren eingeteilt wurden,

Erstkommunion

Weißer Sonntag

wobei der Junge das Haus seiner Konfirmationspartnerin und sein eigenes mit Tannenbüschen, das Mädchen sein Haus und das ihre mit Girlanden oder Blumen schmückte.

Der weiße Baum: In Ostdeutschland zog der Pastor nach der Kirche mit den Eingesegneten auf den Friedhof, wo sie gemeinsam einen Obstbaum pflanzten, Symbol dafür, wie ihr gestärkter Glaube wachsen und gedeihen sollte.

Der erste warme Tag, von Ludwig Richter

April

Der April ist der vierte Monat in unserem Kalender und der zweite im römischen. Das Wort kommt vom lateinischen Verb *aperire* = öffnen. Der April wird auch Launing genannt, eine Anspielung auf sein Wetter, oder Ostermonat, weil Ostern meistens in den April fällt: Ostern wird am ersten Sonntag nach dem auf Frühlingsanfang folgenden Vollmond gefeiert. Der früheste Termin für dieses Fest ist also der 22. März, der späteste der 25. April.

1. April

Der Narrentag wird in der ganzen Welt nach dem Spruch gefeiert: Am 1. April / schickt man die Narren, wohin man will.
Es gibt zahlreiche Erklärungen für diese Sitte: in der Karwoche ist Christus »von Pontius zu Pilatus« geschickt worden; die Römer haben um diese Zeit ein Narrenfest gefeiert; die Sitte kann auch aus Indien zu uns gekommen sein, wo an diesem Tag der Brauch herrscht, Leute auf alle mögliche Weise zum Narren zu halten; die Franzosen behaupten, an diesem Tag sei Judas geboren, infolgedessen habe der Satan Gewalt über die Welt. Dem Teufel muß man aber durch den Narren zuvorkommen, denn Scherz verscheucht das Unheil. Die Engländer glauben, der Ursprung sei in Frankreich zu erkennen, wo Mitte des 16. Jahrhunderts der Neujahrstag wieder auf den 1. Januar zurückverlegt wurde, nachdem man ihn jahrhundertelang am 25. März gefeiert hatte. Auf jeden Fall ist das Aprilschicken nach dem 30-jährigen Krieg in Deutschland aufgekommen.
Ursprünglich ist es ein Spaß für die Erwachsenen und die Überlegenen gewesen, Väter haben ihre Kinder, Meister ihre Lehrlinge und Herren

April

1. April ihren gerade eingestellten Knecht in den April geschickt und befohlen, Schnakenfett oder gedörrten Schnee aus der Apotheke zu holen, Hühnergräten oder einen Windsack ins Nachbardorf zu tragen oder sich irgendwo ungebrannte Asche abzuholen.

In England und in den USA denkt man sich manchmal etwas rüde Scherze aus, lädt zum Beispiel den Aprilnarren zum Essen ein, klebt neben die Haustürklingel ein Schild mit »April, April!« oder gießt ihm Wasser statt Wein ins Glas und legt ihm einen rohen Fisch auf den Teller.

In den USA backt oder kocht man für diesen Tag gern Dinge, auf die jemand hereinfallen kann: streicht zum Beispiel auf Topfkuchenscheiben orangegelb gefärbten Zuckerguß und schiebt diese Toaste eine halbe Minute unter den Grill, so daß der »Käse« gerade Blasen schlägt. Kindern serviert man Fliegenpilze aus einem halben hartgekochten Ei und einer halben Tomate mit Mayonnaisetupfern und Spottbier aus biergelbem Zitronengelee mit Eischaum. Das sieht besonders verrückt aus, wenn man den Gelee in schräg gelegten Gläsern erstarren läßt und dann erst mit dem Schaum versieht.

Die Sitte, Nachbarn und Freunde, Klassenkameraden und Lehrer in den April zu schicken, ist auf jeden Fall ein Spaß für phantasievolle Kinder und für Leute, die nichts so leicht übel nehmen.

13. April **Schwiegermuttertag** in den USA. Früher galt es als spaßig, ihr süßsaure Zunge in Rosinensauce vorzusetzen. Heute lädt man die Schwiegereltern zu einem festlichen Essen zu Haus oder ins Restaurant ein oder geht mit der ganzen Familie ins Theater.

14. April **Tag des heiligen Tiburtius, Märtyrer**

Weil Mitte April die meisten Vögel aus der Winterreise zurückkehren, heißt der Spruch zu diesem Tag: Tiburtius kommt mit Sang und Schall/ bringt Kuckuck mit und Nachtigall.

In Böhmen und England heißt dieser Tag auch der Kuckuckstag. In einem milden Jahr kann man mit den Kindern ausziehen, um den ersten Kuckuck schreien zu hören. Der Aberglaube sagt, daß man so viele Jahre lebt, wie man den Kuckuck rufen hört und: wenn man beim Kuckucksruf mit dem Geld im Beutel klimpert, geht es das ganze Jahr nicht aus.

22. April **Tag der Erde** – Earth Day: Dieser Gedenktag ist jung und zeigt, wie lebendig und sinnvoll Bräuche auch heute noch sein können.

Am 22. April 1970 rief der damalige Senator Gaylord Nelson sein Land, die USA, »zur Rettung des geschundenen Planeten« auf. 20 Millionen Amerikaner demonstrierten an diesem Tag für die Umwelt und hatten mit diesem eindrucksvollen Appell tatsächlich Erfolg: Das US-Umweltschutzamt wurde gegründet, und das Gesetz zur Reinerhaltung der Luft trat in Kraft. Seitdem wird der Tag der Erde mit entsprechenden Aktivitäten begangen. 1990 fand am 22. April die

22. April

bisher größte Umweltdemonstration statt. In 140 Ländern riefen Naturschützer dazu auf, Müll zu sammeln, Bäume zu pflanzen, Autos stehen zu lassen und Giftfässer vom Meeresboden zu heben. Wenigstens einmal im Jahr.

Tag des Heiligen Georg — 23. April

Er war ein hochgestellter Kriegsmann aus Kappadokien und erlitt während der Verfolgung des Diokletian den Martertod. Er gehört zu den vierzehn Nothelfern, ist in Griechenland Erzpatron und im Abendland der Schutzpatron der Soldaten, besonders der Reiter und Ritter, in England ist der heilige Drachentöter der Landespatron.
Seit dem Mittelalter gibt es überall Georgsritte, Pferdesegnungen, Umritte und in Erinnerung an die mittelalterliche Sitte die Sankt Georgsminne, ein Schluck geweihter Wein, mit dem man sich vor weiten Reisen zu Pferd verabschiedete, gesellige Umtrünke vor dem Ritt. Mit dem Georgstag beginnt in manchen Gegenden das Pflügen, auf jeden Fall ist es Zeit, daß die Kartoffeln gelegt werden.

Der grüne Georg ist ein letztes Frühlingsfest, das in Kärnten gefeiert wird: der grüne Georg ist ein in Birkenzweige eingewickelter Bursche, der eine schlanke lange tücher- und blumengeschmückte Fichte ins Dorf trägt. Er lehnt den Baum an ein Haus, die Mädchen schauen zum Fenster heraus, pflücken die Blumen ab und werfen sie zu den Kindern hinunter. Dann wird der grüne Georg gejagt und ins Wasser geworfen, denn das bringt Regen und läßt alles grünen.

23. April **Das Grasausläuten** im Inntal soll dafür sorgen, daß die bösen Geister aus dem Gras, von den Weiden verschwinden, deshalb schwärmen die Buben aus, machen mit Schellen und Glocken einen ungeheuerlichen Krach, laufen einmal um alle Felder herum und lassen sich dann kräftig belohnen.

Grasausläuten im Inntal

23. April Für die Armen des Dorfes wurde am Georgstag offene Tafel gehalten, und alle konnten reich mit Brot und Wurst beladen heimwandern. Diese Sitte erinnert wieder daran, wie groß die Zahl der Unversorgten bis ins 19. Jahrhundert hinein gewesen ist, und wie wichtig es war, immer wieder an sie zu denken.

25. April **Tag des heiligen Markus**

Der Heilige Markus, Evangelist und Schutzpatron von Venedig, war zuerst ein Schüler von Petrus, hat dann den heiligen Paulus auf seinen

Reisen begleitet und schließlich das Evangelium allein verkündet, vor allem in Ägypten, wo er die Kirche von Alexandrien gründete. Auf Bitten der Christen in Rom schrieb er nach den Predigten des Petrus das zweite Evangelium, das also ein indirekter Bericht ist.
In den Alpenländern findet an diesem Tag ein kirchlicher Bittgang statt, um den Segen Gottes auf die Feldfrüchte herabzurufen. Die sogenannte Markusprozession sollte wohl ursprünglich eine heidnische Bittprozession zu Ehren einer Korngottheit verdrängen.

Georgiritt in Traunstein

25. April **Markusbrot** ißt man in Venedig am Gedenktag des Stadtheiligen, also Marcipan, aus dem man in ganz Norditalien verschiedene Marzipantorten herstellt. Ein Rezept zum Ausprobieren:

Markustorte
Aus 300 Gramm Mehl, 200 Gramm Butter oder Margarine, je einer Prise Salz und Zimt und zwei bis drei Eßlöffeln kaltem Wasser einen Mürbeteig kneten, ausrollen und eine Springform damit auslegen. 10 Minuten vorbacken, abkühlen lassen und dünn mit Aprikosenmarmelade ausstreichen, auch den Rand. Zur Fülle 250 Gramm gemahlene süße und 20 Gramm bittere Mandeln mit sechs Eßlöffeln fetter Sahne, 70 Gramm Zucker, 4 Eiern, einem Teelöffel gemahlenen Zimt, der abgeriebenen Schale einer Zitrone und 70 Gramm Honig verrühren, in den Tortenboden füllen und bei Mittelhitze eine knappe Stunde backen. Die Torte kann nach Belieben mit blättrig geschnittenen oder halbierten abgezogenen Mandeln bestreut und zum Schluß mit Puderzucker überstäubt werden.
Der Doge, das Staatsoberhaupt der altvenezianischen Adelsrepublik, besaß das Recht, an diesem Tag des Schutzpatrons seiner Stadt als erster Risi bisi zu essen, Risotto mit jungen Erbsen vermischt.

30. April
Walpurgisnacht

Die Nacht vorm 1. Mai ist die Walpurgisnacht, in der der Sage nach die Hexen auf Besen, Katzen oder Ziegenböcke zum Hexensabbat auf den Blocksberg im Harz reiten, um mit dem Teufel zu tanzen. In dieser Nacht sind alle Zaubermächte losgebunden, man kann Menschen ver wandeln, Pflanzen am Wachsen hindern und Wasser in Wein verzaubern. Zur Erklärung dieser Nacht wird erzählt, daß sich zur Zeit Karls des Großen die Sachsen im Harz zu gemeinschaftlichen Opferfesten versammelten. Nachdem sie aber getauft worden waren, hatten sie Angst vor der angedrohten Todesstrafe und suchten ihre alten Kultstätten zuerst vermummt, dann in einer so schrecklichen Verkleidung auf, daß die Spukgeschichten von den Hexen entstanden. Wie auch immer: Karl der Große hat schon vergeblich versucht, den Dämonenglauben, der sich in diesem Hexenfest unverhüllt zeigt, zu besiegen. Es hat auch nichts genützt, daß die katholische Kirche diesen Tag der heiligen Walburga, der Patronin der Bauersfrauen und Mägde gewidmet hat, und ihre Leiche in dieser Nacht in einer langen Wallfahrt ins Kloster Walburg im Elsaß hat tragen lassen. Das Hexenfest wird heute noch – von verkleideten Kindern – mit Krach und Übermut gefeiert.

Man erzählt sich auch, diese Nacht sei von den jungen Leuten auf dem Land mit Absicht und vielen Grusel- und Spukgeschichten als Hexennacht gehalten worden, damit Kinder und Weiber ängstlich am warmen Ofen hocken blieben, und die Burschen unterdessen ungestört Maibäume und kahle dürre Reiser für den Maitag vorbereiten und verteilen konnten.

30. April
Walpurgisnacht

Die Sitten des Tages bestehen aus Krach und Feuer, Abschreckungsmittel gegen die Unholdinnen: In den Dörfern haben sich die Buben mit einem Stück Kreide bewaffnet und auf Türen, Fensterläden, Straßensteine und sich gegenseitig auf den Rücken Kreuze gemalt, weil Kreuze die Hexen abwehren: über das Kreuz können sie nicht. Deshalb stellen die Mädchen und die Knechte das Arbeitsgerät kreuzweis vor die Scheunentür, die Kinder legen sich die Strümpfe kreuzweis vors Bett, und der Kreuzweg galt als der sichere Ort.

Schutzkreuze an der Scheunentür

Zauberstab haben die Kinder in Nassau bis in die Nacht hinein gespielt. Ein Spieler verfolgt die anderen mit einem Zauberstab. Kann er einen berühren, so muß dieser in der Stellung bleiben, in der es ihn getroffen hat. Die anderen Spieler versuchen, den Verzauberten wieder zu berühren: das macht ihn frei, bringt aber die Retter in die Gefahr, selber verzaubert zu werden. Sind drei verzaubert worden, so ist der letzte der nächste Zauberjäger.

30. April
Walpurgisnacht

Hexentanz

Gesellenfangen: Dazu wird ein Fänger durch das Los oder durch Abzählen bestimmt, es wird ein Spielfeld abgegrenzt, in dem die anderen Kinder versuchen, vorm Fänger wegzulaufen. Gefangen werden darf aber nur ein Kind, das alleine läuft. Kommt ihm der Jäger also nahe, so versucht es geschwind, einen Gesellen zu greifen: einem Paar kann der Jäger nichts anhaben. Dreht er wieder um, so muß sich das Paar sofort wieder voneinander lösen. Wen der Jäger dann schließlich doch fängt, muß im nächsten Spiel der Jäger sein.

Das Walperspiel wird in Thüringen gespielt: die Buben verkleiden sich als Walpermännchen, die kleinen Mädchen mit reich dekorierten Papiermützen auf dem Kopf als Hexen. Die Walpermännchen jagen die Hexen durchs ganze Dorf. Kinder und Burschen veranstalten so viel Krach, wie sie können, laufen dabei um die Felder oder um die Gehöfte herum. Auf den Feldern wird Feuer abgebrannt, und man achtet darauf, daß kein Besen nach Anbruch der Dunkelheit draußen vor der Tür steht, weil ihn sonst die Hexen holen.

Beim Hexenbrennen in Böhmen wird sogar eine Strohhexe ins Feuer geworfen, das man umtanzt.

Beltane ist das entsprechende Fest in England, ein altes keltisches Frühlingsfest, das in Irland, Schottland und Wales noch mit großen Feuern gefeiert wird, in denen man oft Strohpuppen oder Strohhexen verbrennt, die mit Bändern und Federn geschmückt sind; in England sind es mehr die Druiden und Hexen.

30. April
Walpurgisnacht

Das Wort für das Fest setzt sich aus Beal (Nordischer Lichtgott, der dem germanischen Balder entspricht) und Tine gleich Feuer zusammen und wurde früher auch oft Bealtine geschrieben. Die dem Osterfeuer ähnlichen Holzstöße wurden auch erst Anfang Mai, meist am 2. Mai angezündet. Eine überlieferte Sitte: die jungen Leute aus einem Dorf trafen sich am Abend, zündeten ein Feuer an, um das ein ringförmiger ausgehobener Graben (Symbol für das Rad) lief und kochten sich auf dem Feuer zuerst einen Eierrahm. Dann warfen sie so viele Haferkekse, wie es Personen waren, in einen Hut, aber ein Haferkeks war mit Holzkohle oder Ruß schwarz bemalt. Alle bekamen die Augen verbunden, und wer das schwarze Haferbrötchen aus dem Hut zog, mußte als symbolisches Opfer dreimal – ohne Augenbinde – über das Feuer springen.

Maifest in England

30. April
Walpurgisnacht

Bara Ceirch (sprich: bara kersch)
Zwei Teelöffel Butter oder Margarine und zwei Teelöffel Rindertalg werden mit einem halben Eßlöffel Zucker in einem knappen viertel Liter heißem Wasser geschmolzen und dann auf 200 Gramm feine Haferflocken und 50 Gramm Hafermehl geschüttet. Gut durchkneten, so daß ein weicher Teig entsteht, von dem auf einer mit Hafermehl bestreuten Tischplatte kleine Kugeln gerollt und dann mit dem Handballen flachgedrückt werden. In Wales werden diese Haferkekse ohne Fett auf dem heißen Backstein gebacken, den man bei uns durch eine beschichtete Pfanne ersetzen sollte. Fünf bis sieben Minuten von jeder Seite backen, dann vorsichtig auskühlen lassen, damit sie nicht zerbrechen und mit Butter oder Honig zu Buttermilch servieren.
Diese Haferbrötchen aß man auch beim Almauftrieb, der in diese Zeit fällt, nahm sich einen gehörigen Vorrat mit, den man je nach Jahreszeit mit Käse und Butter, mit Quark oder Schmand (Sahne) mit Kräutern oder mit Heidelbeeren aß.

Das Hobby Horse zieht am Vorabend des Maitages in Cornwall mit Begleitung durch die Lande und tanzt an Kreuzwegen. Das Pferd besteht aus einem oder zwei Burschen unter kunstvoll mit Bändern und Rosetten verzierten Decken, die Begleiter sind vermummte Kinder und Jugendliche, manche mit Ziehharmonika, Pauke oder Trommel ausgerüstet. Die Sitte geht auf den keltischen Pferdekult im Zusammenhang mit dem Maikönig zurück, vielleicht aber auch auf die Versuche im frühen Mittelalter, mit Gespensterfiguren dieser Art die räuberischen Dänen und Wikinger abzuwehren.

Grüne Laubgirlanden werden in der Nacht überall über die Haustüren gehängt, und die Kuhstalltür wird mit Pfingstrosen geschmückt: grüne Wachstumsmagie.
Für Kinder ist die Walpurgisnacht ein Anlaß, in den Abend hinein ein Kinder- und Hexenfest mit Kostümen, Lampions und Zauberei im Garten zu feiern.

In Schweden ist Walpurgisnacht auch der Abschied vom Winter, der mit privaten und öffentlichen Festlichkeiten begangen wird. Überall gibt es Freudenfeuer, man geht die Feuer anschauen und begrüßt dabei den Lenz mit Liedern und festlichen Reden.
Die Nacht zum 1. Mai verbrachte man früher in den Wäldern und brachte junges Grün und Blumenkränze in feierlicher Prozession zum Maibaum.

Am Abend lädt man Familie oder Freunde zu einem Festmahl nach dem langen Winter ein, wonach dann getanzt wird.
Eine klassische Mahlzeit dabei ist Gravad Lax mit Sauce.

30. April
Walpurgisnacht

Gravad Lax

1,5 kg Lachs vom Mittelstück, Zucker, Salz, zerdrückte, weiße Pfefferkörner, frischer Dill
für die Sauce:
Senf, Zucker, Weißweinessig, Öl, saure Sahne, frischer und feingewiegter Dill

Alle kleinen Gräten des Lachses entfernen, aber nicht die Haut. In einer kleinen Schüssel 4 Eßlöffel Zucker, 4 Eßlöffel Salz und 2 Teelöffel zerdrückte Pfefferkörner vermengen, das Lachsfleisch mit dem größten Teil dieser Würzmischung einreiben. Dann wird eine Schicht Dill in einen flachen Glas- oder Keramiktopf gelegt, darauf das eine Lachsfilet mit der Haut nach unten. Mit einer üppigen Lage Dill bedecken und mit der restlichen Würzmischung bestreuen. Das zweite Lachsfilet drauflegen, Haut nach oben und so, daß das dünne Ende der oberen Fischportion auf das dicke Ende der unteren Fischportion zu liegen kommt. Abermals dick mit Dillkraut belegen, mit einem leichten Gewicht beschweren, das den Saft nicht aus dem Fischfleisch pressen darf. Den Lachs ein bis zwei Tage lang ins Kalte stellen und nach der Hälfte der Zeit einmal umdrehen.
Wenn der Gravad Lax serviert werden soll, schabt man alle Gewürze ab, schneidet das Fischfleisch in möglichst dünne Scheiben und reicht es mit kalter Gravadlaxsauce, Zitronenschnitzen und Pellkartoffeln. Oder mit gekochten Kartoffeln in einer weißen Dillsauce.

Sauce:
2 Eßlöffel Senf, 1 Eßlöffel Zucker und 1 Eßlöffel Weißweinessig in einer Schüssel verrühren, nach und nach 6 Eßlöffel Öl dazutropfen und wie eine Mayonnaise verrühren. Als letztes rührt man 6 Eßlöffel saure Sahne oder Schmand dazu und reichlich Dill.

Christi Himmelfahrt

Himmelfahrt ist der vierzigste Tag nach Ostern, Tag der Bergwanderungen und Flurumritte.
Dem christlichen Glauben nach hat die ganze menschliche Natur an Christi Triumphzug in den Himmel teilgenommen und nimmt immer wieder teil. Wie ein irdisches Echo triumphiert eben diese Natur, im Volksbrauch verschwinden die düsteren Gestalten und Geister, die den Winter mit Stroh und Zottelrok darstellen, die Sommermädchen übernehmen das Regiment, und Häuser und Brunnen und Quellen mit ihrem lebensspendenden Wasser werden geschmückt.

Christi Himmelfahrt

Maivögel: Der Aberglaube schreibt vor, daß an Himmelfahrt nur fliegendes Fleisch, also Geflügel gegessen werden darf. An manchen Orten wird Gebäck in Vogelform gebacken.

Vatertag ist der Himmelfahrtstag in Deutschland, was bedeutet, daß die Männer mit Bier, Branntwein und Schinken ins Freie ziehen und meist mehr trinken, als sie vertragen.

Vatertagsausflug

Mai

Unser fünfter Monat heißt auch Weidemonat, weil das Vieh nun aus dem Stall und auf die Alm oder auf die Weide gebracht wird, Wonnemonat, weil er als erster warmer Monat als der der Liebe betrachtet wird, und seinen Namen hat er vermutlich von der Wachstumsgöttin Maja. Fromme Christen nennen ihn den Marienmond und Gärtner den Blumenmonat.

1. Mai

Überall wird der Frühling und die Sonne begrüßt, »Alles neu macht der Mai«, und es waren deshalb eine Reihe von Übergangs- und Anfangsbräuchen üblich, wie man sie am Ende der Fastenzeit oder zu Neujahr kennt: man mußte zur Maifeier frisch gewaschen sein, die Mädchen sollten sich das Gesicht im Maitau baden, das bringt Schönheit. Die Felder wurden durch Umzüge gesegnet, die Hausfrau backte einen besonders dicken fetten Eierkuchen, von dem jeder Hausgenosse ein Stück auf den Teller bekam.

Maibutter: Das ist erste Frühlingsbutter, die so reichlich mit feingewiegten grünen Kräutern verrührt wird, wie man jetzt schon ernten kann, die es auf dem Lande mittags als Nachtisch auf einem Stück Brot gab, und die wir uns heute auf den Frühstückstisch stellen können.

Kinderfeste: Überall ziehen Kinder, verkleidet oder nicht, in den Wald hinaus, um »den Mai zu holen«. Sie bringen grüne Zweige mit, Sträuße aus den ersten blühenden Hecken, und in manchen Gegenden ziehen sie in der Morgendämmerung los und kehren bei Sonnenaufgang

1. Mai zurück. Vielerorts ziehen sie dann mit den grünen Zweigen von Haus zu Haus, schlagen mit den grünen Fruchtbarkeitssymbolen gegen die Haustüren und bekommen dafür Heischelohn. Oft wird ein Birkenbäumchen mit Schleifen und Eiern geziert, und oft wird das ganze Unternehmen von der Musik begleitet, so daß der Maizug mit Sang und Schall aus dem Walde heimkehrt.

Maibuschen oder Maien: Das ist früher eine Sitte gewesen, die sehr ernst genommen wurde. Die jungen Burschen steckten den jungen Mädchen einen Maibuschen an die Tür oder an den Fensterladen und sagten damit, was sie dachten: ein schöner grüner Zweig, eine kleine Tanne, die vielleicht sogar noch geschmückt ist, bedeutet Liebe und Zuneigung. Wenn das Mädchen gar keinen Baum bekam, so galt das als fast noch schlimmer als ein dürrer Stecken oder das kahle Gerippe eines Weihnachtsbaumes oder ein Besen, das war der Schandmaien. Geärgert haben sich die Mädchen auch, wenn sie einen Kirschzweig vors Fenster gesteckt bekamen, denn das galt als Symbol für Klatschsucht, während Weißdorn bedeutete: dieses Mädchen will sich um jeden Preis einen Mann angeln.
Wer sich heute einen Maien für seine Angebetene holen will, sollte sich mit den Stadtförstern oder Forstämtern in Verbindung setzen, die den

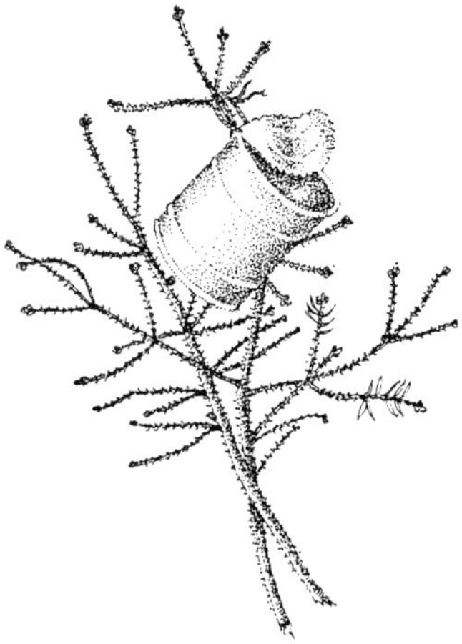

In Wegscheid bei Lenggries wird der Maibaum aufgestellt

Junggesellen sicher wie in Bonn freundlich entgegenkommen: dort wird ihnen gratis ein Maibaum samt Abholschein zur Verfügung gestellt, um Vorgärten, Wälder und Baumschulen zu schützen.

Der Maibaum fürs Dorf ist stattlicher, meist eine hohe Fichte, deren Stamm abgeschält wird, so daß nur oben eine kleine Krone bleibt. Die Krone wird oft geschmückt: mit einem Kranz, mit Bändern mit bunden Eiern, auch mit nützlichen Sachen wie Würsten und Schinken, denn im Laufe des Tages findet ein Wettklettern der Burschen statt. Der Stamm des Maibaums muß auf jeden Fall glatt sein, damit sich der Teufel nicht in Gestalt eines Käfers zwischen Stamm und Borke versteckt, oft wird der Stamm mit den Sinnbildern der Handwerker geschmückt, auch mit einem Herzen, weil der Mai ja der Monat der Liebe ist. Der Fichtenstamm wird vorm Klettern mehrere Male fest mit Schmierseife eingerieben, aber die Burschen reiben sich Handflächen und Fußsohlen mit Asche ein, und wem es gelingt, die Fichtenspitze zu erreichen, dem fällt alles zu, was er sich aus der Krone holen kann. In manchen Dörfern hat der Gewinner außerdem das Recht, bei den Zuschauern zu sammeln, und das Geld für sich selber einzustecken.
Der Maibaum wird in allen Gegenden anders verziert, aber immer bedeutet der Schmuck Fruchtbarkeit, (grüne Zweige) oder Reichtum und Fülle (vergoldete Nüsse, rote Früchte, Beeren oder Eier). Oft ist der Baum mit Kerzen besteckt, und in Friesland gab es eine schöne Sitte: jedes junge Mädchen brachte dem Maibaum eine Kerze, und bei Einbruch der Dunkelheit begann der Tanz um den beleuchteten Baum herum.

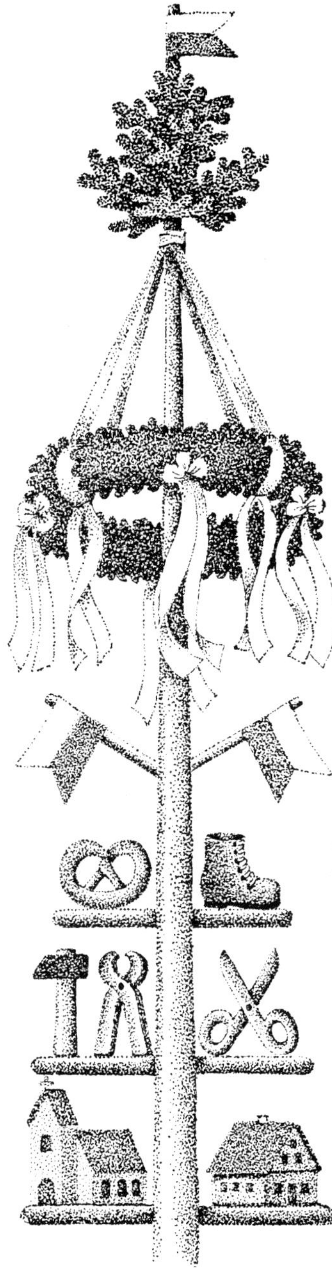

Der Maireigen, der unter dem Maibaum getanzt wurde, war entweder ein Rundtanz oder ein Kettentanz.

Die Schnecke: Dabei fassen sich alle Tänzer an, singen und öffnen den Kreis an einer Stelle. Der erste der so entstandenen Kette tanzt eine Spirale um den Maibaum herum, die immer enger wird, so daß sie entweder geschickt wieder aufgelöst werden muß, oder alle Tänzer fallen ins Gras.

Der Zaun: Die Mädchen allein oder Mädchen und Jungen fassen sich abwechselnd an den Händen, tanzen im Kreis und singen:

> Wir wollen den Zaun binden,
> wir binden einen Zaun!
> Unsere … hübsch und fein
> soll in den Zaun gebunden sein.

Der oder die Genannte verschränkt nun die Hände über der Brust und faßt die Nachbarn mit gekreuzten Armen wieder an. So singen und binden sich die Tänzer nacheinander in den Zaun, bis er geschlossen ist. Dann gehts umgekehrt, alle singen und lösen sich entsprechend zu dem gleichen Lied und den gleichen Versen.

Mai

1. Mai

Aufforderung zum Maitanz, von Johann Sperl

Die Brücke: Die ersten beiden Tänzer bilden ein Paar, fassen sich an und heben die Arme zum Brückenbogen, unter dem die nächsten beiden Tänzer hindurchtanzen und dann ebenfalls einen Bogen bilden. Das geht so weiter, bis das Lied aus ist oder: alle Paare bilden einen Brückenkreis, und es beginnt der Kampf zwischen Sommer und Winter, wobei der Frühling im und der Winter außerhalb des Kreises steht und der eine den anderen fangen muß.

Der Kampf zwischen Frühling und Winter taucht bei vielen Spielen und Tänzen um den Maibaum herum wieder auf, manchmal tanzt ein schwarzer Kerl mit den Mädchen um den Maikönig herum, ein verkleideter Winter, ein Hans im Grünen, ein ganz in Laub gewickelter Schornsteinfegerjunge, in Bad Ragaz ist es ein Maibär, der überwunden und in den Bach geworfen werden muß.

Bändertanz oder Bandeltanz heißt der Tanz um den Maibaum, bei dem die Mädchen bunte Bänder (in Bayern sind sie weiß und blau) in die Hand nehmen und damit um den Maibaum herumtanzen.

Maikörbe: In England tauschen Kinder Blumenkörbe aus, es muß aber, wie am Valentinstag, heimlich geschehen, niemand darf das Kind beim Maikorbbringen erwischen, und wenn es doch geschieht, so wird es mit Kuchen und Süßigkeiten belohnt.

1. Mai

Maireiten: Das ist eine Sitte aus Schweden und aus Norddeutschland. Im südlichen Schweden sind zwei Reiterscharen am 1. Mai vor die Stadt oder vors Dorf geritten und dort um die Wette geritten. Manchmal wurde auch ein Spiel aufgeführt:

Zum Blumengras haben sich die Burschen in zwei Parteien geteilt, die eine wurde von einem jungen Mann angeführt, der in Zottelfell und Winterpelz gehüllt war und ein hölzernes Schwert oder einen Speer trug; den anderen ritt ein junger Bursch ohne Waffen und mit grünem Kranz voran, dessen Partei in einem Schaukampf natürlich gewinnt.

Das Maikraxeln: Das ist eigentlich ein Wettklettern für die Schulbuben, das in vielen Gegenden auch in grünen und schwarzen, also in Frühlings- und Winterverkleidungen stattfindet.

Bandltanz in Bayern

Mai

1. Mai **Der Maiherr oder Maikönig** steht in England im Mittelpunkt der Feierlichkeiten zum 1. Mai, die im Mittelalter, vor allem zur Zeit von Heinrich dem Achten eine ungeheure Volksbelustigung dargestellt haben. Die Burschen zogen wie auf dem Kontinent in der Morgendämmerung in den Wald, um grüne und blühende Zweige zu holen, schmückten damit bei Sonnenaufgang Dorf oder Stadt, streuten auf den Anger einen Teppich aus grünen Blättern, stellten den Maibaum auf und bauten ihm gegenüber eine Laube aus grünen Zweigen. Dort hinein zog der Maikönig, der von allen gewählt worden war und der sich nunmehr seine Maikönigin wählte: neben diesen beiden Hauptpersonen gab es noch eine ganze Schar von Darstellern, die ebenfalls verkleidet und an eine feste Rolle gebunden waren: Robin Hood im grasgrünen Gewand, den Bruder Tuck in Mönchstracht, dazu Hobby-Horses, Milchmädchen, Müller, Spaßmacher und Morristänzer, meist eine Gruppe von acht bis zwölf jungen Leuten, die bestimmte Volkstänze vorführten und Musik machten. Die Maileute können eine ganze Prozession bilden, manchmal tanzen auch Frühling und Winter mit, die Winterleute haben sich das Gesicht mit Kohle geschwärzt, haben sich einen künstlichen Buckel auf den Rücken gebunden, tragen zerlumpte Kleider, sind in Stroh gewickelt, und die Frühlingsleute sind mit Bändern, Schleifen und Kränzen geschmückt. Zum englischen Repertoire gehört auch die mad Moll, die tolle Moll und ihr Mann: die tolle Moll hat ein weißes Kleid an, das über und über mit Schleifen besetzt ist.
Die Maispiele dauern den ganzen Tag, es gibt Umzüge, Aufführungen, es wird gesungen, und zum Schluß endet alles in einem Mai-Essen.

Den Sommer ins Land reiten ist eine Sitte aus Dänemark; der Maigraf und sein Gefolge reiten zu Musik und Liedern durchs Dorf und werfen allen Mädchen grüne Kränze zu. Diese schließen sich dem Zug an, der auf dem Dorfplatz vorm Wirtshaus endet, und es gibt Tanz und eine Mahlzeit. Danach muß nach schwedischer Sitte tüchtig getrunken werden, damit man sich das Mark in die Knochen trinken kann und einem im Sommer und Herbst niemals Mut und Freude ausgehen.

Das Mailehen ist eine sonderbare Sitte, die sich vermutlich aus dem Wunsch des Dorfes oder der Gemeinde entwickelt hat, alle unverheirateten Mädchen so gut wie möglich unter die Haube zu bekommen. Der Dorfälteste oder der Dorfschulze bietet unter der Linde am Vorabend vom 1. Mai alle ledigen Mädchen des Dorfes aus, und die jungen Burschen müssen ihre Maibräute oft regelrecht ersteigern. Danach haben sie das Recht, mit ihrer Maifrau oder ihrem Mailehen, wie das Mädchen früher dann hieß, entweder am kommenden 1. Mai oder den ganzen Frühling und Sommer über bei allen Festen zu tanzen, sich ständig um das Mädchen zu kümmern, aber von ihm auch bevorzugt zu werden. In manchen Orten galt diese Verpflichtung so lange, bis die Bohnen blühen, in manchen Gegenden reichte sie von Mai zu Mai.

1. Mai

Mit Maigirlanden ziehen die Mädchen in Nordengland von Haus zu Haus, um den Nachbarn zu zeigen »wie die Blumen blühen«. Das erinnert an unser

Blätterfest: Dazu flechten sich Kinder aus Zweigen und Blumen Laubbögen, die mit Bändern geschmückt sind und immer von zweien durchs Dorf getragen werden. Daran schließt sich ein Girlandentanz auf dem Schulhof oder auf dem Dorfplatz an.

Laubbögen zum Blätterfest

Maibrunnenfeste sind Reinigungsfeste im Frühjahr, bei denen nicht nur die Becher und die Schöpfkellen geputzt und durch neue Geräte ergänzt wurden, die Mädchen zogen darüber hinaus zum Brunnen, reinigten ihn, zündeten dabei Lampen und Kerzen an, die in die benachbarten Bäume gesteckt wurden, bekränzten zum Schluß den Brunnen oder legten eine Girlande um seine Mauer, in die auch noch oft Eier und andere Fruchtbarkeitssymbole gesteckt wurden. Aus den Eiern wurde am Maitag Kuchen gebacken, den man beim Maitanz miteinander aufaß. Wenn ein Dorf mehrere Brunnen hatte, so zog die Schar der Mädchen und Kinder von Brunnen zu Brunnen, und oft wurde bei den Häusern, an denen der Zug vorüberwanderte, um Gebäck und Semmeln gebeten.

Mai

1. Mai **Bullenstoßen:** Am ersten Mai ist in manchen Gegenden das Vieh zum ersten Male auf die Weide getrieben worden, wobei die Kühe mit einem Maibuschen geschmückt wurden und auf dem Feld das Bullenstoßen stattfand, ein spielerischer Kampf der jungen Stiere. Manchmal hat der Besitzer des siegreichen Stieres einen Preis bekommen, manchmal mußte ein Verlierer das abendliche Fest bezahlen.

Die erste Praterausfahrt hat den 1. Mai in Wien zu einem Ereignis gemacht, alle Kutschen waren zum ersten Mal offen, und wer kein Gefährt besaß, wanderte.

Die täglichen Maiandachten beginnen in katholischen Gegenden am 1. Mai und dauern den ganzen Monat hindurch.

Die Maibowle wird ebenfalls am 1. Mai angesetzt, denn an diesem Tag zieht die Familie aus, um an von Generation zu Generation weiter vererbten Geheimplätzen im Wald frischen Waldmeister zu pflücken. Für die Maibowle wäscht man den Waldmeister, der noch nicht blühen darf, bündelt ihn oder bindet ihn zum Kranz und hängt ihn in zwei Flaschen gut gekühlten Moselwein oder Mosel-Saar-Ruwer, versucht jedoch die Stiele vom Waldmeister nicht mit einzutauchen, läßt das den Nachmittag über ziehen, nimmt den Waldmeister dann heraus und gießt mit einer Flasche Champagner auf.

Maiglöckchensträuße gehören in Frankreich zu diesem Tag: man schenkt sie sich gegenseitig.

Gold- und Silberkuchen wurden im viktorianischen England für den 1. Mai gebacken, sie waren wohl auch Symbole für den Reichtum, den der Mai über das Land streut.

Silberkuchen
125 Gramm Butter mit 125 Gramm Zucker schaumig rühren, dann abwechselnd 200 Gramm Mehl und festen Eischnee aus fünf Eiweiß darunterheben, schließlich einen gehäuften Teelöffel Backpulver, einen Teelöffel Bittermandelaroma und zwei Eßlöffel gemahlene Mandeln dazurühren. Den Teig entweder in gut gefettete kleine Förmchen füllen oder in eine gefettete Kastenform, bei Mittelhitze 15 bis 20 Minuten backen, bis der Teig gut aufgegangen ist. Auf jeden Fall die Hölzchenprobe machen.

Goldkuchen
Wie oben Butter, Zucker und Mehl verrühren, doch diesmal mit den fünf Eigelb, zwei Teelöffeln Backpulver und vier Eßlöffeln Whisky, Orangen- oder Zitronensaft. Wie oben backen, die Backzeit aber fünf bis zehn Minuten länger berechnen.
Wenn man einen einzigen großen Kuchen haben will, so füllt man zuerst den Goldteig in eine gut ausgefettete Springform oder Guglhupfform, dann den Silberteig und backt das Ganze 50 bis 60 Minuten bei Mittelhitze.

Maisingen oder »Den Mai ansingen« war eine Heische-Sitte in Süddeutschland und in der Schweiz. Kinder zogen durch die Gemeinde, sangen Mailieder und bekamen dafür Kuchen oder Lebensmittel, die gemeinsam verspeist wurden.

Ab 1. Mai

In Frankreich begrüßen die Winzer den Frühling mit einer großen Festmahlzeit, für die Steaks auf Holzkohle gegrillt werden. Eine Handvoll Pfefferkörner, in die Glut geworfen, sorgt für kräftiges Aroma.

1. Maiwoche

Geschmückter Brunnen

In vielen Gegenden wurde die Brunnenweihe gefeiert. Der Dorfbrunnen wurde so gereinigt und geschmückt, wie Sie es auf Seite 153 lesen. Der Brunnenrand wurde auf jeden Fall mit Moos und Zweigen bekränzt, in den Moosnestern steckten Eier, aus denen der Dorfbäcker dann einen großen Kuchen backte, den die Kinder unter freiem Himmel verzehrten. Frühlingsspiele verschiedener Art werden auch an diesem Sonntag gespielt.

Erster Sonntag im Mai

Maibaumkraxeln (falls es nicht am 1. Mai stattgefunden hat).

Läuferbier (Looperbeer): Für dieses Spiel wählt sich ein Junge sechs bis zehn Burschen oder junge Männer, mit denen er um die Wette

Erster Sonntag im Mai

laufen will. Sie veranstalten einen Stafettenlauf mit Fähnchen oder girlandengeschmückter Stafette, er muß ganz allein eine bestimmte Strecke ablaufen, wobei die Freunde des Stafettenläufers versuchen, ihn dadurch aufzuhalten, daß sie ihm Schnaps anbieten. Das Ziel und der Siegespreis ist ein Kranz mit einer Tabakspfeife, die die Mädchen gestiftet haben. Verliert der Junge, so muß er sich mit einer Kranzspende freikaufen, die aus einem Trunk Bier besteht. Gewinnt er, so müssen die Stafettenläufer zahlen.

Tonnenschlagen: Das ist das Wettspiel der Reiter, das bei vielen Sommerfesten und an Kirmestagen gespielt wird. Die Tonne wird an einem festen Tau aufgehängt, die Reihenfolge der Reiter wird durch das Los bestimmt, die Reiter werden mit Knütteln bewaffnet und preschen im Galopp unter der Tonne durch. Bei jedem Ritt hat jeder einen Keulenschlag frei, wer die erste Daube herunterholt, erhält den ersten Gewinn und ist der Leutnant, wer das letzte Stück Tonne herunterschlägt, bekommt den Hauptgewinn und ist König.

Zweiter Sonntag im Mai
Muttertag

Dieses Fest ist verhältnismäßig jung, es wurde erst in unserem Jahrhundert, 1907, von einer Miß Anna Jarvis aus Philadelphia erfunden. Philadelphia ist auch die erste Stadt der Welt gewesen, in der der Muttertag im Jahre 1908 gefeiert wurde. Die Idee hat ziemlich rasch Erfolg gehabt, am 9. Mai 1914 hat Präsident Wilson den Kongreßbeschluß verkündet, den zweiten Sonntag im Mai »als öffentlichen Ausdruck für die Liebe und die Dankbarkeit zu feiern, die wir den Müttern unseres Landes entgegenbringen«.

Der Muttertag wird seitdem nicht nur in den Vereinigten Staaten, sondern auch in Europa und in Mexiko gefeiert, wo er sogar zwei Tage lang dauert.
In Amerika geben die Kirchen, Clubs und andere Organisationen große Bankette, zu denen die Mütter von den Töchtern eingeladen werden.
In Deutschland ist es üblich, der Mutter an diesem Tag alle Wünsche zu erfüllen, ihr das Frühstück ans Bett zu bringen, ihr ein Gedicht zu machen, ein Bild zu malen oder einen Kuchen zu backen.
Die Nelke ist das Symbol des Tages.

Anfang Mai

Die ersten Matjesheringe werden angelandet, und in Norddeutschland ist es üblich, den Tag mit einem Matjesessen zu feiern. Meist gibt es Matjes mit Pellkartoffeln und grünen Bohnen, dazu Aquavit und Bier.

Eier mit Matjescreme

8 Eier, hartgekocht;
2 Matjesfilets,
125 g Sahnequark, saure Sahne, etwas Pfeffer, ein Bund feingeschnittenen Schnittlauch

Die Eier vierteln, die Matjesfilets abspülen und feinwiegen. Den Quark mit 3 Eßlöffeln saurer Sahne, etwas Pfeffer und dem Schnittlauch verrühren, abschmecken, mit dem Matjesfleisch mischen und auf die Eier füllen. Dazu passen Pellkartoffeln, Aquavit und Bier.

Matjestatar
4 Matjesfilets vorbereiten und grob hacken, je eine Portion wie einen kleinen Berg auf einen Teller häufen und in die Mitte eine Vertiefung drücken. Rundherum gehackte Zwiebeln, Kapern, Kümmel, grob gehackten Pfeffer und edelsüßes Paprikapulver verteilen, in die Kuhle je ein Eigelb gleiten lassen. Bei Tisch vermischt man sich alles nach Belieben. Dazu gibt es Bauernbrot und Butter und Aquavit.

Nachbarschaftsfeste wurden im Mittelalter in der ersten Maiwoche, meist nach Pfingsten, gefeiert, gemeinde- oder straßenweise. Den Bürgern sollte die Gelegenheit gegeben werden, sich kennenzulernen, Freundschafts- und Nachbarschaftshilfe sollten gefördert werden. Die »Schaffer« laden ein, wer sich anders als »Herr Nachbar« oder »Frau Nachbarin« anredet, zahlt Strafe. Wer neu in die Nachbarschaft gezogen ist, zahlt Hänselgeld, und ursprünglich ist auch der Magistrat immer dazu eingeladen gewesen.

Pfingsten Die Bezeichnung stammt vom Wort *pentecostes,* das die Römer von den Griechen übernommen hatten und »der fünfzigste Tag« bedeutet, nämlich: der fünfzigste Tag nach Ostern.
Pfingsten war ursprünglich ein Erntefest des Alten Bundes, ein Dankfest für die gute Ernte, die zwischen Ostern und Pfingsten eingebracht wurde.
Das Pfingstfest des Neuen Bundes ist im übertragenen Sinn auch ein Erntefest: Christi Ernte, der seine Kirche gründet und ihr die inneren Gesetze gibt.
Pfingsten ist außerdem ein Sommerfest, bei dem man auf ähnliche Spiele und Sitten wie am 1. Mai stößt. Teilweise sind die Maifeste auch auf Pfingsten verlegt worden. Man holt den Maibaum aus dem Wald, schmückt Kirche und Haus mit Maien, und alle Feste, die im Volksbrauch wurzeln, finden im Freien statt.

Reiterspiele, Wettritte, Ringstechen, Mannstechen und ähnliches sind typisch für Pfingsten. Wer also einem Reiterverein angehört, kann sich für das Pfingswochenende viele Anregungen aus dem alten Brauchtum holen.
Im Rheintal sind in der Nacht vor Pfingsten die jungen Burschen singend von Dorf zu Dorf, von Haus zu Haus gezogen und haben die Pfingsteier eingesammelt, die die Mädchen für sie bereit hatten. Bis

Ringstechen in Seeland, 1898

heute ist es vielerorts Sitte, erst Pfingsten das Haus und das Tor mit grünen Maien zu schmücken, den Mädchen Maibusche vors Fenster zu setzen oder Blumen zu streuen.

Der grüne Junge oder das Laubmännchen: Man wollte früher nach dem langen kalten Winter den Sommer leibhaftig herbeiholen. Deshalb hat man in ganz Europa Kinder oder junge Leute ganz und gar mit Blumen bekränzt oder mit grünen Girlanden umwickelt oder ist gemeinsam in den gerade grünen Wald gezogen, hat Zweige abgeschnitten und einen Jungen so darin eingehüllt, daß nur die Füße herausschauten. Oder man hat ihn in ein Mooskleid gesteckt.

Der Wilde Mann wurde aus dem Holze geholt, der manchmal auch Maimann genannt wurde, Lattichkönig oder Graskönig, und es war entweder ein feierlicher Umzug damit verbunden oder ein Spiel: der Grüne muß sich wehren, es wird gerauft und mit Böllern geschossen, dann kommt der Grüne im Triumph auf einen Wagen und wird gefesselt, durchs Dorf gefahren und gegen ein Geschenk vorgezeigt.

Der Pfingstbuz aus Schwaben ist ein Junge, der außerdem noch mit Schellen behangen ist, manchmal gibts dort auch einen ›grünen Wasservogel‹, der ganz und gar in einem Kostüm aus grünen Flicken steckt und zum Schluß in den Teich geworfen wird. Bei beiden Figuren bricht schon wieder die Vorstellung durch, daß man sich der Naturdämonen nur dadurch habhaft machen kann, daß man sie überwindet, zerstört und ihre Bruchstücke aufhebt, weil sie die Kraft des Überwundenen enthalten. Das wird besonders deutlich beim

Der Wasservogel, von Joseph F. v. Goez

Pfingstquack aus der Pfalz. Er steckt in einem prachtvollen Gewand aus Goldpapier, das ihm nach einer möglichst langen Verfolgungsjagd stückweise vom Leib gerissen wird. Dabei machen es seine Begleiter den Verfolgern so schwer wie möglich.

Der Pfingstlümmel: Das ist ein Junge, der im Erzgebirge als letzter auf dem Dorfplatz eintraf, wo der am ersten erwachte Hütebub anfing, mit der Peitsche zu knallen, um alle Hirten zu versammeln. Der Pfingstlümmel wurde das ganze Jahr über so genannt und mit seiner Langschläferei gehänselt. Pfingstlümmel kann auch jemand in der Großstadt werden, der als letzter am Frühstückstisch auftaucht.

Der Bunte Junge heißt der Pfingstlümmel, wenn es sich um einen Pferdejungen handelte, der sein Pferd zuletzt hinaustreibt, und er wird vom Kopf bis zu den Füßen mit Girlanden aus Feldblumen umwickelt.

Der Tauschlepper ist sein Gegenpart, er ist als erster auf dem Sammelplatz gewesen, und hat dabei den Tau vom Grase abgeschleppt. Die beiden, Tauschlepper und Bunter Junge, sind am Nachmittag von Hof zu Hof gezogen und haben miteinander Gaben eingesammelt. Eine besonders vernünftige Sitte, die dem einen seine Selbstgefälligkeit und dem anderen seine Niedergeschlagenheit nehmen konnte.

Pfingsten

Pfingstmilch: Den Mägden gehörte die an diesem Tage gemolkene Milch, und sie machten damit ein Fest, luden junge Burschen dazu ein und kochten eine Milchsuppe mit viel Mandeln und Eiern.

Pfingstbier: Das ist das alkoholische Gegenfest der jungen Männer, die schon am Samstag durchs Dorf zogen und sich einen Einschenker wählten, der den Ordner machte. Er fuhr zuerst von Gehöft zu Gehöft, lud alle feierlich und in wohlgesetzten Versen ein, sammelte dabei Geld oder Gerste für das Bier, und am gleichen Tag wählte sich jeder Bursche eine Pfingstjungfer, die er mit einem grünen Maien zum Tanzen einlud. Vorher mußten die Pfingstjungfern aber auch helfen, sie schmückten die Laubhütte, die meist auf dem Anger als Festzelt aufgerichtet war, und am Pfingstmontag nach der Kirche fingen Spiel und Tanz an, denn das Pfingstbier verläuft wie eine Kirchweih. Es schließt am Tag nach Pfingsten mit einem Umzug mit Musik und Mummenschanz, Freibier und köstlichen Gerichten, die die einzelnen Hausfrauen zubereiten, und mit vielen gereimten Danksprüchen samt einer letzten Kollekte für den Abschlußtanz. Manchmal lädt eine Gemeinde auch ihre drei oder vier Nachbargemeinden ein. Im kommenden Jahr ist dann eine von ihnen der Gastgeber.

Ländliches Fest in Schwaben, von Eduard Kurzbauer

Der Wäldchenstag in Frankfurt, an dem auch die halbe Stadt hinaus ins Grüne zieht, erinnert noch an diese mittelalterlichen Sommer- und Innungsfeste, die abends zu Hause im Kreise der liebsten Freunde oder Kollegen weiter gefeiert wurden.

Dienstag nach Pfingsten

Aus: Oberbayerische Lieder. Franz v. Kobell, München, 1846

Der Tanz: Tanzen gehört zu vielen Festen, ist aber nicht nur Ausdruck der Lebensfreude und des Vergnügens an Musik und Rhythmus. Der Tanz hat etwas mit den Umritten zu tun, was auch erklärt, warum die alten Tänze fast überall Reigentänze gewesen sind.
Der Tanz ist der lebendige Ring, und dem geschlossenen Kreis der Menschen schrieb man dieselbe Kraft zu, Unheil, böse Geister, Pest und ähnliches fernzuhalten. Man tanzte um Brunnen, um ihr Wasser rein und klar, man tanzte um ein Haus, um die Bewohner gesund zu halten, man pflügte einen Kreis um die Felder, man umritt sie, und das Christentum machte daraus die Prozession, die immer im Kreis um die Kirche, ums Rathaus, um den Anger führt, nachdem es nichts geholfen hatte, die heidnischen Tänze zu verbieten.
Das ganze Mittelalter hindurch, bis zur Reformation, haben Bischöfe vergeblich versucht, zumindest das Tanzen und Singen auf dem Kirchplatz zu unterbinden.

Das Pfingstgelage ähnelt dem Pfingstbier. Die Bauern feiern damit den Beginn der Weidezeit. Die Bäcker backen besonders leckere Pfingstbrötchen, die die Mädchen den Burschen schenken, die sie beim Pfingstgelage zum Tanz führen sollen, und das Fest begann am

Pfingsten

Pfingstsonntag nach dem Gottesdienst und war voll von Essen und Trinken und Tanzen und Raufen, manchmal gab es Spiele, bei denen Hausfrauen traditionellerweise die Verlierer sein mußten, damit man ihre Speisekammer plündern und gemeinsam wieder etwas Gutes kochen konnte. Diese Feste sollen auf alte Trinkopfer zurückgehen, und es wird immer im Kreise der Familie oder Gemeinde getrunken. In manchen Dörfern gab es extra Silbergefäße für Pfingstbier und Pfingstgelage. Auf jeden Fall gab's beim Pfingstgelage einen Wettritt der Burschen, oft um den Preis eines Stollens, den die Mädchen gebakken, in Seidentücher gewickelt und an einer Zielstange aufgehängt hatten.

Pfingstritt in Kötzing im Bayerischen Wald

Pfingstritte und Umritte waren am Pfingstsonntag fast überall bekannt, sie sind mit der Weihe der Fluren verbunden gewesen, man sang dabei fromme Lieder, um den Segen des Himmels auf die keimende Saat herabzubitten.

Im Königsspiel haben solche Umritte meist geendet, wenn sie nämlich zu Wettritten wurden, wobei der Sieger als König aufgeputzt und feierlich ins Dorf zurückgeführt wurde.

Ringstechen: Ein Holzring wird zwischen zwei Bäumen am Strick aufgespannt, die Reiter traben nacheinander darauf zu und müssen ihn nicht nur durchstechen, sondern gleichzeitig auch herunterreißen.

Kranzstechen: Pferde und Reiter sind mit Bändern und Quasten geschmückt gewesen, der Kranz steckt auf einer Stange, und Sieger ist der Reiter, der ihn beim Vorüberreiten abwirft. Dann wird der Kranz dem Pferd um den Hals gelegt, und im Triumph geht es heim.

Pfingsten

Kranzstechen in Dithmarschen ist etwas komplizierter gewesen: der Kranz bestand aus einer mit Löchern versehenen Scheibe. Je nach Spiel mußte der Reiter mit einer hölzernen Lanze im Trab nach einem der Löcher stechen. Wem es gelang, in einer bestimmten Reihenfolge alle Löcher zu treffen, war Sieger.

Den Mann stechen bedeutet: statt Kranz und Scheibe wird eine Strohpuppe oder ein mit Stroh vollgestopfter Sack oder eine Vogelscheuche auf eine Stange gepflanzt, und die Reiter müssen mit verbundenen Augen darauf zureiten und versuchen, die Puppe mit einem Stab umzuschlagen. Wem es gelingt, der hat gewonnen.

Pfingstweide, Pfingstochsen: Überall hat man die Pferde und das Vieh zum ersten Mal auf die Weide oder auf die Alm getrieben, angeführt von einem festlich mit einer Blumenkrone geschmückten Pfingstochsen. Das endete in einem Fest der Hirten, die dazu alle einluden, die mitmarschiert sind.
Kinder feiern das auch ohne Vieh: Ein Kind wird als Pfingstochse verkleidet, und alle miteinander ziehen durch die Nachbarschaft. Oder sie verkleiden ein Mädchen als Pfingstbraut mit Blumen, Grün, Primeln, Wermut und Lichtnelke und Bändern, ziehen singend von Haus zu Haus und sammeln Pfingstkuchen, Speck, Eier und Backobst ein, was abends gemeinsam aufgefuttert wird.

Der erste Pfingsttag war das Fest der Hütejungen. Sie machten Umzüge, ließen sich Pfannkuchen backen, kochten Biersuppe, wobei sie von ihren Bauersfrauen die Zutaten einsammelten, manchmal spannten sie einen Strick quer über die Landstraße, und jeder, der vorüberfuhr, mußte sich mit einem Pfennig Lösegeld freikaufen.
Die Pferdejungen von Grebser wählten als Festkomitée fünf aus ihrer Mitte, von denen jeder sein Amt hatte. Der eine trug die Butter, der zweite die Eierkiepe, der dritte den Speck, der vierte den Mehlbeutel, der fünfte mußte mit der Peitsche die Hunde fernhalten. Alle miteinander wanderten aufs Feld, wo ihnen die Mädchen aus all den guten Zutaten Pfannkuchen buken.

Mai

Pfingsten

Der Pfingstbloch ist ebenso wie der Pfingstlümmel der schon bekannte Langschläfer des Dorfes. Die Hüte- oder Pferdejungen versuchen ihn am Pfingstmorgen zu überlisten, klettern heimlich in seine Schlafkammer, binden Schnüre an seine Zudecke, und auf einen Befehl hin wird die Decke weggezogen, und der Pfingstbloch wird mit Wasser begossen. Wenn der Pfingstbloch aber pfiffig ist, so hat er nur so getan, als ob er fest schliefe, und in dem Augenblick, in dem alle unter seinem Kammerfenster stehen, begießt er sie selber mit kaltem Wasser.

Zur Dirnsmusik laden ein paar Sonntage nach Pfingsten die Mädchen ein, zu Tanz und Schmauserei. Dabei bezahlen die Mädchen die Musik, fordern die Burschen auf, und meist wird das Fest damit eröffnet, daß sich ein Bursche unter einer umgedrehten Tonne versteckt, der die Mädchen mit einem Hammer den Boden einschlagen. Dann ist der Junge frei, kann herausspringen und sich ein Mädchen erhaschen: sie ist dann die Festkönigin.

Bei manchen Festen dieser Art laden sich die Mädchen nur die Unverheirateten ein und tischen ihnen einen besonders leckeren Braten auf.

Pfingstmontag

In manchen Gegenden findet an diesem Tag das Pferderennen statt, in den Städten war es der Tag für die Schützenzünfte, die ein Vogelschießen veranstalteten.

Das Dreifaltigkeitsfest wird am Sonntag nach Pfingsten, dem Sonntag Trinitatis, gefeiert. Während die Sommer-Sonntage in der katholischen Kirche »nach Pfingsten« gezählt werden, bezeichnet man sie in der evangelischen Kirche »nach Trinitatis«. Ist eigentlich jeder Sonntag eine Feier zur Ehre der göttlichen Dreifaltigkeit, so erinnert dieses Fest ganz besonders an die Einheit von Vater, Sohn und heiligem Geist. Es wurde schon früh mit besonderem Nachdruck und gern als sommerliches Fest begangen.

Güldensonntag oder Goldener Sonntag wird der Sonntag Trinitatis auch genannt und ist mit Märchen- und Blumenzaubern verbunden. An diesem Tag oder in dieser Nacht soll die goldene, die Wunderblume aufblühen, mit der man verwunschene Jungfrauen erlösen, Berge öffnen und darin verborgene Schätze erlangen kann.

Alles gelingt aber auch dem frommen Christen, wenn er an diesem Sonntag dreimal in die Kirche geht.

Als Blumenfest ist dieser Tag in Schlesien gefeiert worden. In Kirchen und Klöstern sind Altäre, Heiligenfiguren und Wände mit Maien und Blumen geschmückt worden, alles stand den ganzen Tag lang offen, und es war Sitte, daß Erwachsene und Kinder von Kirche zu Kirche zogen und sich die Pracht anschauten.

Pasch-Sonntag hieß der Tag in Breslau, weil in einem der Klöster vor der Stadt lange, blumengeschmückte und mit Blumenbaldachinen überwölbte Tische aufgeschlagen waren, die mit Pfefferkuchen und

Am Fronleichnamsmorgen, von Ferd. G. Waldmüller

Bonbons, Zitronen und Gewürzen beladen waren, aber auch mit allerlei Kleinkram wie Gläsern, Taschenmessern, Bändern, Spielzeug, Bildern und Sprüchen, Ringen und Schnallen, Zahnbürsten und Bleistiften. Die Eßwaren wurden verkauft, der Kleinkram jedoch getauscht, das heißt: gepascht.

Fronleichnam

Das Fronleichnamsfest wird am Donnerstag nach Trinitatis (das ist der 1. Sonntag nach Pfingsten) gefeiert.
Frô bedeutet im Althochdeutschen Herr und bezog sich auch auf alles Heilige und Erhabene.
Fronleichnam, lateinisch Corpus Christi, ist die geweihte und nach der Lehre der katholischen Kirche in den Leib Christi verwandelte Hostie, die bis zur Aufklärungszeit auch in vielen Gegenden noch als Fronleichnam bezeichnet wurde.
Das Fronleichnamsfest ist Mitte des 13. Jahrhunderts von Papst Urban IV. zur Erinnerung an die Einsetzung des allerheiligsten Altarsa-

Fronleichnam

kraments gestiftet worden, und Thomas von Aquin schrieb die Texte für die Messe dieses neuen Festes.
Der Legende nach geht das Fest auf eine Vision einer frommen Nonne, Juliana aus Lüttich, zurück, die im Mond eine Lücke sah, die nur durch ein Fest ausgefüllt werden konnte.
Schon Ende des Gründungsjahrhunderts veranstaltete man in den damals großen Städten Prozessionen, und diese Sitte ist geblieben. In den Städten wandern Priester und Gemeinde mindestens einmal um die Kirche herum.
In Dörfern und Gemeinden werden und wurden bei der Hauptprozession an allen vier Ecken des Dorfes Altäre aufgestellt, Priester und

Fronleichnamsprozession auf dem Staffelsee bei Murnau

Gemeinde machen vor jedem Altar Halt, und es wird ein Stück aus dem Evangelium gelesen.
Meist sind die Fronleichnams-Altäre seit Generationen in einer Familie, je nach Landschaft reich geschnitzt, bemalt oder mit Silber beschlagen, und diese Altäre und die Häuser, an denen die Prozession vorüberzieht, werden mit Blumen und Girlanden geschmückt, während der Boden mit Blüten bestreut oder kunstvoll wie ein Mosaik mit Blüten besteckt wird.
Orte an Seen und friedlichen Flüssen veranstalteten feierliche See-Prozessionen, an denen oft Hunderte von Booten, Flößen und Fischernachen teilnahmen.
In Bischofsstädten ging der Bischof oder Erzbischof mit der Monstranz und unter einem prächtigen Baldachin in der Prozession, und im alten München marschierte der König samt seinem Hofstaat direkt hinter dem Erzbischof. Sogenannte große Umgänge dieser Art gab es an vielen Orten.

Zünfte und Innungen gaben manchen Umgängen nicht nur das besondere Gepränge, sie richteten auch das Fest aus, das sich an die Prozession anschloß und zu dem sich die ganze Gemeinde auf Marktplatz oder Anger traf. Unter Blumengirlanden und Laubbaldachinen wurde – je nach Wetter – bis zu drei Tagen geschmaust, und jeder, auch jeder Fremde, war eingeladen. In der Zeit der strengen Standesschranken war das nach altem Brauch eine der seltenen Gelegenheiten, »ohne Unterschied der Stände« gemeinsam zu feiern.
Tanz und Vogelschießen gehörten ebenso zum Fest wie allerlei Wettspiele im Freien, Buden mit Bier und Würsten, und jeden Abend schloß der Festtag mit einem Zapfenstreich und einem gemeinsamen Laternenheimgang.

Fronleichnamsspiele sind geistliche Spiele, die im Mittelalter aufgeführt wurden. Da dies verhältnismäßig junge Fest keine eigene Überlieferung besaß, haben sich überall eigene Spiele entwickelt: Geschichten aus der Bibel, Heiligenlegenden, fromme Gleichnisse. In Düsseldorf gingen diese Spiele im vorigen Jahrhundert in weltliche Künstlerfeste über, bei denen Szenen aus der Artussage oder Sommer/Winterkämpfe dargestellt wurden.

Hoffahrts- oder Prangertag hieß Fronleichnam in Bayern. Kleine und große Mädchen bekamen neue weiße Kleider zum Prangen in der Prozession, flochten sich die Zöpfe auf kunstreiche Weise, drehten sich Zuckerlocken und setzten sich besondere Kränze aus segenbringenden Kräutern auf. Nach der Prozession, der »Brautschau«, bekamen sie

Jungfernnudeln, Schmalzgebackenes oder Jungfernschmarrn zu Mittag, und gern stellten sich gleich die Burschen ein und brachten das Bier zur Mahlzeit mit.

Fronleichnam

Prangerstauden waren Sträuße aus den Zweigen und Blumen von den vier Evangelienaltären. Sie brachten Segen, wurden in den Herrgottswinkel zum Palmbuschen gestellt, oder man flocht einen

Pranger- oder Antlaßkranz und setzte ihn den Kindern vor einem der Altäre auf. Die Kränze sollten das Kind behüten und es in Gesundheit aufwachsen lassen.

3. Mai

Tag der Kreuzauffindung
In Süddeutschland und Österreich hat man in einem Umzug die Feldkreuze mit Blumen geschmückt oder bekränzt, wobei jeder versuchte, neun Kreuze zu besuchen und bei jedem ein Ave Maria und drei Vaterunser zu beten.
Wer ein Kruzifix im Herrgottswinkel oder in der Stube hängen hatte, brachte es an diesem Tag vors Haus und stellte es zwischen Kränzen und Blumen auf.

Das Abendgebet, von Hubert Salentin, 1892

4. Mai

Der Tag des heiligen Florian
Er soll in Zeiselmauer in Niederösterreich um 190 geboren sein. Er hat im römischen Heer gedient und wurde bei einer Christenverfolgung in der Nähe von Lorch in der Enns ertränkt. Der Legende nach ist er in der folgenden Nacht einer frommen Frau erschienen, der er seinen Leichnam dort zu begraben gebot, wo jetzt Kirch und Stift Sankt Florian stehen. Der heilige Florian ist der Schutzpatron gegen Wasser- und Feuersgefahr, am Florianstag überprüfen der Hausvater und die Gemeinde Blitzableiter, Feuerlöscher und Wasserspritze. Ein Fest für und mit der Freiwilligen Feuerwehr.

Baumtag und Vogeltag in den USA, wurde am 10. April 1872 zum ersten Mal, nur als Baumtag, in Nebraska begangen, an dem über eine Million Bäume gepflanzt wurden, um die Prärie zu bewalden.
Diese Sitte ist von Kanada und einer Reihe von europäischen Ländern übernommen worden, Schulklassen pflanzen an diesem Tag einen Baum in sogenannten Schulwäldern, wo nicht nur das Wohlergehen der bereits früher gepflanzten Bäume begutachtet, sondern praktische Erfahrungen über Werden und Wachsen gesammelt werden.

Schulwälder gibt es in den USA seit 1928, und sie sind für viele andere Länder beispielhaft gewesen, weil sie als der beste Gegenstand eines Gruppenunterrichts für junge Bürger über die Verpflichtungen betrachtet werden, die die Natur uns auferlegt.

Der Vogeltag ist so auf ganz natürliche Art und Weise zum Baumtag gekommen, und oft dauert dieses doppelte Naturfest eine ganze Woche lang und umfaßt die Themen Naturschutz, Wald- und Wasserschutz, Ausflüge in Naturschutzparks, Zoologische Gärten und Botanische Gärten.

Die Allgäuer Brotvögel, aus weißem Mehl gebacken, entstanden zwischen Pfingsten und Himmelfahrt. Sie gehören zur Gruppe der Pfingstgebäcke, die meist recht karg ausfielen, was auf den Zeitpunkt im bäuerlichen Jahr zurückzuführen ist: die Erntevorräte wurden allmählich knapp, die Mehlkisten leer, und die Bäuerinnen mußten mit allem sparsam umgehen. Ein alter Spruch sagt:

> Weihnachten backt jedermann,
> Ostern backt der reiche Mann,
> Pfingsten backt, wer kann.

Trotzdem hatte auch der Mai seine besonderen Festgebäcke. Der fladenartige Pfingstwecken in Laib- oder Brotform wurde in der Asche des Herdes gebacken. Im Schwarzwald bekamen die Kinder von den Paten einen Pfingstwecken, der eigentlich ein verspätetes Ostergeschenk war. Doch Ostern lag oft noch so hoch Schnee, daß man sich nicht gegenseitig besuchen konnte. So gab es den Wecken eben erst später zu einem der Feste im Mai.
Dafür waren die Pfingstfladen wunderbar goldgelb, wegen des Eiersegens in dieser Jahreszeit.
In Bayern gehörten die Heilig-Geist-Krapfen zu den typischen Pfingstgebäcken, und sie unterschieden sich von den Allgäuer Brotvögeln nur durch die Verwendung: Die Heilig-Geist-Krapfen wurden Pfingsten als Symbol des Heiligen Geistes durch eine Luke in die Kirche geworfen, und die Brotvögel wurden an Himmelfahrt an einem Strick zur Luke hinaufgezogen.

Beim Himmelsspiel sammelten berittene Burschen Brot, Eier, Butter und Mehl und ließen sich daraus einen großen Kuchen backen, den sie nach Pfingsten auffutterten. Das waren die Santrigel-Buben, denn Santrigel wurde die Naturalspende genannt, die die Hirten im Dorf einsammelten, ehe sie für den Sommer auf die Almweiden zogen.

Die Finkenmanöver finden an einem Wochenende im Harz statt: die Finkenhalter stellen ihre Züchtungen vor und lassen sie um die Wette singen, was bei den Finken »schlagen« heißt. Gerade um die Schönheit und den Klangreichtum dieser Schläge dreht sich dieser Wettbewerb.

5. Mai **Kindertag in Japan:** Das ist ein ganz normaler Tag, an dem Kinder nach Herzenslust spielen und Kuchen, Kekse und Hot Dogs essen. Sie hissen an diesem Tag vorm Haus Fahnen und lassen Drachen in Karpfenform steigen, und die Buben bekommen Reiskuchen, weil er tapfer macht.

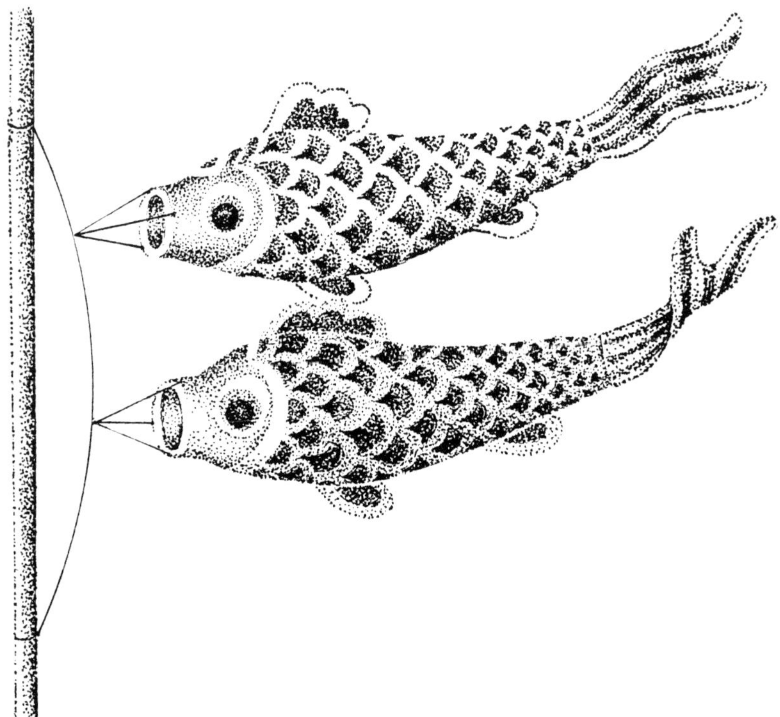

8. Mai **Blumentanz in England** ist ein Fest zum Winteraustreiben, das auf die Sachsen zurückgeht und ein ganzes Dorf in Bewegung bringt. Zwischen sechs und sieben Uhr in der Frühe findet der Arbeitertanz statt, dann wird kräftig gefrühstückt, um zehn Uhr tanzen die Kinder, Punkt Mittag sind alle Erwachsenen dran, in festlicher Kleidung – die Männer in Cut und Zylinder und mit Maiglöckchen im Knopfloch.

Die Tänzer müssen durch das ganze Dorf tanzen, immer durch die Vordertür eines Hauses hinein und zur Hintertür hinaus, wobei vorher ausgemacht wird, welche Häuser und Läden ausgewählt werden, was eine große Ehre ist.

8. Mai

Der Tanz dauert eine Stunde, dann haben die Tänzer zehn Minuten Verschnaufpause und schon geht's zurück. Zwei Kapellen an der Spitze und am Ende der jeweiligen Tänzerschar sorgen für Musik, und zum Schluß gibt's ein großes gemeinsames Essen und ein Gartenfest. Das klassische Essen nach dem Blumentanz: ein Semmelpudding mit reichlich Rosinen, Korinthen und kandierten Früchten, den man mit Zitronensauce ißt.

Eichhörnchentag: Früher ist man in Mitteldeutschland in die Tannenwälder gezogen und hat Eichhörnchen gejagt, die Tiere, die dem Wettergott Donar heilig waren.
Heute eher eine Gelegenheit, die Tiere zu beobachten und zu füttern.

Pankratius, Servatius, Bonifatius und die Kalte Sophie

12. bis 15. Mai
Eisheilige

Das sind die sogenannten Eisheiligen, die noch einmal Frost und Kälte vorm Sommer bringen können. Vor den Eisheiligen wird im Garten nicht gesät und gepflanzt, in vielen Gegenden wird das Vieh erst nach den Eisheiligen auf die Sommerweide gebracht. Auf jeden Fall ein Datum, an dem man Mottensäcke für die Wintersachen kaufen und die Sommerkleider in den Schrank hängen kann.

Der Tag des heiligen Johannes Nepomuk

16. Mai

Der bekannteste unter den Brückenheiligen: er stammte aus Pomuk in Böhmen und war Ende des 14. Jahrhunderts Generalvikar des Erzbistums Prag. Er wurde im Zusammenhang mit heftigen Auseinandersetzungen zwischen König und Kirche auf Befehl von König Wenzel gefangengenommen, gefoltert und in die Moldau geworfen.
Der Heilige Nepomuk ist der Patron von Böhmen, sein Grab im Prager Dom ist Wallfahrtsort, er wird als der Schutzheilige der Brücken und als Helfer in Wassersnot angerufen, wird auch von den Flößern auf Inn und Isar verehrt.
An seinem Geburtstag begeht man ein Fest am Wasser, macht die erste Paddeltour oder bringt das Ruderboot in Ordnung.

Wurzel- und Unkrauttag in den USA: Der Garten wird zum ersten Mal gejätet, Feinschmecker stechen vor allem den jungen Löwenzahn und kochen sich aus den zarten Blättern (möglichst mit Sauerampfer, Brennesselblättern und Ackersalat) das schmackhafteste und vitaminreichste Frühlingsmus.

Der Tag von Saint Honoré, um 660 Bischof von Amiens, der aus einem nicht mehr erklärbaren Grund der Schutzpatron der Kuchenbäcker ist. Ihm zu Ehren backen die Pariser Zuckerbäcker eine Extratorte, die aus zwei Teigarten besteht, aus Mürbeteig und Brandteig.

Der heilige Nepomuk auf der Brücke in Nordrhein, Unterfranken

Saint Honoré-Torte

Aus 250 Gramm Mehl und 150 Gramm Margarine oder Butter, 80 Gramm Zucker, 1 Prise Salz, einem Eidotter und 1–2 Eßlöffeln kaltem Wasser knetet man einen Mürbeteig, rollt ihn rund aus, legt damit eine Springform von 24 oder 26 Zentimetern Durchmesser aus, ohne einen Rand zu arbeiten, und backt den Teig golden. Dann bereitet man entweder aus einem Beutel Brandteigmix einen Brandteig, oder man läßt ein ¼ Liter Wasser mit 100 Gramm Margarine oder Butter und einer Prise Saltz in einem möglichst breiten Topf zum Kochen kommen, dann wird der Topf von der Kochstelle genommen, 150 Gramm Mehl werden auf einmal in die heiße Flüssigkeit geschüttet und glattgerührt. Unter ständigem Rühren wird das Ganze erhitzt, bis der Teig einen Kloß bildet und sich am Topfboden eine Haut ansetzt. Diese Haut, die sogenannte Oblate, ist das Zeichen dafür, daß der Teig fertig ist. Er wird in eine Schüssel gefüllt, dann rührt man 4 Eier, eins nach dem anderen, dazu. Der fertige Teig wird nun in einen Spritzbeutel gefüllt und man spritzt daraus auf das mit Wasser besprengte oder

16. Mai

gefettete und bemehlte Backblech einen möglichst hohen Ring mit dem gleichen Durchmesser wie der Mürbeteigboden und backt ihn bei 225 Grad Celsius 35 Minuten.
Aus dem Rest der Brandteigmasse hat man so viele Windbeutelchen mit auf das Blech gespritzt, wie man zustande bekommt. Nun verrührt man 200 Gramm Puderzucker mit einem Eiweiß, bestreicht den Rand des Mürbeteigbodens damit, klebt den fertig gebackenen Brandteigkranz darauf und füllt ihn mit einer Vanillecreme aus einem halben Liter Milch, die entweder mit 4 bis 6 Eiern legiert oder abgekühlt mit Schlagsahne unterzogen wird. Dann taucht man die Windbeutelchen mit einer Seite in den Zuckerguß und besetzt den ganzen Brandteigrand damit. Die Lücken werden mit Maraschinokirschen dekoriert, und das Ganze kann mit Puderzucker überstäubt werden.
Wenn man es ganz festlich machen will, kann man die Windbeutel vorher ebenfalls mit einer Vanillecreme oder mit Schlagsahne füllen, und Windbeutel und Brandteigkranz mit Karamelzucker überziehen.

Maienstecken, von Johann Baptist Pfung

Tag des heiligen Urban

25. Mai

Der Heilige des Weinbaus, früher die Zeit der alten Bacchusfeste. Urban muß schon jetzt für gutes Wetter sorgen, sonst geht es seiner Bildsäule schlecht: die Winzer werfen sie in den Brunnen oder umwikkeln sie mit Stroh, wenn es am Urbanstag regnet.
In vielen Gegenden gab es eine Prozession mit dem Heiligenbild, und

wenn der Tag auf einen Sonntag fiel, zog man mit Picknickkorb hinaus ins Grüne, um das schöne Maiwetter zu genießen.

Das Urbanreiten in Nürnberg

31. Mai **Memorial Day,** Gedenktag an die Gefallenen, gleichzeitig der Tag in den USA, an dem das große Picknick stattfindet, zu dem die ganze Stadt- oder Dorfgemeinde zum Picknickplatz aufbricht: ein wohlbekanntes Fest, das in vielen Romanen und Filmen, vor allem in »Porgy und Bess« dargestellt wird.
Wenn das Wetter gut ist, soll man mit Freunden auch ins Grüne wandern und im Wald oder in einem Gasthof ein Picknick feiern.

Juni

Er heißt auch Rosenmonat oder Brachmond, weil in der alten Dreifelder-Wirtschaft jetzt die Bearbeitung des Brachfeldes begann, eine Art der Arbeitseinteilung, die bis auf die Zeit von Karl dem Großen zurückgeht.

Das Fest der Schafschur in England (wird auf dem Kontinent an einem nicht näher festgelegten Tag nach Pfingsten gefeiert). Im klassischen Land der Schafe und der Wolle, in Schottland und in England, gibt es Schafschurwettbewerbe, es gibt vor allem einen vorzüglichen Kuchen, den die Familie an diesem Tag den Kindern und jungen Burschen auf die Schafweide brachte.

Schafschurkuchen **1. Juni**

500 Gramm Mehl mit einem Beutel Backpulver, 250 Gramm Butter, einer Prise Salz, 350 Gramm weichem braunem Zucker, abgeriebener Schale und Saft einer Zitrone, einem Teelöffel gemahlenen Zimt, einem Achtel- bis Viertelliter Milch und vier Eiern in eine Schüssel geben und mit dem Handrührgerät oder Schneebesen und in zwei bis drei Minuten zu einem glatten Teig verarbeiten. In eine gut ausgefettete Guglhupf- oder Springform füllen und bei Mittelhitze eine gute Stunde backen. Dieser Kuchen schmeckt besonders gut, wenn man die Form mit gemahlenen Haselnüssen ausstreut und den Teig auf vier geschälte und gewürfelte Äpfel füllt.

Das Erdbeerfest wird in Virginia mindestens einen Tag lang gefeiert, **Erste Juniwoche**
wobei sich alle mit Erdbeergerichten zu übertrumpfen suchen:

Erste Juniwoche Erdbeertorte aus Biskuit, Sahne und Erdbeeren; süßgerührter Sahnequark mit Erdbeeren; eingezuckerte Früchte mit Baiserschalen, Schlagsahne und Vanilleeis; Erdbeergrütze; Erdbeergelee; Erdbeeren à l'Impératrice (Sahnemilchreis mit frischen eingezuckerten Früchten); Erdbeerkaltschale mit Grießklößchen; Erdbeersalat mit Orangenscheiben, Melonenkugeln und frisch gemahlenem Pfeffer.

Fraises à l'Impératrice

500 g Erdbeeren, 1 Glas echter brauner Rum, Milchreis aus 100 g Reis, 4 Eidotter, 3 dl Milch, 100 g Zucker, Mark einer Vanilleschote, ¼ l Sahne

Die Erdbeeren putzen und waschen, gut abtropfen lassen. Die Hälfte in Stücke schneiden, mit dem Rum begießen und nach Belieben mit etwas Vanillezucker süßen. Den Milchreis kochen. Unterdessen die Dotter mit dem Zucker verrühren, Milch und Vanillemark hinzufügen und im Wasserbad mit dem Schneebesen zu einer Creme schlagen, was etwa eine Viertelstunde dauert. Dann die Creme vorsichtig unter den Milchreis heben und alles abkühlen lassen. Erst dann die Reiscreme mit den Erdbeeren vermengen, bergförmig auf eine Platte häufen, mit geschlagener Sahne überziehen und mit den ganzen Beeren umrahmen oder besetzen.

5. Juni **Tag des heiligen Bonifatius**
Apostel der Deutschen, ein gebürtiger Engländer, der zur Zeit von Karl Martell von seinem Heimatkloster aus versuchte, den Friesen das Christentum zu predigen, der dann vom Papst beauftragt wurde, nach Thüringen und Franken, Hessen und Bayern zu ziehen. Wurde Erzbi-

schof von Mainz und bei einem abermaligen Versuch, die Friesen zum Christentum zu überzeugen, von diesen erschlagen.

Der Schulspaziergang, von Albert Anker, 1872

Da Bonifatius ein großer und geduldiger Lehrer war, gab es an seinem Tag in vielen Städten und Dörfern Schulfeste oder Schulausflüge.

Tag der älteren Mitbürger: Dieser Senior-Citizen-Day wird in den nachbarschaftsfreundlichen USA gefeiert und ist der Anlaß für Besuche, gemeinschaftliche Unternehmungen und kleine Feste, die nicht nur auf diesen Tag beschränkt, sondern der Anlaß sein sollten, das ganze Jahr hindurch ältere und alleinstehende Nachbarn, Kollegen und Familienangehörige zu Festen und vor allem zu Alltagsanlässen einzuladen.

9. Juni

Drachenschiff-Fest: Ein Sommerfest aus dem alten China, an dem Regatten veranstaltet wurden, Wettrudern zwischen drachengeschmückten Booten und andere Spiele und Wettspiele in und am Wasser.

10. Juni

Tag des heiligen Antonius von Padua

13. Juni

Ein großer Prediger und Wundertäter, der im 12. Jahrhundert gelebt hat, Schutzheiliger für alle, die etwas verloren haben: sie bitten ihn an diesem Tag, daß er sie alles wiederfinden lasse.

Blumensonntag oder Kindertag wird in den protestantischen Kirchen der USA gefeiert und knüpft an die Kindersitten des europäischen Maitages an, an dem Blumen und grüne Zweige in feierlicher Prozession durch Dorf und Stadt und in die Kirche gebracht wurden. Es gibt

Zweiter Sonntag im Juni

Zweiter Sonntag im Juni

also festliche Blumenumzüge, Kinder singen Blumenlieder, sagen Blumengedichte auf, es werden Blumenmärchen vorgelesen, in manchen Schulen oder in manchen Kirchengemeinden werden Stücke aufgeführt, die an Blumenmärchen oder Legenden anknüpfen.

Schwedischer Kaffeeklatsch: Bis zur ersten Hälfte dieses Jahrhunderts war es auf dem Lande üblich, daß Frauen einen selbstgebackenen Käsekuchen mitbrachten, wenn sie zum Essen oder zum Tee eingeladen wurden. Die Kuchen wurden in der Form gebracht, in der Küche auf Platten gelegt und alle miteinander, beim Essen als Nachtisch, aufgetragen. Der würdigste Gast schnitt den ersten Kuchen an, und es kam darauf an, dies zierlich in der Mitte zu tun, so daß das Loch am nächsten Tag mit eingezuckerten Erdbeeren oder Johannisbeeren gefüllt und das Ganze als frischer Kuchen zum Nachtisch serviert werden konnte.

Das Damenfrühstück ist eine Sitte aus Dänemark. Dort laden sich die Frauen aus der Nachbarschaft oder aus Kollegen- und Freundeskreis zur Frokost, zum Frühstück ein. Die Einladung geht wie ein Kränzchen reihum, jeder ist also einmal Gastgeberin. In manchen Fällen wird eine Frokost-Kasse angelegt, und alle Kolleginnen treffen sich im Restaurant und frühstücken so viel, so lange und so gut, wie der Kasseninhalt reicht.
Zum Damenfrühstück wird gegen elf Uhr eingeladen, die Zahl der Eingeladenen hängt davon ab, wie viele man bequem zum Frühstück setzen kann. In Dänemark bekommt man schon zur Begrüßung ein Schlückchen Aquavit oder Sherry, und das Frühstück besteht aus einem prachtvollen und üppigen skandinavischen Frühstücksbüfett, bei dem eingelegter Hering, Räucherfisch, dänischer Käse, Wiener Brød, das klassische Blätterteiggebäck, das bei uns Kopenhagener heißt, nicht fehlen dürfen. Man trinkt Kaffee dazu und hat mit diesem Frühstück einen geruhsamen Wochenendbeginn gehabt.

Das Kränzchen ist die bürgerliche Nachfolge vieler Geselligkeiten, zu denen sich Gleichaltrige oder Gleichartige regelmäßig zusammenfanden. Name und Art der Geselligkeit deuten auf den magischen Ursprung des Kranzes hin. Im Adelung, einem der ersten Wörterbücher zur hochdeutschen Sprache, wird das Kränzchen so definiert: »Figürlich werden in der vertraulichen Sprechart freundschaftliche und gesellschaftliche Verbindungen unter mehreren, wo eine gewisse Obliegenheit unter den verbundenen Personen nach der Reihe umgehet, im Diminut ein Kränzchen genannt. So hat man Kränzchen zum Schmausen, zum Spielen, zu musikalischen Belustigungen u. ff. wo die Gesellschafter zu bestimmten Zeiten bey einem unter ihnen, sowie ihn die Reihe trifft, zusammenkommen. Ein Kränzchen haben. In das Kränzchen gehen.« Das war 1788.
Heute laden sich die Angehörigen eines Freundeskreises reihum zum Kaffee-Kränzchen oder zum Tee-Kränzchen zu bestimmten Zeitab-

ständen zum Nachmittagskaffee ein. Bei solchen regelmäßigen Treffen entfällt die Einladung, jeder Gastgeber setzt seinen Stolz darein, besonders guten Kaffee zu kochen und selbstgebackenen Kuchen oder Torten aufzutischen, die für alle anderen Gäste neu sind, und es wird gern die Sitte gepflegt, manchmal einen fremden Gast dazuzuladen. Vielleicht ist eine neue Familie in der Umgebung eingezogen, vielleicht hat man bei einem Elternabend in der Schule eine andere Mutter entdeckt, die man näher kennenlernen möchte. In diesem Fall wird der neue Gast eine Woche vorher eingeladen, und der Gastgeber oder die Gastgeberin sollte dem neuen Gast schon vorher erklären, wie sich das Kränzchen zusammensetzt.
In vielen Kränzchen ist es üblich, eine bestimmte Tätigkeit auszuüben, zum Beispiel zu stricken oder zu sticken. Man bringt deshalb keine Blumen, sondern neue Strick- oder Stickmuster mit.

Zweiter Sonntag im Juni

Stickerei auf einem Paradehandtuch, Hessen, 1750

Juni

15. Juni **Tag des Sankt Veit**

Vitus, einer der vierzehn Nothelfer, wird als Patron gegen Blitz und Feuer verehrt.

Der Wetterspruch heißt: Sankt Vit/bringt Fliegen mit.

An diesem Tag sammelt man das erste Holz für Johannisfeuer.

Frauenbier: Dies wurde in Schleswig-Holstein alle drei Jahre gefeiert, der örtlichen Sage nach in Erinnerung an eine Räuberbande aus dem 13. Jahrhundert, die die Männer in eine Falle gelockt hatten, aber von den tapferen Frauen vertrieben worden sind. Infolgedessen ist es an diesem Tag Sitte, daß die Männer machen, was die Frauen wünschen, und am Abend des Tages treffen sich die Frauen zu einem Fest.

Budenstraße auf dem Schleswiger Pferdemarkt, von Christian N. Schnittger

Dritter Sonntag im Juni **Vatertag** in den angloamerikanischen Ländern, ein relativ neues Fest, das 1909 von einer Mrs. Joan Dodd in Spokan, Washington, vorgeschlagen worden ist, im Gedächtnis an ihren Vater, der nach dem frühen Tod der Mutter die kinderreiche Familie ganz alleine großgezogen hat.

Das Fest wird in manchen Städten und Gemeinden so wie der Muttertag gefeiert, das Symbol des Tages ist die Rose.

16. Juni **Bloomsday:** Dublins und Irlands Tribut an den berühmten Roman von James Joyce, »Ulysses«. Wieder lesen und dazu echten Irish Coffee trinken!

Irish Coffee

Zucker, Kaffee, Whiskey, double cream

In ein Stielglas schüttet man einen gehäuften Teelöffel Zucker, gießt eine Tasse sehr heißen und starken Kaffee dazu und rührt um, bis sich der Zucker gelöst hat. Danach wird mit Whiskey aufgefüllt, bis das Glas zwei Finger hoch unterm Rand gefüllt ist. In Irland hält man nun einen Teelöffel so übers Glas, daß eine Wölbung nach oben zeigt, und gießt einen Eßlöffel double cream langsam und mit Gefühl darüber, so daß die Sahne wie eine Insel auf dem Whiskey-Kaffee schwimmt. Der heiße Whiskey-Kaffee wird auf jeden Fall durch die eiskalte Sahne hindurchgetrunken: als Abschluß einer Mahlzeit, bei einer Verabredung, vor Theater oder Kino, denn er hat »eating and drinking in it«, wie man in Irland sagt.

Sommeranfang, die Sonne tritt in das Sternbild des Krebses, Tag der Sonnenwende. **21. Juni**
In der Schweiz steigen die Familien auf die Almen, um den Herden zu danken: zumindest die Wanderung und das Picknick im Grünen kann man kopieren.

Tag des heiligen Johann Baptist **24. Juni**
Dieser Tag wurde von der Kirche zur Feier der Geburt Johannes des Täufers bestimmt, weil auf diese Weise der Mittsommertag, das uralte Fest der Germanen, der Kelten und Sklaven eine christliche Deutung bekam.
An den Täufer erinnert die Sitte, in der Nacht vom 24. in Flüssen und Teichen schweigend zu baden, an die vorchristliche Zeit erinnert alles an Zauber und Zauberhandlungen, was mit diesem Tag verbunden ist.

Der Johannistag ist in der Vorstellung der Alten mit so viel Zaubermacht erfüllt gewesen, weil die Sonne am höchsten steht, am meisten Macht besitzt und daher dem Feuerzauber die größte Wirksamkeit verleiht. Wer in dieser Nacht durch das Johannisfeuer springt, überwindet Unheil und reinigt sich von Krankheit, und wenn alle Paare um das Feuer herumtanzen, ist der Abwehrzauber noch wirksamer.
In der Johannisnacht öffnen sich in den Märchen die Berge, Elfen und Zwerge treiben ihr Wesen und verraten verborgene Schätze, verwunschene Jungfrauen können in der Mittagstunde des Johannistages Erlösung finden, in den Seen hört man versunkene Glocken läuten, man kann die geheimnisvolle Wünschelrute finden, die Sprache der Tiere verstehen und Liebenden wird auf jeden Fall geholfen.

24. Juni In der Morgenfrühe soll man Kräuter mit einer silbernen und einer goldenen Schere schneiden: das bringt nicht nur Segen, sondern gibt mittags eine vorzügliche Kräutersuppe.

Das Brunnenfest am Johannistag hat früher die kleinen Gemeinden am Rhein zu einem Fest zusammengeführt. In »Des Knaben Wunderhorn« wird berichtet: an diesem Tag werden die Brunnen gereinigt und neue Brunnenmeister erwählt, wobei sich die Nachbarn versammeln und, nachdem sie manche nachbarliche Angelegenheiten besprochen haben, ein kleines Fest geben. Dann ziehen die Kinder in der Nachbarschaft herum, sammeln Eier, die sie in einen mit Feldblumen geschmückten Korb auf Blätter legen und sich abends zu einem eigenen Feste backen lassen.
Diese Brunnenfeste hat es schon im 15. Jahrhundert gegeben, und jede Gegend hatte bestimmte Brunnenlieder.

Johanniskuchen wurde überall gebacken: Im Elsaß war das ein warmer Kuchen, der mittags vom Bäcker nach Hause getragen wurde, und daher stammt die Redensart: Hans Dampf in allen Gassen.
In Mecklenburg zogen die Bauern zur Gutsherrschaft und ließen sich mit Johanniskuchen versorgen.

Johannis-Küchel
500 Gramm feines Mehl wird mit 250 Gramm Butter, 75 Gramm Zucker, der abgeriebenen Schale einer Zitrone und 10 hartgekochten, durch ein Haarsieb gestrichenen Eidottern nebst einer Prise Salz zu einem glatten Teig verarbeitet, den man fast einen Zentimeter stark ausrollt und mit einem Weinglas zu kleinen runden Kuchen aussticht, die man auf ein Blech legt, mit einer Gabel mehrmals einsticht und mit gelinder Hitze gelb backt. Nach dem Erkalten belegt man sie mit Obstmarmelade oder frischgekochtem Gelee.
Buben sammelten im Laufe des Vormittags Geld für die Musik, die am Abend spielen würde, sammelten vor allem Holz für Johannisfeuer, zogen manchmal mit einem geputzten Baum herum, sagten vor jeder Tür einen Vers auf oder sangen ein Lied und nahmen Scheite oder alte Besen fürs Feuer mit, auch Holz und Stroh, Teertonnen, die besonders gut Feuer fangen, Zaunlatten und was es sonst noch geben mochte.
Mädchen sammelten Kräuter, Zauberkräuter, die in der Johannisnacht besonders heilkräftig sind, wie Kamille, Thymian und Beifuß, die aber auch vor Hexen, vor Unwetter und Unglück jeglicher Art schützen sollen.
Aus Johanniskraut und Bärlapp, Rittersporn und Rosen, Kornblumen und Lilien, Eichenlaub, Klatschmohn, Beifuß und Farnkraut werden Sträuße gemacht und über die Türen und ans Fenster gehängt, werden Kränze geflochten, die das ganze Jahr in der Stube hängen bleiben und das Haus schützen, wird ein Sträußlein gewunden und unters Kopfkissen gelegt, damit man Glück in der Liebe hat, wird ein Blütenteppich, Johannistreu, unter den Eßtisch gestreut.

24. Juni

Diese Blütengewinde müssen manchmal aus siebenerlei, manchmal aus drei mal drei, also aus neunerlei Kräutern und Pflanzen bestehen. Schutz vor Hexen muß man auch in der Johannisnacht suchen, denn es ist wie die Walpurgisnacht eine Geisternacht, in der gebannte Geister frei werden. So stellt man die Besen kreuzweise auf die Schwelle zum Stall, und wenn einen die Hexen jagen, so sucht man einen Kreuzweg auf: da können sie einem nichts anhaben.

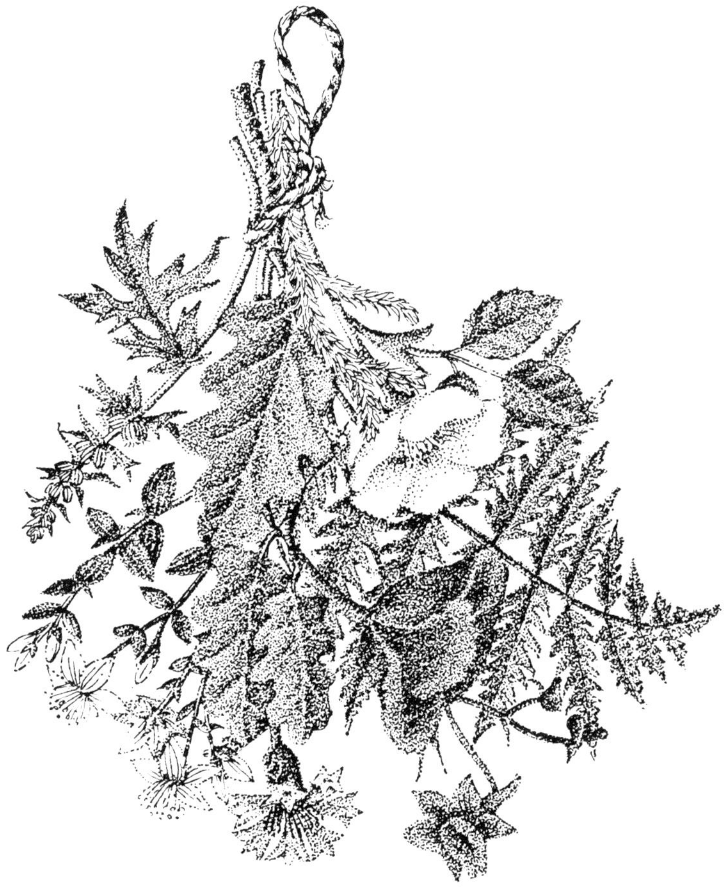

Johannis-Quäste: Dicke Blumensträuße oder Kränze aus neunerlei Blumen kamen in Schweden in den Stall, um das Vieh zu schützen. In Mitteldeutschland hat man Johanniskränze übers Dach geworfen, um das Haus vor Unwetter zu schützen.

Eine Liebesantwort haben die Mädchen in der Goldenen Aue gegeben: alle Mädchen, die am 1. Mai oder Pfingsten einen schönen Maibuschen vor die Tür gesteckt bekommen hatten, antworteten den jungen Burschen mit einem Kranz aus Feldblumen. Sind Disteln dabei, so ist das so gut wie ein Korb, Thymian und Kornblumen bedeuten jedoch Liebe und Treue.

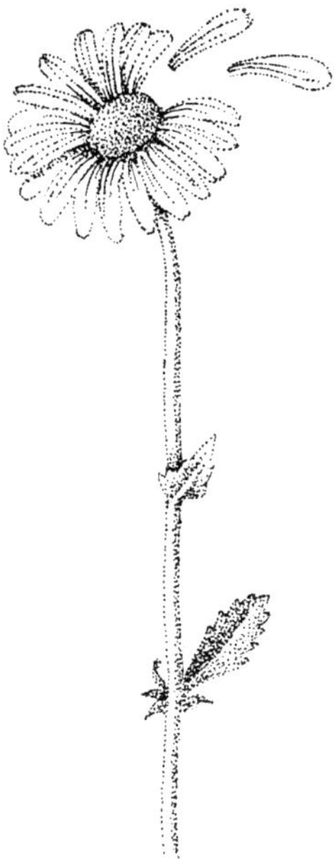

24. Juni **Zum Blumenorakel** zupften die Mädchen in Hessen die weißen Blätter der Margerite nacheinander aus und sagten sich die verschiedenen Stände und Berufe auf, damit sie den Beruf des Zukünftigen erfuhren. In England mußten zwei Mädchen zusammen einen Kuchen backen, ohne dabei ein einziges Wort zu sprechen.

Der stumme Kuchen, wie er hieß, wurde dann in drei Stücke gebrochen, und wenn ein drittes Mädchen das dritte Stück unters Kopfkissen legte, so träumte es von seinem Zukünftigen.

Ein Johannisbaum gehört in vielen Gegenden zum Fest, den die Jugend wie den Maibaum um die Wette zu erklettern versucht. Seine Krone ist mit vergoldeten Nüssen, Früchten und Schleifen behängt. In der slawischen Gegend ist es ein Tannenbaum gewesen, der mit Eiern und Blumen behängt und von den Mädchen umtanzt wurde.

Einen Kronenbaum zu holen, hatten die Frauen in Hannover das Recht, es war meist eine Birke, die von den Frauen selber gefällt und unter Liedern ins Dorf gebracht wurde. Der Baum wurde mit Kränzen und Blumen geschmückt und mit zwölf Tonnen Bier eingesegnet.

Die Johanniskrone ist die städtische Form des Sommerbaumes, sie wird aus Zweigen und Laub geflochten und mit Eierschnüren, Blumen, Rosen aus Buntpapier und Flittergold geschmückt. Früher hing sie über dem Marktplatz oder über einem anderen Platz, auf dem der Maitanz stattfand, und des Abends wurde sie mitunter mit richtigen

24. Juni

Kerzen besteckt und beleuchtete das Fest. In manchen Städten wurde jede Nacht wieder getanzt, so lange die Krone grün blieb. Das wurde dann ein rechtes Nachbarschaftsfest, denn die Kinder sammelten in der Nachbarschaft Geld oder Nahrungsmittel ein, so daß man gemeinsam Wecken und Reisbrei essen konnte, und Milch oder Bier dazu trank.

Vor der Wallfahrtskirche in Triberg, von Wilh. G. F. Hasemann, 1891

Ein Friedhofs-Blumenfest war der Johannistag auch hauptsächlich in der Stadt: schon am Vorabend strömten die Familien auf die Friedhöfe, um die Gräber der Angehörigen möglichst schön mit Sommerblumen und neuen Rosenstöcken zu schmücken.

Das Johanniskleid hat Kinder oder Mädchen auch in der Stadt entzückt, denn auf dem Land war es üblich, daß man in dieser Nacht ein Fest feierte und eingeladen wurde, überall war Tanz und Schmaus, die Mädchen bekamen ein neues Kleid, schmückten sich mit Ketten und bunten Bändern, und oft ziehen die unverheirateten jungen Leute von Hof zu Hof und lassen sich bewirten, denn überall ist offenes Haus, und alle können bei jedem feiern.

Zum Johannisbier haben sich im Hannoverschen die alten Bauern getroffen und haben gemütlich beim Trinken beieinander gesessen und zugeschaut, wie sich die Jungen beim Tanzen vergnügt haben.

24. Juni **Der Johannissegen oder der Johannistrunk** erinnert an das alte Johannisessen, ein Liebes- und Versöhnungsmahl, das an das Abendmahl erinnern soll.

So hat sich in England ein schöner Nachbarschaftsbrauch gebildet: Jeder, der im Laufe des Jahres neu eingezogen ist, muß am Abend des Johannistages alle Nachbarn auf offener Straße bewirten. Er stellt also vor seiner Tür einen Tisch mit Brot, Wurst, Käse und Getränken auf, und wen er im Laufe des Jahres noch nicht kennengelernt hat, dessen Bekanntschaft kann er sicher in dieser Nacht machen.

Sprung über das Johannisfeuer, von F. Quidenus, 1908

Das Johannisfeuer oder Sonnwendfeuer wurde meist in der Ebene angezündet, mitten im Dorf, auch auf dem Anger oder auf dem Marktplatz, und wenn sich viele junge Leute angemeldet haben, die über die Flammen springen wollen, so wurden mehrere Feuer aufgeschichtet.

Ein Kinderfeuer wird oft für die Kleinen angezündet, nur aus ein paar Scheiten, über deren Glut sie Brot oder Käse rösten.

Die Erwachsenen tanzen singend ums Feuer, die unverheirateten Leute springen paarweis über die Glut, und man warf früher Zauberkräuter, vor allem Farnkraut und Johanniskraut, in die Flammen, um alle guten Zauberwirkungen zu erhöhen. Pechgetränkte Besen werden zum Schluß gern in die Glut gehalten, die Burschen tanzen dann mit den brennenden Besenfackeln, verbrennen oft auch eine Strohpuppe, die man in Graz den Tatermann nannte.

Scheibentreiben wird oft veranstaltet: Dazu wurden durchlöcherte Holzscheiben im Feuer zur Glut gebracht, dann steckte man einen Stock durchs Loch und schwang die Scheibe durchs Dunkel, das vertreibt Seuchen und verlängert der Liebsten das Leben.

In Wales wirft man Johanniskraut ins Feuer und verbrennt Birken-

24. Juni

zweige, um sich vor bösen Geistern zu schützen. Oben auf dem Feuerstoß sitzt eine Strohpuppe, die die Hexe darstellt, oder ein Birkenzweig, ein Fruchtbarkeits- und Lebenssymbol, der mit Bändern und Federn geschmückt ist. Das Feueropfer kann auch ein Kornmädchen sein, das aus dem letzten Garbenbündel der Ernte zusammengebunden und geschmückt ist. Nach dem Feuer gibt es ein Gericht für alle, das Whipod, aus Reis, Trockenfrüchten und Sirup gekocht.

Kinder machen eine Sonnwendhexe

Hexenschaum haben die Kinder in Ungarn abends vorm Feuer verzehrt: Man rührt ihn aus einem Teil steifen Apfelmus, Zimt, Zitronenschale, Zucker und einem Teil steifen Eischnee.

Mittsommernacht in Schweden ist so kurz wie nirgendwo sonst und wird ganz und gar durchgefeiert. Das klassische schwedische Essen: Wiesensuppe aus frischen Gemüsen. Junge Kartoffeln in Dill gekocht mit Matjessill, dazu saure Sahnesauce mit Schnittlauch. Erdbeeren.

24. Juni Im Mittsommer gab es viele Wettspiele, die wohl auch zeigen sollten, in welch guter Verfassung Mensch und Vieh waren.
Pfingsten hatte es begonnen: Pferdejungen und Hirten, Senner und Hütemädchen wetteiferten miteinander und verdienten sich vor der schweren Arbeit des Sommers, auch vor der langen Einsamkeit auf Alm und Weide ein letztes großes Festmahl mit allen Arbeitsgenossen. Bis Johannis geht diese Reihe der Wettstreite weiter:

Die Bullenjungfrauen aus dem Hannoverschen sammelten in der Gemeinde für die Hirten, auch Schnaps und Tabak, und wurden mit einem Fest belohnt, das Kuhbier hieß.

In der Uckermark ließ man selbst die ältesten würdigen Kühe Stierkampf spielen und wettete wahrscheinlich um Sieg oder Niederlage.

In Pommern bekränzte man die jungen Gänse, ehe man sie auf die Sommerweide trieb.

Im nördlichen Thüringen gab es Hammel(wett)reiten für die Buben der Dorfjugend, die Hütejungen werden wollten, und in der **Niederlausitz** ein Stollenreiten, das an allen Juni-Sonntagen stattfand: Es wurde auf ungesattelten Pferden ausgetragen, und die Stollen für das anschließende Festmahl wurden von den Mädchen gebacken.

Im Spreewald waren dagegen die Stollen, in Seidentücher gewickelt, der Preis, der auch Burschen und Mädchen verband: Die jungen Männer nahmen das Gebäck als Wegzehrung oder Imbiß für die nächste Woche mit, und das Seidentuch schenkten sie ihrer Liebsten. Der Letzte beim Stollenreiten bekam übrigens als Trostpreis ein Meerschaumpfeifchen, schön mit bunten Bändern geschmückt.

In der Mark fand ein Spiel statt, das alle Kegelklubs wieder aufleben lassen sollten: das **Tuchschieben.** Da wurden den ganzen Sonntag die Kegel geschoben, und wenn der Küster des Abends um sechse zu läuten begann, wurden die Punkte gezählt. Wer die meisten hatte, bekam ein großes geblümtes Umschlagtuch, das er seinem Mädchen schenkte.

Im Havelland und in Böhmen konnte man sich die halbe Aussteuer erschieben: Da gab es auch mal einen Ohrensessel zu gewinnen, ein Sofa oder sogar einen Ackerpflug.
In den Landschaften zwischen Havel und Böhmerwald gehörten Kegelspiele auf der sommerlich trockenen Dorfstraße offenbar zu den beliebtesten Sommervergnügen, und es gab in jedem Dorf andere, verzwicktere und witzigere Regeln und Erschwerungen, die die Spielfreude steigerten.

Der Johanniswettlauf der Burschen in Niederösterreich fand nach einem Tanz statt, der an den germanischen Schwerttanz erinnert: bemalte Holzschwerte werden fest in den Boden gerammt, und die Tänzer springen zum Ländlertakt dazwischen hin und her oder darüber. Nur wer dabei keinen Fehler macht, darf am Johanniswettlauf teilnehmen. 24. Juni

Das Fest der Pferdejungen hat in Mecklenburg eine große Rolle gespielt. Alle Dienstjungen, die die Pferde gehütet und gepflegt haben, haben sich mit blumen- und bändergeschmückten Mützen dort versammelt, wo sie am Nachmittag tanzen wollten. Die Hausfrau hat ihnen einen großen Kessel gegeben, den sich zwei Pferdejungen auf eine lange Stange steckten. So marschierten sie mit der ganzen Dorfjugend von Haus zu Haus, die Bauersfrauen gossen Milch in den Kessel, gaben außerdem Butter, Eier, Fleisch und Wurst. Dann ging's zurück zum Gastgeber des Tages, wo aus allen guten Zutaten etwas gekocht und gebacken wurde. Zum Frühstück gab es gleich Butterkuchen; das Bier, den Schnaps und das Brot stiftete der Hauswirt dazu, das Mittagessen kochte die Bäuerin, nachmittags kamen die Mädchen zum Tanzen, und dazwischen gab es noch einmal ein deftiges Abendbrot.

Tag der heiligen Märtyrer Johannes und Paulus 26. Juni

Zwei Brüder, die der Legende nach Beamte der Konstantina waren, der Tochter des Kaisers Konstantin. Sie weigerten sich, Julian dem Abtrünnigen zu dienen und erlitten deshalb den Martertod. Die Brüder werden an ihrem Gedächtnistag als Schutzheilige gegen Hagel und Unwetter angerufen und heißen auf dem Lande die »Wetterherren«. Früher haben in katholischen und auch in protestantischen Gegenden Hagel- oder Schauerfeiern stattgefunden, Prozessionen mit dem Kreuz, und an diesem Tag hat jegliche Feldarbeit geruht.

Der Tag der Apostel Petrus und Paulus 29. Juni

Der heilige Petrus, oberster Hirte der Kirche, ist der Patron der Fischer. Im Mittelalter wurde das Petrifest mit Gesang und Reigentanz groß und festlich von den Gemeinden, von der Kirche oder den Zünften begangen.

In Küstenorten zog die Gemeinde zum Meer, das gesegnet wurde, oft von einem Boot aus, in dem der Geistliche mit dem Bild des heiligen Petrus stand. Alle anderen Fischer folgten ihm in einer Prozession von festlich geschmückten Schiffen. An diesem Tag wurde der »Petrizug« veranstaltet, und die schönsten und fettesten Fische aus dem Fang bekam der Pfarrer, oder sie wurden bei einem gemeinsamen Fest am Abend im Wirtshaus gebraten.

In Capri gibt es zur Ehre des Heiligen, des Menschenfischers, ein Gericht aus Fischfleisch und Vermicelli mit einer Sauce aus püriertem Thunfisch, Olivenöl und Knoblauch.

Rosenkranzfest: Die jungen Leute tanzen an diesem Tag unter der Krone, die dann plötzlich auf ein Paar herabgelassen wird, das meist schon vorher von allen heimlich dazu bestimmt worden ist. Die beiden sind nun Rosenkönig und Rosenkönigin und müssen etwas zum be-

Bauernfamilie bei Gewitter, von Lorenzo Quaglio

sten geben, müssen eine Geschichte erzählen, Rätselfragen stellen, ein Duett singen oder einen gemeinsamen Tanz tanzen.

Petersfeuer wurden früher am Rhein, vom Bodensee bis nach Holland, als Wiederholung des Johannisfeuers angezündet.

Peters-Kegelspiel spielten junge Burschen und Mädchen in Brabant. Wer beim Spiel gesiegt hat, wurde König oder Königin und mußte sich einen Partner wählen, meist auch die Zeche des Abends bezahlen, und zum Lohn wurde ihm ein Kranz aufgesetzt.
Das Kegelspiel erinnert genauso wie die kugelrunden Erbsen, aus denen man früher auch in Deutschland das klassische Donnerstagsgericht kochte, an den nordischen Gott Thor, der über Blitz und Donner, Sturm und Unwetter herrschte. Ihm zu Ehren hat man ursprünglich die Petersfeuer angezündet, und wenn man am Peterstag Umzüge macht und um Schutz fürs Getreide bittet, so vermischen sich darin heidnische und christliche Sitten.

Ein Kinderfest am Peterstag wurde in Gent und Brügge gefeiert. Die Kinder zündeten statt der Feuer Kerzen an, ein Junge wurde als Apostel Petrus verkleidet und auf den Schultern der anderen durch die Straßen getragen.

Juli

Der Juli ist der siebente Monat unseres Kalenders und heißt nach Julius Cäsar, dem Reformator des Kalenders. Bei den Römern war der Juli der fünfte Monat im Jahr und hieß Quintilis. Karl der Große hat den Juli Heumonat genannt, weil in diese Zeit die Heuernte fällt. Der Heumond oder Heuet heißt auch Bärenmonat und Honigmonat.

Fest Mariä Heimsuchung **2. Juli**
Es ist der Tag, an dem Maria ihre Base Elisabeth besuchte, die Mutter von Johannes dem Täufer.

Die Erdbeerenernte beginnt am Tag von Mariä Heimsuchung, dies beruht auf einer Legende: Die Gottesmutter wurde auf dem Weg zu ihrer Base durstig und pflückte sich Erdbeeren, die am Waldesrande wuchsen. Seitdem geht sie jedes Jahr an diesem Tag in den Wald und pflückt Erdbeeren für die früh verstorbenen Kinder, die im Himmel als Engel unter ihrer ganz besonderen Obhut stehen.

Marienfeuer: In Schwaben ist das Johannisfeuer jeden Abend wieder angezündet worden und brennt am Tag von Mariä Heimsuchung das letzte Mal.
Wetterregel: Wenn es am Tag von Mariä Heimsuchung regnet, so folgen vierzig Regentage.

Ulrichstag **4. Juli**
Der Tag des heiligen Bischofs Ulrich von Augsburg, der die Stadt gegen die Ungarn verteidigte, die unter Otto auf dem Lechfeld geschlagen wurden.

4. Juli **Alpensegentag** heißt der Ulrichstag in den Bergen, denn der 4. Juli ist der letzte Tag des germanischen Mittsommerfestes, man bittet gegen die Sommerungewitter, die der Juli bringen kann, auch gegen Wetterhexen und um die Vertilgung von Ratten und Mäusen, gegen die der heilige Ulrich schützt.

Segnung der Alpen, von Wilhelm Riefstahl

Nationalfeiertag in Nordamerika: Am 4. Juli 1776 unterzeichnete John Adams die Unabhängigkeitserklärung der 13 Vereinigten Staaten von Nordamerika, die sich damit von England befreiten und gleich mit Frankreich ein Bündnis schlossen, das nach dem Siebenjährigen Krieg, im Frieden zu Hubertusburg, Kanada an England abgetreten hatte. John Adams schrieb am Tag der Unterzeichnung an seine Frau Abigail, daß diese Unabhängigkeitserklärung die erinnerungswürdigste Epoche in der Geschichte Amerikas einleiten würde: »Ich bin geneigt zu glauben, daß er von den künftigen Generationen als das große Geburtstagsfest gefeiert werden wird. Er sollte immer mit einem Dankgebet an Gott als Tag der Erlösung gefeiert werden. Er sollte mit Pomp und Paraden betont werden, mit Shows und Spielen und Sportveranstaltungen und Böllerschüssen und Glockenläuten und Freudenfeuern und Illuminationen, von heute bis in alle Ewigkeit.« So wird dieser Tag tatsächlich als großes öffentliches Freudenfest gefeiert, und wer sich Gäste einlädt, der serviert dazu ein traditionelles Essen, das aus dem Fisch besteht, der in Neuengland gerade in Saison ist: gekochter Lachs mit Eiersauce, dazu die ersten jungen Kartoffeln und die ersten Gartenerbsen.

Kilianstag **8. Juli**

In Franken feiert man den heiligen Kilian, den Schutzpatron der Gegend, mit der Kiliansmesse, einem großen Jahrmarkt in Würzburg. Der Wetterspruch lautet: Sankt Kilian / stellt Schnitter an.
Dieser Tag war der erste deutsche **Schützentag,** der 1861 vom Herzog Ernst von Coburg-Gotha im Rahmen der anderen deutschen Turnertage ausgerufen wurde.

11. Juli

Open House Day in Connecticut, ein richtiges Sommer- und Familienfest. Open house bedeutet: der Gastgeber läßt alle Freunde wissen, daß sein Haus offen steht, man kann innerhalb einer bestimmten Zeit mit so viel Kindern, Familienangehörigen und Freunden kommen, wie man will, und das Fest endet, wenn es nichts mehr zu essen und zu trinken gibt.
Beim Open House Day wird mittags ein Kessel voll Clamchowder, Muschelsuppe, serviert, und in manchen Familien ißt man diesen berühmten Eintopf noch wie die Indianer: mit Löffeln an leicht geschwungenen Stöcken aus Clam-Schalen. Clams sind amerikanische Venusmuscheln.

4. Juli 1776, von John Lewis Krimmel, 1818

11. Juli **Chowder:** Vor ein paar Jahrhunderten war es an Frankreichs Küsten Sitte, daß jeder Fischer, der abends mit der Flotte und mit einem guten Fang heimkam, eine Handvoll Fische in den großen Kupferkessel warf, in die chaudière, in der für das ganze Fischerdorf eine gemeinsame Mahlzeit gekocht wurde.
Diese Sitte begleitete die Auswanderer nach Kanada und verbreitete sich bis New England, wo aus der chaudière der chowder wurde, eine Bezeichnung für jede Suppe oder jeden Eintopf mit Meeresgetier. Jede Gegend und jede Hausfrau hat dort ihr eigenes Rezept entwickelt.

Clam Chowder

1 kg Venusmuscheln,
50 g fettes Pökelfleisch vom Schwein, 1 Zwiebel,
4 Kartoffeln, Mehl, Salz, Pfeffer, Fleischwürfel,
1 Tasse Muschelsud,
3 Tomaten, Butterstückchen

Für die Suppe braucht man Clams, Venusmuscheln, kann aber auch große Miesmuscheln verwenden. Auf jeden Fall kocht man die Muscheln. Das Pökelfleisch würfeln, in einer Pfanne auf Mittelhitze auslassen, das Fett in einen Schmortopf gießen. Darin die großen gewürfelten Zwiebeln hellbraun braten, die gewürfelten und in Salzwasser vorgekochten Kartoffeln dazugeben, mit einem Eßlöffel Mehl bestäuben, salzen und pfeffern. Das ausgebratene Pökelfleisch zufügen, eine Tasse kochendes Wasser und eine Tasse Muschelsud darübergießen, den Topf zudecken und alles 10 Minuten kochen lassen. Dann mit den in Scheiben geschnittenen Tomaten und dem Muschelfleisch bedecken und weiterkochen, bis die Tomaten zerfallen sind, abschmecken, mit Butterstückchen besetzt servieren. Man ißt dieses Gericht, das zwischen Suppe und Eintopf steht, aus tiefen Tellern.
In New England kocht man den Clam Chowder ohne Tomaten und mit folgender Flüssigkeit: 1 Tasse Muschelsud, 2–3 Tassen Milch.

13. Juli **Tag der heiligen Margarethe**
Eine der vierzehn Nothelferinnen, die die Patronin der Feldfrüchte ist. Am Margarethentag sollen die Margeriten, ihre Blumen, blühen, und der Wetterspruch lautet:
Die erste Birn bricht Margareth' / drauf überall die Ernt' angeht.

14. Juli **Nationalfeiertag in Frankreich** zur Erinnerung an den Sturm auf die Bastille. In Paris singt und tanzt man auf der Straße, und wenn man Freunde zum Essen einlädt, wird der Tisch blau-weiß-rot dekoriert, und es gibt Cocktails in diesen drei Farben.

Tag des heiligen Heinrich 15. Juli

Er war der Sohn des bayerischen Herzogs Heinrich des Zänkers. Auch von diesem Tag sagt man: Wenn es heute regnet, so regnet es die nächsten vierzig Tage.
In England und Amerika sagt man jedoch, daß Äpfel den Regen fernhalten. Deshalb backt man an diesem Tag Apfel im Schlafrock und serviert sie in Suppentellern mit kalter Milch und braunem Zucker.

16. Juli

Auf diesen Tag des Jahres 622, dem Tag der Flucht Mohammeds von Mekka nach Medina, ist der islamische Kalender aufgebaut. Er umfaßt 354 Tage, wobei jeder Monat zwei bis drei Tage nach Neumond beginnt. Auf diese Weise wandern die Jahresanfänge innerhalb von 33 Jahren einmal durch die Jahreszeiten.

20. bis 22. Juli

Das erste deutsche Sängerfest hat Ende des vorigen Jahrhunderts in München stattgefunden, mit großem Kostümumzug durch bekränzte Straßen, mit Wettsingen von Vereinen und Chören.
Dem Fest schließt sich die Sitte an, ein sommerliches Wettsingen zu veranstalten, oft im Rahmen eines Ausflugs in den Wald.

Das Picknick, von Leo Putz

Tag der heiligen Maria Magdalena 22. Juli

Sie war die Büßerin, die Christus die Treue hielt, selbst unter dem Kreuz und am Grabe, und deshalb Botin des Auferstandenen an die

22. Juli Apostel und Verkünderin des Osterglaubens wurde.
Die Sonne tritt in das Zeichen des Löwen.
Die Hundstage beginnen, die Zeit der größten Sommerhitze. Die Hundstage haben ihren Namen nach dem Sirius, dem Hundsstern, der in dieser Zeit gleichzeitig mit der Sonne aufgeht.

24. Juli **Sauerkrauttag** in den USA. Wem es nicht zu heiß ist, der serviert zum Abendessen Sauerkraut mit Würstchen oder (für eine große Gesellschaft) mit einem großen Leberkäs.
Der kühle Ausweg ist ein Sauerkrautsalat aus Sauerkraut, Äpfeln, gekochtem Sellerie und Fleischwurst.

25. Juli **Tag des heiligen Christophorus**
Der Legende nach war er ein Riese, der das Christkind durch die Furt trug. Er glaubte, das sei die leichteste Last, die er je getragen hätte, aber je weiter er kam, desto schwerer wurde das Kind, und schließlich war der starke Riese ganz unters Wasser gedrückt: so war er vom Christkind getauft worden. Seitdem hieß der Riese Christophorus, der Träger Christi.
Früher glaubte man, wer das Bild der Heiligen ansehe, der stürbe an diesem Tag keinen jähen Tod. Deshalb ließen sich viele Ritter sein Bild auf die Innenseite ihres Schildes heften, Bürger ließen ihn auf die Innenseite des Stadttores malen, und heute schrauben sich die Autofahrer eine Plakette des Heiligen ans Armaturenbrett.

St. Christophorus, von Dirck Bouts

Tag des heiligen Jacobus
Jacobus der Ältere gehörte mit seinem Bruder, dem Evangelisten Johannes und mit Petrus zu den ersten Aposteln. Er war bei Tod und Verklärung Christi dabei, soll später in Spanien gepredigt haben, hat als erster unter den Aposteln den Martertod erlitten, und seine Reliquien kamen im Mittelalter nach Compostella in Spanien, heute noch eine große berühmte Wallfahrtsstätte.
Die Schalen der Jacobs- oder Pilgermuschel wurde von Pilgern als Trinkgeschirr am Hut oder Mantel getragen.

Jakobstag ist der Erntebeginn, vor allem Beginn der Roggen- und Weizenernte. Die ersten Kartoffeln heißen Jakobskartoffeln, die ersten Äpfel Jakobsäpfel.
In den Alpen marschierte die Familie auf die Alm, um nach Sennen und Vieh zu sehen, denn der heilige Jakob gilt als Schutzherr der Hirten. Der Tag wurde oft am Abend mit einem Hirtentanz gefeiert.

Das Jakobsen war eine Sitte in den Alpen: die Sennerinnen, die den Sommer meist allein in ihrer Schwaige, dem kleinen Blockhaus, zugebracht hatten, kochten an diesem Tag ein festliches Essen, denn die Burschen stiegen festlich gekleidet zu den Almen hinauf.

Beim Jakobsringkampf sind in manchen Alpengebieten die Händel geschlichtet worden, die im Laufe des Jahres durch Leichtsinn und

25. Juli

Übermut entstanden sind. Das ganze Dorf, von den Kindern über die Frauen bis zu den alten Männern schauten bei diesen Ringkämpfen zu und waren Schiedsrichter.

Jakobsfeiern wurden in der Schweiz begangen, sobald es abends dunkel zu werden begann, man tanzte um das Feuer herum, und oft gab es einen Ziegenbraten, der an ein altes Tieropfer aus vorchristlicher Zeit erinnert.
Am Jakobstag wird in vielen Gegenden mitten in der Erntezeit ein Fest gefeiert. Die Mägde und Knechte trinken die »Jakobsstärke« an, damit sie beim Mähen nicht »in den Halmen stecken bleiben«. Der Bauer bringt ihnen an diesem Tag Krüge mit Most oder ein Faß Bier aufs Feld, die Bäuerin backt für diesen Tag ein spezielles Roggenbrot, flache sogenannte Roggenstuten. Die Schnitter bedanken sich beim Bauern oder bei der Herrschaft mit einem Ährentanz, der mit bunten Bändern geschmückt ist oder einem Strauß, in dem Ähren von allen Kornarten zusammengefaßt sind, und die man auch mit roten Bändern schmückt.

Jakobikirmes: In manchen Gegenden wird am Jakobitag die erste Kirchweih gefeiert, wobei Kirchweih und Kirmes früher das wichtigste

Tanz auf der Alm, von Franz v. Defregger, 1880

25. Juli und größte Fest des ganzen Jahres gewesen ist, meist auf einen Sonntag oder ein Heiligenfest fiel und eigentlich an keine Jahreszeit gebunden ist. Da jede kräftig gefeierte Kirmes jedoch auch Unruhe und Ausschweifungen mit sich brachte, hat man schon im Mittelalter versucht, diese Erinnerungsfeste und den Tag der Kirchweihe möglichst zur gleichen Zeit stattfinden zu lassen, wobei sich keine Zeit besser eignete als die Zeit nach der Ernte. Die Hauptarbeit liegt hinter den Bauern, Vorratskästen und Scheuern beginnen sich zu füllen, man hat also Zeit und Material zum Feiern.

Der Hahnentanz gehört zur Jakobikirmes: der Preis ist ein Hahn im Korb. Er hängt an einer Schnur von der Decke oder ist an ein Seil gehängt, das quer durch den Festraum gespannt wird. Die Tänzerinnen müssen versuchen, ihre Partner so hoch zu schwingen oder zu wirbeln, daß diese mit verbundenen Augen und einem einzigen Säbelhieb die straff gespannte Schnur durchschlagen können. Der Sieger tanzt mit seinem Mädchen und dem Hahn im Korb den »Dreialleintanz«.

Hahnentanz in Bräunlingen auf der Baar

25. Juli

Der Huttanz bei der Kirmes geht so vonstatten: ein großer Hut wird auf eine Stange gesteckt und mit Blumen und Bändern geschmückt. Dann tanzen alle um den Hut herum und pflücken sich einen bändergeschmückten Zweig vom Hut. Dieser Zweig wandert nun von Paar zu Paar, dann kracht ein Böllerschuß, und wer in diesem Augenblick den Zweig in der Hand hält, der bekommt den Siegespreis und den Hut, der meist so groß ist, daß er dem Sieger über die Ohren rutscht. Trotzdem muß das Paar eine Ehrenrunde tanzen.

Der Kerzentanz ist bei der Jakobikirchweih im Schwarzwald üblich: in eine dicke brennende Kerze wird eine Münze gesteckt, früher war es ein Zwanzigpfennigstück oder ein silberner Taler. Alle Paare tanzen nun im Kreis an der Kerze vorbei. Das Paar, das in dem Moment vorbeitanzt, in dem die Münze herausfällt, hat etwas gewonnen: ursprünglich einen Hammel, einen Hahn oder ein Halstuch.
Der Hahn ist das Symbol des Erntedämons.

Der Siebensprung ist ebenfalls gern bei Erntefesten und bei der Kirmes getanzt worden. Er wurde zu Polka oder Ländler meist nur von einem oder zwei Paaren getanzt. Sie tanzten zwölf Takte zusammen, dann drehten sich die Mädchen alleine weiter, während die Männer beim

25. Juli

dreizehnten Takt zuerst mit dem linken Fuß aufstampften, dann wieder zwölf Takte mit ihrem Mädchen tanzten, bei der zweiten Tour mit dem rechten Fuß aufstampften, bei der dritten und vierten Tour das rechte oder das linke Knie beugten, und bei der fünften und sechsten Tour mit dem rechten und dem linken Ellenbogen auf den Boden stießen, während sie bei der siebenten Tour den Tanzboden mit der Stirn berühren mußten. Dann entwickelte sich das Ganze wieder rückwärts, so daß die dreizehnte und letzte Tour wieder der ersten glich.

Schnadahüpfl gehören auch zu den Erntetänzen: zum Ländlertakt muß der Bursch eine selbstgedichtete Strophe vorsingen, dann fällt die Musik ein, der junge Mann tanzt eine Runde mit seiner Tänzerin und singt die nächste Strophe – bis ihm nichts mehr einfällt. In manchen Gegenden muß er von jedem Schnadahüpfl eine Münze in die Tanzkasse zahlen.

Kinder-Kirmes wurde in Holland so gefeiert: schon wochenlang vorher haben die Kinder ihre Vorbereitungen getroffen und Glasscherben

Kirchweih, von Johann B. Pfung

und Metallstückchen gesammelt, weil sie zur Kirmes Kronen aufgehängt haben. Eine Krone ist ein Reif, der mit Grün und Blumen umwunden und mit Fähnchen geschmückt wird. Daran hängen lange Schnüre mit Papierschleifen, ausgepusteten und bemalten Eiern und – in der Mitte – Glasstücken, die schön klirren und klingeln sollen. Die Kronen werden an einem Stab zum Fenster hinausgehängt, und unten errichten sich die Kinder kleine Zelte aus Leinwand, alten Bettlaken, die mit Blumen geschmückt sind und in denen die Kinder essen und trinken. Die ganze Straße feiert mit, die Erwachsenen besuchen sich gegenseitig in der Nachbarschaft, die Kinder kommen nur aus ihren Zelten, um von den Vorübergehenden eine Gabe für ihre Krone oder ihre Schmauserei zu erbitten, und um »unter der Krone« zu tanzen. Größere Kinder ziehen mit ihren Puppen durch die Straße, singen und erbitten sich auch Geld oder Gebäck. Abends laufen die Kinder mit Kürbislaternen durch die Gegend, unter den Kronen werden als Freudenfeuer Kerzen angezündet und in eine Reihe aufgestellt, über die die Kinder springen. **25. Juli**

Am Jakobstag hat man in England die ersten Austern gegessen, dies geht auf den Apostel zurück und auf seine Pilgermuschel.

Kindertag wird in den USA am 25. Juli gefeiert. Das sollte man unbedingt nachmachen und alle Nachbarskinder, Klassenfreunde oder Sommerferienfreunde am Strand oder auf dem Campingplatz miteinbeziehen.
Die Kinder dürfen in Amerika bestimmen, was und wie an diesem Tag gespielt, gegessen und gefeiert wird. Eltern führen ihnen ein improvisiertes Theaterstück auf, machen einen Ausflug mit ihnen, zaubern für sie, lesen den halben Tag lang vor, und wer schimpft, muß ein Pfand zahlen.

Pflanzen und Bäume hat man in heidnischer Zeit als mit besonders heilenden und magischen Kräften begabt angesehen. Diesem Glauben entsprangen viele Sitten für den Erntebeginn: so wohnen vornehmlich den ersten Ähren oder der ersten geschnittenen Garben wunderbare Fähigkeiten inne. Deshalb ist es in vielen Gegenden Deutschlands Sitte gewesen, daß die Schnitter sich die ersten drei Ähren, die gemäht wurden, um den Hals wanden, an den Hut steckten, an die Haustür nagelten oder kreuzweise – gegen Hexen – auf den Acker legten.

Das Brot ist deshalb ebenfalls als mit starken Kräften begabt betrachtet worden. Damit hängen die Brot-Sitten bei Taufe und Hochzeit zusammen, beim Einzug in das neue Haus, und deshalb legte man beim ersten Pflügen als Segensgruß ein Brot auf den Acker.

Tag der heiligen Anna **26. Juli**
Sie war die Mutter der Jungfrau Maria und Schutzheilige der Ehefrauen, auch Nothelferin bei Wassersgefahr und Schutzheilige der Bergwerke, da Christus mit der Sonne und dem Gold, Maria aber mit dem

26. Juli Mond und dem Silber verglichen und die heilige Anna deshalb als Mutter des Silbers betrachtet wird. In manchen Bergstädten in Schlesien wurde dieser Tag mit einer Messe begonnen, der die Bergleute in ihrer Feiertagstracht beiwohnten, dann gab es ein Festmahl und einen Tanz.

Die heilige Anna Selbdritt, von Lucas Cranach, um 1513

Anna ist ein beliebter Vorname in den Alpengebieten, und wer an diesem Tag Namenstag hat, zündet eine Kerze an und spricht die Annengebete.

Kopfkisseneinsatz aus Filetspitze, Vierlande bei Hamburg, 19. Jh.

Den Annentag haben die belgischen Spitzenklöpplerinnen, die die heilige Anna auch zur Patronin haben, durch einen Ausflug ins Grüne gefeiert. Der Festtag wurde folgendermaßen finanziert: Jede Schülerin mußte wöchentlich eine bestimmte Summe in die »Annenkasse« zahlen, und wer in der Näh- oder Klöppelschule etwas vergaß, falsch machte, zerbrach oder fallen ließ, mußte eine bestimmte kleine Summe extra zahlen. So kam in jedem Jahr eine beträchtliche Summe zusammen, die gemeinsam verfeiert wurde.

Der Annastrauß aus roten Nelken, roten Rosen und Schleierblumen war in Kärnten das Geschenk für eine Anna zum Namenstag, der außerdem mit Bällen und Konzerten, Feuerwerken und Illuminationen gefeiert wurde.

26. Juli

Der Mayor of Bartlemass wird in England am Annentag gewählt, meist nach dem Schinken- und Bohnenschmaus, der gemeinsamen Mittagsmahlzeit der jungen Burschen und Mädchen im Wirtshaus. Der Mayor wird dann in einem festlichen Umzug durchs Dorf geführt, vor ihm marschiert ein junger Mann und trägt eine Stange, auf der ein Kohlkopf steckt, und die übrigen jungen Leute machen mit Topfdeckeln, Holzbrettern und Ratschen eine möglichst laute Katzenmusik. Der Mayor of Bartlemass wählt sich wie der Bohnenkönig am Dreikönigstag seinen ganzen Hofstaat samt Gericht und Narr, die entweder ihre Rollen spielen oder kleine Stegreifspiele aufführen müssen.

Montag nach Jakobi

Der grüne Montag ist ursprünglich ein Handwerkerfest gewesen, die zu dieser Zeit ihren Jahrestag abgehalten haben. In manchen Gegenden wurde nur gut gegessen, getanzt und getrunken, in Erfurt haben die damals sogenannten fünf großen Handwerker, Tuchmacher, Fleischhauer, Kürschner, Schmied und Gerber an diesem Tag ihren Ratsmeister gewählt, und die übrigen Handwerker haben den Tag meistens aus Gesellschaft mitgefeiert.
Damals hatten die verschiedenen Handwerker noch eigene Gassen, die für den grünen Montag mit Zweigen und Büschen ausgeschmückt wurden, vor den Läden und am Eingang der einzelnen Handwerkergassen hingen Kränze und standen Ehrenbogen. Mittags wanderte die ganze Gesellschaft mit Weib und Kind und der halben Stadt in den Steigerwald hinaus, es wurde ein Waldfest gefeiert, gesungen, gespielt und getrunken.

Mitte Juli

Kirschenernte
In Böhmen wurde ein Kirschenfest für die Kinder gefeiert, die das Recht besaßen, sich alle Kirschen herunterzuholen, die noch an den Bäumen waren.

Kirschenfest in Naumburg oder Hussitenfest. Dieses Kinderfest geht, so erzählt man sich, auf eine Begebenheit aus dem Jahr 1432 zurück. Damals soll Prokop, der Feldherr der Hussiten nach Einnahme und Zerstörung von Altenburg auf Naumburg zu marschiert sein, das sich tapfer gegen ihn zu wehren versuchte. Prokop forderte jedoch die Übergabe der Stadt, sonst wolle er sie so zerstören, daß kein Stein auf dem anderen bliebe. Die Bürger kamen auf eine List und schickten all ihre Kinder, 321 Mädchen und 238 Knaben in weißen, mit schwarzen Bändern besetzten Kleidern in das Feldlager der Hussiten, wo sie um Gnade für die Stadt bitten sollten. Prokop konnte ihnen nicht widerstehen, befahl den Musikanten, den Kindern zum Tanz aufzuspielen und bewirtete sie mit Kirschen, Birnen, Schoten und Wein. So ward die Stadt gerettet, und deshalb sollten die Kinder zum ewigen Andenken an diese Tat jedes Jahr wieder auf die Vogelwiese ziehen, wo das Lager der Hussiten gestanden hatte, sollten mit Obst, Bier und Wein erfrischt werden und einen ganzen Tag lang Lieder singen, den Vogel abschießen, Musik machen, tanzen und spielen, bis es abends mit grünen Triumphzweigen in der Hand wieder in die Stadt zurückging.
Historiker haben festgestellt, daß die Belagerung nur im Januar 1430 stattgefunden haben kann, also weder im richtigen Jahr, noch zur

Kirschenzeit, doch das hat dieses Sommerfest nicht verhindern können.
Beide Kirschenfeste, das aus Meißen und das aus Böhmen, kann jeder mit einem Kirschbaum im Garten auf seine Weise nachahmen, Tanz und Spiel vor und nach dem Pflücken, dazwischen ein Imbiß, natürlich mit einem Gericht aus den frisch geernteten oder nachgepflückten Kirschen.

Ende Juli

Das Rutenfest, dessen Ursprung auf das 16. Jahrhundert zurückgeht, wird alljährlich in Ravensburg gefeiert. Damals soll in Ravensburg die Pest geherrscht haben, und die Menschen durften einander wegen der Ansteckungsgefahr nicht berühren, sondern sich nur mit Ruten begrüßen.
Nach einer anderen Version soll das Fest daraus entstanden sein, daß Schüler in den Sommerferien mit Ruten über die Felder zogen.
Heute haben an diesem Tag die Schulkinder frei und die ganze Stadt feiert mit.

Rutenfest in Ravensburg

Älplerchoscht
In der Sommermitte pflegen die Viehbesitzer die Sennen auf der Alp zu besuchen. Aus diesen Besuchen, die schon immer ein willkommener Anlaß zu kleineren Festen waren, haben sich die Alpfeste im Berner Oberland entwickelt.

Juli

Ende Juli Im Sanagebiet kennt man noch heute den besonderen »Suufsunntig«, einen Sonntag, der seinen Namen aber nicht dem Saufen verdankt, sondern der dickflüssigen geronnenen Milch im Käsekessel, die man Suuf oder Schluck nennt. Jede Alp hat ihren eigenen Suufsunntig, an dem die Leitkuh bekränzt wird. Andere Bergfeste werden mit Tanz, Fahnenschwingen und Alphornblasen gefeiert.
Zu den beliebtesten Sennengerichten gehören die verschiedenen Magronen.

Älplermagronen nach Urner Art
500 Gramm Makkaroni knapp garkochen und gut abtropfen lassen. Inzwischen zwei große Zwiebeln in Streifen schneiden und in zwei Eßlöffeln eingesottener Butter goldgelb braten. Drei Deziliter Rahm oder Milch aufkochen, 100 Gramm geriebenen Hartkäse, am besten, wenn man ihn bekommt, Urner Bergkäse, hineingeben und gut rühren. Die Teigwaren mit abermals 100 Gramm Reibkäse mischen, mit Salz und Pfeffer würzen und in eine Bratpfanne oder feuerfeste Form einfüllen. Mit der Käsesauce begießen und mit 100 Gramm Reibkäse bestreuen. Die angebratenen Zwiebeln darüber verteilen. Zugedeckt auf dem Herd oder im Backofen erwärmen, bis der Käse schmilzt.

Das schönste Sommerlied stammt von Paul Gerhardt, der in der Zeit des Dreißigjährigen Krieges in Lübben im Spreewald Archediakon war:

Geh aus, mein Herz,
und suche Freud
in dieser lieben Sommerzeit
an deines Gottes Gaben . . .

Dort, wo heute noch die Kähne die Autos ersetzen, gibt es das einfachste und beste (und gesündeste) **Sommeressen:** frische Pellkartoffeln mit Quark und Leinöl, das aus dem Samen des Leins geschlagen wird, dessen himmelblaue Blüten sich in der Hitze des Mittags schließen und erst in der nächsten Morgenfrühe wieder aus dem grünen Flachsfeld ein blaues Sommermeer machen.

August

Der August ist der achte Monat des Jahres und heißt nach Augustus, dem ersten Kaiser des römischen Weltreiches. Für die Römer war er der sechste Monat. Im Deutschen heißt der August auch Erntemonat, Ernting, Sichelmond oder Ährenmonat, früher wartete der Bauer, bis Kornblumen und Rittersporn blühten, dann ist für ihn die Zeit der Ernte gekommen.

1. August

Petri Kettenfeier, die an die Gefangenschaft des heiligen Petrus in Jerusalem erinnern soll.

Der 1. August gehört dem Aberglauben nach zu den großen Unglückstagen, weil an ihm der Teufel von Gott in die Hölle gestürzt wurde. Man hat sich früher gehütet, an diesem Tag etwas Neues zu beginnen, hat nicht geheiratet, keine Reise angetreten, kein neues Kleidungsstück angezogen. Da der August oft mit schweren Gewittern beginnt, hat man geglaubt, an diesem Tag sei der Teufel los.

Lammas Day heißt der 1. August in England, Lammas Day ist ursprünglich ein Fest der Weizenernte gewesen. Die alten Sachsen haben in einem Dankopfer für die ersten Feldfrüchte ein Brot dargebracht, das aus dem jungen Weizen gebacken worden ist, das gab der Feier den Namen: loaf-mass, die Brotweihe.

Anfang August

Die Woche des Lächelns: Das wird als National Smile Week in den Vereinigten Staaten gefeiert. Kinder malen mit Kreide Grinsegesichter auf Mauern und Straßenpflaster, Mütter backen runde Kekse, die die Kinder mit buntem Zuckerguß in Grinsegesichter verwandeln, und

Anfang August wenn man etwas Phantasie besitzt, kann man das Spiel mit der Heiterkeit auf viele andere Arten so weit treiben, wie man es für richtig hält. Auf jeden Fall: Kindern in dieser Woche Gutscheine für lustige Taschenbücher schenken, und damit rechnen, daß Kinder lieber laut über Quatsch und Streiche lachen, als wohlerzogen und voll Nächstenliebe lächeln.

Krebssaison in Schweden: Wo es noch Krebse in Teichen und Bächen gibt, wird am Ufer ein Krebsessen gefeiert, ein sommerliches Picknick für die ganze Familie. Es gibt nur Krebse, Brot, Butter und eine bestimmte Käsesorte, den würzigen Kryddost.

Die Schweden und die Finnen streiten darum, in welchem ihrer beiden Länder das Krebsessen als Fest erfunden worden ist. Im Prinzip braucht man das dazu, was es vor allem in Finnland in Hülle und Fülle gibt: klare, ruhige Krebsbäche oder Teiche, in denen man noch fischen kann. Die gekochten Krebse werden gern bei Vollmond und Laternenlicht gegessen, und traditionell ist dem Mahl ein Besuch der Sauna und ein Bad im See vorausgegangen.

Wer bei uns in diesen »Monaten ohne r« an lebende Flußkrebse kommt, kann das skandinavische Fest nachfeiern. Pro Person rechnet man 10 bis 12 Krebse. Sie werden wie Hummer einzeln und nacheinander in stark kochendem Salzwasser mit Dillblüten und Dillkraut in 7 bis 10 Minuten rot gekocht. Man kann den Sud auch mit Bier, Zucker und Essig würzen. Die gekochten Krebse aus dem Sud nehmen, auf ein Bett von Dillkraut legen und zum Schluß über alle gekochten Krebse den Sud gießen und die Tiere darin erkalten lassen. Meist werden die Krebse am Vortag gekocht, man kann sie aber auch – wie frisch gefangen – gleich kochen und warm servieren.

Anfang August

Zum Krebsessen wird rot gedeckt: rote Leinentücher oder Wegwerftischtücher, rote Papierservietten oder spezielle Umbindelätzchen von großem Format, weil Krebssaft und Sud sehr hartnäckige rote Flecken machen. Auf dem Tisch sollten Fingerschalen und Schüsseln für die leeren Krebsschalen stehen. Das Gedeck besteht außer Messer und Gabel aus einem Krebsmesser, das eine kurze spitze Klinge mit einem Loch hat, durch das man die Krebsbeine schiebt, um sie leichter abbrechen zu können, und durch das man die Spitze der Krebsscheren steckt, die sich dann leichter ab- und aufknacken lassen.
Die Krebse kommen in einem großen Korb auf einer großen dillbedeckten Platte herein, und man ißt sie so: zuerst alle Beinchen abdrehen und auslutschen, dann die dickeren Teile der Scheren knacken oder mit dem Krebsmesser aufschneiden und das weiße Fleisch essen. Zum Schluß das Schwanzfleisch aus der aufgeschnittenen Schale ziehen, den Darm entfernen und den Krebs mit gebuttertem Toastbrot essen. Dazu trinkt man Wodka oder Aquavit und Bier, und es muß reichlich Brot und Butter geben, da Krebse nicht sehr satt machen. Nach skandinavischer Sitte trinkt man pro Krebs einen Schnaps dazu, was man in frischer Luft erstaunlich gut verträgt.

Tag des heiligen Laurentius

10. August

Einer der berühmtesten Märtyrer Roms. Er ist Diakon des Heiligen Papstes Xystus und ein großer Almosengeber gewesen, hat viele Wunder gewirkt und Blinde sehend gemacht und ist auf dem glühenden Rost den Märtyrer-Tod gestorben. Er gilt als Schutzpatron für viele Berufe, die mit Feuer und Glut zu tun haben, ist jedoch auch der Patron der Bibliothekare, da ihm in seiner Zeit als Diakon die heiligen Bücher anvertraut waren. Ein Anlaß, Kindern Bücher zu schenken oder eine Mitgliedskarte einer Bücherei.

Laurentiustränen werden die Sternschnuppen genannt, die ab Mitte August in Schwärmen über den Nachthimmel zischen. Eine herrliche Gelegenheit, mit Kindern eine Nacht im Freien zu verbringen und Sterne zu beobachten.

Sommernachtfest: Kinder müssen meistens früh ins Bett und kennen die Nacht nicht. Daran sollten die Erwachsenen vor allem denken, wenn sie den Kindern ein Fest ausrichten wollen, das von der Dämmerung bis in die Dunkelheit hinreicht. Es muß natürlich etwas zu essen

10. August

Laterne, Laterne . . ., von Julius Fürst

und zu trinken geben, und es ist auch schön, wenn man mit den Kindern zusammen Lampions oder Transparente bastelt, Windlichter und Kerzen in ausgehöhlten und zu Gesichtern geschnittenen Kürbisschalen, womit man Balkon oder Gartenplatz beleuchtet.
Die Kinder sollten sich überlegen: was ist anders in der Nacht? Wie verändert sich das Licht? Wie wachsen die Schatten? Wie verhalten sich die Vögel? Wann und wo sieht man den ersten Stern blinken? Vielleicht gibt es bei Bekannten oder Freunden ein Fernrohr, mit dem man Mond und Sterne betrachten kann? Und ein Stativ, damit auch kleinere Kinder etwas vom Hindurchschauen haben? Selbst in Großstadtgärten tauchen abends die Kaninchen oder Igel auf, am Stadtrand kommt manchmal abends ein Reh aus dem Wald. Manchmal hört man den Igel an den Erdbeeren schmatzen, manchmal kommt die Katze auf der Mäusejagd vorbei.
Aus diesen Beobachtungen ergibt sich das Programm: Imbiß, dann das Schauspiel am Himmel und auf der Erde, Sternenmärchen, Sternensagen. Naturkundliche Auskunft über Fledermäuse und anderes Nachtgetier, dann, für viele vielleicht das Schönste: einmal im Freien einschlafen können.

15. August
Mariä Himmelfahrt

Tod und glorreiche Himmelskrönung der Gottesmutter werden in einer Festmesse gefeiert, in die viele Sommerfeste verwoben sind. In vielen Kirchen, besonders in Bayern und Österreich, findet eine Kräuterweihe statt.

Kräuterweihe an diesem Tag, weil Maria »die Blume des Feldes und die Lilie der Täler« war, oder: weil die Apostel der Legende nach das Grab der Gottesmutter noch einmal öffneten und darin nicht mehr den Leichnam, sondern Blumen fanden, während nach einer anderen Legende dem Grab in dem Augenblick, in dem Maria es verließ, ein wunderbarer Duft wie von Kräutern und Blumen entstiegen sein soll.

Maria Würzweih oder Büschelfrauentag sind andere Bezeichnungen für Mariä Himmelfahrt. Bei einer Kräuterweihe bittet man um Wohlfahrt des Leibes und der Seele und Schutz vor Gefahren.
Es gibt verschiedene Theorien über die Zusammenstellung der Kräuter und Blumen.

Die Würzbüschel setzen sich meist aus drei mal drei, also neunerlei Kräutern zusammen, wobei in der Mitte als Zepter die Königskerze, der sogenannte Himmelsbrand herausragen muß. Außerdem gehören dazu: Thymian, Johanniskraut, Meisterwurz, Schafgarbe, Arnika, Tausendgüldenkraut, Baldrian und Basilikum.

Nach der Kräuterweihe

August

15. August
Mariä Himmelfahrt

In anderen Gegenden ersetzen Frauenmantel, Augentrost und Salbei die letzten Kräuter, in manchen Gemeinden gilt als Muß: Johanniskraut, Tausendgüldenkraut, Wermut, Schafgarbe, Vanille, Pfefferminze, Wohlmut, Meisterwurz und Holunder. Dazu kommen oft alle Getreidearten, Haselnuß und Vogelbeeren, Flachs, Schilf, Rosmarin und Gartenblumen.

Die Nelke, das Nägelchen, spielt in manchen Würzsträußen auch eine große Rolle: es muß die kleine wilde Bauernnelke mit ihrem starken Aroma sein, und wenn man einen großen Strauß Gartenblumen zur Kräuterweihe bringt, muß er auf jeden Fall Nelken enthalten.
Die Würzbüschel werden nach der Festmesse geweiht und dann ehrfurchtsvoll nach Hause getragen und aufgehoben, oft von einem Himmelfahrtstag zum anderen. In vielen Gegenden hat die älteste Haustochter oder die erste Magd das Privileg, die Würzbüschel zum Haus und zum Stall zu tragen und dem Haushalt vorzustellen. Die Büschel werden im Haus über die Wohnstubentür gehängt, in den Hergottswinkel gestellt oder in den Wirtschaftsräumen am Balken befestigt. Bei Gewitter wirft man sie einzeln ins Feuer oder stellt sie vors Fenster.

Mariennüsse: Wenn die ersten Baumnüsse oder Haselnüsse schon reif sind, so bekommen sie die Kinder als Geschenk am Marientag.

Frauendreißiger: So werden die dreißig Marientage von Mariä Himmelfahrt bis Mariä Namenstag am 12. September genannt. Die Legende sagt, daß die Gottesmutter in dieser Zeit die Erde segnet.

Gebetszettel

Gebeth.

Sey gegrüßet o gnadenreiche Mutter Gottes, und mächtigste Helferin Maria! dich erwähle ich zu meiner Schutzfrau und Mutter, erkenne mich als dein Kind, dir befehle ich mein Leben u. Tod, in allen Gefahren, Zufällen und Anliegenheiten Leibs und der Seele; Verleihe mir Hilf und Schutz, erhalte mir bey Gott Verzeihung meiner Sünden, und nach diesem das ewige Leben AMEN.

Der Tag des heiligen Sebaldus **19. August**
Er ist Schutzpatron von Nürnberg und Schutzpatron der Imker. An diesem Tag überlegt man sich, welche Lebkuchen man im November ausprobieren will.

Die Sonne tritt in das Zeichen der Jungfrau. Die Hundstage sind damit zu Ende, und Wachstum und Licht nehmen wieder ab. **23. August**

Fischertag an der Neumühle bei Memmingen, von Elias Fr. Küchlin

Tag des heiligen Bartholomäus **24. August**
Er hat in Indien, Mesopotamien und Armenien das Evangelium verkündet und dort den Tod erlitten, er ist der Patron der Fischer. An seinem Tag geht die Schonzeit und Laichzeit der Fische zu Ende, der Heilige gibt den Fischfang in den Binnengewässern wieder frei. Das feiert man von diesem Tag ab mit

Fischessen: Sie wurden ebenso wie das schwedische Krebsessen in vielen Gegenden mit (früher) fischreichen Strömen und Seen im Sommer bis in den September hinein gefeiert, wenn die Fische schön groß und fett sind. Entstanden sind diese Feste aus Armenspeisungen, die die Zünfte der Fischer gegeben haben. Von Mittag bis Abend wird am Fluß oder am Seeufer unter schattigen Bäumen Fischsuppe gekocht oder Fische werden auf Holzkohle gegrillt oder im Ganzen ausgebakken. Man ißt wie im Mittelalter, löffelt die Suppe aus dem mitgebrachten Napf, ißt alles andere mit den Fingern, und wenn man das Fest modern feiern will, räuchert man Makrelen oder kleine Flußfische im Räucherkasten und serviert Bauernbrot und Schüsseln oder Körbe mit Tomaten, Gurkenschnitzen und Radieschen dazu. Zum Abschluß reicht man selbstgepflückte Himmbeeren oder Johannisbeeren.
Auf Binnenseen und auf großen Strömen hat es am Bartholomäustag Prozessionen der Fischer oder berühmte Fischzüge gegeben.

Stralauer Fischzug, von Theodor Hosemann

Fischerkönig ist derjenige gewesen, der an diesem Tag den erfolgreichsten Fischzug gemacht hat.

24. August **Der Stralauer Fischzug** ist Berlins einziges Volksfest gewesen. Kein Geringerer als Achim von Arnim hat seinen Ursprung in einem Schauspiel verewigt, jedoch nach eigener Phantasie; denn nicht Kurfürst Friedrich II. hat ihn im 15. Jahrhundert begründet, sondern Kurfürst Johann Georg hat 100 Jahre später, 1574, verordnet, daß nach der sommerlichen Schonzeit vom Bartholomäustage an wieder »mit großem Garn« gefischt werden dürfe.

Zum Volksfest wurde dieser Tag aber erst 200 Jahre später. 1780 bat Prinz Ferdinand, der jüngste Bruder des preußischen Königs Friedrich II., den Magistrat von Berlin (zu dem das Ratsdorf Stralau gehörte), man möge doch den Fischzug ausnahmsweise erst um 9 Uhr beginnen lassen, weil er gern mit Frau und Kindern daran teilnehmen wolle. Die Bitte wurde ihm erfüllt, der Prinz hat mit seiner Familie alle Jahre wieder am Fischzug teilgenommen und dadurch natürlich die Berliner selbst dazu verlockt. Stralau war ohnehin ein beliebtes Ausflugsziel und hatte schöne Landhäuser, Gärten und Wirtschaften. 1839 schwärmte noch der Dichter Geibel: »Schön ist's im fischberühmten Stralau . . .«. Als jedoch Ende des 19. Jahrhunderts fast 50 000 Berliner auf die schmale Halbinsel zwischen Spree und Hummelsburger See strömten, wurde aus dem Volksfest ein Chaos, und die Polizei mußte das Ganze verbieten.

Aufstieg und Fall eines Festes, das in Mode kam. Es sollte nicht das einzige bleiben.

24. August

Schäferfeste und Hirtentänze sind ebenfalls am Bartholomäustag veranstaltet worden, meist am Nachmittag.

Der Schäferlauf war einer der berühmtesten Wettkämpfe der Schäfer, an dem Burschen und Mädchen teilgenommen haben. Es ging um einen Wettlauf über ein langes Stoppelfeld, die Teilnehmer mußten barfuß sein, zuerst liefen die Burschen, dann die Mädchen. Der schnellste Bursche gewann einen mit Bändern geschmückten Hammel, die Siegerin unter den Mädchen bekam ein Schaf, manchmal auch ein Kleidungsstück und Silbergeld. Ein Stadtpfleger zu Pferde hat dem Wettlauf mit einem roten Schnupftuch das Startzeichen gegeben und ist als Schiedsrichter neben den Burschen und Mädchen hergeritten.

Das Wassertragen war ein Wettkampf der Mädchen. Sie mußten mit einem vollen Kübel auf dem Kopf ebenfalls barfuß übers Stoppelfeld laufen. Wer gewann, bekam ein neues Kleid oder Silberschmuck.

Auf dem Tanzboden, von Carl Fr. M. Müller, 1850

August

August

24. August

Mit Sankt Bartholomä beginnt die Ernte von Hafer und Obst, das Korn und der Flachs sind jedoch schon eingefahren.

Bartholomäus-Butter bekommt das Gesinde als Belohnung für die erste Sommerzeit und zur Kräftigung für die kommende Erntearbeit.

Sichelhenke oder Sichelhenkete, das erste Erntefest, wird in Schwaben schon am Bartholomäus-Tag gehalten. Wenn das Korn geschnitten war, so hängten die Schnitter nach der Einfahrt des Getreides die Sicheln an die Stubenwand, und die Herrschaft gab ihnen einen Schmaus. Die Hausfrau hat dafür einen Brotkuchen gebacken, der dick mit Rahm bestrichen war, manchmal gab es auch eine Fleischsuppe mit Schwarzbrot, danach aber immer dreierlei Fleisch, Rindfleisch mit Meerrettich, Schweinefleisch mit Sauerkraut und Gänsebraten mit fettem Salat. Dazu Wein und Bier, Butterkuchen und ausgebackene Kuchen, in manchen Gegenden war es Sitte, daß die Burschen den Mädchen vorgelegt haben, in anderen haben sie Wein und Bier aus demselben Becher getrunken. Nachmittags ist Tanz und Musik, und in manchen Gegenden werden traditionelle Tänze getanzt:

Beim Hahnentanz wird mitten in der Scheune eine Stange eingerammt, auf deren Querholz ein Hahn und ein Glas Wasser thronen. Alle Paare tanzen um diese Stange herum, und wenn ein Paar direkt unter dem Hahn tanzt, muß die Tänzerin versuchen, ihren Partner so hoch zu stemmen, daß er das Wasserglas herabstoßen kann. Gelingt es ihm, so hat die Tänzerin den Hahn gewonnen.

Beim Hammeltanz steht das Glas Wasser in einem Doppelreifen aus Holz, an dem eine Lunte brennt. Irgendwann brennt einer der Reifen durch, das Glas kippt um, und der Tänzer, der am nächsten vorbeitanzt, hat den mit Bändern geschmückten Hammel gewonnen.

Die Glücksgarbe oder das Glückshämpfeli ist ein Büschel aus den schönsten letzten Halmen, meist sind es neun Stück, die ein Schnitter zum Strauß gebunden und der Herrschaft mit einem Segensgruß überreicht hat. Bei der Erntefeier steht die Glücksgarbe auf dem Tisch, später wird sie manchmal zum Kranz oder zu einer Taube geflochten, Symbol des Heiligen Geistes, und unter das Kruzifix oder an den Türbalken gehängt.

Die Erntesträuße aus Ähren und Feldblumen haben ebensoviel segensreiche Wirkung.

31. August

In Ungarn wird der Sommer mit einem Lied, einem Tanz und einer großen Platte voll Pflaumen-(Zwetschgen)kuchen vertrieben. Dazu gibt es Wein: ein Fest, das man überall feiern kann.

August-Schießen: Vor allem in Norddeutschland hat man im August das Vogel-, Scheiben- oder Königsschießen veranstaltet, meist auf einem Anger vor der Stadt und mit einem Jahrmarkt verbunden.

Foto linke Seite: Armbrustschütze

Kirchweih

Kirmes, Kirchtag: Ursprünglich ein Erinnerungsfest an den tatsächlichen Tag der Kirchweihe, an den entsprechenden Tagen gefeiert. Nach landesherrlichem Wunsch sind die Kirchtage aber überall so zusammengelegt worden, daß sie zwischen Ende August und Michaelis (29. Sept.) höchstens am Martini gefeiert werden, in Österreich auch am dritten Sonntag im Oktober, wobei die Kirchtage früher immer als Abschluß der Ernte betrachtet wurden.
Die Kirchweih war eigentlich ein Dorf- und auch ein Familienfest, wurde mindestens zwei Tage lang gefeiert, Sonntag und Montag. Vorher wurde tagelang gebacken und gekocht, im Haus alles geputzt und gefegt, damit beim Besuch der eingeladenen auswärtigen Familienangehörigen oder Freunde alles im Haus blitzte und glänzte. Früher sind auch die Kinder, die auswärts dienten, heimgekommen, so daß sich die ganze Familie zum Feiern zusammenfand. Jeder schaffte sich so viel Bier und Wein in den Keller, wie er wohl brauchen würde, es wurde mit frischem Mehl kräftig gebacken, und es gab auf jeden Fall reichlich Fleisch.
Ein guter Kirchtag dauert bis zum Dienstag, kann sich aber auch bis zum Mittwoch erstrecken: die Ernte ist eingebracht, man kann sich eine Verschnaufpause gönnen und vom neuen Vorrat den Bauch vollschlagen.

Kirchweihkuchen: Die Auswahl ist so üppig und reich, wie es nur direkt nach der Ernte sein kann: Es gibt Pflaumen- und Apfelkuchen, Eier- und Zwiebelkuchen, Kirsch-, Rosinen-, Butter-, Zucker-, Schmand- und Topfkuchen.

Kirmeskuchen

Hefeteig oder ungesüßter Mürbeteig aus 300 g Mehl; 750 g Zwiebeln, 250 g durchwachsener Speck, 50 g Öl oder Butter, 100–150 g geriebener Hartkäse, ¼ l Sahne, 3 Eier, Salz, weißer Pfeffer

Die Zwiebeln pellen, in dünne Scheiben schneiden und mit dem gewürfelten Speck im heißen Fett goldgelb rösten. Sahne, Eier und Reibekäse verquirlen und mit Salz und Pfeffer würzen. Mit dem Teig eine große Springform ausfüttern und einen Rand kneten. Speck und Zwiebel einfüllen, die Eiersahne daraufgießen und den Kuchen im vorgeheizten Ofen bei 200° etwa eine Stunde backen. Die Garprobe machen.
Wer für Gäste backt, verdoppelt die oben angegebene Menge und backt auf dem Blech. Dazu: frischer Most

Kirchweih

Der Kirmesverlauf: Es gehören immer dazu: der Kirchgang am Sonntag in die festlich geschmückte Kirche, danach oft eine Prozession durch das Dorf oder über die Felder. Dann folgt ein üppiges Mittagsmahl, danach Kaffee und Kuchenberge. Nachmittags ziehen alle auf den Anger, wo die jungen Leute nach festem Dorfritus im Freien auf der Wiese tanzen und trinken, abends in den Saal ziehen oder in eine Tenne und dort weiter feiern.
In manchen Gegenden ist es üblich, daß man am ersten Tag daheim ißt und feiert und am zweiten Tag ins Wirtshaus zieht.

Am zweiten Tag beginnt der Tanz meist schom am Vormittag. Die Burschen holen die Mädchen ab und bekommen dafür eine Gabe, manchmal einen Blumenstrauß fürs Knopfloch, das »die Verehrung« heißt, manchmal ein rotes Taschentuch.

Kilbeknaben sind zwei Burschen, die Vortänzer oder Platzburschen darstellen. Diese organisieren den Tanz an allen Tagen, neue werden am zweiten Kirmestag für die nächste Herbstkirmes gewählt, und dann sammelt der eine gleich Geld zur Finanzierung der heurigen Kirmes ein, während ihm der andere folgt und allen einen Kirmesschnaps anbietet. Jeder Kilbeknabe wählt sich eine Kilbebraut, und diese beiden Paare haben das Recht des Vortanzens. Meist wird zuerst ein Walzer oder eine Polka gespielt, die die beiden Paare allein tanzen.

Kirchweihfest, von Ludwig Knaus

Danach tanzen alle, und oft wird die Kirmes so finanziert, daß bei diesem Tanz einer von den Vortänzern mit dem Hut von Paar zu Paar geht und einsammelt.

Der dritte Kirmestag ist Spielen und Wettspielen gewidmet: es gibt Wettläufe und Wettritte, Sackhüpfen, Hammeltänze (um einen Hammel) Fahnentänze (bei denen Fahnen geschwungen werden), Ringkämpfe und Raufen, Hahnenschlagen, Vogelschießen, Wettklettern am Kirmesbaum (wie Maibaum), Vieh-Wettreiben auf die letzte Kleewiese, die sogenannte Kirmesweide.

Der vierte Kirmestag ist Kehraus, oft mit Mummenschanz gefeiert, mit einer Jagd zwischen einem blumengeschmückten Läufer und einem zotteligen »Kehraus« oder mit Eseln und Tanzbären, die durchs Dorf geführt werden.
Kinder, Knechte und Mägde durften immer mitfeiern und bekamen extra für die Kirmes neue Schuhe und ein neues Gewand, dazu den Kirmestaler.

Der Kirmesfriede wurde früher streng eingehalten, die Kilbeknaben mußten dafür sorgen, daß es keine Ausschreitungen gab, daß die Tänze immer nur bis Mitternacht dauerten, daß jeglicher Streit gleich geschlichtet wurde.

Der geweihte Kirmeswein schützte angeblich vor dem Rausch, ebenso ein Aufguß aus Salbei: dieser Kräutertee soll selbst vor dem stärksten Rausch schützen.

Salbei gehört insgesamt zu sommerlichen Festen: die alten Frauen nehmen einen Zweig Salbei mit in die Kirche, um ab und zu an den Schmeckeblättern zu riechen, und im Allgäu sind die Salverküchlein ein klassisches Gebäck für die Kirchweihtage: große gleichmäßige Blätter werden gut gewaschen, durch Pfannkuchenteig gezogen und ausgebacken.

Kirchweih

Die Kirmes begraben: Ein Pferdeschädel oder ein Bild des Kirchenpatrons wird von den jungen Leuten am letzten Abend vergraben, um in einem Jahr unter großem Getöse, Geschrei und Gesang wieder ausgegraben zu werden.

Alte Erntetermine
8. Juni: Der Medardustag hieß auch Mäh-Tag, weil er in Süddeutschland als der Termin für das Grashauen galt. Der älteste Bauer oder Büttel rief aus, daß die Heuwiesen offen seien, dann wurde gemäht, am Abend auf der Wiese getanzt und am nächsten Tag das Heu heimgefahren.

24. Juni: Der Johannistag ist der allererste Tag für die Heidelbeerernte, aber je nach Klima und Jahreszeit sind auch der

29. Juni, Peter und Paul, oder 2. Juli, Mariä Heimsuchung, Anfangstage für die Waldbeerenernte.

25. Juli: Der Jakobstag ist in vielen Gegenden der Beginn von Roggen- und Weizenernte, und wenn man am Jakobstag Beeren pflückt, so sind sie besonders heilkräftig.

Erster Sonntag nach Mariä Heimsuchung oder acht Tage nach Mariä Heimsuchung hieß im nördlichen Deutschland der Bickbeerensonntag, an dem alle Frauen und Kinder sammeln gingen und sofort anschließend große Bickbeerenkuchen backten.
Die Erntezeit reicht von Johanni bis Bartholomä, also vom 24. Juni bis zum 24. August, oder von Jacobi bis Ägidii, also vom 25. Juli bis 1. September.

Erntefeste

Erntefeste wurden in der Zeit, als noch 80 Prozent unserer Bevölkerung auf dem Lande lebte, als jeder Erwachsene und jedes Kind bei der Ernte miteingespannt wurden, und als vor allem eine gute Ernte als gnädiges Geschenk des Himmels betrachtet und nicht von einer wissenschaftlich und technisch abgesicherten Landwirtschaft fast als selbstverständlich betrachtet wurde – in allem Überschwang gefeiert: zu Beginn der Ernte, während der Ernte und nach der Ernte.

Der Auszug aufs Feld geschieht am ersten Erntetag meist nach einer Frühmesse, bei der früher die Erntegeräte gesegnet wurden. Vorm ersten Schlag haben die Knechte ein Kreuz über ihre Sense gemacht, oder alle haben sich am Feldrand hingekniet, und die älteste Magd hat für alle das Vaterunser und das Glaubensbekenntnis gebetet.

Blatt aus einem Steirischen »Mandelkalender«, Monate Juni und Juli

Auf jeden Fall entließ der Bauer seine Leute mit einem Segensspruch, und in manchen Gegenden marschierten die Schnitter und Schnitterinnen von einem Geiger oder von einem Trommler begleitet aufs Feld.

Erntekleider: In vielen Gegenden gibt es eine spezielle Erntekleidung: Heuleibchen für die Mädchen, weißleinene Hosen für die Schnitter, große weiße Schürzen für die Garbenbinderinnen: praktisch in der Hitze und im Staub. Dazu Kopftücher oder Strohhüte als Schutz vor Sonne und Staub. Das Zweckmäßige wird natürlich geschmückt: die Herrschaft schenkt den Burschen rote Hals-(Schweiß)tücher, die Mädchen stecken ihnen Blumen an oder ein rosenbesticktes Band um den Hut und bekommen selber einen Strauß fürs weiße Leibchen. Diese

Blatt aus einem Steirischen »Mandelkalender«, Monat August

Angebinde tragen die jungen Leute die ganze Ernte hindurch, erst beim Erntetanz gibt's neue.

Erntefeste

Die Kinderernte: Die Kinder werden zum Beerenlesen meist zum ersten Mal zu einer Ernte mitgenommen.
In vielen Gegenden ist es Sitte, die Kinder nach den alten Aufnahmeriten in die Stadtbünde, in die Hanse, an diesem ersten Erntetag zu »hänseln«: die andern Kinder zerdrücken eine Beere auf der Stirn des Neulings, was sicher an ein Ernteopfer an die Waldgottheiten erinnert.
Die Magd, die zum ersten Mal bei der Ernte hilft, muß den Schnittern eine Flasche Branntwein spendieren, und die Schnitter rollen ihren neuen Mitarbeiter ein Stück über das erste von ihm mitfabrizierte Stoppelfeld. Manchmal schlägt ihm auch nur der Vorarbeiter drei Kreuze über die Sense.
Bei der Weinernte sind es oft die Kinder der Winzer, die die erste Traube schneiden, und in Schlesien war es Brauch, daß die Obsternte mit den Kinder begann, die jeweils die ersten Früchte pflückten.

Das erste Fuder wurde mit ganz besonderer Aufmerksamkeit beladen und feierlich heimgebracht: kein Streit, kein Wort und kein Lärm durfte dabei gehört werden, sonst verfiel die Ernte den Mäusen.

Die erste Garbe steckte am Pferdegeschirr, oder wenigstens drei Ähren mit einem Tannenzweig, die später zuerst gedroschen wurden.
Zur Einfahrt wurden Wagen, Leute und Pferde, Peitschen und Hüte mit Bändern und Blumen geschmückt, es wurde gesungen und oft war diese erste Ernte für die Armen des Dorfes oder der Stadt bestimmt.
Der Wagen wurde auch auf dem Hof festlich begrüßt, meist öffnete die Bäuerin – auch in tiefem Schweigen – zuerst das Hof- und dann das Scheunentor für ihn.

Erntefeste

Votivtafel: Natternbiß bei der Ernte

Restekuchen gab es für jeden Erntearbeiter aus dem Mehl der Weizenähren, die beim Garbenbinden vorbeifallen und nachher mit einer großen Harke zusammengerecht werden. Dieser Rest wurde von den letzten Binderinnen oft absichtlich vergrößert.

Ernteaberglaube: Die ersten drei Früchte (Ähren, Beeren oder ähnliches) hat man über die Schulter geworfen, für die Kornmutter oder einen Waldgeist, hat Ähren oder Beeren in Kreuzform auf den Boden gelegt, hat ein Häuflein in bestimmten Baumstümpfen zurückgelassen.

Fock- oder Fuckenbier: Die Fucke oder Fak ist eine Strohpuppe oder ein dreibeiniges Gestell, das mit Ähren umwunden ist, meist von solchen, die von drei Ernteneulingen geschnitten worden sind. Die Fucke wird auf eine Harke gesteckt und von den Neulingen zum Hof getragen, wo sie gegen Bier oder Most ausgelöst wurde.

Das Binden oder Lösen, Schnüren oder Bannen ist ein Erntebrauch, der überall notiert worden ist. Wenn zu Beginn der Ernte oder während des Schnitts der Gutsherr oder der Bauer oder einer seiner

Angehörigen aufs Feld gekommen ist, der nicht selbst bei der Ernte mitarbeitete, so wurde er mit einem Strohseil oder einem Band mit angehefteten Ähren am Oberarm gebunden, oder zwei Sensen und ein Ährenstrauß wurden ihm kreuzweise vorgehalten. An manchen Orten bekommt der Besucher einen Blumenstrauß ins Knopfloch, an anderen einen Blumenkranz um den Hals. Oder: er wird aus dem Versteck überfallen und mit einer Strohschlinge gefangen.
So oder so: Der Gebundene muß sich lösen – mit Trinkgeld, Lebkuchenherzen für jede Schnitterin, mit Tanz und Schmaus am Abend, mit einem üppigen Dreschermahl, mit einem Bindekuß.
Zum Binden gehört der Bindespruch, mit dem der Herr begrüßt und gleichzeitig an die Bindegabe erinnert wird. Der schönste Bindespruch:

»Ich binde dich mit Weizen,
tu an der Supp' nicht geizen,
ich binde dich mit Gersten
du weißt ja, daß wir dörsten.«

Die letzte Garbe
spielt eine ebenso bedeutungsvolle Rolle wie die erste: unsere Vorväter glaubten nämlich, im Korn wohne ein Dämon, ein unberechenbarer Geist, der bald segens- bald unheilvoll ins Leben der Menschen wirke. Die Schnitter störten ihn natürlich aus seiner Ruhe auf, deshalb mußte er von einem Stück gemähten Feldes ins andere fliehen, bis ihm nur noch die letzte Garbe übrig blieb. In und mit ihr war der Korngeist dann endlich gefangen. In manchen Gegenden folgte man der Sitte, die letzten Ähren nicht zu schneiden, sondern stehen zu lassen und so zusammenzubinden, daß sie wie ein Wesen mit Leib, Hals und Kopf aussehen:

Die Habergeiß wurde oft aus Holz geschnitzt, mit Blumenkränzen geschmückt und in die Ackerfurchen gestellt. Der Schnitter, der mit seinem Ackerstreifen zuletzt fertig war, bekam die Geiß und mußte zum Erntefestmahl laden.

August

Erntefeste

Der Roggenhund oder der Kornhahn oder die Kornsau, der Roggenbock, der Haferbock, die Habergeiß, die Korngeiß, der Herbsthahn, die Erntehenne – es gab zahllose Namen für diese Vegetations- oder Wachstumsgeister, die gleichzeitig Dämonen des Todes waren.

Der Kornwolf wurde in manchen Gegenden mit grünen Zweigen geschmückt, im Trab heimgefahren und dann von allen Knechten zerstückelt. Das ist wie in den Sagen des Altertums: was besiegt und zerrissen wird, mit seinem Blut die Erde tränkt, das kann hundertfältig keimen und wieder wachsen, ist der Anfang einer neuen Schöpfung und Ernte.

Der Hahn spielt als Wetterprophet eine besonders große Rolle: sein Kamm stellt den gezackten Blitz dar, und jedes Hahnopfer soll Unwetter und Gewitter während der Ernte abhalten. Gleichzeitig gilt der Hahn seiner starken Fruchtbarkeit wegen als mächtiger Fruchtbarkeitsgeist, womit blutige Sitten verbunden waren: beim Hahnenschlagen zum Erntefest wurde ein leibhaftiger Hahn von den Burschen mit verbundenen Augen zermetzelt. Beim Hahnenreiten wurde ihm der Kopf mit einem Säbel abgeschlagen, beim Hahnreißen wurde das arme Vieh am Seil aufgehängt und mußte von einem Reiter abgerissen werden.
Später ist ein geschnitzter Hahn an die Stelle des lebendigen Opfertiers getreten.

Ein Papphahn prangt auf dem letzten Fuder, oft mit ausgepusteten Eiern und Bändern geschmückt, wird auf das Haus- oder Scheunendach genagelt, wo er bis zum nächsten Erntetermin Wache hält.

Schützenhahn: Noch friedlicher ist die Sitte, den Hahn zum Schützenhahn zu machen: in den Rheinprovinzen kommt der Erntehahn in Gestalt eines geschnitzten Tieres zu dem, der als letzter schneidet. Er wird auf dessen letztes Feld gesteckt und am Sonntag nach der Messe abgeholt und auf die Schützenscheibe gesteckt. Sein Herr hat beim Fest den ersten Schuß und muß den Burschen, die den Hahn angetragen haben, drei Maß Wein spendieren. Danach fängt das Schießen an, und wer dem Hahn entweder den Kamm oder den Kopf abschießt, ist Schützenkönig.

Hahnverzehren im Osten Deutschlands: Der Erntehahn wird von Bauern und Arbeitern aufgegessen. Das nennt man auch »den Stoppelhahn essen«.

Schnitthahn heißt in Bayern die Mahlzeit am Vorabend des letzten Erntetages. Der Bauer bewirtet seine Taglöhner und Schnitter mit ausgebackenen Kuchen und Datschen und Bier, wobei für den Mann bis fünf Maß gerechnet wurde. Beim Schnitthahn wird bis in die Nacht hinein gesungen und getanzt, und bei der Heimkehr wird gern allerlei Unfug getrieben und gerauft.

Der Schnitthahn heißt auch die tägliche Ration, die der Bauer den Leuten aufs Feld schickt. In Bayern und in den Alpenländern hat es meist mittags ausgebackene Kuchen und am Abend Nudeln gegeben. Pro Schnitter wurden bis zu zwanzig ausgebackene Kuchen gerechnet, dazu ein Drittel zum Heimtragen.

Die Katze im Korn heißt auch Bullkater und sie (oder er), ein Korndämon, huscht während der Ernte von Feld zu Feld, bis sie im letzten Büschel sitzt.
Zum Schluß wird die Kornkatze als Strohfigur mit Bändern und Ähren geschmückt und im Triumph heimgetragen und nach dem Erntetanz wieder feierlich entkleidet: ein Schleifchen von der Kornkatze bringt das ganze Jahr Glück.

Die Kornmuhme oder -mutter ist eigentlich Frau Gode oder Holle, Wotans Frau, die als altes Weib mit grauen Haaren, roten Augen und schwarzer Nase die Kinder schreckt, die im Kornfeld Blumen pflükken, also das Getreide zerstören wollen. Oder sie stellt als Roggenmuhme die Erdmutter dar, die ihre kostbaren Gaben schützt oder wacht als Mittagsfrau darüber, daß alle Schnitter ihre Mittagsruhe halten.
So wird ihr zu Ehren die letzte Garbe als Erntemutter oder Haferbraut zu einer Figur zusammengebunden und mit Kittel und Schürze beklei-

Erntefeste

Erntefeier in Österreich: Die Hebeheut wird geschmückt

det: möglichst recht dick, weil das Fruchtbarkeit bedeutet, Wunsch und Beschwörung zugleich. Männliche oder weibliche Strohpuppen wurden zugleich mit dem Erntekranz der Herrschaft überreicht.
Wer die letzte Garbe schnitt, bekam oft einen Lohn: den größten Knödel oder/und das größte Stück Braten beim Erntefest.
Die letzte Garbe bleibt oft zusammengebunden stehen, wird überhaupt nicht geschnitten, sondern ist das Ernteopfer für die Vögel. Ebenso oft soll die Kraft und Fruchtbarkeit der letzten Garben in die Saat fürs nächste Jahr eingehen. Deshalb mengt man die Körner der letzten Garbe unter das Saatgut.

Der Alte hieß der Korndämon in Mitteldeutschland: eine Strohpuppe, die mit Hose, Jacke und Hut bekleidet und mit Blumen und Disteln besteckt, zusammen mit einem Gedicht dem Bauern vorgestellt und dann beim Erntefest mit an den Tisch gesetzt wurde. Die erste Magd eröffnete schließlich den Erntetanz mit ihm. Der Alte soll ein Symbol für Wotan sein, und wenn der Wind oder Regen das Getreide flachgelegt hat, so hieß es: da hat der Alte gesessen!

Der Kornkater: In manchen Gegenden verkleidet sich ein Kind oder ein junger Bursch als Kornkater und bringt mit den Schnittern den Erntekranz zur Herrschaft. Auf dem Weg läuft er hinter allen Kindern her und versucht, sie zu haschen oder mit einer großen Rute zu schlagen: das ist wieder der freundliche Streich mit dem Grün, der besonders beim Vegetationsdämon als fruchtbringend und segensreich gehalten wurde.

Das Glückshämpfeli (Hämpfel gleich Handvoll) nagelt man ans Scheunentor, oder flicht schöne Strohzöpfe aus den letzten Ähren, oft mit zwei Henkeln, so daß man den Ährenzopf über den Eßtisch hängen kann.

Sankt Peter wurde in manchen Gegenden die letzte Garbe geweiht: man ließ die Ähren um eine Birke herum stehen, schmückte den Platz so, wie Sankt Peter den Schnittern und Schnitterinnen später den Himmel schmücken soll, und umtanzte Korn und Baum wie den Maibaum.

Wasser bedeutet Fruchtbarkeit, deshalb wird mit dem Erntewasser die letzte Fuhre besprengt, oder man wirft drei Ähren oder Früchte vom ersten oder letzten Erntetag in ein fließendes Wasser, man begießt das Feld mit etwas Wein oder Most vom Erntefesttrunk und manchmal werden die Schnitterinnen, die den Erntekranz bringen, mit Wasser begossen.

Harke-Mai heißt der Buschen, die Birke oder der Zweig von einem Laubbaum, den die Schnitter am Schluß der Heu- oder Getreideernte in den Feldrain steckten und mit Bändern, Ähren und Eiern schmückten. Er sollte als grüner Lebensbaum die Fruchtbarkeit des Ackers wecken, und er wurde mit dem letzten Fuder und dem Nachgeharkten eingebracht, war Mittelpunkt der Erntefeier, wurde in der Scheuer an den Dachbalken genagelt, wo er bis zum nächsten Erntebeginn blieb. In Mitteldeutschland band die Bäuerin den Harke-Mai aus Gartenblumen und Ähren, befestigte den Strauß an einem Stock und trug ihn selber aufs Feld.
Im Süden war der Maien oft ein Haselzweig mit reifen Nüssen: so viele an ihm hingen, so viele Glas Bier oder Wein mußte der Bauer und so viele Gerichte mußte die Bäuerin beim Erntefest ausschenken und auftischen.

Das Erntefest: Am Schluß der Feldarbeit wird zwar überall nach dem gleichen Prinzip, aber je nach Landschaft im kleinen oder großen Kreis gefeiert.
Wenn das Dorf gemeinsam feiert, so wandert das Fest reihum, jedes Jahr wird bei einem anderen Bauern der Gemeinde von allen gemeinsam gefeiert.

August

Erntefeste

Sichelhenket oder Sichellöse heißt ein Fest im kleinen Kreis im Südwesten. Dort feiert jeder Hof für sich. Der Bauer ist Gastgeber und lädt auch Amtsmann und Pfarrer ein, es gibt gute Suppe, dreierlei Fleisch, Butterkuchen und ausgebackene Küchlein. Die Burschen bedienen die Mädchen und trinken mit ihnen aus einem Becher. Zum Schluß zahlt der Bauer seine Schnitter aus, die zu Beginn dieses Festes ihre Sichel aufhängen, wo diese bis zur nächsten Ernte Ruhe haben und dann wandern alle mit dem eingepackten restlichen Fleisch und Kuchen heim.

Den Erntekranz bringen die Mädchen ihrer Herrschaft auf dem Gut, oder die Erntekrone, die aus Laub, Moos, Buchsbaum, Tanne und oft auch Früchten und Beeren gebunden wird. Es wird fast alles verwendet, was der Herbst zu bieten hat: Vogelbeeren, Hagebutten, Immergrün, Erika und Buchsbaum, Feldblumen und dazu bunte Papierstreifen, Gold und Glanzpapier. Der Schnitterkranz, wie die Erntekrone auch genannt wird, wird je nach Gegend mit zusätzlichen Symbolen oder Figuren geschmückt, Eiern oder Früchteketten, einem holzgeschnitzten bemalten oder vergoldeten Hahn, einem Zettel mit einem

selbstgemachten Erntegedicht, einem Kürbis, in den ein Gesicht geschnitten und eine Kerze gestellt wird, zwei holzgeschnitzten Figuren, Hans und Grete, die den Schnitter mit der Sense und die Binderin mit Harke darstellen, einem roten Pappherz, auf dem ein Segensgedicht für die Herrschaft steht oder roten Hagebuttenschnüren.

Erntezug in Pommern, 1898

Die Erntekrone wird meist von den Mädchen am Vortag auf dem Feld gewunden oder gebunden. Wenn sie kunstvoller sein soll, setzen sich die Mädchen ein paar Abende lang zusammen. Einfache Kränze sind ein umwundener Reif, bei Kronen schneiden sich über dem Reif zwei Bügel, von deren Schnittpunkt man sehr gut etwas herabhängen lassen kann, manche Kränze bestehen aus drei oder vier immer größer werdenden Reifen, andere sind wie ein Mobile aus kunstvollen Strohfiguren zusammengesetzt. Manche Erntekränze werden am Abend mit Kerzen besteckt, so daß sie wie ein bunter Kronleuchter über dem Tanz auf der Tenne strahlen.

Die Haferbraut, das Mädchen, das die letzte Garbe gebunden hat, trägt den Erntekranz feierlich vorm Erntezug zum Gutshaus, manchmal tragen zwei Mädchen den Kranz auf einer Stange, wobei ihnen die übrigen Schnitterinnen paarweise folgen, manchmal wird der Erntekranz auf die Harke gesteckt und so nach Hause getragen. Bei der Übergabe sagt die Haferbraut oder Weizenbraut ein Gedicht auf,

Erntefeste Gruß, Dank und Segen für die Herrschaft und alle Arbeiter und Arbeiterinnen, und auf großen Gütern ist es Brauch, daß eine von den Schnitterinnen dabei mit einem großen Korb herumgeht und jedem der Gäste einen kleinen Ähren- und Blumenstrauß zum Anstecken überreicht.
Der Erntekranz kann auch mit der letzten Fuhre auf den Hof gefahren werden, auf jeden Fall müssen der Bauer oder der Gutsherr den Kranz und seine Träger feierlich empfangen, mit einer kleinen Rede oder ebenfalls in Gedichtform auf den Erntespruch erwidern und jedem einen Schluck zu trinken anbieten.

Beim Erntetanz gibt es bestimmte Regeln. Beim Erntefest auf den Gütern beginnt der allgemeine Tanz nach dem Ehrentanz der Herrschaft, beim Dorffest tanzen Vorarbeiter und erste Schnitterinnen den ersten Ehrentanz, beim Hof-Erntefest tanzen Bauer und Bäuerin reihum und nacheinander mit den Schnittern und Schnitterinnen.

Die Erntekrone abtanzen: Nach altem Brauch ist das ein Reigentanz, bei dem alle Paare, die Erntekrone zwischen sich, einmal eine Runde getanzt haben müssen.

Der Krapfenholz: In manchen Gegenden hat die Bäuerin von den Schnittern oder Dreschern ein Geschenk bekommen. In Österreich bestand das Geschenk aus dem sogenannten Krapfenholz, dicken Bündeln aus Buchenscheiten, die mit Ähren und Papierfähnchen und Blumen geschmückt waren: ein Dank für die vielen guten Krapfen, die die Bäuerin im Lauf der Ernte für die Männer gebacken hat.

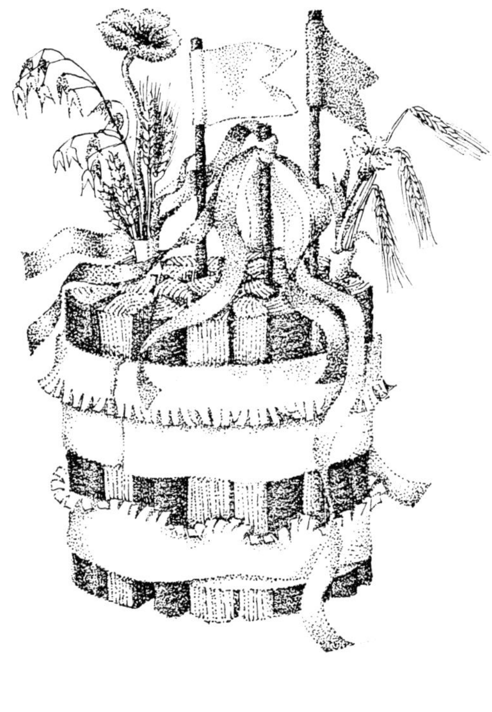

Ernte-Essen: Die große Mahlzeit beim Erntefest begann in den meisten Gegenden mit einem Gebet und einem Segensspruch für alle, die bei der Ernte geholfen haben. Es gab auf jeden Fall besseres Essen als sonst, oft wurde schon eine Kostprobe von dem aufgetischt, was gerade geerntet worden war. So stand in vielen Gegenden ein ährengeschmückter Erntekorb auf dem Tisch, in dem die schönsten und größten Früchte aus dem Bauerngarten und vom Feld lagen.
In anderen Gegenden begann die Mahlzeit mit der Ernteschüssel, in der mindestens zweierlei gekochtes Fleisch duftete.
Zur Suppe und zum Fleisch gab es oft das erste Brot aus dem neuen Getreide, das mit besonderer Ehrfurcht gegessen worden ist. In vielen Gegenden ist es Sitte, den Erntearbeitern ein Brot aus dem frischen Mehl mit nach Hause zu geben. Wer den Kornkater oder den Alten geschnitten hat, darf sich zuerst aus den Schüsseln bedienen oder darf sich das beste Stück Fleisch aussuchen.
Das Teigweiblein ist in Südwestdeutschland Extragabe für den gewesen, der den Kornkater gefangen hat.
Obstsuppe mit kleinen Klößen oder Reisbrei, Hirsebrei oder Milchgraupen mit Zimt, Zucker und Korinthen, Milchreis mit Pflaumen, Reis mit geschmortem Backobst oder Milchhirse mit Zimt und Zukker, das war die Grundlage des Ernteessens von Ostpreußen bis nach Schlesien. In Litauen aß man Erbsenbrei, in Pommern gab es zuerst Blutsuppe, Fleischsuppe mit Klößen, in Schlesien Biersuppe oder Braunbier, in Ostpreußen Roggen- und Weizenbrot zu Heringen und Fleisch. Braten und gekochtes Fleisch gab es fast überall, in Pommern aß man weißen Kohl dazu, in Schlesien Erbsen und Sauerkohl zum Schweinefleisch und zur Bratwurst, in Sachsen Hammelbraten und Kartoffeln, im nördlichen Holstein die Grode Grüdd, die große Grütze aus Buchweizenmehl oder Reis mit Zucker oder den bunten Mehlbeutel, zu dem es Fleisch gab. In Westfalen kam eine Hühnersuppe auf den Tisch, in Bayern frisches Fleisch und Kuddelfleck, Knöpf und Nudeln.
Zur Mahlzeit gab es Bier und Branntwein, danach Krapfen, Grütze mit Backobst, Weizenstuten, Kuchen und Kaffee, Mohnpielen in Schlesien, Schmalzküchle, Butterkuchen und Flammkuchen mit Apfelschnitz in Bayern.

Erntefeste

Erntefest, von Andreas Müller

Spiele beim Erntefest waren nicht nur ein Spaß für die Kinder. Bei diesen Wettspielen maßen Männer ihre Körperkräfte, genossen die Möglichkeit, nach den strengen Arbeitswochen auf Disziplin zu pfeifen und sich Unsinn und Übermut hingeben zu können.

Eselbock oder Heugeiß, Böckchenwerfen, Sau, Schäferbock, Mönch, Geißenhüten: ein und dasselbe Spiel, das überall mit leichten Abwandlungen gespielt wurde: ein Ast oder ein Stubben (Baumstumpf) mit drei oder vier Wurzel- oder Zweigbeinen wird in einen mit dem Schuhabsatz gezogenen Kreis gestellt, der einen Durchmesser von etwa einem Meter hat. Das Wurzelstück ist das Tier, die Geiß, die Sau oder der Bock. Ein Kind oder ein Bursch wird durch Abzählen zum Geißhüter bestimmt und steht im Kreis, doch so, daß er nicht getroffen werden kann. Die anderen sind die Jäger oder Dämonen und werfen von einem fünf bis zehn Meter – je nach Alter und Geschicklichkeit der Spieler – entfernten Ort mit Knütteln nach der Geiß, bis diese umfällt oder so verrutscht, daß sie mindestens mit einem Bein nicht mehr im Kreis steht. Dann muß der Geißenhüter den Bock wieder aufstellen, und in dieser Zeit versuchen die Jäger, ihre Prügel wieder zu erwischen. Diejenigen Prügel, die dicht am Bock oder unter ihm liegen, müssen liegen bleiben, die Spieler müssen also eine Runde aussetzen. Der Geißenhüter versucht dabei, einen der Jäger mit einem Schlag mit der Hand oder mit einem der Prügel zu treffen. Dann ist dieser Jäger der Hüter. Manchmal muß nur der Kopf des Tieres getroffen werden, manchmal beginnt das Spiel damit, daß sich alle Jäger ihre Wurfgeschosse aus dem Kreis holen müssen, wobei sie der Geißenhüter schon abschlagen kann.

Kappköster oder Kappmann ist ein Spiel aus Mecklenburg und Pommern, Ostpreußen und Friesland. Der Name stammt daher, daß der Küster der Mann mit der Kappe war.
Die Spieler bauen eine Pyramide oder einen Berg aus runden und ovalen Feldsteinen und legen den ›Kappmann‹ oder ›Küster‹ zuoberst auf einen großen runden Stein. Jeder versucht nun, den Kappmann, meist ein Stein in einer abweichenden Farbe, mit seinem Handstein abzuwerfen. Ein ›Aufsetzer‹, durch Los oder Abzählen bestimmt, muß den Kappmann nach dem ersten Durchgang wieder aufsetzen und versucht dann, einen der Spieler, der seinen Handstein wieder aufliest, zu fangen oder mit dem Stock zu berühren. Gelingt es, muß ihn der Gefangene ablösen.

Wurfhahn: In Holland baut man aus Feldsteinen ein Hühnerbett und muß den Erntehahn mit Steinen aus dem Lager schlagen.

Pickpahl heißt das Spiel in Holstein, wo Kinder oder Burschen einen Pfahl von etwa einem Meter Länge an einer Seite anspitzten und im Feuer härteten, dann mit aller Kraft in den Rasen oder die Weide schleuderten, so daß sich der Pickpahl einbohrte, und zwar möglichst senkrecht, damit er feststand. Dann mußten die anderen versuchen, ihre Pfähle zu werfen und damit den ersten stürzen zu lassen. Prallte der Wurf ab, mußte der Werfer an den Pickpahl eine Strafe zahlen. Blieb der Pickpahl nach dem ersten Durchgang siegreich senkrecht stehen, durfte ihn sein Werfer aus der Erde ziehen und die anderen Pfähle umschlagen. Nur wer diesen Schlag heil überlebte, durfte beim zweiten Durchgang noch einmal werfen. Wer jedoch den Pickpahl mit seinem Wurf umwarf, wurde Pickpahl und gewann alle Strafeinsätze.

Der Erbsenbär war ein Held aus einem Stegreifspiel, in dem alle Korndämonen in abendlicher Kostümierung wieder auftauchten, der Alte, die Haferbraut, die Kornmutter mit ihrer schwarzen Nase, wobei der Erbsenbär oft von Bärenweib und Bärenkind begleitet wurde: Auch sie

Erntefeste verkörpern die nun glücklich bezwungenen Naturmächte, die der Ernte hätten schaden können. Wenn die Kornbraut in dem Spiel auftaucht, so wird ihr oft der erste Schnitter als Bräutigam zur Seite gestellt, und es gibt entweder einen Ringkampf zwischen ihnen oder der Bräutigam macht die Kornbraut, meist auch ein verkleideter Bursche, durch ständiges Zuprosten betrunken und besiegt sie so.

Erntekönig, Nußkönig, Hopfenkönig, Graskönigin: In vielen Gegenden werden Erntekönige oder Erntetköniginnen gewählt, die genau wie Maikönig und Maikönigin Festordner und Vortänzer sind, Spiele vorschlagen und arrangieren, manchmal die Zeche zahlen und andere ähnliche Aufgaben erfüllen. Daß es ausgesprochene

Frauenfeste bei der Ernte gibt, hängt damit zusammen, daß Freya oder Holda die Schutzgöttin des Flachsbaus, der Spinnerinnen und der Ernte ist. Ihr Baum ist die Linde, die in vielen Volksliedern besungen wird.

Erntefest in Ungarn

Eine Graskönigin wird gewählt, und es ziehen die Frauen, die beim Heuschnitt geholfen haben, mit blumen- und bänderverzierten Sicheln in der Hand hinter ihr durch den Ort. Es herrscht Frauenrecht, und beim anschließenden Grasetanz sind es die Frauen und die Mädchen, die die Schnitter auffordern, mit ihnen zu tanzen, und die sich von ihnen beim Essen bedienen lassen.

Die Schwingtage: Das sind die Tage, an denen der Flachs und der Hanf gereinigt und gebrochen wurden. Dazu versammelten sich alle Mädchen und Frauen in der Nachbarschaft, um die im Wasser erweichten und mürbe gemachten Stengel in der Breche, einem einfachen Holzgerät, so zu zerreiben und zu zerbrechen, daß das Äußere abfällt und nur der feste Bast übrigbleibt. Dieses Material wird dann im Schwingstock weiter gereinigt und gebündelt. Die Arbeit wurde im Freien, unter dem Geklapper der Schwingen und dem Klang der Schwinglieder verrichtet, Lieder mit Vorsängerinnen und Kehrreim, die zu keiner anderen Zeit des Jahres gesungen wurden.

Das Flachsbrechen, von Joh. M. Mettenleiter

Das Minnekümpchen war ein Getränk, das nach dem Gefäß bezeichnet wurde, in dem den Flachsbrecherinnen der Tradition nach am Nachmittag Wein oder Honigwasser mit Anis gereicht wurde, in den sich die Frauen Lebkuchen brockten. Das Kümpchen wurde reihum gereicht, abends kamen die Burschen dazu, und die Mädchen tranken ihnen zu.

Das Schwingessen am Abend: Hirsebrei oder Reisbrei.

Die Schwingspiele fanden in der Nacht statt, nach der Arbeit: Tanzspiele, Wettsingen, auch Scherzspiele:

Der Baum-Raub: In Tirol hat die Anführerin der Flachsbrecherinnen eine kleine Tanne mit rotbäckigen Äpfeln und bunten Bändern geschmückt und in der Nähe von der Brächlstube aufgestellt. Ihr Schatz mußte nun versuchen, diesen Brächlbaum zu rauben, was die Brächlerinnen zu verhindern suchten. Hat der junge Mann den Baum rauben können, so wurde er von den Brächlerinnen bewirtet und galt als treuer Liebhaber, obsiegten die Mädchen, so mußte er ihnen einen Brächlschmaus zahlen.

Das Nudelstehlen: Am letzten Brächltag gab es für die Flachsbrächlerinnen ein besonders gutes Essen aus geschmalzten oder ausgebackenen großen Nudeln. Am Vormittag stellte sich ein Bursch ein, sagte einen Spruch auf und hielt der Hausfrau ein großes Leinentuch hin. Das packte sie voll von Nudeln, die der Bursch dann den Brächlerinnen zeigte. Daraufhin mußte er so rasch wie möglich davonlaufen, denn alle Mädchen und Frauen stürzten hinter ihm her, und er mußte versuchen, ohne gefangen zu werden, sein eigenes Haus zu erreichen. Gelang ihm das, so war er bei der festlichen Nudelmahlzeit der Ehrengast, bei allen Tänzen und Reigentänzen Vortänzer und besaß außerdem das Recht, an diesem Tag das ganze Dorf mit selbstverfaßten Scherz- und Spottreimen zu necken. Haben die Mädchen ihn jedoch eingefangen, so wurde er an Händen und Füßen mit Strohseilen gefesselt, wurde beim Festessen wie ein Hund ans Tischbein gebunden, bekam nichts zu essen, durfte nicht mittanzen und war selber die Zielscheibe von allen möglichen Spottversen. Er wurde erst am Abend wieder gelöst, durfte dann mittanzen, mußte aber das Strohseil um den Hals tragen.

Das Burschenfüttern: Eine Sitte, die zeigt, wieviel Matriarchalisches in vielen Festen weiterlebte. Jedes Mädchen nahm das ›Kümpchen‹ oder eine Schüssel auf den Schoß und fütterte ihren Schatz mit Wein oder Brei oder Schnaps, bis er nicht mehr konnte. Kein Wunder, daß die Schwingtage oft mit Raufen endeten und daß es auf dem Heimweg den Schatzraub gab, bei dem es oft handgreiflich zugegangen sein soll.

Schatzraub: Jeder Bursch hatte nämlich die Pflicht, sein Mädchen nach Hause zu bringen. Dabei haben andere junge Leute versucht, ihm sein Mädchen abzujagen und es selbst nach Hause zu führen, was für den ersten Begleiter natürlich eine Beleidigung und eine Schmach darstellte, so daß sich die Nebenbuhler gehörig in die Haare gerieten.

Das Flachsbinden: Wenn am Arbeitsplatz der Flachsbrecherinnen oder an der Brechlhüte ein Mann vorbeikam, wurde er von einer der Flachsbrecherinnen gefangen und mit einem Flachsseil gebunden. Er mußte sich mit einer Mahlzeit, einem Trinkgeld oder Branntwein wieder freikaufen.

Die Brakelkost: So hieß in der Lüneburger Heide das Flachsbrecherinnenfest nach der Mahlzeit, der Kost, die dabei aufgetischt wurde. Die Mädchen und Frauen brakten um die Wette, und die schnellste Flachsbrecherin wurde die Flachsbraut, in Österreich sagte man: Brechlbraut, und beim Essen bekam sie die Butterdose vorgesetzt, wie bei der Hochzeit die Braut die Brautbutter vorgesetzt bekommt.

Fitz- und Schneidefeste gab es zur Zeit der Bohnenernte. Früher wurden die breiten Stangenbohnen gepflückt, gewaschen, abgezogen, geschnitten und eingesalzen. Heute würde man sie einfrieren. Zu dieser Arbeit fand sich die ganze Nachbarschaft zusammen und fitzte die Bohnen bei demjenigen, der sie gerade geerntet hatte. So wanderten die Frauen und Kinder durchs ganze Dorf oder die Nachbarschaft, es gab bei den Fitzfesten Kaffee und Kuchen, Märchen und Geschichten wurden erzählt, Lieder gesungen, mehrstimmig und im Kanon, und Rätsel geraten.

Zwetschgenmustage wurden in Hessen ähnlich begangen. Wo die Zwetschgen reif und geschüttelt waren, trafen die Nachbarinnen samt Kindern ein und entkernten und viertelten die Zwetschgen, die dann hinten auf dem Herd einen ganzen Tag lang gekocht und gerührt wurden, bis das schöne violette Mus gut und fertig war.

Zwetschgenmus »nach Art der Henriette Davidis«
Zu sieben Kilogramm Zwetschen braucht man 6 Walnüsse in ihrer grünen Schale, 10 Gramm gestoßene Nelken, 10 Gramm Ingwer und die Schale einer Zitrone. Die entkernten und geviertelten Früchte werden in einem Kessel ohne Wasser und ohne Zucker auf ganz schwaches Feuer gestellt. Wenn die Früchte Saft gezogen haben, rührt man zuweilen mit einem großen Holzlöffel um, damit sich weder am Boden, noch an der Seite des Kessels etwas festsetzt. Wenn die Zwetschgen ganz zerkocht sind, läßt man sie auf stärkerem Feuer mit den Walnüssen und Nelken mehrere Stunden kochen, bis sie ganz steif geworden sind. Während dieser Zeit muß auf dem Grunde aufmerksam gerührt werden, weil Zwetschgenmus sehr leicht anbrennt, besonders wenn es anfängt dick zu werden, weshalb man wohltut, zuletzt das Feuer nur schwach zu unterhalten. Danach wird das Mus noch eine Weile gerührt, dann füllt man es in steinerne Töpfe, welche vorher ausgebrüht worden sind. Zum längeren Erhalten stellt man die gefüllten Töpfe nach dem Herausziehen des Brotes so lange in einen Backofen, bis eine Kruste entstanden ist. Früher streute eine erfahrene Hausfrau danach einen halben Finger gestoßenen Nelkenpfeffer (englisch gewürzt) darüber und versicherte, daß das das beste Mittel sei, Zwetschgenmus zu erhalten. Im kühlen trockenen Raum hält sich das Zwetschgenmus übrigens auch ohne Überstreuen mit Gewürzen, wenn man es mit einem in Salizylsäure getränkten Fließpapier bedeckt und noch zur Vorsicht mit Pergamentpapier überbindet. Man bewahrt die Töpfe nicht im Keller, sondern an einem luftigen, kühlen Ort.

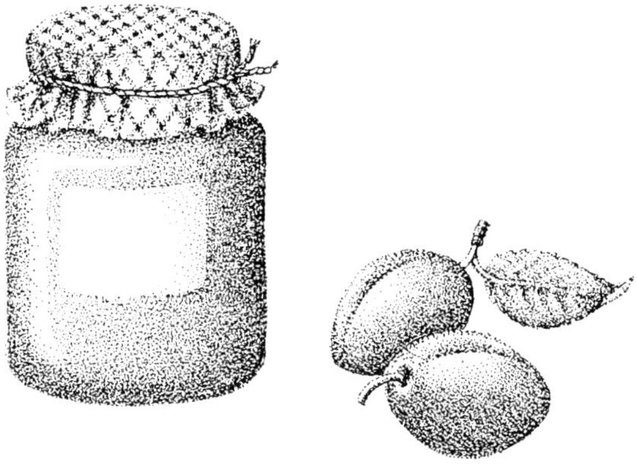

Erntefeste

Zwetschgenmus »modern«

5 kg Zwetschgen,
500 g Zucker

Die Zwetschgen werden gewaschen, halbiert und entkernt, dann durch den Fleischwolf gedreht und mit dem Zucker vermengt oder zusammen mit dem Zucker im Mixer püriert. Dieses Püree wird in die Fettpfanne des Backofens gegossen, in den auf 250 Grad Celsius vorgeheizten Ofen geschoben und so lange bei dieser Hitze gekocht, bis es zu blubbern beginnt. Die Hitze dann auf 150 Grad Celsius herunterschalten und 5 Stunden lang weiterbacken, bis der Saft verdunstet und ein festes Mus entstanden ist. Der Trocknungsprozeß verläuft rascher, wenn man die Backofentür einen Spalt offenläßt. Das fertige Zwetschgenmus wird heiß in saubere Steintöpfe oder Gläser gefüllt und mit Einmachhaut und Gummiring verschlossen.

Die Hopfenernte wurde ebenfalls mit einem Fest beschlossen: der letzte Erntewagen war mit Hopfenranken und Blumen geschmückt, in England wurde eine Hopfenkönigin gewählt, in Niederbayern umkränzte man die Wirtshaustür mit Hopfenranken, in Tirol gab es Umzüge mit Leierkastenmusik, oft in Masken, die beim Hopfengartenbesitzer mit Kranzübergabe und Fest endeten.

Drescherfeste sind früher Männerfeste gewesen, denn das Ausdreschen des Getreides auf der Tenne hat Ausdauer und große Körperkräfte verlangt: essen wie ein Scheunendrescher, das geschah beim Drescherfest nach dem letzten Schlag.

Hänsel-Sitten: Meist wurden junge Burschen, die zum ersten Mal mitgedroschen hatten, als letzte fertig. Sie wurden gern von den Altburschen auf die gleiche Art und Weise gefoppt oder gehänselt, wie es am 1. April Brauch ist: man schickte sie aus, das Mäusegarn zu holen, und wenn der Junge brav von Bauernhaus zu Bauernhaus geklappert war, so hatte er zwar Wurst, Speck und Brot für die Dreschermahlzeit in seinem Korb, dafür hatte man ihm aber heimlich die Nase geschwärzt oder ein Mäuseschwänzchen an den Rock gesteckt oder anderen Unfug mit ihm getrieben.

Flegelhenket: So heißt die Mahlzeit der Drescher in Württemberg. Die Dreschflegel wurden an die Wand gehängt, wo sie bis zum nächsten Jahr hängen blieben, dann setzten sich die Männer zu Tisch, tafelten lange und üppig, wurden dann von den Mädchen abgeholt, manchmal

Foto rechte Seite: Weinernte

August

gab es auch einen Umzug mit Mummenschanz, auf jeden Fall Musik und den Abdreschtanz, an dem sich das ganze Dorf beteiligte.

Sensenhenket ist das Fest beim Abschluß der Heuernte. Das letzte Fuder heißt die Heugeiß, und beim Schnitterfest verzehrt man die Heugeiß, das heißt, man trinkt Wein und ißt Gebäck.

Der Schnittertanz fand oft abends im Freien, auf der ersten abgemähten Wiese statt.
Nach der Heuernte begannen sich Speisekammer und Scheuer wieder zu füllen, so daß es zum Schnitterfest zum ersten Mal im Frühsommer wieder ein üppiges Essen gab.

Die Gürtelsprenge wurden solche Essen laut Peter Rossegger genannt, weil man nach diesen Festen den Gürtel Loch für Loch wieder hat weiter schnallen können. Die klassischen Gerichte zur Gürtelsprenge: Milch mit hineingebrocktem Weißbrot, Speckkraut mit Roggenknödeln, aber vor allem:

Rahmstrudel
Man verrührt 40 Gramm Butter mit 4 Eidottern und 4 Dezilitern süßem oder saurem Rahm, stellt eine halbe Tasse davon beiseite, hebt unter die übrige Creme den Schnee der 4 Eiweiß, eine Prise Salz, einen Eßlöffel Semmelbrösel, 3 Eßlöffel Zucker, streicht die Mischung auf den ausgezogenen Strudelteig, streut 50 Gramm Rosinen, 2 bis 3 Eßlöffel Pignolen oder geschälte und gestiftelte Mandeln darüber, rollt den Teig locker zusammen, dreht ihn schneckenförmig, legt den Strudel in eine mit Butter ausgestrichene große Springform, schiebt ihn in den auf 200 Grad Celsius vorgeheizten Ofen, läßt ihn eine halbe Stunde backen, bestreicht ihn dann mit dem Rest der Creme, backt ihn eine weitere knappe halbe Stunde und bestreut ihn mit Zucker. Soll der Rahmstrudel schön saftig werden, so bestreicht man ihn mit der restlichen Creme, ehe man ihn in den Ofen schiebt, übergießt ihn nach der halben Backzeit mit ¼ Liter heißer, gezuckerter Milch und backt ihn dann fertig.
Zum Rahmstrudel reicht man gerne eine heiße Vanillesauce.

Winzerfeste sind früher für diejenigen veranstaltet worden, die bei der Ernte und beim Weintreten geholfen haben.
Oft wurden in den kleinen Gemeinden an Lahn und Mosel auf dem Marktplatz Brettertische aufgeschlagen, es gab gekochte Fleischwurst, Brot und Wein oder Traubensaft.
Heute sagen die Orte ihre Weinkirmes an, so daß man sie bei gutem Wetter als Ziel eines Wochenendausfluges wählen kann. Die Gasthäuser bieten dann gern Spezialitäten der Gegend, zum Beispiel die verschiedenen Speck-, Zwiebel- und Schmandkuchen, und wenn man daran interessiert ist, findet man sicher einen oder mehrere Winzer, bei denen man seinen Wein bestellen kann – nach einer in aller Ruhe vorgenommenen Weinprobe, versteht sich ...

Erntefeste

Weinbeerenbrocken, ist ein Spiel, das die Kinder in der Steiermark spielen. Alle Kinder stellen sich mit dem Gesicht nach innen in einem Kreis auf und sind die Weinstöcke. Außerhalb des Kreises stehen der Herr und der Knecht, und dann schleicht sich der Dieb herbei und tut so, als ob er die Weinbeeren von den Stöcken brockte (pflückte). Es entwickelt sich ein Frage- und Antwortspiel, der Knecht erhebt ein Geschrei und warnt den Herrn: »Herr, Herr, der Weinbeerendieb ist da!« Der Herr fragt den Dieb: »Was tust du in meinem Weingarten?« Der Dieb antwortet: »Weinbeeren brocken.«, darauf der Herr: »Wer hats dir erlaubt?« Der Dieb: »Mein Vater!« Darauf stellt der Herr die letzte Frage: »Bist du wie dein Vater?«, und der Dieb ruft, schon im Davonlaufen: »Genau wie er, nur tausendmal schlimmer.« Der Herr muß versuchen, den Dieb zu fangen, gelingt es ihm nicht, so ist der Dieb in der nächsten Runde Herr, und der Herr muß Knecht sein.

Weinlesefeste: Wie bei anderen Erntefesten sind der erste und der letzte Wagen mit Traubenbottichen, die von der Lese zur Trotte, zum Keltern gefahren werden, mit Reblaub bekränzt.
In Niederösterreich haben bei diesen Festen die Hüter der Weinberge eine besonders große Rolle gespielt. Sie veranstalten am Fest der Weinlese einen Umzug mit geschmückten Flaschen, singen jedem Wein-

Das Winzerfest,
von Albert Anker, 1865

Erntefeste bauer ein Ständchen, und vorm Einzug in den Festsaal gibt es einen Wettlauf zu den Hütemädchen, denn wer als erster in den Festsaal marschiert, ist für den ganzen Abend die Ehrenperson und kommt auf den Ehrenplatz.

Das Heimgeigen gehört zu den Winzerfesten: die Paare sind in der Morgenfrühe nacheinander von der Musik nach Hause gebracht worden.

September

Der September ist der neunte Monat, Karl der Große hat ihn Herbstmonat nennen lassen, man nennt ihn auch Scheiding, weil die Sonne und der Sommer scheidet, oder Holzmonat, weil man zu fällen beginnt.

Tag des heiligen Ägidius — **1. September**

Er war einer der vierzehn Nothelfer, der im 8. Jahrhundert geboren wurde, seine Heimat verließ und in der Nähe der Rhônemündung als Einsiedler lebte und ein Kloster gründete. Ägidius wird gern mit einer Hindin (Hirschkuh) dargestellt, denn Ägidius ist mit Eustachius und Hubertus der Schutzheilige der Jagd und der Jäger.

Das Austernfest in Irland wird am 1. September oder Anfang September gefeiert, es eröffnet die Austernsaison. Überall ißt man Austern oder Muscheln in den verschiedensten Zubereitungsarten. Sehr beliebt sind ausgebackene Austern: für ein Dutzend verquirlt man je eine Tasse Milch und Mehl mit einem Ei, Salz und Pfeffer, läßt den Teig eine halbe Stunde stehen, zieht dann die ausgelösten Austern hindurch und backt sie rasch im heißen Fett. Sie werden mit Zitronenvierteln serviert, aber zuerst mit Austernwasser beträufelt.

Erster Vollmond im September

Mondfest im alten China, das mit Spielen und Festen der Kinder gefeiert wurde, wobei es Gebäck und Brötchen in Form des Vollmondes oder des Halbmondes gab, also Hörnchen.
Am gleichen Tag wurde das Fest der Drachenboote gefeiert, wobei mit den langen drachenförmigen Booten Regatten veranstaltet wurden.

September

8. September **Fest Mariä Geburt:** Das ist außer Weihnachten und dem Johannistag der einzige Geburtstag, der im Laufe des Kirchenjahres gefeiert wird. Heißt auch der kleine Frauentag.

12. September **Fest des heiligen Namens Mariä:** Im vorigen Jahrhundert war es Sitte, kleinen Mädchen, die an diesem Tag getauft wurden, den Namen Maria als Rufnamen oder zumindest als zweiten Taufnamen zu geben.

15. September **Fest der Sieben Schmerzen Mariä:** Mit dem 12. September oder mit dem heutigen Tag enden die sogenannten Frauendreißiger, die Mitte August begonnen hatten. Sie werden als eine gute und segensreiche Zeit betrachtet, in der die Ernte eingebracht und die Vorräte gerichtet sind.

Mitte September **Die Dult** heißt das Marktfest in Bayern, Oberösterreich und Tirol, nach dem althochdeutschen Wort tuld für Fest. Diese Marktfeste zeichnen sich durch Wettspiele und Raufspiele aus, früher hat man Faustkämpfe mit Schlag- oder Stoßringen veranstaltet.

Auer Dult in München

Gemüsemärkte wurden in vielen Städten, in Sachsen, Thüringen, in Bamberg und Coburg abgehalten, auf denen die Stadthausfrauen das Gemüse für den Winter einkauften: Zwiebeln, Kraut, Gurken, Sellerie, Lauch, Mohrrüben, Obst und Weintrauben. In den Städten wurde diese Gelegenheit festlich begangen, man lud die Verwandten aus der Umgebung nachmittags nach dem Markt zu Kaffee und Kuchen ein, und das klassische Gericht an diesem Tag waren Bratwürste mit Gurkensalat. **Mitte September**

Das Fingerhaggeln hat sich bis heute überliefert: Zwei Burschen oder Männer sitzen sich am Wirtstisch gegenüber, beide verhaken ihre Mittelfinger und versuchen, den Gegner wie an einem Haken zu sich herüberzuziehen. Wer gewinnt, bekommt vom anderen die Zeche bezahlt.

Das Hosenrecken ist ebenfalls ein derbes Wettspiel, das zu diesen Festen paßt, in denen sich die ganze Sommerkraft vor dem Winter Luft machen muß: Wieder gehören zwei zu dem Spiel, und jeder versucht, den anderen hinten am Hosenbund zu packen und hochzuheben. Wem es gelingt, den Gegner so auf den Rasen zu werfen, hat gewonnen.

Gedenktag der heiligen Lucia
Heute und am Lambertustag, dem 17. September, werden in vielen Städten in Westfalen und Holland die ersten Laternenfeste gefeiert. **16. September**

Lichtertag: Zwischen den Erntefesten, wenn die Abende länger wurden, schnitten und schnitzten sich Kinder aus Kürbissen und Rüben Gesichter mit oft grauslichen Fratzen, stellten Lichter hinein und steckten die Rüben auf einen Stiel. So zogen sie allein durch die Nachbarschaft oder gemeinsam durchs ganze Dorf und versuchten, Groß und Klein gehörig zu erschrecken.

Laternegehen: In der frühen Dunkelheit des Abends ziehen die Kinder mit Laternen (natürlich selbstgemachten) herum und singen das Laternenlied:

Ich geh mit meiner Laterne
und meine Laterne mit mir.
Hoch oben leuchten die Sterne,
hier unten leuchten wir.

16. September In vielen Gegenden ist es Sitte, daß ein Kindergarten oder alle Kinder aus einer Straße sich zuerst treffen, einen Imbiß einnehmen und dann miteinander losziehen. Danach bringen Kinder und Eltern einander heim.

Raebenlichter aus ausgehöhlten Rüben, Zürich

20. September **Tag des heiligen Eustachius**
und seiner Gefährten, Eustachius gehört zu den Schutzpatronen der Jäger. Sein Tag ist einer der Haupttermine für Herbstjagden.

Ein Jagdfrühstück hat man Ende des vorigen Jahrhunderts nach folgendem Vorschlag aus dem »Universal-Lexikon der Kochkunst« veranstaltet:
»Dasselbe wird entweder im Freien, an einer vorher dafür bestimmten geeigneten Stelle oder bei schlechtem Wetter auch in einem Forst- oder Pächterhause, im Jagdschlösschen oder dergleichen eingenommen.

20. September

Für jeden Fall hat natürlich der Veranstalter der Jagd dafür Sorge zu tragen. Vor allem ist dabei zu berücksichtigen, daß es sehr pünktlich zur festgesetzten Zeit (gewöhnlich zwischen elf und zwölf Uhr mittags) bereit und in einer Weise hergerichtet ist, daß es so wenig Zeit als irgendmöglich in Anspruch nimmt, damit die Jagdteilnehmer rasch wieder zum Waidwerk zurückkehren können und keine Veranlassung zu der oft gehörten Klage erhalten, die ganze Jagd sei durch den langen Aufenthalt beim Frühstück verdorben worden.
Findet das Frühstück im Walde statt, so wird nur ein Tischtuch ausgebreitet, aber es werden weder Servietten noch Teller oder Bestecke ausgelegt, sondern alle Speisen mundgerecht zerschnitten und vorgerichtet hinausgesendet, man gibt Butterschnitten von Schwarzbrot und mit Sardellen- oder Senfbutter bestrichene Mundbrötchen, mit verschiedenen Braten, Schinken, Käse, geräuchertem Lachs, Wurst oder Pökelzunge belegt, natürlich sehr reichlich auf verschärften Appetit berechnet, ferner eine aufgeschnittene kalte Pastete, hartgekochte Eier, bisweilen auch eine in Stücke geschnittene, aber noch nicht völlig auseinandergeschnittene Torte kräftiger Art (wie Brot-, Punsch-, Zitrone-, Schokoladen-, Linzer-, Zwieback- oder Obsttorte). Pfeffer und Salz werden in Büchsen mit festschließenden Deckeln beigefügt, damit kein Salz verschüttet wird, was der Jägeraberglaube als böses Omen ansieht.

Wird das Frühstück in einem Hause eingenommen, so muß es etwas vollständiger sein, und der Tisch wie zu jeder anderen Mahlzeit gedeckt werden, man reicht zuerst eine kräftige warme Bouillon in Tassen mit Fleisch-Pastetchen und Sardellen-Semmeln, hierauf einige einfache, rasch herzustellende warme Fleisch-Speisen, wie Beefsteaks, Schnitzel, Steaks von Hammel- und Kalbfleisch, Bratwürsten, Kalbs-, Schweins- oder Hammelkoteletten, Gulaschfleisch und dergleichen mit Salzkartoffeln oder Kartoffel-Brei, außerdem Butterbrötchen mit Fleisch, Käse undsoweiter, Torte und kleines Backwerk, zum Beispiel kleine Obstkuchen, Kolatschen, Butterteigkrapfen mit Obstfülle und ähnliches. Von Getränken werden im Freien wie unter Dach und Fach bei warmem Wetter Rot- und Weißwein, kalter Punsch, Milchpunsch sowie gefrorener Kaffee, bei kaltem Wetter Glühwein, Weinpunsch, Arrakpunsch, Bischof, feines Warmbier und heiße Bouillon serviert.
Daß die Treiber nicht leer ausgehen dürfen, sondern ihren reichlichen Anteil von Butterbrot mit Fleisch, Wurst und Käse sowie Bier, bei kaltem Wetter wohl auch einen leichten Grog und etwas Branntwein erhalten, versteht sich von selbst, auch gibt man für die Hunde Brot, Fleisch und Wasser mit.«
Heute frühstücken die Jagdherren wie die Treiber: man bekommt Erbsensuppe, Brot und Schnaps, Kartoffelsuppe mit Wurst und Bier, einen großen Topf Paprikasauerkraut, zusammengekocht mit Schweinefleisch, dazu Brot und Bier, Speck, Würste – lauter Gerichte, die vorzüglich zu einem Picknick im Herbst oder Winter passen.

21. September **Tag des Evangelisten Matthäus**

Bis zu seiner Berufung zum Apostel war Matthäus ein römischer Zolleinnehmer, was ein bei den Juden verhaßter Stand war, sein Name war Levi. Er schrieb das erste Evangelium und zwar ausdrücklich für die Juden, und verbreitete der Legende nach die Botschaft Gottes in Palästina und Äthiopien, wo er den Martertod erlitten haben soll.

Früher ist am 21. September ein heidnisches Herbstfest gewesen, und dem Tag hängen noch manche Gebräuche an, die aus der germanischen Vorzeit stammen. Dieser Tag der alten Tag- und Nachtgleiche war in vielen Ländern des Ostens ursprünglich der Anfang des Jahres. Mit Matthäus hält der Winter Einzug, schönes Wetter am Matthäustag hält vier Wochen an und bedeutet für die Winzer ein gutes Weinjahr, ein Bad am Matthäustag vor Sonnenaufgang schützt vor Krankheiten (kein Wunder: wer im Herbst noch in Bach und See badet, muß schon eine gute Natur haben).

Bild oben:
Knabe mit totem Wild,
von Otto Scholderer

In Niedersachsen ist die Nacht vorm Matthäustag mit Geheimnis und Wahrsagungen verbunden gewesen, die Mädchen flochten einen grünen Kranz aus Immortellen und einen Strohkranz, gingen damit um

Mitternacht schweigend zu einem fließenden Wasser, füllten eine Bütte und legten beide Kränze hinein. Dann tanzten sie zu zweit dreimal um die Bütte herum, griffen nach den Kränzen, und wer den grünen Kranz erwischte, hatte mit Glück und Hochzeit zu rechnen, während der Strohkranz Unglück und Krankheit bedeutete. 21. September

Der Wintertag heißt der Matthäustag in Flandern.

Tag des heiligen Mauritius 22. September

Er war Anführer einer Legion, die wegen ihrer Weigerung, den Göttern zu opfern, niedergemeuchelt wurde. Ihnen zum Gedächtnis ist schon im 4. Jahrhundert in Sankt Moritz eine Basilika über dem Ort ihres Märtyrertodes errichtet worden.
Mauritius ist auch der Schutzheilige der Stadt Halle, sie führt seinen Mohrenkopf im Wappen.

Mauritius, der Schwarze Mohr, ist das Sinnbild für den Beginn der dunkleren Jahreshälfte. In Franken beginnt die Hopfenernte, beim Erntefest bringen die Hopfenwinzer dem Herrn des Hopfengartens und seiner Frau Gewinde und Erntekrone aus Hopfenranken und Wiesenblumen und werden dafür mit Schmaus und Tanz bewirtet.

Tag der heiligen Kosmas und Damian 27. September

Schutzheilige der Ärzte: Die beiden Heiligen waren Brüder und Ärzte in Sizilien, weigerten sich, den Göttern zu opfern und wurden deshalb enthauptet. Ihre Bilder findet man noch in manchen Apotheken. Ihren Tag sollte man nutzen, vorm ersten Winterschnupfen die Apothekerschublade aufzuräumen.

Almabfahrt entspricht bei den Bauern in den Alpen den Erntefesten. Da die Abfahrt des wohlgenährten Rindviehs und der von den Sennerinnen hergestellten Käselaibe eine Veränderung bedeutet, war das Vieh nach altem Aberglauben auf dem Übergang von der Alm zum Heimathof wieder gefährdet: Hexen und böse Geister konnten auf dieser ungeschützten Strecke zwischen zwei Zuständen ein leichtes Ende September

Ende September

Spiel haben. Deshalb wurde zumindest die Leitkuh mit Kräuterkränzen und Flittern geschmückt, bekam ein Geschirr mit Spiegelscherben, was alles den bösen Blick abwenden und die Verhexungen bannen sollte.

Die Almabfahrt geschieht fast in jedem Alpental nach eigenen Sitten, oft gibt es eine Dankmesse, die letzte Milch wurde früher den Armen geschenkt, und das ganze Dorf feierte ein Fest.

Almabtrieb in der Schweiz

Tag des heiligen Erzengels Michael

Er ist der Fürst über die himmlischen Heerscharen und bestand als Anführer der guten Engel den Kampf gegen Luzifer und seinen Anhang. Er ist der ritterliche Schutzpatron Deutschlands, sein Name heißt »Wer ist Gott?« und sein Tag ist der Tag der Engel, die die Seelen der Abgeschiedenen zu Gott führen, aber auch der Tag der streitenden Kirche.

Bei den Germanen war sein Tag das Herbstthing, der Herbstgerichtstag und leitete die sogenannte Gemeinwoche ein, in der die Sachsen ihr großes Herbstopferfest begingen.

Ende September

Viele Feiertagsgerichte und Festlichkeiten weisen heute noch auf ein ehemaliges Opferfest hin, das am Ende der Ernte und des Sommers dem Wotan als Spender des Erntesegens gewidmet wurde.
In Erinnerung an diese großen vorchristlichen Zusammenkünfte im Freien wurden in Schweden ebenso große Märkte gehalten und in England der Bürgermeister gewählt. Dabei ging es recht derb zu: die neugewählten Magistrats- und Gerichtspersonen wurden mit einem Schauer von Kohlstrünken und alten Schuhen begrüßt.

Einen Lichtschmaus gab es mit Musik und Umzügen, und bei den Handwerksmeistern wurde nicht eher bei Licht gearbeitet, als nicht der Lichtbraten oder die Lichtgans gegessen worden war.

Die Michelsgans ist auch in England üblich, und in Irland sagt man: Wenn man Michaelis eine Gans ißt, braucht man das ganze Jahr kein Geld. Wenn die Dienstboten nämlich eine Gans als Draufgabe zum Jahreslohn bekommen haben, waren sie gut versorgt.

Michelsgans

Eine Gans von 4–5 kg, Salz, Pfeffer, 1 Strauß Beifuß, 3–4 Äpfel, eine Handvoll Rosinen, Fleischbrühe

Die Gans vorbereiten und innen salzen und pfeffern. Mit den geschälten und entkernten Äpfeln, den gewaschenen Rosinen und dem Kräuterstrauß füllen, zunähen und in den Bräter legen. Mit ½ l kochendem Wasser übergießen, damit das Fett herausschwitzen kann. Bei etwa 175° anbraten, nach einer Stunde wenden und mit einer Strick- oder Spicknadel unter und neben den Keulen durch die Pelle stechen, damit das Fett ausfließen kann. Bei 200° weiter braten, so daß das Wasser fast verkocht und die Pelle bräunt. Ab diesem Moment muß die Gans fleißig mit dem eigenen Saft und Fett begossen werden. Wenn's nicht reicht: etwas heiße Fleischbrühe nachgießen. Nach der halben Garzeit kann man die erste Portion Gänsefett abschöpfen. Kurz bevor der Braten gar ist, stellt man die Hitze auf 250° und gießt 2 bis 3 Eßlöffel kaltes Wasser auf den Vogel, damit die Pelle schön kroß wird. Die fertige Gans warm stellen, den Fond durchseihen, das Fett vorsichtig abgießen, aus dem Rest mit einem Stück Butter eine Sauce kochen und abschmecken. Garzeit im Ganzen: 2½–3 Stunden. Zur Gans: rohe Kartoffelklöße und Rotkohl

Ende September **Die irische Gans** wird mit gekochten Kartoffeln, Zwiebeln und Salbei gefüllt, und es gibt Apfelmus und Zwiebelsauce dazu.

Das Äpfelwerfen geht wohl auf eine Fruchtbarkeits- und Segensgeste zurück: die Äpfel, die der neue Bürgermeister ins Volk warf und werfen ließ, verhießen Glück und Reichtum, und da das Volk auf dem Anger stand, fielen die Äpfel ins weiche Gras und wurden am gleichen Tag zu einem herbstlichen Apfelkuchen verarbeitet.

Michelsfeuer hat man früher am Vorabend des Festes angezündet, als Zeichen dafür, daß der Mensch wieder ein selbstgemachtes Licht für die Arbeit und gegen die Winterdunkelheit braucht. Der Beginn der Lichtarbeit wurde entsprechend gefeiert: am Michelstag wurde nicht auf dem Felde gearbeitet, nicht gesponnen, der Bauer lud die neugedingten Mägde und Knechte zum Essen ein.

Der Michelswecken wird in Würzburg gebacken, in Flandern steckt man ein Hefegebäck, das Vollert heißt, den Kindern heimlich unters Kopfkissen, damit sie es beim Erwachen finden. In Schottland backt man St. Michael's bannocks, Haferkuchen, oder St. Michael's cake, von dem am Abend alle Freunde, Nachbarn und Familienangehörige essen müssen, die gerade zu Besuch sind. Wer nämlich von diesen großen Kuchen, die oft einem großen Schaubrot gleichen, gegessen hat, der besitzt Anspruch auf die Freundschaft und den Schutz des Erzengels.

Ende September

Die Michaelisminne ist ein Gedächtnisschluck an den Erzengel, den man früher in den Gilden und Zünften getrunken hat, um sich gegenseitig der Freundschaft zu versichern.

Ganging-Day oder Geh-Tag ist eine englische Sitte, bei der man tüchtig laufen und klettern muß. Früh am Morgen des Michelstages versammeln sich die jungen Leute auf dem Anger und wählen sich einen Anführer, dem sie durch dick und dünn folgen müssen. Er führt sie über Stock und Stein, durch Hecken, Weiher, Gräben und Gehölze, und alle Leute, auf die sie bei dieser oft wilden Jagd durch die Lande treffen, werden zu fangen versucht und – wenn das gelingt – zuerst von Zweien aus der Schar in die Höhe gestemmt und geschwenkt und dann gebunden, das heißt: sie müssen der Schar folgen und mitlaufen. Alle Wirte waren an diesem Tag verpflichtet, die Burschen und Mädchen mit einem Rosinenkuchen (Plum-cake) und einer Gallone Bier freizuhalten. Das Wanderfest fand bis in die Nacht hinein im Freien statt, denn es war den jungen Leuten am Ganging-Day verboten, sich unter einem Dach aufzuhalten oder bewirten zu lassen.

Schifferbräuche

Im kommenden Herbst muß man sich wieder auf Stürme gefaßt machen.
In Pommern, am Bodden, auf dem Fischland und dem Darß, lebten bei Fischern und Schiffern Wind und Welle wie verwandte Wesen, die man beherrschen und locken kann.

Das Windpfeifen zum Beispiel rief und verstärkte den Wind. Deshalb war es unter keinen Umständen erlaubt, bei Sturm an Bord zu pfeifen, weil dann der Sturm noch stärker wird. Herrschte jedoch Windstille oder Flaute, so mochten ein paar Pfiffe nicht schaden. »Es ist sehr gut«, schrieb ein Volkstumsforscher im vorigen Jahrhundert von seinen Entdeckungen auf der *Rüge,* wie man damals die Insel noch nannte, »wenn man in einem lockenden Ton pfeift; weil man aber doch nicht wissen kann, ob der Wind dadurch nicht gar zu stark werden möchte, muß man zwischen dem Pfeifen dem Wind einige Schmeichelworte zusprechen, zum Beispiel ›Kumm, old Brüderken!‹ oder ›Kumm, olle Junge‹. Ältere Schiffer brauchen gar nicht einmal zu pfeifen, um den Wind zu locken. Sie sind mit ihm schon bekannter und brauchen sich nur ans Steuer zu stellen und einige Male zu rufen: ›Kuhl up, oll Vader, kuhl up, kuhl up!‹ Binnen einer Viertelstunde kommt dann gewiß der gewünschte Wind; sie dürfen aber nur halblaut und in einem schmeichelnden, vertraulichen Ton rufen, denn sonst möchte er doch etwas zu gewaltig kommen. Ist der Wind gut, so darf man ja nicht von ihm reden, denn das kann er nicht vertragen, und er schlägt um.«

Die Seevögel wurden als Gesellen des Windes angesehen, so darf man sie auch nicht fangen oder haschen: greift man nach ihnen, so muß man bald nach den Segeln greifen.

Ende September

Den Fischern wurde schon als Jungen eingebleut, das Glück nicht zu beschreien. Die Seejungfrauen hatten es nämlich nicht gern, wenn man mit dem prahlte, was sie einem gönnten. So wichen die Fischer stets der Frage aus, wieviel sie denn gefangen hätten. Drängte sie jemand zur Antwort, so gaben sie höchstens die Hälfte zu.
Trotzdem wurde in allen »heiligen Nächten«, also an den Vorabenden der großen christlichen Festtage, durchgefischt, weil der Fang zu keiner anderen Zeit so gesegnet sei.

Oktober

Er heißt auch Weinmonat, oder Gilbhart, weil das Laub im Oktober zu gilben beginnt. Der Name Oktober läßt sich vom lateinischen *octo* für acht ableiten, weil der Oktober der achte Monat des römischen Kalenders war. Die Jäger nennen ihn Dachsmond, und die Oktoberblume ist die Aster, die den Nachtfrösten am längsten wiedersteht. Der Oktober ist der Geburtstagsmonat unseres Kalenders, denn im Oktober 1582 wurde von Papst Gregor dem Achten der nach ihm genannte Gregorianische Kalender eingeführt. Dieses System hat sich in Europa erst nach der Französischen Revolution allgemein durchgesetzt.

Der lichtblaue Montag wurde in Bayern am Montag nach Michaelis (29. September) begangen, nach diesem Tag hat man in den Handwerksstuben wieder bei Licht gearbeitet, und zur Feier dieses Übergangs haben die Handwerkermeister ihren Gesellen und Lehrlingen freigegeben.

Das Oktoberfest

Am ersten Sonntag im Oktober endet das Münchener Oktoberfest, nachdem es 14 Tage lang als heute größtes Volksfest in Europa und größtes Bierfest der ganzen Welt begangen worden ist.
Das erste Oktoberfest ist am 12. Oktober 1810, dem Geburtstag von König Maximilian I. gefeiert worden. Ludwig der I. von Bayern, damals noch Kronprinz, vermählte sich an diesem Tag mit der Prinzessin Therese von Sachsen-Hildburghausen, und weil seine Hauptstadt beweisen wollte, mit wieviel Freude sie an diesem Ereignis Anteil nahm, wurde beschlossen, zur Erinnerung daran ein jährlich wiederkehrendes Fest zu feiern. Der Ort war damals schon die Theresienwiese, das

ganze Volk wurde eingeladen, und ganz Bayern strömte zu Pferderennen, Rinder- und Pferdeausstellungen und anderen landwirtschaftlichen Präsentationen zusammen. Am zweiten Tag gab es ein Festschießen mit Stutzen und Armbrust nach der Scheibe, dem Vogel und dem laufenden Hirsch. Das Schießen dauerte die ganze Woche hindurch, und schon im ersten Jahr war die Theresienwiese von Bierzelten, Buden und Schenken übersät. Das Fest schloß am zweitfolgenden Sonntag mit der Krönung des Schützenkönigs, einem zweiten Pferderennen und einem großen Feuerwerk.

Oktoberfest auf der Münchener Theresienwiese

3. Oktober **Leyden-Tag:** Die Holländer feiern an diesem Tag die Erinnerung an den Abzug der Spanier 1574 mit einem herzhaften hutspot met klapstuk, das ist ein Eintopf aus entbeintem Rindfleisch, das mit Zwiebeln, Mohrrüben und Kartoffeln zusammen gargekocht wird.

4. Oktober **Fest des heiligen Franz von Assisi**

Er hat im 13. Jahrhundert gelebt und als junger Mann seinen ganzen Besitz den Armen geschenkt. Darüber geriet sein Vater in großen Zorn und enterbte ihn. Er zog nun mit gleichgesinnten Genossen durch seine Heimat Umbrien, lebte nur von Almosen und nannte sich und die Seinen Fratres minores. Er ist der Gründer des Franziskaner-Ordens und hat als Erster eine Weihnachtskrippe gebaut. Da er die Tiere als Geschöpfe Gottes sehr geliebt hat, hat man den Welttierschutztag in seine Nähe gelegt: in die erste Oktober-Woche. Es wäre gut, wenn Großstädter an diesem Tag nicht nur eine Spende für den Tierschutzbund gäben, sondern sich ehrlich überlegten, wie es mit ihrer praktischen Tierliebe steht.

Franz v. Assisi, von Giotto di Bondone, 1292/93, in der Oberkirche des Klosters San Francesco in Assisi

Erntedank

1. Sonntag im Oktober

Das kirchliche Erntedankfest wird in Deutschland am ersten Sonntag nach Michaelis (29. September) gefeiert, also am ersten Sonntag im Oktober.
Kultische Erntefeste sind so alt wie der Ackerbau: in der Bibel ist es Kain, der Ackermann, der »dem Herrn Opfer brachte von den Früchten des Feldes« wie es Luther übersetzte.
Aus den Opferfesten sind durch das Christentum Erntedankfeste geworden, und in vielen Orten ist es üblich, am Erntedanksonntag Getreide, Früchte und Blumen nach der Messe weihen zu lassen. Der Altar wird mit Ähren und Blumen geschmückt, oft brachten die Bauern eine große Garbe mit in die Kirche, die dann den Armen geschenkt wurde. In katholischen Gegenden zieht die Gemeinde vor dem Gottesdienst singend durch die Felder, und oft findet die Sonntagspredigt unter dem Erntekranz statt, der über der Kanzel aufgehängt wird.

1. Sonntag im Oktober

Erntedank-Altar in St. Peter im Schwarzwald

Erntedankfeste waren ebenso wie die Erntefeste bis in dieses Jahrhundert hinein eine vom Gutsherrn allen Arbeitern und Arbeiterinnen gegebene Tanzbelustigung mit Bewirtung, meist dem sogenannten Erntebier, wobei das Fest meist gleich nach der Kirche mit der Übergabe von Erntekrone oder Erntekranz begann.
In Schottland gibt es den berühmten Hotch-potch, die Erntesuppe, die aus frischem Fleisch und den besten Gemüsen aus dem Garten gekocht wurde.
Zum Erntedank und während der Ernte gab es in Cornwall die berühmten Cornish Pasties, ovale, etwa handgroße Pasteten, die die Erntearbeiter aus dem Korb holten und zu Mittag aßen: eine vorzüglich ausgeglichene und gesunde Mahlzeit, die man für alle Sommerpicknicks empfehlen kann.

Hotch-potch

750 g Rindfleisch aus Kamm oder Schulter, 4 gewürfelte Mohrrüben, 4 gewürfelte Rüben, 6 gewürfelte Zwiebeln, eine Tasse ausgepalte Bohnenkerne, ein mittelgroßer Blumenkohl, ein junger Wirsingkohl, 2 Tassen ausgepalte Erbsen, 2 Teelöffel feingewiegte Pfefferminzblätter, Zucker, Salz, Pfeffer, Petersilie. Eventuell zusätzlich Ackerspinat, junge Brennnesselspitzen, Sauerampfer, Rapunzel.

Das Fleisch mit den Mohrrüben, Rüben, Zwiebeln und Bohnenkernen mit Wasser aufkochen lassen, den Topf zudecken und 1½ Stunden kochen lassen. Unterdessen den Blumenkohl in Röschen teilen, den Wirsing fein schneiden und mit Zucker, Salz, Pfeffer und Pfefferminzblättern zur Suppe geben, die weiter kochen muß, bis die letzten Gemüse weich sind. Das Fleisch herausnehmen, kleinschneiden und wieder dazugeben. Kurz vor dem Servieren frisch gewiegte Petersilie darüberstreuen.

Cornish Pasties

350 g Mehl, 150 g Fett, Salz,
2–3 Eßlöffel kaltes Wasser,
500 g Hackfleisch,
2 Kartoffeln, 1 Zwiebel,
Kräuter, Zucker,
1 Ei oder Milch

Als Fülle dient was man gerade hat: Fisch, Eier, Speck, Gemüse, vor allem Lauch, auch Obst oder Kräuter. Auf 500 Gramm Pastetenteig mischt man für eine Fleischfülle: das rohe Hackfleisch, am besten vom Lamm, die geraspelten rohen Kartoffeln, eine große geriebene Zwiebel, ein Eßlöffel feingewiegte Kräuter, Salz und Pfeffer und eine Prise Zucker. Der Teig wird ausgerollt, zu vier großen Platten ausgeradelt, gefüllt, am Rand mit etwas Wasser befeuchtet, zusammengeklappt und am Rand gut zusammengekniffen. Zwei oder drei Schlitze als »Kamin« in die Pasties schneiden, auf ein gefettetes Backblech legen, zuerst bei starker Hitze backen, bis sie braun sind, dann mit einem verquirltem Ei oder Milch bepinseln und bei Mittelhitze 40 Minuten lang weiterbacken.
Alle Pasties bekommen am einen Ende die Anfangsbuchstaben ihres Besitzers eingepunktet oder aus Teigstreifen darauf gelegt.

7. Oktober

Rosenkranzfest, von Papst Gregor XIII. 1573 ins Leben gerufen, zur Erinnerung an die Seeschlacht bei Lepanto. An diesem 7. Oktober besiegte 1571 Juan d'Austria als Statthalter der Niederlande die Türken, und die Zeitgenossen waren fest davon überzeugt, daß dieser österreichische Sieg über die Heiden der Macht des Rosenkranzgebetes zuzuschreiben war, ebenso wie fast 150 Jahre später, 1716, der Sieg des Prinzen Eugen über die Türken bei Peterwardein. Am gleichen Tag begingen die Dominikaner ihr Fest zu Ehren des Rosenkranzes.

8. Oktober

Fest der heiligen Birgitta
Birgitta war eine schwedische Königstochter, die im 14. Jahrhundert als fromme Witwe die Armen gepflegt und einen Orden gegründet hat und die Mutter der heiligen Katharina von Schweden geworden ist.

Birgitta-Sommer in Schweden entspricht unserem Nachsommer oder Altweibersommer, einer Reihe von überraschend schönen Herbsttagen.
Bei uns schreibt man diese geschenkte letzte Sommerfreude dem Heiligen Martin zu, siehe dort.

Columbus landet am 12. Oktober 1492 vor Guanahani (San Salvador), Bilderbogen, um 1860

Christoph Columbus, der gebürtige Genueser, startete am 3. August 1492 im Auftrag der spanischen Krone von Patos aus mit drei Schiffen – dem Flaggschiff *Santa Maria* und den beiden Karavellen *Pinta*

und *Nina* –, um den Seeweg nach Indien zu suchen. Er landete am 12. Oktober 1492 vor einer kleinen Insel, die er *San Salvador,* Insel des Erlösers, nannte. **12. Oktober**

Erst nach 300 Jahren gedachten die Amerikaner zum ersten Mal des Mannes, der sie »entdeckte«. Die *Tammany Society,* auch *Columbian Order* genannt, richtete am 12. Oktober 1792 ein Festmahl zu Ehren von Columbus aus. Heute ist dieser Tag in fast allen US-Staaten ein offizieller Festtag, der meist am 2. Montag im Oktober gefeiert wird. In Michigan heißt dieser Tag **Landing Day,** in Indiana, North Dakota und Ohio **Discoverer's Day.**

In allen Städten mit großer italienischer Einwanderung wird der Columbus Day mit Paraden begangen. *Little-Italy*-Stadtteile wie in New York und San Francisco gedenken ihres großen Sohnes mit viel Pasta und italienischem Wein.

In Europa beginnt man diesen Tag mit Gerichten zu feiern, deren Zutaten wir Columbus zu verdanken haben: Tomaten, Kartoffeln, Mais und Schokolade, aber auch Erdnüsse und Sonnenblumenkerne, die die Indianer schon vor 2000 Jahren als Samen des Sonnengottes verehrten.

14. Oktober

Herbstfeier in Connecticut. Für die Feier an diesem Tag backt man den traditionellen Colonial Ginger Seed Cake, der ungefähr 1750 ›erfunden‹ worden ist.

Seed Cake

Zwei Tassen Mehl, ¼ Teelöffel Salz, ¼ Teelöffel gemahlene Muskatnuß, 250 Gramm Butter, 200 Gramm Zucker, 2 Teelöffel Kümmelkörner, 1 Teelöffel gemahlener Ingwer, 6 Eier und 2 Eßlöffel Brandy mit dem elektrischen Handrührgerät, Schneebesen, in zwei bis drei Minuten cremig rühren und in eine gut ausgefettete und ausgebröselte Springform füllen. Mit Hagelzucker bestreuen, in den auf 200 Grad vorgeheizten Ofen schieben und eine Stunde backen. Die Garprobe machen, zehn Minuten in der Form abkühlen lassen, dann stürzen und ganz abkühlen lassen. Der klassische Kümmelkuchen wurde nicht mit Hagelzucker bestreut, sondern mit Caraway Comfits, das sind gezukkerte Kümmelkörner, die man gern knabberte, um eine gute Verdauung zu bekommen. Der Kümmelkuchen wurde auf jeden Fall fest in Butterbrotpapier eingeschlagen, heute verwendet man Aluminiumfolie, mußte zwei bis drei Tage »reifen«, damit er ganz und gar vom Kümmelaroma durchdrungen war.

Die drei Goldenen Samstage im Oktober sind in der bayerischen und Salzburger Gegend Wallfahrtstage gewesen, vor allem für die Sennerinnen, die ihren Dank für die glückliche Heimkehr abstatten wollten. Am zweiten goldenen Samstag gab es eine Lichterprozession, die Bauern stellten Kerzen in die Fenster und wer an der Prozession teilnahm, trug farbige Windlichter.

15. Oktober **Kürbisfest** in Ohio: Am Abend lädt man Freunde ein, die Kinder schnitzen sich eine Kürbislaterne und spielen in der Dunkelheit Gespenster. Für alle wird eine Kürbissuppe gekocht: in eine schön cremig gekochte Hühnersuppe mit halb Hühnerbrühe, halb Milch gibt man gewürfeltes gekochtes Kürbisfleisch und schmeckt die Suppe mit Zitronensaft, Pfeffer und Muskatnuß ab.

16. Oktober **Der Tag von Sankt Gallus**

Apostel der Schweiz und Einsiedler, der sein Leben im Walde mit einem Bären teilte. Sein Tag ist für das Wetter wichtig:
Sankt Gallen / läßt den Schnee fallen.
Das bedeutet im dörflichen Leben: Winteranfang, darum wird erst nach dem Gallustag geschlachtet, weil es danach kalt genug ist, daß sich das Pökelfleisch hält. Es gilt auch:
Nach Sankt Gall / bleibt die Kuh im Stall.
Am Gallustag sät der Bauer die Wintersaat ins frisch geackerte Feld, in manchen Gegenden gibt es den Gallusmarkt.

Purzelfest: Bei diesem Fest sind es die Kinder, die zeigen, was sie können, sie spielen Zirkus, veranstalten Ringkämpfe, führen Stegreifspiele auf.
Am Gallustag geht die Krauternte zu Ende und die letzten Kartoffeln werden aus dem Acker geholt. Auch das geht nicht ohne ein Fest ab.

Foto rechte Seite: Ernteteppich in Otterswang

16. Oktober

Kartoffelforke: Nach der letzten Fuhre steckt der erste Knecht eine dicke Kartoffel auf seine Forke, marschiert damit den anderen voran zum Hof, sagt der Bäuerin ein Scherzgedicht auf und versucht, ihr die Kartoffel auf den Herd zu legen. Gelingt es der Bäuerin jedoch, einen Eimer Wasser auf die Kartoffel zu gießen, so hat sie mit diesem Segens- oder Fruchtbarkeitszauber die Kartoffel gewonnen. Ist der Knecht jedoch rascher oder geschickter, so muß sie allen, die bei der Kartoffelernte mitgearbeitet haben, einen dicken Pfannkuchen mit viel Speck und Eiern backen.

Kartoffelfeuer: Das alte welke Kartoffelkraut wird verbrannt, und in die Glut vergräbt man die ersten und möglichst großen Kartoffeln. Sie sind gar, wenn die Pelle vollkommen schwarz und verkohlt aussieht. Kindern schmeckt es am besten, wenn sie sich die heiße Kartoffel aus der Asche rollen können, vorsichtig aufbrechen und mit Salz bestreut aus der schwarzen Schale essen. Wer sich bei diesem Fest nicht gern Finger schmutzig machen und Zunge verbrennen will, wickelt seine Kartoffeln in Aluminiumfolie, schiebt sie in die Glut, und läßt sie dann auskühlen.
Der Trick beim Kartoffelbacken: Große Kartoffeln, gleichgültig ob sie in der Asche oder im Backofen gebacken werden, garen schneller und gleichmäßiger durch, wenn man einen langen Eisennagel längs hineinsteckt: das Metall leitet die Hitze in den Kern der Erdfrucht.

Das Kartoffelfest kann man auch mit selbstgeernteten Pellkartoffeln feiern: sie kommen in Körben auf den Tisch, dazu gibt es frische Butter, grobes Salz und verschiedene Quark- und Kräutersaucen. Eine andere Kombination: saure Sahne, grobes Salz, Kümmel und Kaviar. Wenn's ganz üppig sein darf, so besorgt man sich einen ganzen geräucherten Schinken, von dem sich die Gäste dünne Scheiben abschneiden, die mit Kresse und Kräuterbutter zu den Pellkartoffeln gegessen werden.

Nudelwoche beginnt am 16. Oktober in den USA, zur Erinnerung an die Zeit, in der man aus dem frisch gemahlenen Mehl den Nudelvorrat für den Winter knetete und rollte und schnitt.
Eine gute Gelegenheit, selber einen Nudelteig zu kneten, sich beim Ausrollen und Schneiden von der ganzen Familie und Nachbarschaft helfen zu lassen und ein großes Nudelessen zu veranstalten.

Nudelteig
350 Gramm Mehl auf den Küchentisch oder das Nudelbrett häufen, in der Mitte eine Kuhle machen und 2 Eier, 2 Deziliter Wasser, ½ Teelöffel Salz und einen Eßlöffel Öl hineingeben. Alles mit einer Gabel verrühren, bis ein zäher Teig entsteht. Dann wird die Gabel beiseite gelegt und die Arbeit beginnt: den Teig mit einer Hand kräftig durchkneten und zwischendurch immer wieder auf den Tisch schlagen. Bitte beachten: diesen Teig kann man nicht mit den Knetaufsätzen des elektri-

schen Handrührgerätes zubereiten, weil das nur harte Brösel ergibt. Den glatten Teig nun auf der gut bemehlten Tischplatte so dünn und gleichmäßig wie möglich ausrollen. Wenn man ihn fingerdick ausgerollt hat, gibt es einen Augenblick, wo man das Gefühl hat: jetzt geht nichts mehr! Trotzdem nicht nachlassen, sondern den Teig einmal rundherum wie Strudelteig ausziehen, dann wieder rollen, bemehlen und rollen.
Das ergibt Nudeln, wie man sie in Italien und Österreich liebt: fest im Material, aber trotzdem geschmeidig, man kann sie auch gut um die Gabel rollen.

Das Nudeltrocknen: Der fertige Teig wird auf dem Backbrett mit einem scharfen Messer in beliebige Formen geschnitten.
Lasagne-Blätter sind Teigrechtecke von etwa zehn mal zehn Zentimetern, sie werden gargekocht und abwechselnd mit Hackfleisch- und Käsesauce in eine flache Auflaufform geschichtet, mit Reibkäse bestreut und überbacken.
Für Cannelloni braucht man auch Teigblätter, diesmal Rechtecke von zehn mal zwanzig Zentimetern. Die Cannelloni werden gekocht, mit Hackfleisch (Frikadellenmasse) gefüllt, aufgerollt und nebeneinander in eine gut ausgefettete Auflaufform gelegt. Man bepinselt sie dann mit Olivenöl, gießt Tomatensauce darüber, setzt Butterflöckchen darauf und backt es 30 bis 40 Minuten im heißen Backofen. Man kann die Teigröllchen auch mit trockenem Quark, Parmesan, Eigelb und Salbei füllen.
Bandnudeln entstehen, indem Sie den Nudelteig ungefähr zu einem Rechteck ausrollen, von der Längsseite leicht aufrollen und mit einem scharfen Messer beliebig breite Streifen abschneiden. Man trocknet die Bandnudeln so wie sie sind, als locker gerolltes Nestchen.
Bandnudeln und Teigblätter müssen ganz austrocknen, wenn man sie aufheben will. Dazu bestäubt man die Bandnudelrollen hauchfein mit Mehl und läßt sie auf dem Küchentuch trocknen. Teigblätter kann man auch auf die Schnüre vom Wäschetrockner hängen, wie kleine Tücher, und so austrocknen lassen.

Rosarote Nudeln: Man verknetet den Teig mit zwei Eßlöffeln Tomatenpüree. In beiden Fällen sollte man die Wassermenge dann um etwa zwei Eßlöffel verringern.

Grüne Nudeln: Man gibt etwa zwei Eßlöffel Spinatpüree zum Teig.

Huhn Tetrazzini
Ein Suppenhuhn mit Zwiebel, Mohrrübe und Sellerie garkochen, das Fleisch von Haut und Knochen lösen und in mundgerechte Bissen schneiden, die Hühnerbrühe durch ein Sieb gießen und 250 Gramm selbstgemachte Bandnudeln darin garkochen. Die Nudeln dann mit dem Hühnerfleisch und 250 Gramm frischen Pfifferlingen mischen, die im Hühnerfett gedünstet worden sind. Schließlich eine Sahnesauce kochen, mit der Hühnerbrühe aufgießen und mit zwei Dottern legie-

ren. Die Nudeln in eine Auflaufform füllen, die Sahnesauce daraufgießen, das Gericht mit geriebenem Parmesan bestreuen und 10 Minuten bei starker Hitze überbacken.

17. Oktober **Fest der heiligen Etheldreda**
abgekürzt: St. Aldrey; zu ihren Ehren wurde auf Ely die St. Aldrey's Fair abgehalten, ein Markt für Spitzen und Schnüre (mit denen sich die Mädchen die Mieder schnürten). Früher sah man im Herbst die Tischwäsche durch, besonders die festlichen (Spitzen) Decken, die man im Winter sicher für viele Essenseinladungen brauchen wird.

Kopfkisseneinsatz aus Filetspitze, Vierlande bei Hamburg, 19. Jh.

18. Oktober **Tag des Evangelisten Lukas**
Lukas war ursprünglich Arzt in Antiochia dann begleitete er den heiligen Paulus auf seinen verschiedenen Missionsreisen und nach dessen Predigten schrieb er das dritte Evangelium auf, dazu die Apostelgeschichte. Der Legende nach ist er derjenige gewesen, der die Mutter Gottes gemalt und dadurch ihr Bild überliefert hat. Er ist der Schutzpatron der Maler, und da er oft mit Hörnern dargestellt wird, als Zeichen für den Stier, wird in England eine Horn-Fair an diesem Tag abgehalten. Auf dieser Messe konnte man alle möglichen Gebrauchs-

gegenstände aus Horn kaufen, auch Pfefferkuchen in Horngestalt, was freilich auch ein altes magisches Symbol sein kann. — 18. Oktober
Früher zog eine ganze Kostüm-Prozession zur Hornmesse, es gab einen König, eine Königin, Müller und Handwerker, Ratsherren und Narren, alle hatten sich Hörner an Hüte oder Hauben gesteckt, und sie führten so viel Unsinn auf, wie ihnen einfiel.
Für den Lukastag gibt es einander widersprechende Wetterregeln, es heißt: Das ist der Tag, der den Winter bringt! Man spricht aber auch vom kleinen Lukassommer. Ein Tag also gleichermaßen für Optimisten und Pessimisten.

Lukastag ist auf jeden Fall immer der Tag gewesen, an dem man ein Herbstfeuer angezündet und Laub oder Kartoffelkraut verbrannt hat. Am Lukastag könnte man also das letzte Grillfest im Freien feiern.

Tag des heiligen Wendelin — 20. Oktober

Er war ein schottischer Königssohn, dann aber wollte er Gott in Armut und Bescheidenheit dienen und soll lange als Hirte bei einem Ritter gewohnt haben, ehe er in ein Benediktinerkloster eintrat und als dessen Abt starb. Weil er Hirte gewesen ist, wird er gern mit Schafen abgebildet, er schützt Mensch und Vieh vor Krankheit und ist als Sankt Wendel besonders in Süddeutschland beliebt. Bauern und Hirten feiern sein Namensfest mit Wendelinsritten und Pferdesegen.

Tag der heiligen Ursula — 21. Oktober

Sie ist mit den Drei Heiligen Königen die Schutzheilige von Köln: sie war eine britannische Königstochter, die der Legende nach auf der Heimfahrt von einer Pilgerfahrt nach Rom in Köln mit ihren elftausend Jungfrauen von den Hunnen erschlagen worden ist.

Fest des heiligen Raphael — 24. Oktober

Der Erzengel, der den jungen Tobias auf seiner Reise begleitete, oft mit dem Pilgerstab dargestellt wird und als Helfer der Kranken und Patron der Reisenden und der Auswanderer gilt. An seinem Tag sollte man die Reisepläne für das künftige Jahr schmieden.

Fest der heiligen Simon und Judas — 28. Oktober

Beide Apostel, Simon wird auch der Eiferer genannt, er predigte zuerst allein, dann gemeinsam mit dem heiligen Judas Thaddäus, einem Verwandten von Christus, in Mesopotamien und Persien, wo die beiden Heiligen den Martertod erlitten.
An diesem Tag kann der Winter spürbar werden, der Wetterspruch lautet: Simon und Judas vorbei / rückt der Winter herbei.
Seit Hunderten von Jahren schon backt man in anglo-amerikanischen Ländern für diesen Tag

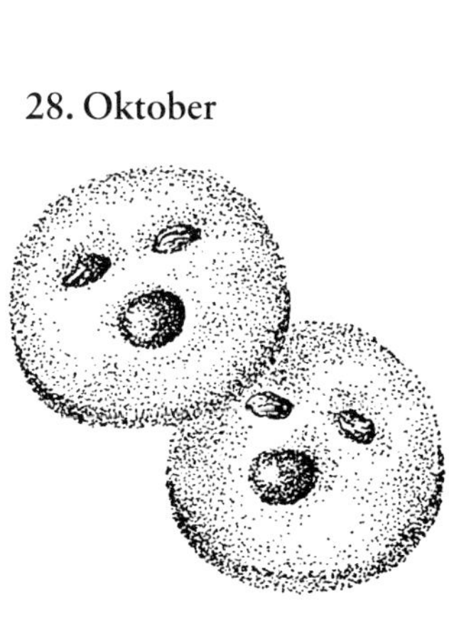

Seelenkuchen, kleine runde Mürbeteigkekse mit Rosinenaugen und Mündern aus kandierten Kirschen.

31. Oktober **Tag des heiligen Wolfgang**
Er wurde Bischof von Regensburg und ließ in Österreich und Bayern viele Kirchen erbauen und dessen Tag als

Tag der Freundschaft: Alte Freundschaften werden mit einem Fest bestätigt und erneuert, neue werden in dieser herzlichen Runde beschlossen. Man trinkt gern den neuen Most bei diesem Fest.

Oktober / November **Nußernte:** Die Wal- oder Baumnüsse, wie man sie in den Alpengegenden nennt, werden geerntet und jung zu Trauben und Bauernbrot gegessen.
Wer in dieser Zeit durch die Schweiz reist, sollte sich als Souvenir Baumnußöl mitbringen. Es ist teuer, schmeckt jedoch unvergleichlich gut, besonders an allen Blattsalaten.

Baumnußkegeln ist ein Spiel bei der Nußernte in Baden. Die Nüsse werden auf einen gerade gezogenen Strich gelegt. Vier bis fünf Schritte davon entfernt und etwas tiefer stehen die Spieler auf einem parallel dazu gezogenen zweiten Strich und versuchen mit besonders schweren und runden Walnüssen, die Bohler genannt werden, den Hang hinaufzukegeln und eine Nuß zu treffen und aus der Linie zu schlagen. Gelingt es, so gehört diese Nuß samt allen rechts davon liegenden Nüssen dem Spieler.

31. Oktober **Halloween** ist ein altes Herbstfest der Druiden. Hallow heißt heilig, Halloween ist der Vorabend von Hallowmes, dem Allerheiligenfest am 1. November.
An diesem Tag hat ein Druiden-Erntefest stattgefunden, ein Dankfest für den Sonnengott, das mit allerlei Vergnügungen, großer Heiterkeit und einer üppigen Schmauserei der gerade geernteten Gaben und mit großen Freudenfeuern gefeiert wurde. Man aß zum ersten Mal von den eingebrachten Vorräten, deshalb backte man überall Kartoffelkuchen, deshalb setzte man überall die Strohpuppen, die aus dem Ähren-

hund (siehe dort) zusammengebunden sind, oben auf die Holzstöße. Die Strohpuppen können jedoch auch Tiergestalten oder Hexen darstellen, denn die Druiden glaubten auch, daß Saman, der Herr des Todes, in dieser Nacht die bösen Seelen zu sich rief, die dazu verdammt waren, in Tiergestalt einherzugehen. Schließlich glaubten die Menschen im alten England auch noch, daß Halloween die Nacht des Jahres sei, in der die Hexen und Geister, durch die Macht des Bösen für eine einzige Nacht gelöst, leibhaftig auf der Erde herumspuken könnten.
Alles in allem Grund genug zu Krach und Feuer, zu Abwehrriten, Mummenschanz und Freßfesten. Man versammelte sich um die Flammen, die die Geister vertreiben sollten und erzählte sich Geistergeschichten.
Halloween war von je her ein Fest, das von Erwachsenen und Kindern mit gleichem Vergnügen und gleicher Intensität gemeinsam gefeiert worden ist.
In Wales sind früher die jungen Burschen als alte Weiber und Mädchen verkleidet durch das Dorf gelaufen und haben um milde Gaben gebeten. Heute sammeln Kinder Äpfel und andere Früchte ein und bereiten sich daraus ein leckeres Gericht. In Irland gehören besonders viele Gerichte zu Halloween.

Boxty bread wird in manchen Gegenden gegessen, das sind Kartoffelpuffer, die aus gleich viel rohen, geriebenen und gut ausgepreßten Kartoffeln, Mehl und gekochten zerstampften Kartoffeln samt der Kartoffelstärke, Salz und Pfeffer gerührt und von beiden Seiten golden ausgebacken werden.

Boxty pancakes sind Kartoffelpfannkuchen, wozu der gleiche Teig mit etwas Milch und einer Messerspitze Backpulver so schlank gerührt wird, daß er vom Löffel tropft. Wie das Boxty Brot in Fett golden backen, jeweils mit einem Stück Butter und Zucker servieren.

Colcannon gehört in vielen Familien zum Festmahl am Abend des 31. Oktobers. In grauen Vortagen hat man dazu *kale,* Meerkohl oder Strandkohl benutzt, während man heute Weißkraut verwendet. Ein Pfund wird gewaschen, kleingeschnitten und weich geschmort, während man die gleiche Menge Kartoffeln kocht. Dann werden zwei Stangen Lauch oder Zwiebeln, das Grüne und das Weiße in Ringe geschnitten, in einer Tasse Milch oder Sahne gerade so lange gedünstet, bis das Gemüse weich ist. Die Kartoffeln abgießen, mit Salz, Pfeffer und geriebener Muskatnuß würzen, zu Schnee schlagen und mit Lauch und Milch vermischen. Als letztes kommt der Kohl dazu, und dann wird das Gericht auf schwacher Hitze mit einem Holzlöffel oder dem Schneebesen so lange geschlagen, bis es hellgrün und locker ist. In eine tiefe Schüssel füllen, in der Mitte eine Kuhle machen und mit geschmolzener Butter füllen. Wenn Reste bleiben, so werden sie zu kleinen Püfferchen geformt und golden ausgebacken.

31. Oktober In das Festgericht steckt die Hausfrau einen einfachen goldenen Ring, eine Goldmünze, einen Fingerhut oder einen Knopf. Wer den Ring bekommt, wird im nächsten Jahr heiraten, wem die Münze auf dem Teller klappert, kann mit Reichtum rechnen, und wer Knopf oder Fingerhut erwischt, wird ledig bleiben. Nach dem Colcannon gibt es

Barm Bread

Dieses Gebäck gibt es in Irland das ganze Jahr, es wird aber auf jeden Fall am Abend von Halloween gegessen. Barm ist ein altes Wort für Hefe und für den Halloweenkuchen wird eine Goldmünze mitgebakken. Das Rezept: Ein Hefeteig aus 500 Gramm Mehl, einer Tasse Milch, einem Würfel Hefe, einem Ei, zwei Eßlöffeln Butter und 100 Gramm Zucker wird mit 250 Gramm Sultaninen, 125 Gramm Korinthen, 50 Gramm Orangeat, ½ Teelöffel gemahlenem Zimt und ½ Teelöffel gemahlener Muskat durchgeknetet, gehen gelassen, noch einmal durchgeknetet und in einer großen gefetteten Form etwa eine Stunde gebacken. Die Garprobe machen. Einen Eßlöffel Zucker in zwei Eßlöffel kochendem Wasser auflösen, den Kuchen damit begießen und noch einmal drei Minuten in den Ofen schieben. Dann aus der Form nehmen, abkühlen lassen und die frischen Scheiben mit Butter bestrichen servieren.

In den USA gehört dieser Tag und Abend vor allem den Kindern, die als Hexen und Gespenster durch die Gegend spuken, kleine Geschwister schrecken, Geld und Gaben sammeln, Maskenwettbewerbe veranstalten, Gespensterfeste feiern und oft von den Schulen zu einer Maskenparade mit anschließendem Fest eingeladen werden.

Kinder spielen Gespenster

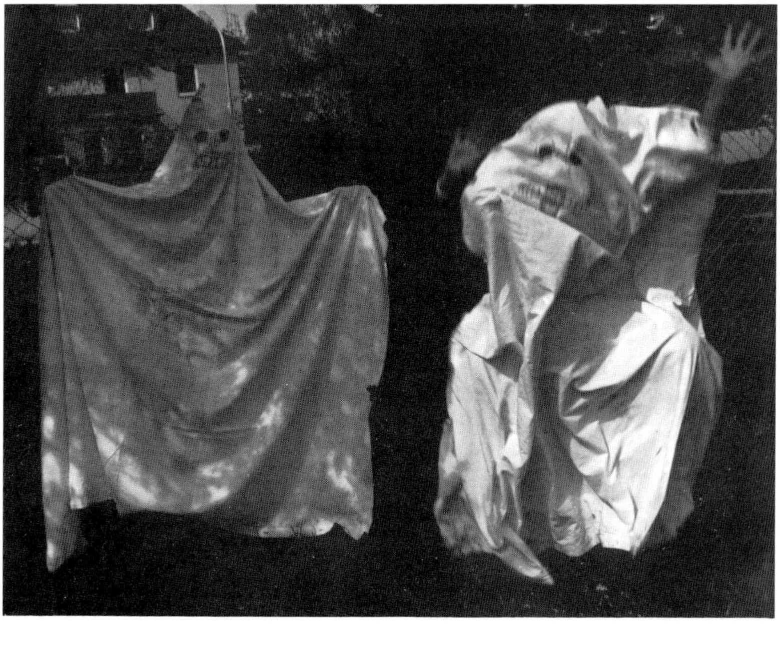

November

Der November hat seinen Namen vom lateinischen *novem* für neun, denn der November ist der neunte Monat im Römischen Kalender, unser elfter Monat. Er heißt auch Nebelung oder Schlachtmonat, Karl der Große hat ihn Windmonat getauft.

1. November
Allerheiligen

Dies ist das Familienfest der christlichen Kirche: im Gedanken an die Erlösung der Heiligen und Seeligen sieht der Fromme die Belohnung für ein Leben im Vertrauen auf Gott. Dank für die Fürsprache der Heiligen und Hoffnung auf die eigene Erlösung mischen sich.
Das Gedächnisfest ist von Papst Gregor IV. im 9. Jahrhundert für die ganze Christenheit vorgeschrieben worden.
Für diesen Tag wurden die Allerheiligen-Striezel gebacken, ursprünglich eine Gabe für die Kinder und die Armen der Gemeinde. In Süddeutschland und in den Alpenländern ist es immer noch Brauch, daß sich die Patenkinder ihren Allerheiligen-Striezel abholen. In kleineren Flecken beschenkt man sich auch innerhalb der Familie.

Der Strohstriezel: Eine Necksitte im östlichen Österreich, wo man einen Striezel aus Stroh geflochten hat und einem Geizkragen, einer Meckerliese oder einer auf andere Art und Weise unfreundlichen Person so vor Tür oder Tor gestellt hat, daß sie es selber möglichst spät, die Nachbarn aber auf den ersten Blick bemerkten.

Am Abend des Allerheiligentages, also am Vorabend des Allerseelentages, begann und beginnt in katholischen Gegenden der Gang zum

Friedhof. Die Gräber werden geputzt, gerichtet, feierlich mit Blumen und Kränzen geschmückt, in manchen Gegenden legt man aus Herbstblumen und -früchten ganze Teppiche aufs Grab, man füllt die kleinen Weihwasserbrunnen mit frischem Wasser und legt einen immergrünen Zweig hinein.

2. November Allerseelen

An diesem Tag wird das feierliche Gedächtnis aller gestorbenen Gläubigen gefeiert. Es wird für die armen Seelen gebetet, und in katholischen Gegenden ist es üblich, die Gräber zu schmücken, ehe der Schnee seine Decke darüber breitet, den Toten eine Kerze als Symbol für das ewige Licht aufs Grab stellen: sein Schein soll an den Heiland erinnern.

In manchen Gegenden heißt die Allerseelenkerze Nebeling, in manchen Gegenden steckt sie in einem kleinen roten Glasgefäß, in anderen Gegenden hat sie eine bestimmte Form, ist wie ein Kegel geformt, reich mit Wachsblüten geschmückt und erinnert an die mittelalterliche Sitte, auf den Kirchhöfen des Nachts eine Kerze in einer Laterne oder einem Lichthäuschen brennen zu lassen. Diese Lichter sollten den Vorübergehenden und dem Wanderer anzeigen, welchen Ort sie passierten und gleichzeitig mahnen, ein Gebet für die Verstorbenen zu sprechen.

Früher war es üblich, am Allerseelentag noch einmal für die Verstorbenen des vergangenen Jahres ein Gedeck aufzulegen, man hat auch Speisen oder Getreide auf die Gräber gebracht, ein Speiseopfer also im christlichen Gewand.

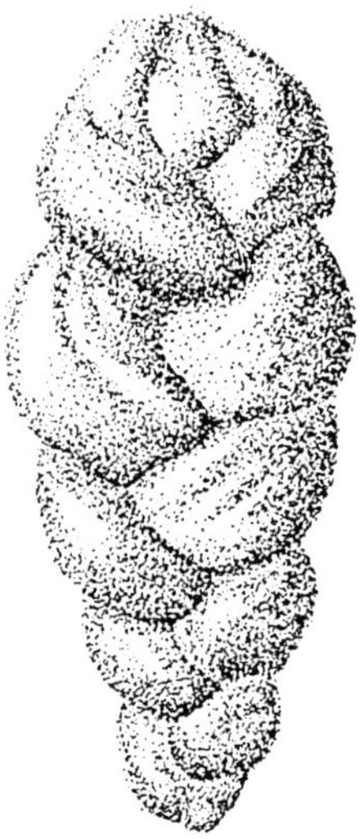

Seelenbrote werden überall gebacken, wie der Allerheiligen-Striezel ursprünglich eine Spende für die Waisenkinder und die Armen, die am Vormittag von Haus zu Haus zogen und die Brote einsammelten.

Die Seelenbrote gehen auf Opfergebäck für die armen Seelen zurück, von denen man meinte, sie seien für diesen Tag aus dem Fegefeuer entlassen. Für sie heizt man (zum ersten Mal) und läßt die Brote über Nacht auf dem Tisch stehen. Der fromme Glaube sagt auch, man müsse am Vorabend von Allerseelen ein Feuer zum Wärmen anzünden, weil die armen Seelen leicht frieren.

Die Allerseelenbrote waren oft reiche Gebildbrote aus Roggen mit Speck oder Hefebrote mit reichlich Zucker und Butter.

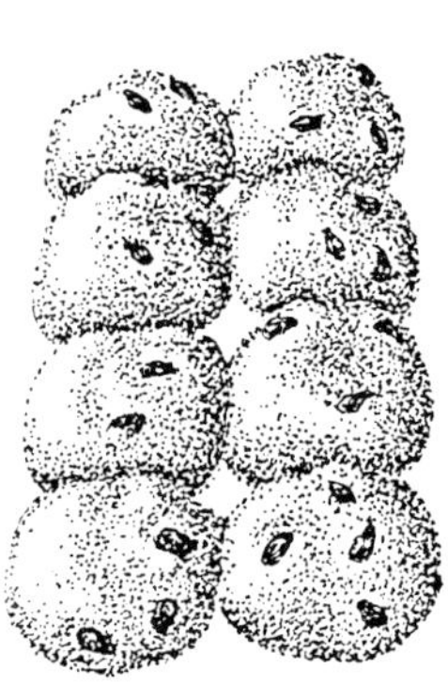

Der Seelenzopf: Im Bayerischen bekommen die Patenkinder nicht am Allerheiligentag, sondern am Allerseelentag vom Firm- oder Taufpaten einen Seelenzopf oder statt dessen eine Geldspende, die das Stuckgeld heißt.

Der Allerseelenzopf besteht aus dreifach geflochtenem Hefeteig, auch oft reichlich mit Rosinen und Weinbeeren durchwirkt, und geht vermutlich auf ein germanisches Haaropfer zurück.

Das Stuck ist eigentlich ein Gebildbrot, rechteckig, reichlich mit Gewürz und Weinbeeren versehen, das so eingekerbt war, daß man es leicht in Stücke brechen konnte.

Als Familienfest wird der Allerseelentag oft gefeiert: nach der Messe am Allerseelenmorgen machen sich die jungen Leute auf und kehren in das Dorf zurück, in dem sie geboren sind, um das Grab der Eltern oder der Familie zu besuchen. Sie bringen Seelenzöpfe mit, die auf den Seitenaltar gelegt werden und meistens dem Küster gehört haben.
In den USA serviert man am Allerheiligentag kalte Milch zum zweiten Frühstück. Sie wird gern mit etwas Honig, Rum und Sahne zum Milchpunsch verquirlt, und dazu gibt es Lebkuchennüsse.
In Flandern haben die Kinder am Vorabend des Allerseelentages neben der Haustür einen kleinen Altar aus einem Heiligenbild zwischen zwei Kerzen aufgebaut und erwarten von den Passanten eine kleine Geldspende, um den armen Seelen im Fegefeuer einen Kuchen zu kaufen.

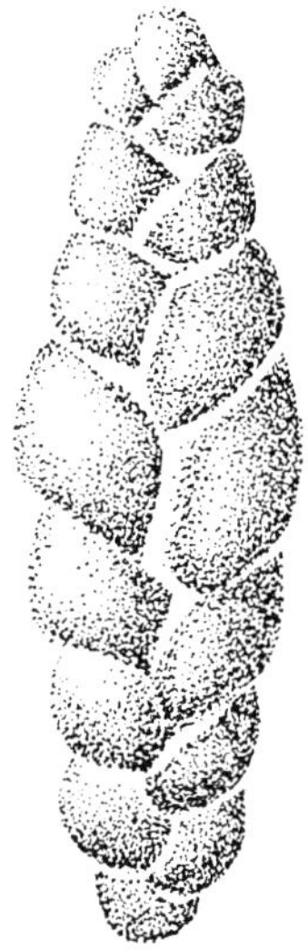

Allerseelenbrötchen zu essen war verdienstvoll, der Kinderglaube sagt: so viele Brötchen man ißt, so viele Seelen erlöst man dadurch.
Peter Rosegger erzählt vom Allerseelentag:
»Da wird in der Steiermark an diesem Tag keine Tür und kein Tor etwa gewaltsam zugeschlagen, aus Furcht, eine arme Seele zu zerquetschen. Da wird kein Messer auf dem Rücken, kein Rechen mit den Zinken nach oben liegen gelassen, aus Vorsicht, daß nicht irgendeine arme Seele darüber stolpere, sich ritze oder schneide. Auch darf an diesem Tag keine leere Pfanne über dem Feuer stehen, damit sich nicht unversehens eine arme Seele hineinsetze und elend verbrenne. Ferner ist es unstatthaft, einem Frosch oder einer Kröte etwas zuleid zu tun, da man nicht wisse, ob nicht eine arme Seele in Gestalt dieser Tiere an ihrem Tage sichtbar werde.«

3. November

Allerbuebe: Das ist im Alemannischen der Tag der Dorfbuben. Sie durften sich alles Obst aus den Bäumen und Büschen holen, was sie noch finden konnten.

Steuwersonntag ist eine ähnliche Sitte, die Ende Oktober oder Anfang November in Hessen geübt worden ist. Auch dort ist das noch nicht geerntete Obst den Dorfbuben verfallen, und sie dürfen in die Bäume und stöbern (steuwern).

Tag des heiligen Hubertus
Er ist Patron der Jäger, war Bischof von Lüttich, der der Legende nach an einem Feiertag gejagt hat und durch das Erscheinen eines weißen Hirsches mit einem goldenen Kreuz zwischen dem Geweih zur Umkehr geführt worden ist.
Aus der Zeit, in der durch das Verschwinden der großen wilden Wälder auch die Jagd reglementiert und durch die Stilisierung zu fürstlichen Hof- und Schaujagden zu einer Zunft oder einer berufsmäßigen Zeremonie geworden ist, stammen Sitten und Gewohnheiten, die an die handwerkliche Ausbildung der Jäger im 17. und 18. Jahrhundert erinnert, mit Gesellenzeit, Probestücken und Prüfungen, mit Jägerschlag zum Vollgenossen.

3. November

Jägerschlag und Jägerhänseln haben sich bis in die Gegenwart erhalten, wenn auch oft leicht verfremdet. So muß sich noch vielerorts der Schütze, der sein erstes Wild erlegte, mit einer Zeche lösen, also ein Faß Bier und einen Jagdimbiß stiften. Manchmal wird er vom Lehrprinzen, dem Lehrherren, mit dem Hirschfänger umgürtet und erhält einen Backenstreich, der an den Schwertschlag erinnern soll.
In Deutschland werden an diesem Tag fast überall Treibjagden und große Hetzjagden abgehalten.

Hubertusjagden sind an manchen Orten wahre Volksfeste, die morgens in aller Frühe mit Hörnerschall beginnen und mit Jagdfesten oder Jagdbällen enden.

Das Schüsseltreiben oder der Knödelbogen (Bayern) ist das gemeinsame Abendessen nach der Treibjagd. Es wird vom Jagdherrn gegeben oder – wenn jeder Gast für sich zahlt – im Wirtshaus vorbereitet. Der Tisch wird traditionsgemäß mit Grün geschmückt, der Jagdherr bringt ein Horrido auf das edle Waidwerk aus, der älteste oder würdigste Jagdgast oder der Jagdkönig bedankt sich im Namen aller anderen Jagdteilnehmer für Jagd und Gastlichkeit, und je nach Gegend und Brauch schließen sich allerlei Wechsel- und Hänselsprüche an, Trinksitten mit besonderen Humpen, Willkommstrünke für neue Jagdgäste, die aus besonderen Willkommspokalen getrunken werden.

Hubertusbrötchen backt man in Belgien, sie sind zu Ehren des Heiligen mit einem Jagdhorn verziert. Am Rhein hat man geglaubt, wenn man ein Hubertusbrot äße, so sei man vor tollwütigen Hunden und anderen wütenden Tieren geschützt.
Andernorts backt man kleine Hubertusbrötchen und füttert damit Katzen und Hunde, um sie gesund zu erhalten und am Hubertussegen teilnehmen zu lassen.

Quaint Cut (Holzschnitt) von Joseph Crawhall

5. November

Guy Fawkes Day oder Pope Day: Dieser Tag wird in England als Jahrestag der berüchtigten Pulververschwörung gefeiert. Guy Fawkes war am 5. November 1605 ergriffen worden, als er in den Kellern des Parlamentsgebäudes in London die Pulverfässer zurechtrückte, um das ganze Parlament samt dem König Jacob I. in die Luft zu sprengen, weil Guy und die anderen katholischen Verschwörer ihre Hoffnungen, die sie auf den König gesetzt hatten, nicht erfüllt sahen.
Zur Erinnerung an diese englische Pulververschwörung sammeln die Kinder Wochen vorher Holz und Reisig und basteln einen gewaltigen Guy aus Stroh, der oft mit Jacke und Hose bekleidet wird. Diese Strohpuppe wird auf den Feuerstoß gesetzt, und bei Einbruch der Nacht wird sie verbrannt, werden Feuerwerke veranstaltet und Raketen in die Luft geknallt, Umzüge veranstaltet und die Freiheit vom Papismus gefeiert.

Guy Fawkes Day

6. November

Sankt Leonhard
Er gilt als Befreier der Gefangenen und Patron des Viehs, einer der großen Bauernheiligen, der besonders in Süddeutschland, in der Alpengegend hoch verehrt wird. Es gibt die berühmte

Leonhardifahrt in Tölz, wo nach altem Brauch die Pferde vom Pfarrer gesegnet werden.

November

Leonhardifahrt in Tölz, von Max Raffler, 1969

Leonhardigaben: Hufeisen und eiserne Tierbilder, die früher die Dorfschmiede hergestellt haben, werden dem Heiligen geweiht und sollen Glück bringen.

Das Leonhardifest in Sachsen hat den Kindern das Recht gegeben, an diesem Tage die Herren im Haus zu sein. Dieses Recht galt nicht nur in der Kinderzeit, sondern so lange, wie die Eltern lebten.

Erste Novemberwoche

Internationale Katzenwoche: In den USA serviert man braven Hauskatzen und eleganten Edelkatzen ein besonders gutes Fressen, dessen Rezepte man speziellen Katzenkochbüchern entnimmt und für das man allerlei Erlesenes von gehackten Sardinen bis Kaviar braucht. Auf jeden Fall: für die Katze im Haus mal kein Dosenfutter, sondern zumindest frisches Hackfleisch und eine neue Spielmaus.

11. November
Sankt Martin

Martinus wurde in Ungarn geboren, mit 18 getauft, war dann Einsiedler und Klostergründer bei Poitiers, gegen seinen Willen Bischof von Tours und berühmt und beliebt durch seine Wunderkraft und Menschenfreundlichkeit. Der Legende nach hat er einst seinen Mantel mit dem Schwert in zwei Stücke gehauen und mit dem Bettler geteilt und ist so das christliche Symbol für Mildtätigkeit geworden.
Der heilige Martin ist der Schutzheilige der Armen, der Reiter und der Soldaten, an seinem Tag begann früher das vierzigtägige Weihnachtsfasten, woran uns heute nur noch der pompöse Beginn des Karnevals erinnert. Sein Gedenktag wurde in einen Zeitabschnitt gelegt, in der in vorchristlicher Zeit ein dem Wotan geweihtes Herbstdankfest gefeiert wurde. Das ist der Grund, warum sich in das Martinsfest viele heidnische Gebräuche mischen.

Martinssommer nennt man die letzte milde Periode im Jahr. Der Martinstag wird jedoch häufiger als Beginn des Winters betrachtet. Martini ist vor allem in Süddeutschland das Ende des bäuerlichen Jahres. Früher war der Pachtzins fällig (siehe Martinigans), ein neues Dienstjahr begann für das Gesinde. Es wechselte die Stelle und bekam die Martinibrezel mit auf den Weg.

Das Martinifest ist in Hessen und vielerorts so gefeiert worden: Die Dienstboten hatten nach der Beendigung des Sommerdienstes einige Tage frei, kehrten zu den Eltern zurück und wurden dann mit Gesang und Musik zu den neuen Dienstherren gebracht, die die jungen Leute an diesem Tag üppig bewirten mußten.

Die Märtensgerte oder Martinsgerte: Um Martini herum wurden in Süddeutschland und Österreich die Kühe das letzte Mal auf die Weide getrieben. Am Abend des Martinstages überreichte der Hirte seinem Herrn eine grüne Rute, die Märtensgerte, mit einem Dank- und Segensspruch für das Gedeihen von Vieh und Land. Die Märtensgerte ist ein Symbol für den Fruchtbarkeitszauber, meist ein Birkenreis oder ein Weidenzweig. Mit diesen Gerten sind früher die ersten Kämpfe zwischen Sommer und Winter ausgefochten worden, wobei jetzt natürlich der Winter gesiegt hat. Danach wurden die Gerten mit Immergrün oder Eichenlaub, mit Wacholder oder mit reifen Beeren geschmückt und an die Stalltür genagelt oder im Stall hinter einen Balken gesteckt, und blieben dort, bis das Vieh im nächsten Frühjahr wieder ausgetrieben wurde. Mit den Martinsruten sind an manchen Orten auch die Frauen und die Mädchen geschlagen worden: die »grünen Streiche« sollten den Segen und die Fruchtbarkeit auch auf sie übertragen.

Die Martinsgans: Wie die Gänse und der heilige Martin zusammengekommen sind, ist umstritten. Die Gänse sind um diese Zeit zwar am fettesten, der Brauch, Tiere feierlich zu schlachten und zu einem Festbraten zu erheben, hängt aber auch damit zusammen, daß man früher an die Vegetationsgeister glaubte, sie sich als Tiere vorstellte, als

11. November
Sankt Martin

Hahn, Schwein oder Gans, ein Korn- und Erdgeist, der genauso verging wie der Sommer und das Jahr. Mit der Gans wird also der Sommer geschlachtet, und der Aberglaube, der sich um den »Glücksknochen« oder die Heilkraft des Gänsefettes rankt, zeigt an, welche übernatürlichen Segens- und Heilkräfte man diesen Opfertieren zugeschrieben hat: wenn zwei versuchen, den V-förmigen Brustknochen der Gans zu zerbrechen, so geht dem ein Wunsch in Erfüllung, der das größere Stück in Händen hält. Auch die Farbe dieses Knochens hat eine tiefere Bedeutung: ist er blaß und weiß, so gibt es einen kargen, kalten Winter, hat er eine schöne rote Farbe, so gehen einem im Winter die Vorräte nicht aus.

Der heilige Martin, Hinterglasbild

November

11. November
Sankt Martin

Damit der heilige Martin und die Gänse zusammenpassen, hat man gleich mehrere Legenden erdacht: nach der einen sollen ihn die Gänse durch ihr Geschnatter verraten haben, als er sich im Gefühl der Schwäche in den Gänsestall verkrochen hat, um nicht das schwere Amt eines Bischofs von Tours antreten zu müssen.
Nach der anderen hat sich der Heilige, als er schon Bischof war, durch das Gänsegeschnatter beim Predigen gestört gefühlt.
In einer Volksfabel preist schließlich die Gans, die dem Wolf entkommen ist, den heiligen Martin als Nothelfer.
Wie auch immer, die Gänse haben stets zum Martini dran glauben müssen, dieser Tag war schon in alten norwegischen Runenkalendern und noch im vorigen Jahrhundert in den Tiroler Bauernkalendern einfach mit einer gemalten Gans bezeichnet.

Martini als Zinstermin war auch der Ablieferungstag von Naturalien. So wurde die Martinsgans dem Lehrer oder dem Pfarrer als Deputat überreicht, später als Geschenk Verwandten oder Bekannten zugesandt und auch mit Martin Luther in Verbindung gebracht: viele essen sie ihm zu Ehren, nur des Namens wegen.
Im übertragenen Sinne heißt ›Martinsgans‹ auch die Gabe, die zum Martinitag den Lehrern und Pfarrern als Lohn gebracht wurde, dem Lehrer meist von den Schulkindern. Das waren Geld und Lebensmittel, zu denen dann wieder die echte geschlachtete Gans gehörte.

Ganslsonntag heißt der Martinstag, wenn er auf einen Sonntag fällt oder der Sonntag nach Martini. Da gibts die Herbstmusik, die jungen Burschen müssen ihre Mädchen zum Tanz führen und mit einem Gänsebraten bewirten. Wer sich drum zu drücken sucht, gilt als Geizkragen oder als schlechter Liebhaber, hat sich auf jeden Fall die Gunst seines Mädchens verscherzt.

Den Märteswein trinken die Winzer, oft im Rahmen eines festlichen Banketts oder eines Gemeindeabends, um für das künftige Jahr eine gute Ernte zu erbitten.
Zu Martini hat auch der Most ausgearbeitet, an diesem Tag ist also der neue Wein getauft worden. Die Winzer fanden sich zum Martinstrunk oder Märtestrunk zusammen und nahmen die erste Kostprobe vom Heurigen. Der Märteswein floß früher überall dort reichlich, wo Wein angebaut wurde: in Klöstern und in Winzerstädten war es üblich, an diesem Tag alle Leute freizuhalten.

Das Märtesmahl ist in vielen Gegenden mit dem Märteswein die erste Herbstmahlzeit, die die Gemeindeältesten zusammenführt (was man auf die Eltern der Schulanfänger übertragen könnte) und die Dienstboten bekommen den Märteswein zum Abschied mit.

Die Märtesminne knüpft an eine Legende an: danach soll der fromme Mann dem schwedischen König Olaf erschienen sein und streng von ihm verlangt haben, er solle nicht mehr die alten Götter Thor und Wotan durch Trankopfer ehren, sondern den Märtenstrunk anstelle der Odinsminne einführen.

Ein Wasserwunder lassen die Eltern aus Halle den heiligen Martin jedes Jahr vollbringen: sie sagen ihren Kindern, der Heilige habe die Macht, Wasser in Wein zu verwandeln. Die Kinder stellen des Nachts große Krüge mit Wasser vor die Tür, das die Eltern in der Nacht ausschütten und durch frischen Most ersetzen. Dazu bekommt jedes Kind ein Martinshörnchen.

Kinderfeste mit Bescherung nehmen im Namen vom heiligen Martin schon die Sitten und Spiele vorweg, die eigentlich mit dem Nikolaustag verbunden sind. So scheuchen die Eltern in Belgien ihre Kinder am Martinsabend in eine Stubenecke, werfen von außen Äpfel, Nüsse, Pfefferkuchen und Zuckerwerk zur offenen Tür hinein und behaupten, es sei der heilige Martin gewesen. Die Kinder bedanken sich dann beim Heiligen und versprechen, brav und artig zu sein. Wenn eins von den Kindern aber nicht mehr glauben kann, daß die Süßigkeiten von Martin stammen, darf es nichts davon aufheben, weil es nämlich nun »den heiligen Martin kennt«. Er aber will unerkannt von Haus zu Haus reiten.

In Westfalen haben die Hausbesitzer den Kindern im Haus einen Korb mit Äpfeln und Nüssen hingestellt und gesagt, das habe der heilige Martin gebracht.
In Pommern ist ein Korb mit Rüben auf den Tisch gestellt worden, der Hausvater hat Gold- und Silbermünzen in die Rüben gesteckt, den Korb gerüttelt und geschüttelt, so daß sich alles gut vermischte, und dann mußten die Kinder mit verbundenen Augen oder angespitzten Stecken nach den Rüben angeln.

Martinsfeuer: Sie werden am Vorabend des Martinstages oder in der Dämmerung des Tages selbst angezündet und unterscheiden sich von anderen Feuern dadurch, daß sie verhältnismäßig klein sind. Die Kinder laufen schon vierzehn Tage vorher durch Dorf und Wald, um Reisig, altes Kistenholz und Stroh zu sammeln, in vielen Gegenden schichtet sich jedes Haus, jede Straße ihren eigenen Feuerstoß auf, so daß am Abend überall kleine Lichter aufglühen, um die die Kinder tanzen und warten, bis das Feuer Glut geworden ist und sie darüber springen können.

Korbschüttetag: In Holland haben die Kinder die eingesammelten Äpfel, Nüsse und Kuchen in große Körbe getan, dicht neben die Feuer gestellt und rasch umgekippt, sowie die Körbe Feuer zu fangen drohten. Alle Kinder stürzten sich darüber und versuchten so viel wie möglich für sich zu erhaschen.
In Belgien ist das Martinsfeuer ein gemütliches Kartoffelfeuer für die Kinder, das zwischen den Feldern angezündet wird.

11. November
Sankt Martin

Martinshörnchen: Von Sankt Martin, dem Kriegsmann, heißt es, er trüge Wotans Mantel. So gehört es sich auch, daß ihm zu Ehren Martinshörnchen verspeist werden, deren Hufeisenform an Wotans Roß erinnern soll. Martinshörnchen aus Mürbeteig oder Hefeteig werden in vielen Gegenden gebacken.

Martinshorn

1 kg Weizenmehl, 2 Würfel Hefe, 1/4 l lauwarme Milch, 3–4 Eier, etwas Salz, 2 Eßlöffel Zucker, 200 g weiche Butter, abgeriebene Schale einer Zitrone, 50 g grob gemahlene Mandeln, 125 g gewaschene Rosinen, 100 g Korinthen

Aus den Zutaten einen Hefeteig zubereiten. Den Teig mit dem Rührlöffel schlagen, bis er Blasen wirft, auf dem mehlbestäubten Backblech zu einer Rolle mit sich verjüngenden Enden formen und zu einem großen Hufeisen formen oder zwei bis drei kleinere Martinshörner formen. Das Horn oder die Hörner auf dem gebutterten Backblech aufgehen lassen, dann mit Butter bestreichen, mit Zucker und Zimt bestreuen, nach Belieben auch mit feingehackten Mandeln, und im vorgeheizten Ofen bei 180 bis 200 Grad Celsius 30 bis 40 Minuten backen.

Der Martinsweck oder Martinsring aus Hefeteig »dingt das Neujahr an«. Der junge Mann hat das Gebäck seinem Mädchen geschenkt und das hieß, daß er sich von ihm am Neujahr ein Geschenk holen wollte. Aus der Art der Neujahrsgabe ersah er dann, ob er dem Mädchen lieb oder wenigstens genehm war. Eine Chance für die jungen Leute, sich noch ohne Verpflichtung, fast spielerisch näher zu kommen: im Winter vor allem in der Spinnstube und bei den Weihnachtsfestlichkeiten. Natürlich, je größer Hefeweck oder Kranz waren, desto größer die Liebe. Auch die Martinshörndel entfalteten ihren Segen erst richtig, wenn sie Freunden geschenkt wurden.

Martinsküchlein und Martinslaible, das erste ein Schmalzgebäck, das zweite ein Hefezopf, waren Geschenke vom Hausherrn an das Gesinde, von Erwachsenen, Eltern und Paten an die Kinder der Familie oder der Nachbarschaft.

Martinsgeigen waren in Süddeutschland große Weißbrote, die am Martinstag in der Kirche geweiht und den Armen geschenkt wurden.

November

11. November
Sankt Martin

Martinsschiffle: Ein Mürbeteiggebäck in Schiffchenform, oft mit Rosinen gefüllt, das die Schulkinder von der Mutter bekamen, damit sie es dem Lehrer mitbrachten.
Zum Nachbacken das Rezept:

Martinsschiffle mit Rosinen
Zwei Eier verquirlen und in einen Topf geben. 125 Gramm zerpflückte Butter hinzugeben, die auf schwacher Hitze mit den Eiern schmelzen soll, dann eine Prise Salz, 200 Gramm Zucker, ¼ Tasse Zitronensaft, ein Beutel Vanillezucker, eine Tasse gewaschene und in Weißwein geweichte Rosinen und eine halbe Tasse grob gehackte Walnüsse dazugeben, gut verrühren und in fertige Teigförmchen füllen. Die Masse reicht ungefähr für 15 große oder 20 kleine Schiffchen. Man sollte sie nicht zu üppig füllen, da diese Mischung sehr reich und sättigend ist.

Martinssingen: Das ist der erste winterliche Heische-Umgang der Kinder, die vor den Häusern stehen bleiben, Martinslieder oder andere Lieder singen und dafür Äpfel, Süßigkeiten oder Geld empfangen. Manchmal zieht den singenden oder laternentragenden Kindern ein Junge voraus, der als Martin verkleidet ist und wie er auf einem Schimmel reitet.

Pelzmärte oder Schellenmärte, der in manchen Gegenden auch Nußmärte heißt: Er trägt ein altes traditionelles Kostüm, oft mit Schellen benäht, klopft bei den Kindern an und beschenkt die braven Buben und Mädchen mit Nüssen und Martinswecken.

Martinslichter: Die Kinder machen einen Heischegang mit hohlen Kürbissen, die auf einen Stock gesteckt werden und mit einer Kerze erleuchtet sind, oder mit Stocklaternen. In Bonn ist dem Zug ein »Martinsmännchen« vorausmarschiert, ein Junge, dem Arme, Leib und Beine mit Stroh umwickelt gewesen sind.

Martinsabend: Im Norden und im Osten des alten Deutschland ist erst Martini als Erntefest gefeiert worden, und in Hessen hat man den Martinstag in den Orten, die keine Kirmes halten, besonders ausgiebig gefeiert. Alle Leute haben einen Tag lang getanzt, getrunken und gegessen, wobei in den verschiedenen Gegenden traditionelle Festgerichte aufgetischt wurden. In den meisten Fällen war es die Martinsgans.

Die Martinskost konnte aber auch aus frischer Wurst mit Reisbrei bestehen (am Niederrhein) oder kalter Milch- und Wecksupp (an der Aar), aus Eierkuchen, Waffeln oder einem Spanferkel.

Martinsfest: Im Harz war es üblich, daß man seine Nachbarn einlud oder daß der Hausherr alle zum Martinsmahl bat, die in seinem Hause wohnten. Jeder Gast wurde mit einer großen Schüssel voller Kuchen von ihm begrüßt.

Foto rechte Seite: Kinder mit Martinslaternen

November

11. November
Sankt Martin

Der Huttanz wurde in manchen Gegenden zum Erntefest und Martini veranstaltet: die jungen Leute wurden eingeladen oder verabredeten sich im Wirtshaus, aßen und tranken und tanzten dabei den Huttanz nach der folgenden Regel: ein Bursch setzte sich einen Strohhut oder einen Zylinder auf und versuchte, ihn beim Tanzen einem andern Burschen aufzusetzen. Es erforderte Geschicklichkeit und einen geübten Tanzpartner, um dem Hut immer wieder auszuweichen. So wandert der Hut von Kopf zu Kopf und wenn die Musik ihre Ländler oder Walzer unterbrach, mußte das Paar mit dem Hut ausscheiden. Sieger und Hutkönig war bei diesem Spiel das Paar, das zum Schluß übrig blieb.

Der Dippedotz, Döppelkooche oder Duppes ist ein Kartoffelkuchen aus der Lahngegend zwischen Westerwald und Eifel. Er wird am Martinstag zum Mittagessen oder Abendbrot verzehrt, und er wird so erklärt: am Martinstag hatte man im alten bäuerlichen Jahreslauf Pacht und Zinsen zu entrichten, und da diese Gegend am Mittelrhein einen kargen Boden und die Bauern nur gerade ihr Auskommen hatten, soll das knusprige Kartoffelgericht die unerschwingliche Martinsgans ersetzt haben. So wird der Dippedotz zubereitet:

Dippedotz

1,5 kg Kartoffeln, 3–4 große Zwiebeln, 2 Brötchen, 200 g Dörrfleisch, 3 Eier, Öl, Thymian und Majoran, Butterflöckchen

Die Kartoffeln reiben und zehn Minuten stehen lassen, damit sich die Stärke und das Kartoffelwasser absetzen. Das überschüssige Wasser abgießen, die Zwiebeln zu den Kartoffeln reiben, mit den in Milch eingeweichten, ausgedrückten und schlank gerührten Brötchen, feingewürfeltem Dörrfleisch, Eiern, vier bis fünf Eßlöffeln Öl und je einer Messerspitze fein zerriebenem Thymian und Majoran vermengen. Das Dörrfleisch ist meist so salzig, daß man dem Kartoffelteig nicht noch zusätzlich Salz hinzufügen muß. In einem Schmortopf zwei bis drei Eßlöffel Öl heiß werden lassen, den Kartoffelteig einfüllen, in den auf 220 Grad Celsius vorgeheizten Ofen, unterste Schiene, schieben, und anderthalb Stunden offen backen lassen. Nach sechzig Minuten dicht mit Butterflöckchen besetzen, damit der Dippedotz eine schöne knusprige Kruste bekommt.
Man serviert das Gericht zu schwarzem Kaffee, Apfelkompott und Obstler.

11. November
Sankt Martin

Der Gans-Abhauet: Am Tag des heiligen Martin findet in Sursee (Schweiz) ein Volksfest statt, dessen Ursprung wohl auf den alten Zinstag, der das bäuerliche Wirtschaftsjahr abschloß, zurückgeht. Allerlei Wettbewerbe wie Wettklettern an der Stange mit Würsten und Schokolade. Sackhüpfen und Seilziehen finden bei den Jungen begeisterten Zuspruch. Hauptattraktion ist aber jedesmal der Gans-Abhauet. Auf dem Platz vor dem Rathaus ist ein Draht gespannt, von welchem eine fette Martinigans herabhängt, mit den Füßen nach unten und so hoch, daß ein Mann sie mit dem Säbel gerade noch erreichen kann. Die Bewerber um den Ganslauf stellen sich in einiger Entfernung in einer Reihe auf. Einer nach dem anderen wird vor seinem Lauf mit einem roten Mantel bekleidet, dann werden ihm die Augen verbunden und eine pausbäckige Sonnenmaske vorgehängt, offenbar als Sinnbild des Abschieds vom Sommer. Zuletzt bekommt er einen

Gans-Abhauet in Sursee, Kanton Luzern

Krummsäbel in die Hand und wird dreimal um sich selber gedreht, so daß er die Richtung verliert. Jetzt beginnt der Mann, vom Trommelwirbel begleitet, dort hinzulaufen, wo er die Gans vermutet. Johlen und Gelächter der Zuschauer zeigen ihm an, ob er sich in der Richtung geirrt hat. Erreicht er die Gans, so darf er nach strengem Brauch nur einen einzigen Hieb führen – der meistens daneben geht, sehr zur Schadenfreude von Jung und Alt. So wiederholt sich zum Ergötzen der Zuschauer das Schauspiel oft viele Male. Gelingt einem Bewerber der blinde Hieb und fällt die Gans herunter, so darf er sie behalten.

November

11. November
Sankt Martin

Schlachtfest: Martini schlachtet man nicht nur Gänse: in vielen Gegenden ist der 11. November der Beginn der Schlachtzeit. November und Dezember werden als Schlachtmonate bezeichnet, und oft findet zu Martini das erste Schlachtfest statt. Wenn früher im Dorf ein Schwein geschlachtet wurde, so war das nicht nur ein wichtiges Ereignis für den betreffenden Hof, sondern für alle Nachbarn und Freunde. Früher haben die Kinder an diesem Tag schulfrei bekommen, der Schlachter kam ins Haus, und alle Frauen, Familienangehörige und Dienstboten halfen beim Zerlegen, Kochen, Hacken und Wurststopfen. Die Kinder bettelten um kleine fingerdicke Würste.

Schlachtschmaus: Mit Freunden und Nachbarn feiert man abends die erledigte Arbeit, meist gibt es eine Schlachtplatte mit Wellwurst, frisch gekochten Blut- und Leberwürsten, die sich früher ungeräuchert nicht lange hielten und deshalb gleich verspeist wurden. In manchen Gegenden war es Sitte, aus der Wurstbrühe mit Grütze oder Buchweizen eine Suppe zu kochen, oft gibt es eine Grützwurst mit Zwiebeln, Blut und feingehacktem Fleisch, zur Schlachtplatte gibt es Siedfleisch, gekoch-

Metzgerei, Bilderbogen, 1843

11. November
Sankt Martin

ten Speck, Schnuten und Pfoten mit Sauerkraut oder gedünsteten Äpfeln. In Hessen gibt es auch Sauerkraut, das in der Wurstbrühe gekocht wird, dazu Leber und Weckwurst. In Süddeutschland ist die Metzelsuppe bekannt, Schweinepfeffer und frische Bratwürste sind in Schwaben und in Bayern beliebt. Wer nicht zum Schlachtfest einladen kann, der schickt am andern Tag den Nachbarn kleine Würste und einen Krug mit Fleischbrühe ins Haus.

Um die Wurst singen: Kinder oder junge Mädchen zogen zu dem Haus, in dem ein Schlachtfest stattgefunden hat, und sangen so lange, bis sie eine Schüssel mit Würsten bekamen.

Wurststechen: Das war ein Spaß der jungen Burschen, sie schoben eine lange angespitzte Stange zum Küchenfenster hinein, und wenn sie in der Gunst der Hausfrau oder des Hausherrn standen, so wurde eine große dicke Fleischwurst auf die Stange gesteckt, wollte man sie loswerden oder verspotten, so zogen die Burschen das Schweineschwänzchen oder ein Stück Gurgel wieder heraus.

Tag der heiligen Elisabeth — 19. November

Sie lebte im 13. Jahrhundert, war die Tochter des Königs von Ungarn, wuchs auf der Wartburg auf, wurde schon als Kind mit dem Landgrafen Ludwig von Thüringen verlobt und durch ihre große Mildtätigkeit beliebt und berühmt.
Ihr Tag liegt in der Mitte des üppigen Schlachtmonats: alle Tiere sind jetzt von der Weide getrieben worden, und was nicht im Stall überwintern sollte, war schon geschlachtet, zu Vorrat verarbeitet oder beim ersten großen Winterfestmahl am Martinitag verzehrt worden.
Der Elisabethtag ist dazu dagewesen, etwas von allen Vorräten, auch vom Bier oder vom jungen Wein für die Armen und die Bedürftigen der Gemeinde beiseitezustellen, gleich auszutragen oder für Weihnachten aufzuheben.

Vogeltag: Bei den Kindern war es Sitte, an diesem Tag an die Tiere zu denken und den Vögeln wieder den Winterfutterplatz einzurichten.

Tag der heiligen Cäcilie — 22. November

Sie hat im 3. Jahrhundert als vornehme Christin in Rom gelebt, zu den ältesten in der römischen Kirche gefeierten Heiligengestalten gehört, und ist Schutzpatronin der Musik geworden. Mit ihrem Tag beginnt die Zeit der Hausmusik und der Konzerte.

Tag des heiligen Clemens — 23. November

Der dritte Nachfolger des heiligen Petrus wurde bei den Christenverfolgungen von Trajan in die Verbannung auf die Halbinsel Krim geschickt, wo er mit einem Anker um den Hals ins Meer geworfen wurde und den Martertod erlitt. Deshalb heißt sein Tag auch

Martertag: In England ziehen Jungen und Lehrbuben oder Väter und

Söhne durch die Straßen, verkleidet oder maskiert, tragen einen älteren Jungen oder einen Mann auf den Schultern, der mit Krone und Holzanker den Heiligen darstellt, singen Clemenslieder und machen entweder vor jedem Wirtshaus Halt oder sammeln Äpfel, Nüsse und Apfelwein, Cider. Abends werden die Äpfel bei einem aus der Runde in fröhlicher Gemeinsamkeit gebraten, die Väter machen aus dem Cider einen Punsch, und die Kinder werfen die Bratäpfel hinein.

25. November **Tag der heiligen Katharina**

Eine der 14 Nothelfer. Sie war Christin aus Alexandrien mit hohen Geistesgaben, wurde ihrer Standhaftigkeit wegen zum Tod durch das Rad verurteilt. Das Rad zerbrach jedoch, und die Heilige wurde enthauptet. Der Legende nach wurde ihr Leichnam von Engeln auf dem Berg Sinai bestattet. Katharina, die vor 50 Weisen ihr Christentum verfocht, gilt als Patronin der Philosophen.

Der Wetterspruch: Sankt Kathrein / läßt den Winter ein.

Am Kathrinentag beginnt Plätzchenbacken, nach ihr heißen die »Thorner Kathrinchen«.

Thorner Kathrinchen

500 g Honig, 375 g Zucker,
375 g Mandeln,
750 g Weizenmehl, Type 1005, oder Roggenmehl,
30 g Pottasche,
1 Teelöffel gemahlener Zimt,
1 Teelöffel gemahlene Gewürznelken,
1 Teelöffel gemahlener Kardamon,
½ Teelöffel geriebene Muskatnuß,
½ Teelöffel geriebene Muskatblüte,
1 Prise Salz, 1 Glas Rum,
Fett und Mehl für die Form

Honig mit Zucker erhitzen und schmelzen lassen, unter gelegentlichem Umrühren fast erkalten lassen, dann Gewürze, gemahlene Mandeln, Mehl und die im Rum aufgelöste Pottasche hinzugeben und alles gut verrühren und verkneten. Den Teig zugedeckt mindestens einen Tag stehen lassen. Viele finden das Gebäck am besten, wenn der Teig 8 Tage ruht. Den Teig dann einen halben Zentimeter dick ausrollen und mit Spezialformen oder rund ausstechen, auf ein eingefettetes Blech legen und etwa 15 Minuten bei 180 bis 200 Grad Celsius backen. Noch warm mit Zuckerguß bestreichen.

In Paris haben die Midinetten der Heiligen Gebäck in Perückenform dargebracht, die aus einem Teig bestanden, der besonders stark aufging.

25. November

In den Niederlanden und in England gilt Katharina als Patronin der Spitzenklöpplerinnen. An ihrem Tag ißt man in England Spitzenkuchen, die ungefähr unseren Mandelhippen entsprechen oder Cattern Cakes, die so rund sind wie ein Rad, auf das Katharina geflochten werden sollte. Sie werden am Vorabend des Katharinentages heiß angeboten, zu Würzbier und Cider.

Cattern Cakes
Aus 250 Gramm Mehl, einem gestrichenen Teelöffel Backpulver, 250 Gramm Butter oder Backmargarine, 250 Gramm Zucker, einer Messerspitze Lebkuchengewürz, zwei gehäuften Eßlöffeln gemahlenen Mandeln, zwei gehäuften Eßlöffeln Rosinen und einem Ei einen Mürbeteig kneten, auf der bemehlten Tischfläche etwa kleinfingerdick ausrollen und in fingerdicke Streifen schneiden, die etwa 20 Zentimeter lang sein sollen. Die Streifenenden mit etwas Wasser befeuchten, aus jedem Streifen ein Rad formen, alle Räder auf ein gefettetes Backblech legen und 10 bis 15 Minuten bei Mittelhitze backen.

Kathrinenfest: Mit einer herzhaften Mahlzeit begrüßt man den Winter. Es gibt Schweinekoteletts, auf denen wieder ein Rad-Symbol liegt: gedünstete Apfelringe mit Stechpalmenzweig dekoriert.

Kathrinengehen nannten in England die Frauen und Mädchen die Sitte, sich an diesem Tag gegenseitig zu besuchen. Ursprünglich waren es nur Spinnerinnen oder Spitzenklöpplerinnen, später Kolleginnen aller Berufe.
In Belgien war der Katharinentag ein Feiertag für die Schülerinnen, und brave Mädchen bekamen ein Katharinengeschenk. Unverheiratete junge Mädchen bekamen am Morgen ein Geschenk oder Blumensträuße, und am Abend wurde ihnen ein Fest ausgerichtet, meist eine Tanzgesellschaft mit Stegreifaufführungen.
In katholischen Ländern beginnt an diesem Tag die »geschlossene Zeit« vor Weihnachten, es gibt keine Bälle, laute Musik und lärmende Veranstaltungen mehr, denn:

> Sankt Kathrein / schließt Trommel und Pfeifen ein
> Sankt Kathrein / stellt das Tanzen ein.

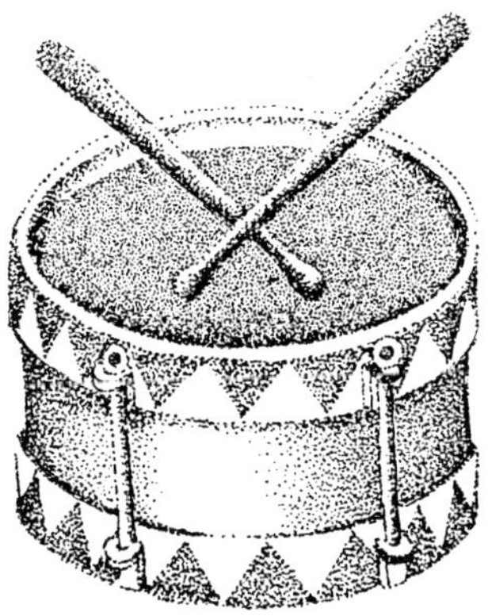

30. November **Fest des heiligen Andreas**

Er war der Bruder des Apostels Petrus und der erste, den Christus berufen hat, deshalb liegt sein Tag kurz vorm Advent, vorm Beginn des Kirchenjahres. Der heilige Andreas – Andrew – ist der Nationalheilige der Schotten, und die Bäcker haben für diesen Tag ein spezielles Gebäck gebacken.

Der Andreastag ist oft der erste Termin fürs Schlachten. In den USA wird dieser Tag noch in diesem Sinne gefeiert, es gibt Rindergulasch oder Brunswick Stew.

Der Apostel Andreas gilt als Künder der Zukunft, deshalb befragen ihn die unverheirateten Mädchen in der Andreasnacht, wer ihr Zukünftiger wird. In jeder Gegend gab es ein anderes spezielles Liebes- oder Heiratsorakel: In Hessen ließ sich ein Mädchen von einer unbescholtenen Witwe schweigend und ohne Dank einen Apfel schenken und aß die eine Hälfte vor, die zweite Hälfte nach Mitternacht: dann glaubte sie, von ihrem Zukünftigen zu träumen.

Im Harz tranken die Mädchen vorm Schlafengehen zwei Becher Wein und meinten dann ebenfalls, im Traum den zukünftigen Mann zu erblicken. In Thüringen deckten sie ihm den Tisch und öffenten das Fenster, damit er sich zeige.

Das Tremmelziehen fand in Sachsen statt: Das Mädchen mußte um Mitternacht in tiefem Schweigen ein Scheit aus dem Holzstoß ziehen. Ein gerades und glattes Scheit verhieß einen geraden Liebsten, ein Aststück einen krummen Alten.

Apfelorakel: Ein Mädchen schälte einen Apfel so, daß die Schale keinmal zerschnitten wurde und warf dann die lange Schlange hinter sich. Konnte man aus der Schale einen Buchstaben lesen, so war das der Anfangsbuchstabe vom Namen des Zukünftigen.

Lichtelschwimmen: Das ist ein Andreasorakel aus Böhmen. Es wurden doppelt so viele Walnußschalen vorbereitet, als Mädchen in der Stube sind, dann wurde jede Nußschale mit einer kleinen brennenden Kerze besteckt und in einer großen Schale mit Wasser schwimmen gelassen. Jedes Mädchen hatte ein eigenes Licht und eins, dem es insgeheim den Namen ihres Liebsten gegeben hatte. So wie sich die Nußschalen trafen, wurden sie dem Orakel nach ein Paar.

In anderen Gegenden mußte man am Zaun rütteln, Holzspäne auszählen, am Nachbarhaus horchen, um Mitternacht in den Brunnen schauen, mit einem neuen Besen die Stube auskehren, eine Kerze ganz herunterbrennen lassen, und bei all dem wurde angenommen, daß man der Zukunft auf die Spur kam und entweder die Gestalt des Zukünftigen erblickte oder sie aus der Zahl der Holzspäne errechnen konnte. Viele von diesen Orakeln wurden in der Nacht vom 29. zum 30. veranstaltet, denn diese Nacht gehörte zu denen, in denen man früher meinte, einen Blick in die Zukunft tun zu können, um Aufschluß über sein Schicksal zu bekommen.

30. November

Andreasstrumpf: Im Riesengebirge haben die Kinder ihre Strümpfe am Andreasabend vors Fenster gehängt, und am Morgen waren sie mit Äpfeln und Nüssen gefüllt und mit einem Andreaskranz, einem Hefegebäck mit reichlich Rosinen.

Andreasgarn: In Böhmen gehörte den Mädchen alles Garn, das sie am Andreastag gesponnen hatten, und die Bäuerin schenkte ihnen noch zusätzlich Flachs und Geld, damit die Mädchen die jungen Leute am Andreastag bewirten konnten, die sie abends in der Spinnstube besuchten.

Nach der Spinnstube, von Otto Schulz

Andreaszweige: Schon am Andreastag werden Zweige geschnitten und ins Wasser gestellt, wobei die Andreasrciser oder Ritteln nach ganz besonderen Vorschriften geschnitten und zusammengestellt werden. Die grünen Lebensruten bringen besonders viel Glück, wenn man sie am Andreasabend um sechs, neun oder zwölf Uhr schneidet, und

30. November

am allerbesten ist es, wenn die Andreasreiser von sieben- oder neunerlei Bäumen oder Sträuchern stammen, von Kirsche, Apfel und Birne, Pflaume, Roßkastanie, Holunder, Stachelbeeren, Johannisbeeren und Himbeeren. Die Andreaszweige müssen ebenso wie das Orakel in tiefem Schweigen geschnitten werden, man darf dabei nicht gesehen werden und die Mädchen umschlingen drei Reiser mit je einem farbigen Band. Das bedeutet drei Wünsche, und wenn die betreffenden Zweige Weihnachten aufgeblüht sind, so geht der Wunsch in Erfüllung.
Die Wetterregel: Wenn es am Andreas schneit / der Schnee hundert Tage liegen bleibt.

Letzter Donnerstag im November Thanksgiving Day

Das amerikanische Erntedankfest, das mehr als Weihnachten die Familie zusammenbringt und immer an das Abgeben – sharing – erinnert. Noch heute macht man Körbe mit Eßwaren für die Armen zurecht. Kinder laufen an diesem Tag verkleidet durch die Straßen der Städte und betteln, Erinnerung an die ersten Erntedankfeste in der Gesellschaft von Indianern.

Das Thanksgiving Dinner spielt bei diesem Fest eine besonders große Rolle, und die Hausfrauen backen und kochen vorher tagelang, um die klassischen Gerichte auf den Tisch zu stellen. Der Tradition nach kann man nach englischer Sitte essen – Plumpudding, dann Roast Beaf und Ale. Aus Wales haben die Auswanderer das Rezept vom Pumpkin Pie mitgebracht, vom Kürbisauflauf, den es dort immer zum Erntedankfest gegeben hatte.

Pumpkin Pie
Mit einem Mürbeteig aus 250 Gramm Mehl legt man eine Springform aus und bestreicht den Boden mit verquirltem Ei, damit die Füllung den Teig nicht zu feucht macht. Dann werden zwei Tassen gekochtes Kürbisfleisch zerstampft, mit je einer Prise gemahlenem Zimt, Ingwer und Muskatnuß, einer halben Tasse braunem Zucker, zwei Eßlöffeln Rosinen, einem Eßlöffel geschmolzener Butter und einer Prise Zucker gut verrührt und in die Form gefüllt. Zwei bis drei Eier mit einem Achtel Liter Sahne verquirlen, auf die Kürbisfülle gießen, den Pie in den mittelheißen Ofen schieben und 45 bis 50 Minuten backen. Er wird kalt serviert, und man kann ihn auch aus gleichviel Kürbis- und Apfelfleisch backen.

Kürbisfinger
Das Kürbisfleisch wird dazu in fingerlange und fingerdicke Streifen geschnitten, in Salzwasser gargekocht und gut abgetropft. Dann wälzt man die ›Finger‹ in grünen Kräutern und Salz, zieht sie durch Ei, paniert sie mit Semmelbröseln und backt sie golden aus.

Thanksgiving wurde zum ersten Mal 1621 von den Pilgervätern gefeiert, die damals das erste harte Jahr in New England hinter sich und Lust auf ein Fest hatten: sie lebten, waren gerade nicht vom Hunger

Erstes Erntedankfest der Pilgerväter in der Neuen Welt, von Jean L. G. Ferris

bedroht, hatten Frieden mit den Indianern, und die erste Ernte war nicht schlecht geraten. Bei ihnen lebte Squanto, ein Indianer vom Stamme der Patuxet, wahrscheinlich der erste Indianer, der schon einmal in England gewesen war. Er diente den Pilgervätern als Übersetzer, vermittelte das Verständnis zwischen ihnen und Indianern, brachte den Pilgervätern das Jagen, Fischen, Fallenstellen und das Kochen mit den fremdartigen Gemüsesorten und Früchten bei, denn die Väter waren meist Städter, Handwerker oder Ladenbesitzer und wären ohne seine Hilfe verloren gewesen. Trotzdem hatten von hundert Pilgern den ersten Winter nur fünfzig überlebt, nur fünf von achtzehn Frauen, die wohl vor allem deshalb verhungert waren, weil sie ihre Rationen den Kindern gegeben hatten. Squanto wurde gebeten, den Häuptling des Stammes einzuladen, mit dem die Väter im Frühling einen Friedensvertrag geschlossen und im Laufe des Sommers gehandelt hatten, und die Väter dachten, Squanto käme mit ihm und vielleicht einem Bruder und ein paar Stammesältesten. Er erschien jedoch mit neunzig Gästen, und die Pilgerväter waren etwas erschrokken. Den Indianern war das Herbstfest nähmlich als ritueller Grüner-Maistanz bekannt. Dieses Fest dauerte vier Tage und war mit Reinigungsriten verbunden: die ganze Siedlung mußte gereinigt werden, alle alten Kleidervorräte kamen fort, neue Feuer wurden entzündet, und dann aßen sich alle an der neuen Ernte satt. Zu einem solchen Fest

Letzter Donnerstag im November
Thanksgiving Day

müssen sich die Indianer eingeladen gefühlt haben, und sie sorgten dafür, daß dieses erste Dankfest eindrucksvoller, üppiger, heiterer und länger als beabsichtigt verlief: sie wollten solange feiern, wie es etwas zu essen gab und hatten dazu fünf Rehe mitgebracht. Es wurde außerdem das aufgetischt, was es auch heute noch in dieser oder jener Form beim Thanksgiving Dinner gibt: (Wilder) Puter, wilde Gänse und Enten, Hummer, Aale, Muscheln, andere Fische. Stachelbeeren, Erdbeeren, Pflaumen und Kirschen, diese in getrockneter Form, was die Väter von den Indianern gelernt hatten, denn noch hatten sie keinen Zucker zum Einmachen. Es hat auch schon Kronsbeeren (Preiselbeeren) gegeben, als getrocknete Früchte im Teig, Vorläufer also der berühmten Pies. Der erste rote und weiße Wein, der in New England üppig gedieh, wurde ausgeschenkt. Er war noch etwas jung, es wurde aber eine Gallone davon getrunken, dazu gab es Gebäck aus dem letzten englischen Mehl und viel aus amerikanischem Mais: Kuchen, Aschenkuchen, geröstete Kolben und den berühmten Indian Pudding: aus Maismehl und Melasse, im Beutel gekocht. Auch das hatte Squanto den Pilgervätern beigebracht.

Die Pilgerväter auf dem Weg zum Dankgottesdienst, von George H. Boughton

Das Kochen fand im Freien statt, gegessen wurde mit den Fingern, und Clamchowder und Wildstew wurde in großen Kesseln zubereitet: das alles ist in den drei Tagen von fünf Frauen für 140 Leute gekocht worden!

Wettspiele hat es schon an diesem ersten Thanksgiving Day gegeben: die Männer spielten Wettschießen mit Pfeil und Bogen, Springen, Laufen und Hochsprung, außerdem eine Reihe von Ballspielen.

Letzter Donnerstag im November
Thanksgiving Day

Nach diesem ersten Fest gab es eine Weile keinen Erntedank, weil den Pilgervätern die Feste der Kirche von England als »römische Korruption« erschienen, doch im Laufe der nächsten Jahrzehnte begann ein Land der Vereinigten Staaten nach dem anderen, diesen Tag zu feiern. 1789 wurde Thanksgiving von George Washington auf den 26. November festgesetzt, 1863 von A. Lincoln wieder belebt. Das Fest wurde nun jedes Jahr neu vom Präsidenten der Vereinigten Staaten proklamiert, schwankte eine Weile zwischen dem dritten und vierten Donnerstag im November hin und her, und noch Präsident Roosevelt legte es 1939 auf den dritten Donnerstag fest, weil sich die Geschäftsleute beklagt hatten, daß die Spanne zwischen Thanksgiving und Weihnachten zu kurz sei. Eine Zeitlang wurde das Fest zum Schrecken der Eltern an zwei verschiedenen Tagen gefeiert, so daß Familien mit auswärtigen Schülern, Studenten und anderen Angehörigen gar nicht wußten, wo ihnen der Kopf stand. Heute wird Thanksgiving überall am vierten, also am letzten Donnerstag im November gefeiert, und überall spielt man am Nachmittag die Spiele, die schon vor mehr als 200 Jahren an diesem Tag gespielt worden sind:

Das Mais-Wettspiel: Im zweiten schlimmen Winter bestand die tägliche Ration der Pilgerväter aus fünf Maiskolben. Sie kehren als Erinnerung in diesem Spiel wieder. Fünf getrocknete Maiskolben werden im Haus versteckt. Wer sie findet, der kann am nächsten Wettspiel teilnehmen: da geht es darum, daß man die Kolben so schnell wie möglich entkernen muß.

Der Kronsbeer-Wettbewerb war ein Spiel für Kinder und Mädchen. Jeder Teilnehmer hatte Nadel und Faden, und wer in drei Minuten die längste Schnur aus frischen Beeren aufgefädelt hatte, der hatte gwonnen. Die Mädchen hängten die Kette dann ihrem Liebsten um den Hals.

Das Kürbisrennen: Jeder Teilnehmer mußte versuchen, einen Kürbis mit einem Löffel ins Ziel zu treiben. Da Kürbisse mit Schlagseite rollen, ist es ein Spiel mit viel Gelächter.

Mummenschanz ist eine beliebte Kinderbelustigung, wobei die Masken und die bemalten Gesichter als Symbole für die Indianer zu verstehen sind, die zum ersten Thanksgiving Day gekommen waren.

Spinnstube

Das Spinnen war die wichtigste Winterarbeit der Frauen: die Sagen lassen Göttinnen spinnen, in Märchen sind es die Königstöchter, und bis in unser Jahrhundert hinein gehörte das selbstgesponnene und selbstgewebte Leinen zum hochgeachteten Aussteuer-Schatz.

Ebenso wichtig war die Spinnstube, der Ort, an dem sich die Mädchen und Frauen zum Arbeiten trafen.
In manchen Orten ist es eine bestimmte Bäuerin gewesen, die die Spinnstube abhielt, in anderen Gemeinden wanderten die Spinnerin-

nen nach einer festen Regel von einem Haus zum anderen. Manchmal bildeten die Mädchen und Frauen der verschiedenen Jahrgänge Gruppen, die über die Winterarbeit hinaus zusammengehalten haben.

Die Tropps, wie diese Gruppen in den hannöverschen Dörfern hießen, waren zum Beispiel ihr Leben lang miteinander verbunden und halfen sich wie Geschwister.

In der Rockenstube oder Spellstube (von: erzählen), Lichtstube, Nachtstube, oder im Heimgarten waren manchmal nur Mädchen zugelassen, manchmal nur verheiratete Frauen. Kinder und zu junge Burschen hatten meist keinen Zutritt, wurden energisch verscheucht oder spaßhaft in einen Sack gesteckt, wenn sie trotzdem in die Spinnstube zu schlüpfen versuchten, und die zugelassenen Burschen durften nicht müßig sein. Manche spannen auch, andere strickten Strümpfe und oft sind sie es, die die Geschichten und Märchen erzählt haben. Meist trafen sich die Frauen am Nachmittag, brachten Spinnrad,

Schwarzwälder Spinnstube, Wilh. G. Fr. Hasemann, 1901

Flachs und Netzetopf, ein Wassergefäß zum Benetzen der Finger, mit, tranken zuerst Kaffee und aßen Kuchen, spannen bis zur Dämmerstunde, gingen heim, um Abendessen zu richten, Kinder und Vieh zu versorgen, und kamen danach mit den Männern in die Spinnstube zurück. Wurst, Brot und Branntwein oder Bier standen als Spätimbiß bereit.
Am Abend stellten sich auch die Burschen ein, es wurden Tagesneuigkeiten besprochen, Märchen und Sagen erzählt, Spuk- und Geistergeschichten, Spiele gespielt und Rätsel geraten.
In manchen Gegenden gab es bestimmte Spinnstubenlieder, Schnadahüpferln, Kreisgesänge, oft von einer Kantorka, einer Vorsängerin geleitet.
Samstag wurde aus Achtung vor dem Sonntag nicht gesponnen, auch nicht in den Zwölf Nächten.

Spinnstubenscherze: Burschen und Mädchen neckten sich gerne. Die Burschen warfen in der Abendpause alte Töpfe in die Spinnstube. Wurden sie dabei erwischt und gefangen, so mußten sie den Mädchen ein Geschenk machen oder der ganzen Spinnstube etwas zu essen und zu trinken bringen.
Die Mädchen schwärmten in der Arbeitspause auch gern aus, schlüpften heimlich in die Häuser der Nachbarn und versuchten, Unordnung zu stiften, was man »posseln« nannte.
Im Riesengebirge arbeiteten Mädchen und Burschen getrennt und schickten gegenseitig Spinnrocken mit Dörrobst und anderen Süßigkeiten. Oder die Burschen besuchten die Mädchen, brachten zu essen und zu trinken mit, und dann zogen alle gemeinsam nach Hause.

Koppel oder Chor nannte man in der Mark die Gruppen der Mädchen, die sich im Winter eng zusammenschlossen. Der Beginn der kalten Jahreszeit war einst ein deutlicher Einschnitt im Jahreslauf und in der Jahresarbeit. Die Ernte mit ihrer pausenlosen Schufterei war beendet, es kamen die langen dunklen Tage, die geruhsamen Feierabende.

Das Krüselandrinken war in der Altmark das Fest, mit dem diese Wintergeselligkeiten begannen. Die von der Decke herabhängende (Rüb-)Öllampe hieß Krüsel, wurde nach dem Martinstag zum ersten Mal zum Spinnen angezündet und erst um Palmsonntag herum wieder gelöscht. Zum Antrinken luden die Mädchen die Burschen zum *kolt Abendbrot* und zum *Sluck,* zum Schnaps, ein, und wie in fast allen anderen Gegenden verpflichteten sich die jungen Männer, dem Koppel, das sie eingeladen hatte, in den kommenden Wochen und Monaten an den Spinnabenden Gesellschaft zu leisten.
Manche dieser Koppeln bestanden in der westlichen Altmark bis zum Ausbruch des Zweiten Weltkriegs, wenn auch nicht mehr gesponnen, sondern gehandarbeitet, gestickt und gestrickt wurde.

Spinnstube Ist so ein Koppel noch ein Koppel, ein Kreis von Menschen, der wie mit einem Band zusammengekoppelt ist, wenn die alten Lieder und Spiele in Vergessenheit geraten, wenn sich die alte soziale Ordnung des Dorfes aufgelöst hat? Oder merkt der Mensch, ob Bauer oder Städter, in den langen, einsamen dunklen Tagen des Jahres, daß er andere braucht, daß ihm heute die Gemeinschaft mit Nachbarn fehlt, auch wenn diese nicht immer leicht zu halten wäre? Das sind wahrhaftig Wintergedanken.

Durchnacht: So heißt in manchen Gegenden die Silvesternacht, meist jedoch eine Nacht vor Weihnachten, in der die Spinnstubengruppe ihr Winterfest veranstaltet.

Die lange Nacht gab es zum Beispiel in Hessen und im Riesengebirge und bezeichnete die Sitte, an einigen Freitagen im Dezember die ganze Nacht hindurch zu spinnen und mit dem Erlös für das dadurch gewonnene Garn die Zutaten für die Christstollen oder die Weihnachtsstriezel zu kaufen, die man damals in großer Zahl backen mußte, weil jedes Familienmitglied einen bekam.

Die Sperrnacht war der letzte Tag vor Weihnachten, in der in der Spinnstube gesponnen wurde. In Süddeutschland ist das meist die Andreasnacht gewesen, also der Abend vorm 30. November.

Dezember

Der Name stammt von dem lateinischen Wort *decem* für zehn, denn der letzte Monat unseres Jahres war bei den Römern der zehnte. Der Dezember heißt auch Christmonat, Julmond oder Heilmond und in vorchristlicher Zeit hat er Wolfsmond geheißen, weil er wie ein Wolf mit seinem dunklen Rachen das Licht verschlingt.
Adventus bedeutet Ankunft, Ankunft des Herrn auf Erden, Ankunft also der Erlösung. Advent ist Vorbereitung auf das Fest der Geburt, Beginn des Kirchenjahres und durch feierliches Fasten gekennzeichnet, das früher schon zu Martini (11. 11.) begann.
Vielerorts wird auch heute in diesen Wochen nicht getanzt. Früher war der Advent der Beginn der Spinnstuben und der nachbarlichen abendlichen Zusammenkünfte. Es wurde nicht nur gesponnen, sondern auch gewebt und gestrickt und Weihnachtsarbeiten gemacht.

Advent

Der Adventskranz ist vermutlich die Wiederholung einer alten Wintersitte und geht wie viele andere auf den Ringzauber zurück: grüne Kränze oder Kränze aus geflochtenem Stroh brachten Segen und wehrten das Unheil von allem, was grün werden und Frucht tragen soll. Deshalb umwand man die Zauberkränze zusätzlich mit goldenen und roten Bändern: Gold und Rot als Farbe des Lichts und des Lebens.
Aus dem heidnischen grünen Kranz hat der Hamburger Johann Heinrich Wichern, Begründer der Inneren Mission und des Rauhen Hauses, den Adventskranz gemacht.
Zuerst hat er die Adventstage nur mit Kerzen feiern lassen. Diese erste Andacht hat er 1838 in seinem Tagebuch beschrieben: Täglich um die

Advent Mittagszeit ward solch eine Kerzenandacht gehalten, im Lauf der Zeit wurden diese Adventsandachten jedoch als Vigil, in der Dämmerung, gefeiert. Wichern ließ nicht alle Kerzen auf einmal anzünden, er begann mit dem ersten Advent, und an jedem Abend wurde eine Kerze mehr angezündet. Am Heiligen Abend brannten dann alle Kerzen.
Für diese Kerzenfülle richtete ihm ein Freund, ein Architekt, einen gewaltigen Kronleuchter her, einen Holzreifen von zwei Metern

Durchmesser, der im Versammlungssaal des Rauhen Hauses hing. Zuerst waren nur die Wände des Saales mit Grün geschmückt, dann umwanden die Brüder auch den Kranz mit Tannenzweigen. Das ist um 1860 gewesen, und in den nächsten 40 Jahren verbreitete sich diese Sitte überall in Norddeutschland, denn Wicherns Mitarbeiter nahmen die Idee des Adventskranzes überall hin mit. Aus dem großen Kronleuchter wurde dabei der Kranz aus Tannengrün geflochten, nur noch mit vier Kerzen besteckt, für jeden Adventssonntag eine.

Singzeit haben die Adventswochen vor allem im südlichen Deutschland und in Österreich geheißen. Früher zogen nämlich vom ersten Advent bis zum Dreikönigstag die unbemittelten Schul- und Chorknaben, manchmal von ihren Lehrern begleitet, in den Städten und Dörfern umher und sangen vor den Häusern geistliche Lieder.

Kupferstich aus »Vorstellung der öffentlich sehbaren Bräuche in Nürnberg«, um 1785

Klöpfel- oder Knöpflinsnächte, Anklopfete oder Bosselnächte (von: bosseln, poltern oder lärmen): In den sogenannten heiligen Nächten vor Weihnachten, womit manchmal nur die Donnerstage im Advent, manchmal alle Tage vom ersten Advent bis Dreikönig gemeint sind,

Dezember

Advent ziehen die Kinder oder Erwachsene und Kinder von Haus zu Haus, klopfen mit Ruten oder mit Hämmerchen an die Türen oder werfen Hülsenfrüchte gegen die Fenster und betteln um Äpfel, Nüsse und Backwerk. Diese Heische-Sitte soll an die ersten Christen erinnern, die sich zu ihren heimlichen Versammlungen durch ein verabredetes Klopfzeichen benachrichtigt haben. Andernorts wird erzählt, das Klopfen gehe auf die Pestzeit zurück, wo die Menschen von Haus zu Haus gingen und Erbsen gegen die Fensterladen warfen, um festzustellen, wer noch lebte. Aus diesem Klöpfelbrauch ist im Südwesten Deutschlands ein Spiel geworden: die Kinder oder die Burschen laufen durchs Dorf, werfen Erbsen oder Kiesel gegen die Fenster, um die Nachbarn zu necken und zu schrecken oder um sie herauszurufen und ihnen ein Lied vorzusingen oder gesegnete Adventszeit zu wünschen.

Klopfer- oder Klöpfertage: An manchen Orten die drei Donnerstage vor Weihnachten, andernorts nur der letzte Adventsdonnerstag, auch: alle Donnerstage vom Thomastag bis Weihnachten.

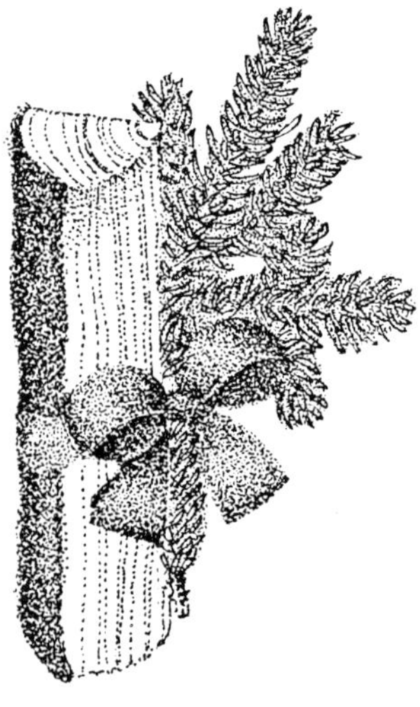

Klöpflisscheit ist ein Holzscheit oder ein fest geschnürtes Reisigbündel, das mit einem Tannenzweig oder einer Schleife oder anderem geschmückt und nach dem Anklopfen in die Stube oder den Flur geworfen wird. Meist bekommt es ein Mädchen von einem Burschen, der damit anfragt, ob er sich am Tag der Unschuldigen Kinder (siehe 28. Dezember) als Gegengabe eine Pfeffernuß holen darf. Oft bleibt der Werfer anonym, so daß das Mädchen wohl weiß, daß es jemanden am Herzen liegt, nicht aber wem.
Eine der Sitten, die es den jungen Menschen erleichterte, mit den allgemeinen Mitteln und auch im Schutz der Tradition persönliche Entscheidungen zu treffen.

Das Adventsmütterchen: In Ostpreußen hüllen sich junge Mädchen als Adventsmütterchen in weiße Laken, klopfen bei den Kindern an, erkundigen sich, ob sie schön brav gewesen sind, und bekommen als Vorboten des Weihnachtsfestes Geld oder Eßwaren geschenkt.

Vielliebchen: Ein Orakelspiel, das besonders gern im Advent gespielt wird und darin besteht, daß die in Nüssen oder Krachmandeln vorkommenden Doppelkerne von zwei Personen geteilt gegessen werden. Am nächsten Tag müssen sich die beiden Spieler mit »Guten Morgen, Vielliebchen!« begrüßen. Wer das zuerst sagt, hat gewonnen und erhält vom andern ein Geschenk oder hat bei ihm einen Wunsch frei.

1. Dezember An diesem Tag soll Sodom und Gomorrha in Asche gesunken sein, und der Tag gehört wie der 1. April und der 1. August zu den gefährdeten Tagen. Man muß alles zu Ende führen, was man anfängt, darf keine Fehler machen, sonst hat es eine schlimme Vorbedeutung.

Das Federschleißen, eine Winterarbeit der Frauen, fand meist nach dem Gänseschlachten statt. Die im ganzen Jahr angesammelten Fe-

1. Dezember

dern von Hühnern, Enten und Gänsen wurden vom Dachboden geholt, die Hausfrau lud alle Nachbarinnen samt ihren Kindern ein, und nach dem Abendessen setzten sich alle Frauen um den Tisch herum, auf dem die verschiedenen Federsorten in Körben oder Schüsseln warteten, um geschlissen, also vom Kiel gerissen zu werden.
Federn wurden auch damals in Flaumfedern, Daunen- und normale Feder eingeteilt und für Kopfkissen und Deckbetten, auch zum Wattieren von Winterkleidern verwendet. Die gesteppten Trachtenjacken erinnern heute noch daran, wie warm ein Daunenkittel in den kalten, ungeheizten Winterstuben und -kirchen gehalten haben muß.

Federkissen hielten bis in unser Jahrhundert hinein tatsächlich eine Generation und länger, weil die Tiere nicht wie heute schon nach ein paar Wochen geschlachtet wurden, sondern erst nach einem nahrhaf-

Beim Gänserupfen, von Aloys Eckardt

ten Sommer, der ihnen Fleisch auf die Knochen brachte und auch ihre Federn kräftig und elastisch hatte werden lassen.

Federwettbewerbe: Die Frauen arbeiteten auf großen Höfen in Schleißgruppen und schoben die fertiggeschlissenen Federn in eine Schüssel, auf der eine zweite Schüssel stand. Wessen Oberschüssel sich zuerst durch die Federernte hob, der hatte am fleißigsten geschlissen und durfte sich bei der folgenden Mahlzeit die besten Bissen aussuchen.
Beim Schleißen wurde wie in der Spinnstube erzählt, und in der Ofenröhre zischten gebratene Äpfel und Birnen.

Federmanndl hieß die Mahlzeit, mit der das glückliche Ende dieser Gemeinschaftsarbeit gefeiert wurde. Es gab Kaffee und Kuchen, am Abend einen Braten und allerlei Schabernack: die Burschen, als Federmänner verkleidet, warfen mitten im Fest Rübenzuckerln (Bonbons) mit einem Spottreim in die Stube, und die Mädchen mußten so geistesgegenwärtig und flink sein, den Federmann zu fangen. Dann durften sie das Federmanndl ihrerseits mit selbstgemachten Reimen verspotten und wenn ihm keine Reimantwort mehr einfiel (mancherorts durften ihm seine Begleiter reimen helfen), so mußte er den Federschleißerinnen einen Krug Wein oder Bier stiften.

Dezembergestalten
Der Pelzmärte zog in Schwaben in den sogenannten Fahrnächten oder Klöpflnächten herum, erschreckte die Kinder und beschenkte sie mit Äpfeln und Nüssen.

Schnabelperchten im Rauriser Tal, Salzburg

1. Dezember

Die Berchtel, die schiache Perchta, ging in den Donnerstagsnächten durch die Dörfer in Bayern und Österreich, strafte die Kinder mit der Rute, wenn sie nicht brav gelernt und gesponnen hatten, oder schenkte ihnen Hutzelbrot und Nüsse, wenn sie fleißig gewesen waren.

Die Budelfrau aus Niederösterreich, ganz in Weiß gekleidet, lobte und strafte ebenso.

Die Busebercht war eine in eine schwarze Lumpen gehüllte Alte, also auch eine schiache Perchta, mit geschwärztem Gesicht und Zottelhaaren. Sie lief in der Gegend von Augsburg mit einem Topf voll Mehl herum und stäubte es den Leuten ins Gesicht.

Christkindchen und Hans Trapp im Elsaß

Hans Trapp war im Elsaß der Begleiter des Christkindes, das von einer Frau im langen weißen Gewand dargestellt wurde, das Gesicht mit Mehl weißgemacht, ein Goldpapierkranz mit brennenden Kerzen auf dem Kopf, während Hans Trapp in ein Fell gewickelt mit schwarzem Gesicht, Rute und Kettengerassel die Kinder in Schrecken versetzte, weil er dem Christkind verriet, wer von den Kindern nicht brav gewesen war. Das Christkind hat jedoch für sie gebeten, manchmal führte ein Engel den wilden Hans Trapp beiseite, und die Bescherung der Kinder konnte beginnen. Der Name Hans Trapp soll von einem Hofmarschall des Kurfürsten von der Pfalz stammen, der Hans von Dratt geheißen hat und seine Bauern im 16. Jahrhundert so drangsaliert haben soll, daß er in Südwestdeutschland zum Kinderschreck geworden ist.

Der heilige Petrus und Ruprecht, ein in Stroh und Pelze vermummter Bursche, die Rute in der Hand, eine Kette um den Leib, sind im Erzge-

1. Dezember

birge mit einem Sack voll Äpfeln und Nüssen zu den Kindern gekommen.

Der Erbsbär, der auch in den Kämpfen zwischen Sommer und Winter in manchen Gegenden auftaucht, stieg im Dezember wieder in sein Zottelgewand aus Erbsenstroh und zog mit einem Engel und einem Teufel begleitet von Hof zu Hof.

Der Schimmelreiter: Ein Schimmel oder spanischer Hengst trägt den heiligen Nikolaus, ist auf Lebkuchen und Spekulatius dargestellt, und der Schimmelreiter zog vor allem in Norddeutschland, an der Küste, durch die Dezembernächte. Er knüpft vermutlich an den germanischen Pferdekult an (siehe auch die Graue Mary, Dreikönig).

St. Nikolaus in Ostfriesland

Der Schimmel gilt als Glücksbringer, und begleitete in Gestalt von zwei Burschen unter einer Pferdedecke, die die Stange mit dem Pferdekopf halten, die Stutenfrau.

Die Stutenfrau brachte in der Uckermark die Stuten (Hefegebäck) den Kindern als Weihnachtsgabe. Mit dem Schimmel und der weißgekleideten Frau gingen ein Bär und die drei Witten (Weißen), eine Mischung aus Engeln und Spukgestalten. Den Schluß dieses Zuges bildeten die drei Swatten (Schwarzen), die den Schnee und den hinterlassenen Kehricht wegfegten. Vor ihnen sind die Kinder schnell beiseite gesprungen, denn wenn sie sich von den Besen erwischen ließen, so wurde ihnen damit das Glück weggekehrt.

1. Dezember

Klöckler gab's in Süddeutschland nicht nur an den Klöpflestagen. Kinder und vermummte Burschen haben zu landschaftlich ganz verschiedenen Terminen zwischen Martini und Dreikönig Umzüge gemacht, Lärm veranstaltet und von den Bäuerinnen extra gebratene Klöcklerkrapfen eingesammelt. Bei diesen Umzügen bekamen die Mädchen von den Burschen das

Klöpflischeit verehrt, ein Bund Buchenscheite, zwischen denen Flitterblumen, grüne Zweige und Süßigkeiten steckten. Ein mit bunten Bändern umwickeltes Klöpflischeit hat man auch Freunden in die Stube geworfen, wohl als Segensgeschenk, mußte dabei so schnell und heimlich sein wie beim Julgeschenk, nur dann brachte das Scheit Glück. Kinder haben an einem Klöpfletag von den Paten ein »Klopfgeschenk« bekommen: Spielsachen, Gebäck oder Zuckerwerk.

Das Klöpflihaus bastelten die Burschen aus drei Stöcken, die wie eine Pyramide mit Erbsen oder kleinen Teigkugeln zusammengesteckt waren (siehe der Klausenbaum, 6. Dez.) oder sie bauten es ganz kunstvoll wie einen kleinen Vogelkäfig. Diese Klöpflihäuslein brachten sie zu ihrer Auserwählten, und wenn das Haus angenommen und an die Stubendecke gehängt wurde, so galt der junge Mann als erhört. Die Häuslein blieben oft Jahre lang hängen, nicht nur als liebe Erinnerung an die Brautzeit: an ihrem Hin- und Hergependel konnte man auch ablesen, ob sich eine Hexe im Haus herumtrieb und was sie im Sinne hatte.

Der Christmann oder die Christpuppe, weißgekleidete Gestalten mit großen Taschen voller Geschenke, die für die Kinder bestimmt waren, zogen oft in Begleitung von Schimmel oder Schimmelreiter und einem vermummten Gefolge durchs Dorf.

Ein Engel und der heilige Nikolaus sind früher in Hessen mit den Gaben für die Kinder durch die Dörfer gewandert, oft zusätzlich in der Begleitung von Engels- und Geisterscharen.
All diese Figuren sind entweder von Haus zu Haus gewandert und haben milde Gaben eingesammelt, manchmal für ein Lied, manchmal für ein Gedicht, und in vielen Gegenden haben sich kleine Stegreifspiele ausgebildet, die Jahr für Jahr wiederholt worden sind. Die Engel haben gegen die Schwarzen gekämpft, gegen die Dämonen, die Teufel, die Perchten, manchmal haben ein Schwarzer und ein Weißer, ein Engel und ein Teufel um ein Kind gestritten, wobei der Heilige oder die Lichtgestalt stets die Fürsprache für das Kind übernommen und es gerettet haben.
Diese Dezembergestalten sind sonderbare Mischungen aus Heiligen und Naturgottheiten. Christlicher Segen und Wachstumszauber vermischten sich, denn daß sich fast alle an die Kinder gewendet haben und ihnen Gaben brachten, hat ursprünglich nichts mit Liebe oder Kinderfreundlichkeit, sondern mit der Tatsache zu tun, daß im Kind

Das Hirtensingen, von Alois Greil, 1885

die junge Lebenskraft verehrt wurde, so wie das Pochen der Hämmer beim Anklopfen, das Schellengerassel und der fröhliche Lärm der Umzüge magischen Sinn gehabt haben: der Krach sollte die bösen Geister des dunklen Winters verscheuchen.
In der christlichen Deutung weist der Lärm der Winterumzüge Menschen und Natur auf die bevorstehende Geburt des Herrn hin.

Der Donnerstag spielt bei den Winterbräuchen eine große Rolle: daß in den Nächten von Donnerstag und Freitag geklöpfelt wird, erklärt sich wohl daraus, daß der Donnerstag der heilige Tag des Gottes Donar (Thor) gewesen ist, im heidnischen Sinne also ein Segenstag, im christlichen Sinn jedoch ein Unglückstag.

Die Erbsensuppe am Donnerstag, die es heute noch jede Winterwoche in Schweden gibt, ist in diesen alten Vorstellungen von Donar und den Donnerstagen verwurzelt, an denen es nicht geheuer ist. Man hat früher überall donnerstags Erbsen oder andere Hülsenfrüchte gekocht, weil Erbsen und Bohnen nach dem antiken und dem germanischen Glauben die wichtigste Speise der Götter und Geister sind. Deshalb hat man früher auch nur an Donnerstagen Hülsenfrüchte gesteckt, und in Schlesien hat man gerade an den Adventsdonnerstagen keine Hülsenfrüchte gegessen, weil sie den Geistern gehören, die sich dann mit erbsengroßen Beulen rächen würden, die sie einem anhexen.

Die schwedische Donnerstags-Erbsen-Suppe 1. Dezember

Etwa 500 Gramm gelbe Suppenerbsen mit einem Eßlöffel Salz über Nacht in so viel Wasser einweichen, daß die Erbsen gerade bedeckt sind. Am nächsten Tag Erbsen, Einweichwasser und ein leicht gepökeltes Eisbein vom Vorderschinken in einen großen Suppentopf füllen, so viel Wasser nachgießen, daß wieder alles bedeckt ist, und das Gericht aufkochen lassen. Unterdessen ein bis zwei Zwiebeln schälen und in Scheiben schneiden. Die Suppe abschäumen, wenn notwendig, die Zwiebeln dazugeben, und das Gericht auf schwacher bis Mittelhitze leise kochen lassen, bis Fleisch und Erbsen weich sind, was gut zwei Stunden dauern kann. In der letzten Kochstunde dreiviertel Teelöffel fein zerriebenen Thymian und Majoran hinzufügen und eventuell etwas nachsalzen.
Man kann die beiden in Scheiben geschnittenen Zwiebeln noch durch eine dritte mit Nelken bestickte Zwiebel ergänzen, die dann samt dem Fleisch aus der Suppe genommen und in Scheiben geschnitten wird. In jeden Suppenteller werden ein oder zwei Scheiben Fleisch gelegt, dann wird die Suppe auf das Fleisch gefüllt. Die andere Möglichkeit: man schneidet das Fleisch in Scheiben und serviert es extra mit süßem braunem Senf.

Plättar, der klassische Nachtisch dazu: dünne schwedische Pfannkuchen, für die man drei Eier mit drei Dezilitern Milch, zweieinhalb Dezilitern Weizenmehl und einem halben Teelöffel Salz zu einem glatten Teig verrührt, dann noch einen Deziliter Milch und drei Eßlöffel geschmolzene Butter hinzufügt. Auf beiden Seiten in Butter braun backen, zu einem Turm aufstapeln und die Pfannkuchen mit eingemachten Moosbeeren oder Preiselbeeren, Marmelade oder Fruchtsauce servieren.

Tag der heiligen Barbara 4. Dezember

Sie hat im vierten Jahrhundert als Tochter eines reichen Kaufmanns in Nikomedien gelebt und den Martertod erlitten. Sie ist die Schutzheilige der Bergleute, wohl weil sie der Legende nach ihren Verfolgern durch einen Felsen entkam, auch die Patronin der Artillerie, und sie wird schließlich als Helferin in Feuersgefahr und Todesnöten verehrt.

Adonisgärtlein: Im Osten sind die Getreidekörner das Symbol für diesen Tag. Man hat aus ihnen das Adonisgärtlein angelegt: Weizenkörner werden auf feuchtes Fliespapier gesät, das in einem Suppenteller liegt und immer schön feucht gehalten wird. Weihnachten ist das Feld grün, einstmals ein altes Hoffnungssymbol für das wiederkehrende Grün in der Natur, später dann in christliche Sitten eingeordnet: dieses grüne Feld wird zwischen Moos und Immergrün in die Landschaft um die Krippe herum gebaut.

Barbarazweige: Am 4. Dezember holt man Zweige vom Kirschbaum und von der Weichsel ins Haus, legt sie über Nacht in lauwarmes

4. Dezember

Wasser und stellt sie dann in einen Krug mit Wasser. In der Wärme des Hauses schwellen und treiben die Knospen, besonders wenn man darauf achtet, daß jeden dritten Tag das Wasser gewechselt wird. Weihnachten brechen dann die Blüten hervor, die an den Sproß aus der Wurzel Jesse erinnern sollen.

Der blühende Zweig wird auch als Orakel betrachtet, wenn die Knospen tatsächlich springen, so deutet das auf eine baldige Hochzeit hin. In vielen Gegenden haben die Mädchen jedem Kirschzweig den Namen eines ihrer Verehrer gegeben. An wessen Zweig die Knospen zuerst aufblühten, der wird der künftige Bräutigam.

Vergoldenstag: In Holland gingen die Frauen an einem der Abende vor dem Nikolaustag zum Vergolden. Sie halfen den Nachbarinnen, im vorigen Jahrhundert auch den Bäckern, die vielen Pfefferkuchen mit Flittergold zu versehen. Jede Frau brachte einen Pinsel und ein Schälchen für Wasser mit, und bis 21 Uhr wurde gemalt und natürlich auch erzählt, Heiligenlegenden und Gruselgeschichten.
Danach kamen die jungen Leute dazu, die Wasserschälchen wurden fortgeräumt, es gab einen großen heißen Anismilchpunsch, und Pfänderspiele wurden gespielt.

5. Dezember

Klausklöpfen: Am Vorabend des Nikolaustages sind die jungen Burschen in der Schweiz auf den nächsten Hügel oder Berg gekraxelt und haben dort so kräftig die Peitschen geschwungen, daß es wie Böller gekracht hat. Dieses Krachen soll die Wintergeister und die bösen Dämonen vertreiben.

6. Dezember
Nikolaus

Heiliger Nikolaus, Flügelaltar des Ulmer Münsters

Fest des heiligen Nikolaus, Bischof von Myra, der wegen seiner vielen Wunder und wegen seiner Freigebigkeit sehr verehrt und geliebt wurde. Als Schutzheiligen und Freund der Kinder weisen ihn zwei Legenden aus: nach der ersten hat er drei Schüler, die ein geiziger und geldgieriger Wirt erschlagen, zerstückelt, und in sein Faß gestopft hat, wieder zusammengesetzt und ihnen das Leben wiedergegeben.
Nach der zweiten Legende hat er die Klage eines Vaters vernommen, der zu arm war, um seinen drei Töchtern eine Aussteuer zu geben. Es blieb ihm nichts anderes übrig, als die Mädchen auf die Straße zu schicken, wo sie sich ihr Geld selbst verdienen sollten. Das erregte das Mitleid des Heiligen, er warf dem Vater in drei Nächten drei Goldklumpen in die Stube, so daß jedes der Mädchen einen Mann bekam.
Zur Erinnerung an den guten Bischof stellen die Kinder immer wieder Schuhe vor die Tür oder hängen Strümpfe an den Kamin, denn nach einer anderen Version der Legende hatte der hl. Nikolaus das Gold für die drei armen Jungfräulein durch den Schornstein geworfen, so daß es in den Strümpfen der Mädchen landete, die sie dort zum Trocknen vors Feuer gehängt hatten.
Nach altem Brauch steckt man etwas Stroh oder eine Mohrrübe für das Pferd vom Nikolaus in den Schuh, und in vielen Familien ist es

6. Dezember
Nikolaus

üblich, daß abends ein Verwandter oder großer Bruder als Nikolaus auftritt und an die braven Kinder Äpfel und Nüsse verteilt.
Der heilige Nikolaus hat eigentlich den heiligen Martin verdrängt, der der erste volkstümliche Heilige in Europa war und den Kindern bescherte.
Doch als die Reliquie von Nikolaus um die erste Jahrtausendwende nach Bari in Süditalien gebracht wurde, begann man, ihn immer mehr zu verehren und den Kindern an seinem Festtag vorweihnachtliche Geschenke zu geben. Ursprünglich sind nur die Knaben beschenkt worden, die Mädchen bekamen am Tag der heiligen Lucia ihre Geschenke.
Das erklärt auch, warum in manchen Gegenden Namen und Erscheinungstermin der beiden Heiligen etwas durcheinander gehen: der süddeutsche Pelzmärte poltert am Nikolaustag, und der Nikolo zieht mit Engeln und Teufeln in der ganzen Vorweihnachtszeit durch die Dörfer. In vielen Gegenden zieht der Heilige in schönem Gewand und auf seinem Schimmel durch Stadt und Dorf, immer von einem schwarzen Kerl, einem Krampus, Klausmänneken, Knecht Ruprecht oder einer Buzebercht begleitet, Personen also, die die Kinder schrecken, den

Nikolausabend

6. Dezember
Nikolaus

St. Nikolaus mit den bayrischen Buttmandln

Mädchen das Gesicht schwarz malen oder – da sie nicht auf der Straße sein dürfen, wenn der Nikolaus naht – sie über den Hof jagen und in den Bach zu werfen versuchen.

Der Streich mit der Rute – vom Nikolaus oder vom Krampus – bedeutet keine Strafe, sondern Segen: die Rute ist das lebendige Reis, dessen Berührung Fruchtbarkeit verheißt. Zur strengen und drohenden Rute ist der Zweig erst im Lauf der Zeit geworden, als man den alten Sinn völlig vergessen hatte und das Bestrafen der Kinder eine größere Rolle spielte.

Kleine Nikoläuse liefen früher im Südwesten Deutschlands durch die Dörfer, das waren zwei Jungen, die sich einen Bart angeklebt und das Gesicht mit Kohle beschmiert hatten. Sie zogen als Poltergeister herum, sangen Lieder und tauchten zum Schrecken der kleinen Kinder auch in den Häusern auf, denn sie wußten über die Schandtaten der Kinder viel besser Bescheid als die Erwachsenen und wurden von diesen nicht selten pädagogisch mißbraucht.

Gebildbrote oder Klausenmänner: Das ist das Gebäck, das Nikolo verteilt, je nach Gegend können es auch Nikolowecken oder Hefekerle oder Hefeschnecken sein: alte Erinnerung an die heidnischen Opfergaben.

Nikolauslaufen ist vor allem in der Gegend von Bremen üblich, und stellt auch die Nikolaussitte auf den Kopf: die Kinder gehen verkleidet durchs Dorf und die Stadt, sagen ein Weihnachtsgedicht auf, singen Adventslieder und nehmen die bereits dafür zurechtgelegten Gaben in Empfang, meist Äpfel und braune Kuchen oder dicker Honigkuchen vom Blech.

6. Dezember
Nikolaus

In Westfalen war es Sitte, daß die Dienstboten ihre Schuhe an den Kamin stellten, um ein Geschenk zu erhalten, das aus Kleidern oder Hausgerät, aus Äpfeln und Nüssen oder aus Geld bestand.
In Österreich gehört der Krampus zum Nikolaus, ein kleiner Teufelskerl, der entweder wild tut oder die Kinder zu necken versucht. Heute bekommen die Kinder den Zwetschgen-Krampus, der aus auf Draht gezogenen Dörrzwetschgen besteht und einen Walnußkopf hat.
In Holland wird der heilige Nikolaus Sint Niklaas oder »Sinterklas« genannt. Dort gilt er als Schutzpatron der Schiffer und kommt jedes Jahr am 16. November »aus Spanien«, wie die Legende sagt, mit dem Schiff in Amsterdam an, begleitet von seinen Knechten in spanischer Tracht. Einer ist ein Mohr, der schwarze Piet, und spielt die klassische Rolle des Kinderschrecks, droht mit der Rute, kullert mit den Augen und redet Kauderwelsch.
Sinterklas (oder Sinterklaas) reist ab Mitte November an jedem Wochenende in eine andere Stadt und läßt sich feierlich empfangen.
In Holland findet die eigentliche Bescherung am 5. Dezember, dem Vorabend des Nikolaustages, statt. Viele Geschäfte schließen schon um 18 Uhr, alles will heim und erwartet bei heißer Schokolade und Milchkaffee, Spekulatius und Gebäck aus Mandelblätterteig den Heiligen mit dem Gabensack.
Jeder bekommt ein Geschenk, das eins nach dem anderen ausgepackt wird. Knoten von Seidenbändern oder Bindfäden dürfen nicht durchgeschnitten werden, und jeder muß das Gedicht vorlesen, daß das Geschenk begleitet: Kinder und Erwachsene halten sich in gereimter Form mit liebevollen Spott den Spiegel vors Gesicht und machen sich gegenseitig auf die Alltagssünden und schlechten Angewohnheiten aufmerksam. Wer zum Nikolausabend eingeladen wird, muß damit rechnen, daß er auch aufs Korn genommen wird und muß auf jeden Fall gute Miene wahren – das gehört zu den Spielregeln. Wie beim Julklapp werden die Geschenke so verpackt, daß man nicht weiß, was drinnen steckt: kleine Gegenstände kommen in eine gewaltige Hülle, Rundes in eckige Kartons und so weiter. Manchmal steckt in allen Pappen und Papierhüllen auch gar nichts, nur ein Vers.
Ein Geschenk kann auch wandern, weil jede Hülle einen anderen Namen zeigt und bis zuletzt ungewiß bleibt, zu wem es endlich gehört.
In Holland stellen die Kinder abends Heu, Mohrrüben und Brot für den Schimmel des heiligen Nikolaus hin, denn sie meinen, daß der Heilige mit seinem Schlitten über Dächer fährt und wie damals bei den drei armen Jungfrauen die Geschenke in die Schornsteine wirft. Deshalb finden die Kinder in ihren Strümpfen und Schuhen oft Orangen und Mandarinen: Symbole für die goldene Gabe von einst.
In Belgien schaut der Nikolaus am Vorabend, also am 5. Dezember zu den Kindern herein, wenn sie nur schön genug für ihn singen. Dann fliegt plötzlich die Tür auf, und draußen liegen auf einem weißen Laken Äpfel und Nüsse und Zuckerwerk. Das wird dann gleich zur

Sint Niklaas reitet über die Dächer, Holland

6. Dezember
Nikolaus

heißen Schokolade gegessen. Manchmal liegen dazwischen große Pfefferkuchen in Gestalt von Reitern oder Bischöfen und kleine Marzipanschiffchen, die ganz und gar mit Bonbons vollgepackt sind.
In manchen Orten tritt der Heilige auch leibhaftig auf, im Bischofsgewand mit Mitra und Stab, fragt die Kinder ab, lobt und tadelt sie und verspricht ihnen, sie am nächsten Morgen gut zu belohnen. Dann werden die frisch geputzten Schuhe erwartungsvoll in die Stube gestellt, die von den Eltern verschlossen wird. Am nächsten Morgen steht sie offen, das Heu aus den Schuhen ist verschwunden, die Stühle sind verrückt, es herrscht eine gewisse Unordnung im Zimmer, die verrät, daß der Nikolaus dagewesen sein muß: brave Kinder finden Süßigkeiten in ihren Schuhen, unartige die Rute.
In belgischen und holländischen Städten gab es extra Schuhe aus Porzellan, die man dem Nikolaus an den Kamin, auf das Bett, in eine Ecke des Zimmers oder vor die Stubentür stellte.
In Helgoland haben die Kinder die Schuhe zu ihren Verwandten und Paten gebracht, damit der Heilige etwas hineinlege, und auch im südwestlichen Deutschland haben die Kinder am Nikolaustag Patengeschenke bekommen.

Spekulator hat man den heiligen Nikolaus früher genannt: den in geistliche Betrachtung Versunkenen. Da die Model des Weihnachtsgebäcks oft den heiligen Nikolaus auf seinem Schimmel darstellen, soll sich sein Beiname auf das Gebäck übertragen haben. Ein altes Rezept für

Spekulatius
500 Gramm Mehl mit 375 Gramm Zucker, 250 Gramm Butter oder Margarine, einem Beutel Spekulatiusgewürz, zwei Eiern, 100 Gramm gemahlenen Mandeln, einem halben Teelöffel Zimt, der abgeriebenen Schale einer Zitrone, einem Teelöffel Backpulver und einer Prise Salz zu einem Mürbteig verkneten, der wenigstens einige Stunden lang zum Ruhen ins Kalte gelegt werden muß. Es schadet dem Teig gar nicht, wenn man ihn mehrere Tage vorher macht und an einem kalten Ort aufbewahrt. Dann verarbeitet man freilich das Backpulver erst kurz vorm Ausrollen des Teiges. Das geschieht etwa messerrückendick, dann werden die gereinigten Model vorsichtig auf den Teig gepreßt und die Rechtecke ausgeschnitten. Auf einem leicht gefetteten Backblech bei Mittelhitze in etwa 15 Minuten blond backen.

Gefüllte Spekulatius
Das ist ein Gebäck, das in vielen holländischen Familien extra zum Nikolaustag gebacken wird. Den Spekulatiusteig zu einem großen Rechteck rollen, 400 Gramm Rohmarzipan auf Puderzucker ebenso groß ausrollen, auf den Teig legen und mit der zweiten Teigplatte bedecken. Den Teig mit geschälten und halbierten Mandeln, Rosinen und Pistazien nach Belieben dekorieren, ein Eigelb mit Sahne verquir-

Vor Weihnachten, von Ludwig Emil Grimm, um 1830

len, den Teig damit bepinseln, und die gefüllten Spekulatius eine gute halbe Stunde bei Mittelhitze backen. Gleich nach dem Backen in Rechtecke schneiden oder bereits vorm Backen zu Quadraten schneiden.

6. Dezember Nikolaus

Nikolausgebäcke sind in Deutschland einfacher gewesen: am Bodensee backt man auch heute noch Klasenmänner aus Hefeteig, oder Mürbeteigkerle, die ein Gesicht aus Weinbeeren eingedrückt bekommen, in anderen Gegenden hat es Klasenvögel oder Klasenringe gegeben, Hefegebäck in Vogel- oder Kringelform.
In Westfalen wird der Pumpernickel mit dem Heiligen in Zusammenhang gebracht, ein nahrhaftes sättigendes Brot, von dem viele meinten, es sei gut für Sankt Nikolaus' Schimmel.

6. Dezember
Nikolaus

St. Niklastag, von Karl Jauslin, Ulm, 1800

Der Aufbau der Krippe hat vielerorts mit dem Nikolaustag begonnen. In Schlesien und im Schwarzwald sind in den Kirchen und in den Privathäusern die großen Weihnachtskrippen aufgebaut worden, die oft mit erheblicher Kunstfertigkeit von Krippenschnitzern so hergestellt worden sind, daß einzelne Figuren und Teile beweglich waren und daß Glockengeläut und Posaunenschall ertönten. Vor allem im Riesengebirge und in Schlesien haben die Krippen das ganze Dorf und seine Umgebung dargestellt oder eine bestimmte Familie, oft auch einen Teil des Dorfes und das darunterliegende Bergwerk. Auf jeden Fall wurden die Krippenlandschaften während der Adventszeit gebaut, vergrößert, oder repariert und frisch gestrichen.

6. Dezember
Nikolaus

Das Christkind legten Jungfrauen und Klosterschwestern erst am Heiligen Abend in die Krippe.
In vielen Familien ist es heute noch Sitte, die Krippe im Lauf der Adventswochen und -tage aufzustellen: zuerst nur den Stall mit Moos und Bäumen, dann ein Tier nach dem anderen, Schafe und Tiere des Waldes, dann die Hirten mit ihren Hunden. Zum Schluß wird die heilige Familie dazugestellt und am Heiligen Abend Ochs und Esel, das Christkind und der Engel mit dem Friedensspruchband. Dem Weihnachtsevangelium folgend stellt man in katholischen Gegenden die Heiligen Drei Könige mit ihren Rössern und Kamelen erst am sechsten Januar dazu, am Tag ihres Erscheinens.

Der Klausenbaum oder das Paradeisl ist in Böhmen und in der Alpengegend gebaut worden: ein Gestell aus vier Äpfeln und zweimal drei Stangen, die zu einer Pyramide gesteckt und mit einer Kerze gekrönt wurden. Der Apfel war in Deutschland das typische Nikolausgeschenk: er spielte hier die Rolle der Goldstücke.

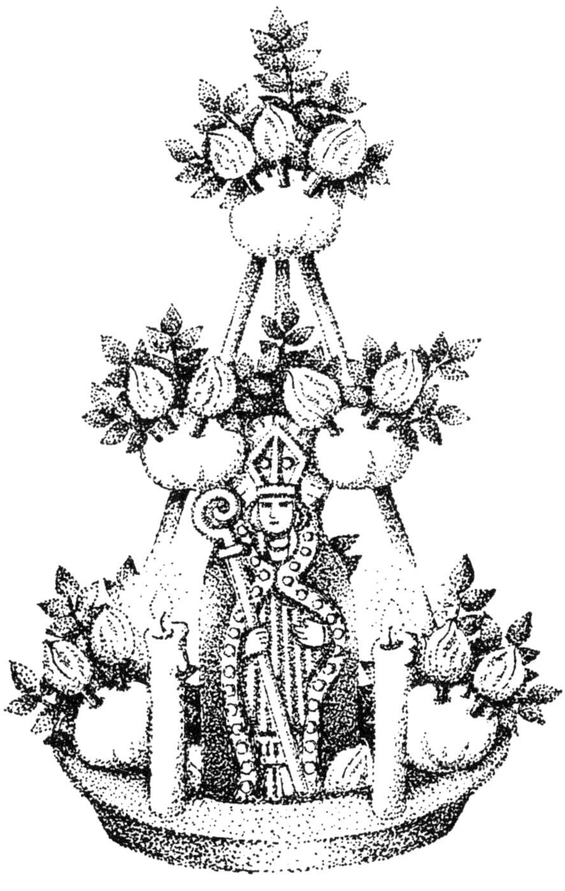

Dezember

Adventsbräuche
Der Hirtenumzug: Im Niederdeutschen sind die Hirten in den Adventswochen abends durchs Dorf gezogen und haben auf ihren Hörnern geblasen.

Antuten: Die Konfirmanten des Dorfes oder der Stadt sind in den Adventstagen mit Hörnern und Posaunen angeblasen worden und mußten sich mit einer kleinen Mahlzeit oder einem Korb voller Äpfel revanchieren.

Der Rumtopf ist in vielen Gegenden am Nikolaustag oder danach in den Adventswochen zum ersten Mal geöffnet worden. Das Rumtopfkompott gibt's zu warmen Grießpuddings oder frischgebackenen Probe-Lebkuchen, etwas vom Saft wird pur getrunken oder als Aroma in heißen Tee oder in einen Punsch geschüttet.

Adventssonntage sind in der Stadt Mittelpunkt der Dezember-Geselligkeiten geworden. Kindern basteln, Erwachsene trinken Tee oder Punsch, Geschichten werden erzählt und Weihnachtslieder gesungen.

8. Dezember **Fest von Mariä Empfängis**
Die Hausfrauen beginnen, das Kleingebäck und die Früchtebrote für Weihnachten zu backen. In der Woche vor Weihnachten wird ein letztes Mal reichlich gebacken, denn im Norden war es Brauch, in den zwölf Nächten von Weihnachten bis zum Dreikönigstag nicht zu backen und zu brauen.
Als letztes Weihnachtsgebäck, nach Broten, Kletzenbroten und Fruchtkuchen wurde gern ein Schaubrot gebacken, nur aus Wasser und Mehlteig, dafür aber schön verziert. Es stellte oft das Sonnenrad dar.
In Südamerika formt man aus diesem einfachen Teig die Figuren der Heiligen Geschichte und die ganze Krippendarstellung.
In den Alpenländern backt man ein Fatschenkind, ein Christkind als Wickelkind, das mit Zuckerguß und Flitter wunderschön geschmückt und in einen Kasten gelegt wird. Man schenkt es guten Freunden, Kinder backen es für ihre Paten, Mütter für ihre auswärtigen Kinder.
In Skandinavien formt man alle alten Gebild- und Opferbrote nach: Sonnenräder, Brezeln, Himmelsleiter und Thomasräder.

Tag der heiligen Lucia — 13. Dezember

Sie stammte aus Syracus auf Sizilien. Lucia (von Lux gleich Licht), die Leuchtende, zog die Liebe zu Christus der Liebe zu einem Jüngling vor und erlitt dafür den Martertod: sie wurde enthauptet. Diese lichtvolle Heilige hat jedoch eine heidnische Schwester, die in vielen Zügen an die Perchten, die alten Lichtgöttinnen der Alpenländer erinnert:

Die Luzelfrau oder Pudelmutter ist früher als Kinderschreck durchs Dorf getobt, in Stroh gehüllt hat sie die Faulen gejagt und damit gedroht, ihnen den Bauch aufzuschneiden und Stroh und Kieselsteine hineinzustopfen. Aus dem gleichen Grunde wurden am Vorabend des Lucientages Hof und Ställe sorgfältig gefegt, weil die Luzelfrau sonst den Kehricht in den Bauch der Mädchen stopfen würde.
Diese dämonische Lussibrud oder Lucienbraut ist eine Mittwintergestalt, die wie die Perchta manchmal freundlich auf das verlöschende Licht weist oder als Dunkelgestalt die Leute schreckt.
Beide Frauengestalten sind durch das Licht, das sie verkünden, verbunden: der 13. Dezember war nach dem alten Kalender mit der astronomischen Jahresberechnung noch im 15. Jahrhundert der kürzeste Tag.
Lucia erschien früher am Vorabend ihres Tages, um den Mädchen Geschenke zu bringen – so wie die Jungen am Nikolaustag Geschenke bekommen hatten – ihr zu Ehren und um die Hexen nicht zu verärgern, wurde am Abend nicht gesponnen, und die Burschen legten sich auf den Dachboden, um um Mitternacht den Lucienschein zu sehen.

Lucienzweige: Auch an diesem Tag werden Kirschzweige geschnitten und ins Wasser gesteckt. Sie sollen Weihnachten aufblühen.

Lucienweizen wird in flache Tonschalen gesät, die immer feucht gehalten werden, Lucialinsen keimen und treiben in Suppentellern mit Wasser oder feuchter Watte.
Diese Weihnachtsfelder werden dann mit in die Krippenlandschaft einbezogen und stellen die wiederkeimende Natur dar.
In Schweden wird schon der Vorabend des Luciatages festlich begangen: weiß gekleidete Mädchen ziehen als Luciabräute mit einem Kranz aus Immergrün (Preiselbeeren) und brennenden Kerzen auf dem Kopf von Haus zu Haus und teilen Gaben aus.

Am Luciamorgen weckt in Schweden die älteste Tochter als Luciabraut im langen weißen Gewand die ganze Familie und bringt ihr das Frühstück. Es gibt Kaffee mit Lussekotter, Safranbrot oder -brötchen.

Lussekotter: Sie bestehen aus einem Hefeteig mit je 100 Gramm Zukker, gemahlenen Mandeln und Butter auf 500 Gramm Mehl, einem Ei, einer Handvoll Rosinen und einem halben Teelöffel Safranpulver, das man in etwas Milch auflöst.
Zum Kaffee gibt es oft Pepparkakor, Pfefferkuchen, und man singt Weihnachtslieder.

13. Dezember Die heilige Lucia erscheint in Schweden auch in Schulen und Krankenhäusern, oft mit einem Gefolge aus hübschen und ebenfalls weißgekleideten Mädchen.
Spätestens an diesem Tag werden in Schweden Gefäße für den Glögg herausgeholt, der eine Art heißer Weihnachtspunsch ist, s. Seite. 358.
In Deutschland hielt man den Lucientag für den kürzesten des Jahres, deshalb war er mit vielen alten Sonnwendbräuchen verknüpft, und auf dem Land ist der gleiche Schabernack wie in der Osternacht getrieben worden, es gab das Wasserholen und die Träume, die die Zukunft enthüllen sollten.

Luciabraut in Schweden

Weihnachtssträuße pflückt man sich bei einem langen Spaziergang oder stellt sie aus gekaufter Stechpalme oder Ilex und bunten Beeren zusammen: Sanddorn, Schneebeere, Vogelbeere. Oder man besprüht Ilexzweige mit Goldfarbe und kombiniert sie mit grünem Ilex, Tanne und Christrosen.
Diese Weihnachtssträuße werden im Advent verschenkt und bleiben bis zum Dreikönigstag in der Vase.

Die zwölf Sperrnächte oder Dunkelnächte
beginnen am 13. Dezember und dauern bis zum 25. Dezember.
Früher sind die Dörfer oder Gehöfte buchstäblich mit Hanfseilen abgesperrt gewesen, von jungen Burschen unter beruhigendem Peitschenknall bewacht, um Dieben, Räubern und ähnlichem Gelichter das Einschleichen im Schutz der Finsternis unmöglich zu machen.

16. Dezember

In Kolumbien beginnen an diesem Tag die Weihnachtsfeierlichkeiten. Die ganze Familie wandert mit Freunden in den Wald, um Moos für die Krippe zu sammeln, die an diesem Tage schon aufgestellt wird. Bei Anbruch der Dunkelheit wird zu Hause gemeinsam gebetet, dann gefeiert, musiziert und Weihnachtslieder werden gesungen. Die Feier hat um Mitternacht ein Ende, wiederholt sich an jedem der neun Tage bis zum Heiligen Abend, an dem man nach der Mitternachtsmesse mit Feuerwerk, Tanz auf der Straße und gutem Essen und Trinken feiert. Weihnachtsbäume findet man höchstens in den Städten, beschenkt werden nur die Kinder, und zwar mit Kleinigkeiten und Süßigkeiten, die die Erwachsenen in der Nacht unter den Betten der Kinder verstekken, so daß diese sie am Morgen des 25. suchen können.

17. Dezember

In katholischen Gegenden beginnt um drei Uhr Nachmittags vielerorts das Christkindl-Einläuten, für das die Kirchen all ihre Glocken erschallen lassen. Es ist auch der Tag des armen Lazarus und sollte Anlaß sein, an Weihnachtsbesuch und Weihnachtsgabe für die Alten und für die Kranken zu denken.
Der 17. Dezember ist auch der Beginn der Saturnalien gewesen, der römischen Wintersonnwendfeiern.

21. Dezember

Der Tag des heiligen Thomas
Er war der Apostel, der an der Auferstehung des Herrn zweifelte und erst dann glaubte, als er die Hand in Christi Wunden legen durfte. Ihm soll der kürzeste Tag und die längste Nacht des Jahres zugeteilt worden sein, weil er am längsten an Christus gezweifelt hat, also am längsten in der dunklen Nacht des Unglaubens verharrte.
Am Thomastag begegnet man vielen Sitten, die man in der Silvesternacht wiederfindet: heiratslustige Mädchen bleiben bis Mitternacht auf, wenn sie dann ins Wasser oder in den Spiegel schauen, so sehen sie das Gesicht des Zukünftigen.
Auch die Christen haben diesen Tag immer mit großem Nachdruck gefeiert, mit Nachtwachen, mit den Versuchen, in Gebeten die Zukunft zu erforschen, mit Segenswünschen für alle Nachbarn.

Domesesel hat in Westfalen das Kind geheißen, das die Schulstube als letztes am Thomastag betreten hat, und wer zu Hause am längsten im Bett liegen blieb, wurde mit freundlichem Spott als Thomas-Faulpelz begrüßt.

Schweinethomas heißt der 21. Dezember in Eichsfeld. Das war der Beginn der Schlachtfeste, denn man meinte, nach diesem Termin schmeckt das Schweinefleisch am besten.

Ein Backtermin ist der Thomastag auch: am Tag vor Thomas wird das Kletzenbrot gebacken. Am Thomastag sammelten die Frauen das Mehl für das Weihnachtsgebäck. Es wurden die Lebzelten gebacken, für jeden Hausgenossen einen, dann wurden die Honigkuchen in Steintöpfe gepackt und erst am Stephanstag angeschnitten.

21. Dezember **Die Rittbergische Hochzeit** stammt auch aus Westfalen: dort glaubte man, man müsse in der Thomasnacht tüchtig essen und trinken, um nicht totzuhungern. Zu diesem Zweck wurde die sogenannte Rittbergische Hochzeit veranstaltet, für die man einen großen Plattenkuchen von Buchweizenmehl und Kartoffeln backte, den Kuchen butterte und ihn teils in Buttermilch gebrockt, teils warm mit frischer Butter bestrichen aß.

Pilgrimstag ist der 21. Dezember in den USA. Die glückliche Landung der Pilgerväter wird mit einem Gericht gefeiert, in dem sich die damals neuen unbekannten Zutaten wiederfinden, die der ersten Generation der späteren Amerikaner das Leben gerettet haben:

Succotash: Das ist ein Eintopf aus Hühnerfleisch, Hühnerbrühe, Maiskörnern, Tomaten und Limabohnen, die auch durch grüne Brechbohnen ersetzt werden können. Das Gericht soll von den Narragansett-Indianern übernommen worden sein.

Thomasorakel: Am Thomastag streut man in Bayern Gerstenkörner in einen Blumentopf mit guter gehaltvoller Erde und stellt ihn in die warme Stube. Nach Weihnachten kann man von der Gerste ablesen, wie das Wetter im nächsten Jahr werden wird: Feuchtigkeit, Trockenheit, starkes Wachstum, frühes Gilben – alles entspricht am betreffenden Tag dem betreffenden Monat.

Die erste Weihnachtskarte soll im Jahre 1841 ein Buchhändler in Schottland, Leith, ins Fenster gestellt haben. Zwei Jahre später wurden die ersten nachweisbaren Weihnachtskarten verschickt: damals ließ sich Henrik Cole, ein Londoner Geschäftsmann, dem die persönli-

Weihnachtskarte, von W. M. Egley, 1848

21. Dezember

che Weihnachtspost über den Kopf gewachsen war, von einem der bekanntesten Zeichner seiner Zeit, John Calcott Hersley, eine Weihnachtsbotschaft entwerfen, die gedruckt und verschickt werden konnte. Nach Hersley's Entwurf wurden tausend Stück gedruckt und handkoloriert. Cole verkaufte die Karten, die er nicht selber brauchte, für einen Shilling pro Karte. Ein stolzer Preis, für den man sich damals ein ganzes, anständiges Abendbrot kaufen konnte.
Die Sitte verbreitete sich trotz des Protestes einiger Puritaner rasch über die ganze Welt. Heute kann man sich Weihnachtskarten jeglicher Art kaufen, kann sie aber auch selber malen, zeichnen, kleben, drukken, aus Fotos zusammenbauen, als Falt-Herzen oder als Leporello verschicken.

Die Weihnachtszeit

Wintersonnenwende

Die Segensfrüchte: Wer zu Beginn des neuen Sonnenjahres große Schalen mit Früchten und Gemüse auf den Tisch stellte, würde im künftigen Jahr keinen Mangel leiden. Das glaubten die Bauern des Mittelalters und schenkten sich gegenseitig Früchte und Nüsse, um den Segen weiterzugeben.
Wer also im Advent die Schüssel mit Nüssen auf den Tisch stellt, oder vergoldete Nüsse, Backwerk und rote Äpfel in den Tannenbaum hängt, folgt dieser alten Sitte.

Das Licht ist als Abbild der Sonne auch ein Schatz- und Segenssymbol. So trifft man in alten Volksbräuchen schon auf Lichter, mit denen man statt mit Früchten den Baum geschmückt hat.

Immergrüne Zweige haben unsere Vorfahren schon in der vorchristlichen Zeit in Haus und Hütte geholt. Dafür gab es viele Erklärungen: Das getreue Grün sollte den freundlichen Waldgeistern als Zuflucht für den Winter dienen.
Die immergrünen Zweige sollten als Symbol der ewigen Lebenskraft die bösen Dämonen verscheuchen.

Die Weihnachtszeit

Als besonders zauberkräftig wurden betrachtet: die Eibe und der Buchsbaum (vertreibt den Teufel, wird heute noch gern statt Palmzweigen am Palmsonntag geweiht; in Bayern stecken sich die Sargträger manchmal kleine Buchssträuche ins Knopfloch), Fichte und Tanne, Stechginster und Wacholder, Kiefer und Föhre, Rosmarin, Kronsbeere und Efeu.
Im Mittelalter wurden Häuser und Kirchen und Wirtshausschilder mit Zweigen bedeckt und mit Girlanden umwunden, und das unwandelbare Grün war das Zeichen dafür, daß Chrisuts wie eine zarte Pflanze aufblühen und immer grün bleiben würde, lebendig bis in alle Ewigkeit. Dieser grüne Schmuck blieb von Advent bis Lichtmeß.

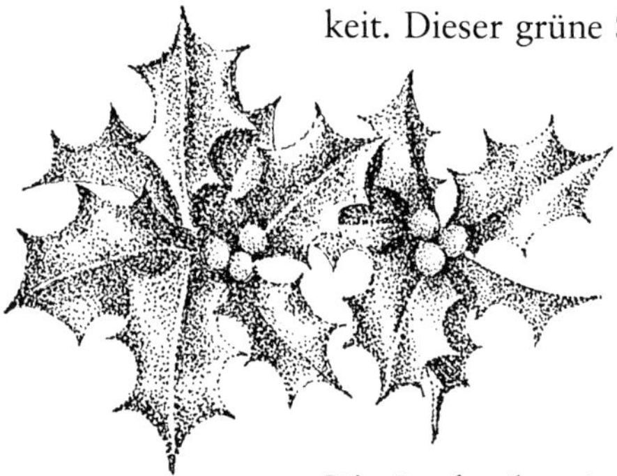

Die Stechpalme ist mit ihren stachligen Blättern Symbol der Dornenkrone, mit ihren roten Beeren das Symbol der Blutstropfen Christi. In England wird die Stechpalme als die männliche Pflanze betrachtet, der Efeu als Symbol für das weibliche Anschmiegen und Anklammern. Im Weihnachtsgrün und in den Weihnachtsgirlanden wird also auch der Kampf der Geschlechter dargestellt.

Der Mistelzweig ist unseren Vorvätern schon deshalb geheimnisvoll vorgekommen, weil die Mistel nicht wie fast alle anderen Pflanzen aus der Erde herauswächst, sondern in den Bäumen nistet. Die Pflanze ist schon den Druiden, den keltischen Zauberpriestern 300 bis 200 Jahre vor Christi, heilig gewesen. Der Römer Plinius berichtet in seiner Naturgeschichte als erster von den Galliern (Kelten), daß sie die Mistel hoch verehrten. Die Druiden schritten während der winterlichen Sonnwendfeiern, am liebsten am sechsten Tag nach Neumond, in feierliches Weiß gekleidet in den Wald zu den heiligen Eichen, auf denen die Misteln wuchsen. Der würdigste Druide kletterte auf den Baum, schnitt die Mistelzweige mit einer goldenen Sichel ab und warf sie auf ein ausgebreitetes Tuch, damit der Zweig nicht die Erde berührte. Nach einem Stieropfer wurden die Zweige verteilt und in den Häusern aufgehängt. Sie galten als Friedenssymbol und sollten wegen ihrer besonderen Kraft, trotz aller Winterkälte grün zu bleiben, Wunder wirken, Glück bringen und vor allem die bösen Geister abwehren, die dem Volksglauben nach um die Zeit der Wintersonnenwende in besonders großen Schwärmen die Menschen bedrohten. Man trug die Mistelzweige auch als Freundschaftssymbol in die Häuser der Nachbarn, und wenn sich Feinde unter einem Mistelzweig trafen, so umarmten und versöhnten sie sich: das ist der Ursprung vom Kuß unter dem Mistelzweig. Diese Sitte ist in England nicht so weit verbreitet, wie man annehmen sollte, und wenn, dann vor allem bei Kindern, ist jedoch bei uns heimisch und beliebt geworden: in der Weihnachtszeit hängt man einen Mistelbusch über die Tür, und jedes Mädchen, das unter dem Mistelzweig steht, darf geküßt werden. Dann heiratet sie, heißt es, im kommenden Jahr, sofern sie nicht mehr Küsse bekommt, als der Mistelzweig Beeren trägt.

Kuß unterm Mistelzweig

Die Weihnachtszeit

Weil die Mistelzweige ein so unverkennbares heidnisches Grün sind, werden sie nicht zur Dekoration der Kirchen genommen, und man findet sie niemals draußen auf der Straße, sondern immer nur im Haus.

Die Christrose oder der Christwurz, die Schneekatze oder Schneerose soll an die Blüte Jesse erinnern, die mitten im Dunkel der unerlösten Welt aufblühte. Auf dem Lande gilt die Christrose als Orakelblume. Man stellt in der Weihnachtsnacht zwölf Blütenknospen ins Wasser, jede Knospe bedeutet einen Monat, und man liest das Wetter des kommenden Jahres an der Art und Weise ab, wie sich die Knospen öffnen. Die geschlossenen Knospen bedeuten schlechtes Wetter, die offenen gutes.

Rosmarin, die heilkräftige Zauberpflanze mit den witterungsbeständigen Blättern, gehört mit ihren roten Blüten und mit ihrem aromatischen Duft ebenfalls zu den alten Weihnachtspflanzen. Ihr Duft soll wie der Weihrauch Segen verströmen, man hat sich kleine Rosmarinbuketts zur Erinnerung geschenkt, und in England ist der Wildschweinkopf beim weihnachtlichen Prunkgelage ursprünglich mit Rosmarinzweigen besteckt gewesen.

Das Rotkehlchen gehört in England zu den Weihnachtstieren. Dafür gibt es zwei Erklärungen: die christliche lautet, daß das Rotkehlchen dem Herrn am Kreuz einen Dorn aus der Stirn zog, sich dabei selbst verletzte, seitdem den roten Blutfleck auf der Brust trägt und inmitten der Freude über Christi Geburt an Christi Leiden erinnert, das der Freude folgen wird.
Die prosaische Erklärung lautet, daß die englischen Briefträger Mitte des vorigen Jahrhunderts rote Röcke trugen, die zu den roten Briefkästen paßten. Deshalb nannte man sie Rotröcke oder Rotkehlchen, und als um 1860 die Weihnachtskarten Mode wurden, bildete man auf ihnen Rotkehlchen mit Briefchen im Schnabel ab.

Es kann aber auch sein, daß das Rotkehlchen mit dem Zaunkönig verschmolzen ist: er ist früher am Tag des heiligen Stephan, am 26. Dezember, gejagt worden, denn das war der einzige Tag, an dem dieser im Naturglauben heilige kleine Vogel getötet werden durfte.

Das Weihnachtsscheit oder der Julklotz geht sicher auf den Wunsch unserer Vorfahren zurück, daß das Feuer im eiskalten Winter niemals ausgehen dürfe. Die Sitte stammt jedenfalls aus vorchristlicher Zeit, als Skandinavier und Germanen und alte Briten ihre gewaltigen Winterfeste zu Ehren von Thor mit Freudenfeuern feierten. Dieses Sonnenfest hieß Yul oder Haul, im Gotischen *giuo,* was Rad bedeutet und auf das Sonnensymbol hinweist.

Im Mittelalter spielte »das Scheit« eine große Rolle und sollte die zwölf Tage zwischen Weihnachten und Epiphanias im Kamin brennen. Man scharte sich um das Scheit, und alte Feindschaften wurden begraben. Wer auserwählt worden war, den Stamm zu fällen, wurde beneidet, denn er galt im kommenden Jahr gegen alles Übel gefeit, auch gegen den bösen Blick, und wer dem Stamm auf dessen Heimtransport begegnete, der grüßte das Weihnachtsscheit, weil er auf diese Weise am Segen teilnahm.

Im Norden Europas besteht das Scheit meist aus Eichenholz, im Süden aus Esche, in England auch aus gebündelten Eschenklötzen, und immer wenn sich einer der Klötze befreite und knisternd ins Feuer fiel, mußte früher der Hausherr eine Runde Bier ausgeben. Das Scheit wird oft schön mit Immergrün dekoriert oder: jedes Familienmitglied steckt einen Stechpalmenzweig in die Holzspalten, was Glück bedeuten soll, weil das Rot und Grün von Blatt und Beere den Weihnachtsfarben entsprechen. Oft wird das Scheit als Orakel betrachtet: man wirft Getreidekörner oder Münzen ins Feuer, damit es einem im nächsten Jahr nicht ausgeht.

In Italien spielt das Scheit oft die Rolle unseres Tannenbaumes. Die Kinder stehen mit verbundenen Augen davor und sagen ein Gedicht auf, und wenn ihnen die Binde von den Augen genommen wird, liegt ein Geschenk vor ihren Füßen.

In der Provence besteht das Scheit aus einem Obstbaumstamm. Er wird von Familienangehörigen und Freunden ins Haus geholt, vom Vater mit einem Glas Wein begossen und dann entzündet.

In Herefordshire, England, wird ein Weißdornstamm verbrannt, und auf manchen englischen Inseln ist der Weihnachtsbaum niemals heimisch geworden, der Yuleklotz brennt stattdessen an allen Feiertagen. Ein Stück vom Klotz wird gern aufgehoben, um im nächsten Jahr das Feuer damit anzuzünden, und die Asche wird gesammelt und auf die Felder gestreut, um diese fruchtbar zu machen. Man rührt sie auch dem Vieh ins Futter, um es vor Krankheiten zu schützen.

Heute gehen Vater und Kinder in Schuppen oder Keller und holen zumindest einen vorher sorgfältig ausgewählten großen Holzklotz ins Haus, der den ganzen Heiligen Abend im Kamin brennen soll.

Die Weihnachtszeit

Das »Weihnachtsscheit« ist in England und Frankreich eine beliebte Weihnachtsspeise beim festlichen Weihnachtsmahl: Bûche de Noël, eine Biskuitroulade, mit Kastanienpüree oder Buttercreme gefüllt, wird so mit Schokoladenbuttercreme überzogen und mit einer Gabel geriffelt, daß das Gebäck wie ein Stamm aussieht. Man kann es zusätzlich mit Puderzucker wie mit frisch gefallenem Schnee bestäuben und einen Stechpalmenzweig mit roten Beeren hineinstecken.

Rot und Grün sind die klassischen Farben der Weihnachtszeit.
Rot erinnert an das Blut, das Christus für uns vergossen hat. Grün ist die Farbe seiner Treue zu uns und unserer Treue zu ihm.
Grün und Rot sind gleichzeitig die Farben des Lebens, und wenn wir Tannengrün mit roten Äpfeln, Kerzen und Weihnachtssternen kombinieren, so befolgen wir alte Regeln.

Die Kerzen sollen mit ihrem Licht auf jenes weisen, das mit Christus auf die dunkle Welt gekommen ist.
Außerdem steigen mit dem Kerzenlicht die Gebete zum Himmel.

Weihnachtssänger gibt es überall dort, wo Weihnachten gefeiert wird. Das englische Wort Carol (Weihnachtslied) weist auf eine lateinische Sitte, bei hohen Festen zu singen und im Kreis zu tanzen: das alte magische Mittel, einen Zauberkreis herzustellen, in dem das Böse – und die Gefahr aus der Tiefe der Natur – nicht eindringen kann. Ursprünglich gehen diese Weihnachtslieder auf Wechselgesänge zwischen Bischof und Gemeinde oder Chor zurück, die in der Morgenfrühe des Weihnachtstages gesungen wurden.
Dies blieb aber nicht an den Ort der Kirche gebunden. Lieder wurden von Schülern und Erwachsenen aufgenommen, die damit durchs Dorf zogen, und zu den geistlichen Liedern kamen andere, Segens- und Freundschaftslieder. Meist machen die Sänger am Vorabend des Weihnachtstages, also am Heiligen Abend ihre Runde und erhalten Geschenke, Gebäck, Äpfel und Nüsse und Geld. Manchmal verkleiden sie sich schon als die Heiligen Drei Könige, auch als Perchten und Tiere, als Christfrau und Engel, als Bischof und Schimmel.

Kurrendesänger sind die bekanntesten Kindergruppen des ausgehenden Mittelalters, die frierend durch die Wintergassen gezogen sind und gesungen haben.
Das Wort stammt vom lateinischen *currere* = laufen, und gelaufen sind die Schüler mit ihrem Lehrer, meist in Trupps von zehn oder zwölfen, die mit großen Körben für die Gaben ausgerüstet waren und am Heiligen Abend von Nachmittag bis Mitternacht lateinische und deutsche Weihnachtslieder und Kirchenlieder gesungen haben.

Das Quempassingen stammt aus Pommern, Sachsen und Schlesien. Der Name ist durch das Verschleißen der ersten Wörter eines Weihnachtsliedes entstanden: Quem pastores laudavere – den die Hirten

lobten sehre. Das Lied wird von verschiedenen Kindergruppen im Wechselgesang von Emporen, Altar und Orgel bei Kerzenlicht gesungen. Die Sänger marschieren oft mit ihren brennenden Kerzen und ihren weißen Chorhemden feierlich in die stockfinstere Kirche ein.
In Siebenbürgen wurde der Quempas von vier Paar mit Kronen geschmückten Schulkindern vorm Altar gesungen, und so wie sich das Arrangement des Wechselgesangs von Kirche zu Kirche und von Gegend zu Gegend ändert, so gibt es auch keinen festen Text. Weil nichts überliefert war, mußten sich die Schulkinder Noten und Worte in sogenannten Quempasheften selber aufschreiben.
Im Balkan zogen nur die jungen Ehepaare durchs Dorf und sangen bei Fackellicht Weihnachtslieder: ein Mann und eine Frau machten den Anfang, sangen bei Nachbarn, die dann aus dem Haus traten und sich, ebenfalls mit Fackeln oder Laternen ausgerüstet, dem ersten Paar anschlossen. So ging es weiter, bis alle jungen Paare beisammen waren. Zum Schluß kehrten alle beim ersten Paar ein und bekamen einen Imbiß.
In Italien werden die Sänger von einem Dudelsack begleitet.

Scherzlschneiden: In der Steiermark durften die Kinder, die vor den Häusern Weihnachtslieder sangen, die frischgebackenen Brote anschneiden, bekamen auch oft ein ganzes Brot geschenkt. Oder sie holten sich für ein Lied ihr Patenbrot bei der Patin oder dem Paten.

Die Tiere in der Weihnachtsnacht: Auf dem Land sorgten die Erwachsenen für das Vieh und gaben ihm eine tüchtige Weihnachtsration, während die Kinder Hund und Katze versorgten und ihnen eine Schale Futter oder Milch hinstellten, dabei feierlich gelobten, die Tiere im nächsten Jahr gut zu behandeln.
Es ist hübsch, auch in der Stadt einen kleinen Baum im Garten so für die Vögel zu behängen, daß sie an Fettringen und Hanfdolden ihre Freude haben.

Krippe im Benediktinerinnenmünster Frauenwörth, Chiemsee

Die Weihnachtskrippe hat zum ersten Male im Jahre 1223 in der Kirche des heiligen Franziskus bei Assisi gestanden. Es hatte zwar schon seit dem 11. Jahrhundert einfache Darstellungen der Geburt Christi in Klöstern und Kirchen gegeben, aber Franziskus stellte alles in einen neuen und bedeutungsvollen Rahmen. Er legte in der Höhle bei Greccio, in der er hauste, ein lebensgroßes Wachsabbild des Christkindes in eine echte Futterkrippe. Ein reicher Gutsbesitzer stellte Ochs und Esel, Bauersleute warfen Stroh auf den nackten Boden, nachts war die Szene mit Kerzen erleuchtet, und die Nachbarn pilgerten zur Krippe wie damals die Hirten von Bethlehem.
Aus diesem Vorbild entwickelten sich Krippenspiele und Krippendarstellungen in Klöstern und Kirchen. Heute gibt es vor allem die berühmten Krippen in Italien und in Bayern (in Museen) zu bewundern, und auf allen größeren Weihnachts- oder Christkindlmärkten kann man schöne geschnitzte Krippenfiguren kaufen.
Die Weihnachtskrippe wird überall anders geschmückt und aufgebaut. Meist besitzt eine Familie Figuren, die sich immer weiter vererben. In den Alpentälern werden noch in den langen Winterabenden Figuren selbst geschnitzt, und die Landschaft für die Krippe wird aus Moos, Stechpalmen, Tannenzweigen und Efeuranken gebaut, die man

am dritten Adventssonntag aus dem Wald holt. Kindern macht es am meisten Spaß, die Krippe aus selbstgekneteten oder gebastelten Figuren für die Familienfeier aufstellen zu können.

Krippenspiele und Weihnachtsspiele, früher szenische Darstellungen des Weihnachtsevangeliums nur in der Kirche oder in Klöstern, findet man heute auch in Schulen und Familien. Besonders schön sind die bayerischen und österreichischen Krippenspiele für Kinder.

Viele Kirchen und Landschaften führen Jahr für Jahr ihr traditionelles Krippenspiel auf. So haben zum Beispiel in Coventry, England, die Handwerker der verschiedenen Gilden und Innungen, also Goldschmiede, Weber, Schneider und andere, seit dem 14. Jahrhundert jedes Jahr ein Spiel von der Geburt des Herrn aufgeführt und haben dabei ein spezielles Weihnachtslied gesungen, das heute noch gesungen wird.

Die Krippe füllen ist eine Sitte, die vor allem den Kindern den Geist der Nächstenliebe und der Selbstlosigkeit zeigen soll. Die Krippe, die am Heiligen Abend unter dem Weihnachtsbaum stehen soll, wird am ersten Adventssonntag in der Stube aufgestellt. Für jede Freundlichkeit und gute Tat, die die Kinder in der Adventszeit begehen (im Haushalt helfen, ohne zu murren; sich nicht mit Geschwistern streiten; alten Nachbarn einen Gang abnehmen und ähnliches), dürfen sie einen Strohhalm in die Krippe legen. Je weicher das Jesukind Weihnachten liegen wird, desto besser.

Weihnachtsdatum: Der genaue Tag von Christi Geburt ist unbekannt. Die Evangelien geben darüber keine Auskunft. Bis zum dritten Jahrhundert hat es Uneinigkeit über Datum und Art der Gedenkfeier gegeben. Am 6. Januar wurde Christus getauft, mit diesem Tag begann für die Christen das Neue Jahr, und sie feierten ihn als Tag der geistigen Geburt Christi. Im Osten ist das lange so geblieben, während in der römischen Kirche Epiphanias als »Kleine Weihnacht« weiterlebte und bald nach dem Frieden der Kirche unter Konstantin dem Großen ein eigenes Fest zur Geburt des Herrn gefeiert wurde, am 25. Dezember, an dem drei Lichtfeste zusammenfielen: dieser Tag galt im ganzen Mittelmeerraum als Geburtstag des Sonnengottes Mithras, der auch von den Römern verehrt wurde, und er war gleichzeitig der Tag der nordischen Wintersonnenwende.

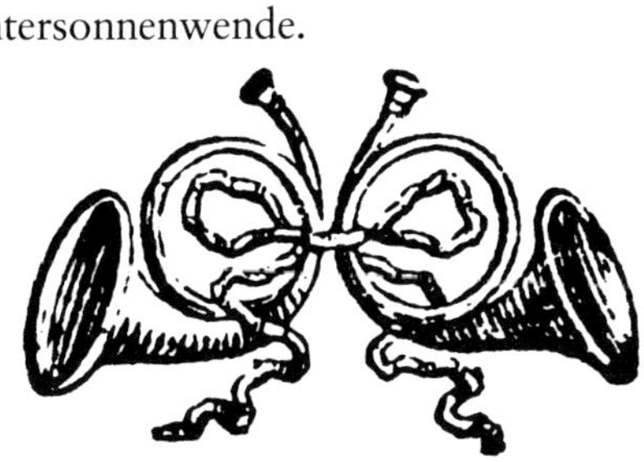

Die Weihnachtszeit

Die Weihnachtsgarbe hat man für die Vögel gebunden. In Skandinavien steckte man eine Getreidegarbe auf eine Harke und für die Vögel vor den Hof, in Deutschland sind die Kinder durchs Dorf gezogen und haben sich Getreidebüschel erbettelt, die aus den schönsten Ähren der letzten Garbe bestanden, bekamen dazu für sich selber Äpfel und Nüsse und trafen sich vor der Kirche oder vor einem bestimmten Haus, wo der Sakristan oder eine Mutter alle Ähren zu einer großen Garbe zusammenbanden, auf eine Stange steckten und vor der Kirche aufstellten.

Der Geist der Verbundenheit zwischen Natur und Mensch zeigte sich in vielen heidnischen Weihnachtssitten. Unsere Vorväter wußten, daß ihr Leben und ihr Überleben im nächsten Jahr so wie alle Jahre davor von der Gunst der Witterung, der Gesundheit des Viehs und der Fruchtbarkeit von Weide und Feld abhingen.
So bezogen sie Tier und Acker mit in ihre Feste ein. Sie versorgten in den zwölf Nächten das Vieh so üppig und gut wie sich selbst und begossen die Felder und die Bäume mit dem Getränk, das sie selber tranken.
Am Rhein hat man die Obstbäume mit Girlanden aus Efeu, Misteln und Stroh umwunden, in Württemberg mit Strohseilen, in Böhmen hat man ihnen die Reste der Weihnachtsmahlzeit auf die Wurzeln geschüttet, in Tirol an den Stämmen gerüttelt und geschüttelt, oder man hat sie von dem Mädchen umarmen lassen, das die Lebkuchen gebacken hatte.

Ochs und Kühe erhalten dem alten Christenglauben nach in der Heiligen Nacht die Sprache, weil sie das Christkind gehütet und mit ihrem Atem gewärmt haben. Man darf ihnen aber nicht zuhören: in diesem Verbot mischt sich die heidnische Furcht vor der gelösten Natur in die Legende.

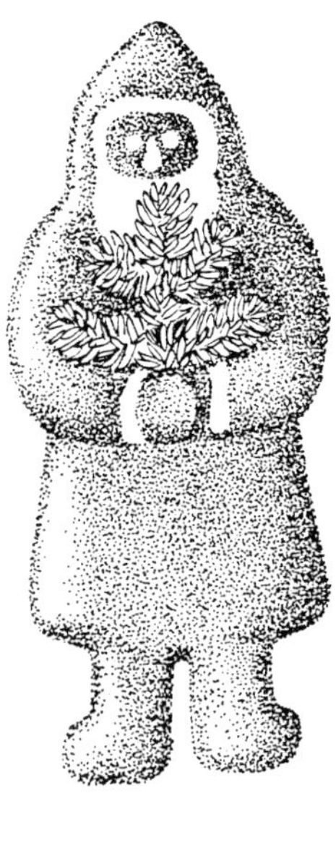

Das Brot- und Kuchenopfer gehört zu vielen vorchristlichen Religionen, die den Sonnen- und Lichtgott verehrten. Da das christliche Weihnachtsfest in die Nähe der winterlichen Sonnenwende und der Mithrasfeiern gelegt worden ist, sind sie zwar in diesem Fest aufgegangen, aber bis heute lebendig geblieben.

Der Lebkuchenmann, der heute den heiligen Nikolaus oder den Weihnachtsmann darstellt, ist ursprünglich ein ›Jahresmann‹ gewesen, der den Lichtgott geneigt machen sollte, das kommende Sonnenjahr gut und fruchtbar werden zu lassen. Trägt der Weihnachtsmann den Tannenbaum direkt vor der Nase, so symbolisiert diese betonte Mittelachse das zweigeteilte Jahr. Hefekerle aus der Schweiz bekommen heute noch einen Teigzopf längs auf den Bauch gelegt.

Der Zopf und der Striezel sind ebenfalls Symbole für ein altes Haaropfer, das zum Totenzeremoniell gehörte. Wird der Zopf zum Kranz geschlossen, zum Kranzkuchen, zum Kringel, zum Adventskranz, so wiederholt sich das Symbol des Alten und Absterbenden, das sich mit dem Neuen und Nachwachsenden zum ewigen Kreislauf verbindet.

Der Stern bedeutet zweierlei. Er ist dem alten Glauben nach das Sinnbild für die Jahreszeiten, erinnert aber auch an der Spitze der Tanne so gut wie auf dem Kuchenblech an den Stern, der die drei Weisen nach Bethlehem geführt hat.

Die Schnecke oder Spirale ist ein Zeichen für die unaufhörliche Bewegung der Zeit, also eine Verheißung der ständigen Erneuerung.

Die Nüsse sind Sinnbilder von Gottes unerforschlichem Ratschluß. Haselnüsse wurden früher auf eine lange Schnur gefädelt und in den Baum gehängt.
Nüsse, besonders die vergoldeten am Weihnachtsbaum, zeigen auch, daß das Leben zwei Seiten hat: die dunkle verborgene im Inneren der Nuß und die strahlend goldene der Außenseite.
Süße fette Nüsse im Gebäck stellen den Reichtum von Gottes Gnade dar, und Nüsse gehören zu allen Orakeln: in Schlesien bekommt jeder nach dem Weihnachtsessen vier Baumnüsse oder Walnüsse zugeteilt und öffnet sie: jede Nuß stellt eine Jahreszeit dar, und je nachdem, ob die Nuß prall und fett gefüllt oder hohl war, wird diese Jahreszeit für den Betreffenden sein. In Bayern befragt man das gleiche Orakel mit zwölf Haselnüssen, eine Nuß für jeden Monat.
Im Heiratsorakel dient die Nuß als Fruchtbarkeitssymbol: der junge Bursche schenkt seiner Liebsten Nüsse, und wenn das junge Mädchen Nüsse knackt, so sagt ihr der Inhalt etwas über den Liebsten aus.

Der Apfel ist seit dem Paradies die Frucht des Lebens: rund wie die Welt, rot wie das Blut, süß wie Gottes Huld.
In seiner saftigen Knackigkeit repräsentiert er die Fruchtbarkeit schlechthin. Zum englischen Mistelgesteck gehören auch ein Apfel und eine Orange, die Gesundheit und Gold, also Reichtum symbolisieren. Im Mittelalter wurden Paradiesspiele aufgeführt, die sich um einen mit Äpfeln behängten Laubbaum drehten. In vielen Gegenden ist es üblich, am Heiligen Abend einen Apfel zu essen, der im ganzen kommenden Jahr vor Unglück schützen soll.
In Westdeutschland hebt man die Kerne der Äpfel auf, die man Weihnachten gegessen hat und pflanzt sie ein. In Westfalen schenkt man sich zu Weihnachten gegenseitig Äpfel, die man dann sofort aufessen muß, damit einem das Geld niemals ausgeht.

Äpfelorakel gibt es in großer Menge: wenn man am Heiligen Abend einen Apfel in zwei Hälften schneidet, so kann man an den Kernen ablesen, was die Zukunft bringen wird: sind alle Kerne heilgeblieben, so bedeutet das schon Gutes. Bildet das Kernhaus einen Stern, bedeutet es für alle Glück und Leben. Weihnachten muß man auch einen Apfel so schälen, daß die Schale ganz bleibt und dann den Kringel über die rechte Schulter werfen. Aus der Form der Schale kann man ablesen, ob man im kommenden Jahr im Haus bleibt oder hinausgeht, wie der künftige Bräutigam oder die künftige Braut heißen wird und ähnliches. Männer hatten es beim Liebesorakel leicht. Sie brauchten sich nur vor die Hoftür zu setzen und am Weihnachtsmorgen einen Apfel zu essen, schon wußten sie, wen sie im nächsten Jahr heiraten würden: das erste beste Mädchen, das die Straße entlang kam.

Der Weihnachtsbaum hat in den Maien(zweigen), mit denen unsere Vorfahren in vorchristlicher Zeit das Grün im Winter zur Beschwörung des Sommers ins Haus geholt haben, seine tiefste Wurzel. Zur Feier der Wintersonnenwende schlug man in den zwölf Rauchnächten grüne Zweige als Schutz und Zaubermittel, man hat Ruten zum Pfeffern geschnitten (siehe auch 28. Dezember), Fruchtbarkeitsreiser, wie auch die Rute des heiligen Nikolaus ursprünglich eines gewesen ist. In England hat man die Sitte wieder belebt, diese Weihnachtsmaien mit bemalten Eiern zu schmücken, denn das Ei war Symbol für Wohlstand und Segen. Erst im ausgehenden Mittelalter hat sich Heidnisches und Christliches gedeckt. Man sah in den Girlanden aus Efeu und immergrünen Lorbeer- und Eichenzweigen ein Sinnbild für das christliche Kind, Gott und Mensch zugleich, das sich wie eine irdische Pflanze zart entfaltet und doch niemals vergeht.
So holte man sich wie früher Zweige von Laubbäumen ins Haus, die Barbara- und Lucienzweige, und schmückte sie mit Äpfeln, Oblaten und kleinem Spielzeug für die Kinder, die die Zweige nach Dreikönig plündern durften.

Der Tannenbaum scheint ursprünglich in Südwestdeutschland zum Weihnachtsbaum geworden zu sein. Aus dem Elsaß und dem Schwarzwald gibt es die ersten Zeugnisse für die geschmückte Tanne, die dann durch Martin Luther und die Reformatoren zum Weihnachtssymbol des Protestanten erklärt wurde, so wie die Krippe zur katholischen Weihnacht gehört. Dieser Unterschied hat lange bestanden. Erst im 19. Jahrhundert wurde die Tanne in der Zeit der Freiheitskriege gegen Napoleon das Sinnbild des Deutschtums und damit das Weihnachtssymbol beider Konfessionen und in beiden Kirchen aufgestellt: in katholischen Kirchen bis heute allerdings meist ohne Schmuck und Kerzen.
Der Weihnachtsbaum wanderte im 18. Jahrhundert mit den Auswanderern nach Nordamerika. Im Jahre 1746 wird er das erste Mal erwähnt: bei Siedlern in Pennsylvanien. Populär gemacht haben ihn jedoch die hessischen Soldaten, die ihn während des amerikanischen Unabhängigkeitskrieges im ganzen Land verbreiteten.
In Österreich ist 1816 zum ersten Mal ein Tannenbaum von einer Erzherzogin aufgestellt worden, die eine gebürtige deutsche Prinzessin war.
In Frankreich wurden seine Kerzen zum ersten Mal 1840 in den Tuilerien angezündet: von der Prinzessin von Mecklenburg, die den Prinzen

von Orléans geheiratet hatte. Lieselotte von der Pfalz hatte 1710 vergeblich versucht, diese deutsche Sitte am französischen Hof einzuführen.
In England hatte Heinrich VIII. zum ersten Mal drei Weihnachtsbäume auf seinem Tisch stehen, in Mode kamen die Tannen jedoch erst durch Albert, dem Prinzgemahl der Königin Victoria.
In Italien hat die Tanne erst Ende des Zweiten Weltkriegs durch US-Soldaten Einzug gehalten: so ist der Weihnachtsbaum im Lauf von rund 200 Jahren von Deutschland nach Amerika gereist und von dort zurück in das katholischste Land Europas, das ihn vermutlich niemals direkt von den Protestanten aus dem Norden übernommen hätte.

Der berühmteste Weihnachtsbaum steht in London auf dem Trafalgar Square: er kommt seit dem Zweiten Weltkrieg jedes Jahr aus Oslo in Norwegen, und dieses Geschenk soll an die gemeinsame Waffenbrüderschaft und an den gemeinsamen Widerstand gegen Hitler erinnern.

Die norwegische Tanne auf dem Trafalgar Square, London

Die Weihnachtszeit

Die Tanne auf dem Friedhof: Im Elsaß, in Österreich und in Bayern bringt man am Nachmittag des Heiligen Abends einen kleinen Tannenbaum mit Kerzen auf den Friedhof. Die Bäumchen werden auf die Gräber gestellt, dann zündet man die Kerzen an, die durchs blaue Dämmerlicht schimmern.

Die Sitte ist verhältnismäßig jung, sie wird im ausgehenden 19. Jahrhundert zum ersten Mal erwähnt.

Winterlicher Friedhof, von Ludwig Richter

Christmette

Der Name hat nichts mit der Messe zu tun, sondern ist die Eindeutschung des lateinischen Begriffs *hora matutina,* des Morgengebetes. Es gehört eigentlich zu den klösterlichen Stundengebeten, doch ist die Bezeichnung auch für die Früh-»Metten« in den Morgenstunden der Hauptfesttage von Weihnachten, Ostern und Pfingsten verwendet worden.

Das Mettenmahl: Das Essen am Heiligen Abend fällt noch in die Fastenzeit, ist also in allen Gegenden einfach und karg gewesen.

Man deckte den Tisch schon festlich mit Tischtuch und Tellern, zündete die Mettenkerze an und stellte für den zuletzt in der Familie Verstorbenen einen leeren Teller hin. In manchen Gegenden aß man mittags und am späten Nachmittag, in anderen dann, wenn der erste Stern aufging. Die Mahlzeit war oft von langen Gebeten begleitet, man wollte keine Besuche haben, und man machte keine.

Das galt jedoch nur für die Mettenmahlzeit vor der Mitternachtsmesse: danach ist die Fastenzeit vorbei, es gibt Schweinefleisch und Fröhlichkeit. Besonders beliebt sind die

Christmette

Mettensuppen: Sie wurde von einem Mitglied der Familie gekocht, meist von einer alten Großmutter oder Magd, die zu gebrechlich war für den langen Weg durch Schnee und Nacht zur Kirche. Sie hütete Haus und Suppe, die meist aus dem Fleisch des vor Weihnachten geschlachteten Schweins gekocht wurde, bis die Böllerschüsse, der Weihnachtsmorgengruß, die Heimkehr der Familie ankündigte.
Beliebte Mettensuppen: Fleischbrühe mit selbstgemachten Nudeln, Fleischbrühe mit frischen Würsten, geröstete Grießsuppe, Suppe aus Kletzen oder Backobst, wozu es Hasenöhrl gab.
Ebenso beliebt waren Fischsuppen, Heringssalate, Bratwurst und Brei.
In Oberschlesien versammelten sich die Männner am Vormittag im Gasthof, jeder brachte ein Küchenmesser und ein Holzbrett mit, dann schnitten sie sich die Zutaten für den Heringssalat klein: Äpfel, gekochte Kartoffeln, gekochten Sellerie, Zwiebeln, gekochte Rote Bete, Gewürzgurken, Salzhering. Das mischten sie mit Essig und Öl, Kapern und feingewiegtem hartgekochtem Ei und aßen es zu Brot.
Dieser Weihnachtssalat taucht auch in anderen Gegenden auf. Auf russische Art wird er zum Schluß mit saurer Sahne gemischt, auf Hamburger Art kommt noch gekochtes oder gebratenes Kalbfleisch dazu.
Vom Mettenmahl wird ein Stück Brot aufgehoben: im Frühjahr wird es zerbröselt mit der ersten Saat ins Feld gestreut, um dem Acker vom Weihnachtssegen mitzuteilen.
Mit dem letzten Schluck Most oder Wein wurden die Bäume begossen.

Das Mettenstroh spielt im Volksglauben eine große Rolle. Es soll das Stroh symbolisieren, auf das das Christkind gebettet worden ist. Deshalb legt man es unter den Tisch, auf dem das Mettenmahl steht, unter den Striezel, (ein Gebäck) der das Abbild des Jesukindes ist, und in Bayern und in Siebenbürgen haben sich die Hausleute nach dem Mettenmahl aufs Mettenstroh unter dem Tisch zum Schlafen gelegt, zur Erinnerung an das göttliche Kind, das seine erste Nacht ebenso verbracht hat.

Das Julstroh hat auf ähnliche Art und Weise aus der heidnischen Tradition Segenswirkung: es schützt die Nester des Federviehs vorm Marder, die Ställe des Rindviehs vor Krankheit.
Einen Strohkranz aus Julstroh gewunden, möglichst mit noch sichtbaren Ähren, hängt man sich in Skandinavien über den Weihnachtstisch.

Der Mettenbrocken hieß das Weihnachtsscheit in Bayern und in anderen Alpenländern, ein großes Stück Holz, das sich der Bauer schon lange vorher für Weihnachten zurechtgelegt und vor dem Gang zur Mette in den Herd gelegt hat, damit die Glut nicht ausgeht.

Das Baumwecken hat in Bayern und Österreich nach der Mette stattgefunden. Bauer, Bäuerin und Gesinde gingen zu jedem Obstbaum, klopften an den Stamm und sagten einen Vers, der sich von Generation zu Generation vererbt hatte und in dem der Baum daran erinnert wurde, daß heute Weihnacht sei und daß er im kommenden Jahr fleißig Früchte tragen möge.

Das Jesuskind aus Wachs: Das neugeborene Kind ist in allen Kulturen das Symbol der Gnade und der Hoffnung. So ist es verständlich, daß seit dem Mittelalter in Klöstern und später, im Biedermeier, in dörflichen und städtischen Werkstuben kleine Glaskästen mit dem Gotteskind im Wickelkissen (Fatschenkind), in einer Krippe oder im Rosenhag, gebastelt worden sind. War das Kind zuerst Gegenstand frommer Anbetung, so wurde es bald zur »Puppe«, die Novizinnen beim Eintritt ins Kloster als »Trösterlein« mitbekamen und im Advent beim Kindlwiegen im Arm hielten und wiegten. Dazu gehören die geistlichen Wiegenlieder, oft als ein Wechselgesang zwischen Maria und Joseph gesungen.

Weihnachtsgeschenke

Sie haben ihre christliche Wurzel in dem Bibelwort »Also hat Gott die Welt geliebt«, in seinem Erlösungsgeschenk an uns in Gestalt seines eingeborenen Sohnes. Ein Geschenk, das durch nichts übertroffen werden kann, nur durch den Versuch, ihm so gut wie möglich nachzufolgen.
Die Weihnachtsgeschenke sind jedoch auch eine Erinnerung an die Gaben, die die Heiligen Drei Könige dem Jesukind darbrachten.
Beides soll in der Liebe weiterleben, mit der Weihnachtsgeschenke ausgetauscht werden, was schon darauf hinweist, daß es nicht um irdische Geschenke geht, sondern um Sinnbilder für die Gottes- und Nächstenliebe, die wichtiger ist als die kostbarsten Sachen.
Das irdische Gegengewicht und auch der Wunsch nach gewaltigen und reichen Gaben steckt in der zweiten, in der nichtchristlichen Quelle des Gebens: der Weihnachtstermin deckte sich mit dem der Saturnalien, den römischen Feiern zu Ehren des Gottes Saturn. Dies galt als Jahresanfang, die römischen Beamten und die Sklaven wurden mit Geschenken belohnt, so wie in Germanien jenseits der Alpen die Dienstherren ebenfalls zum neuen Jahr neue Knechte und Mägde einstellten und das Gesinde mit reichen Geschenken verpflichteten.
Schließlich war es Sitte, die Kinder zu beschenken, was mit dem Christentum von den Perchten und Luzelfrauen auf die Heiligen überging, vor allem auf Martin und Nikolaus. Bis ins vorige Jahrhundert hinein ist vor allem den Kindern beschert worden, im Biedermeier hängte man die Geschenke in kleinen Päckchen ganz hoch in den Baum, so daß die Kinder sie nicht vorzeitig erreichen konnten.

Die Kinderbescherung ist vor allem die Idee von Martin Luther und den anderen Reformatoren gewesen. Sie wollten Weihnachten ebenso von den heidnischen Winterbräuchen und Mummereien befreien wie von den katholischen Zeremonien und hielten es für leichter, der jungen Generation ein neues Bild des Weihnachtsfestes zu vermitteln, als

Unter dem Tannenbaum, von Karl Voss

Dezember

24. Dezember
Heilig Abend

die Älteren umzuerziehen. So legten sie das für Kinder Attraktivste, die Bescherung, auf den 24. Dezember, die Vigil von Weihnachten.

Der Nikolaus ist früher in den bayerischen Alpen ein zweites Mal am 24. Dezember als Gabenspender durchs Dorf gewandert. Er hat den Kindern und dem Gesinde Äpfel und Nüsse und jedem ein Kletzenbrot und dem Haus den schon lichterstrahlenden Tannenbaum gebracht.

Der Weihnachtsmann als Gabenspender ist eine späte Erscheinung des 19. Jahrhunderts, eine Kombination aus Nikolaus und Großvater, so streng und strafend, wie es der Erziehungsmoral des vorigen Jahrhunderts entsprach. Die Rute wird zum Züchtigungsinstrument, und die Figur des Weihnachtsmannes verliert alles Magische, aber auch alles Christliche, weshalb er im konsumfreudigen 20. Jahrhundert rasch und ohne emotionelle oder religiöse Tradition zu einem Requisit des Weihnachtsrummels werden konnte.

Santa Claus: Sein nordamerikanischer Kamerad ist ebenfalls eine junge Weihnachtsfigur: er kommt mit einem Rentierschlitten voller Gaben zu den Kindern und ist eine Erfindung von Washington Irwing, der ihn so in einem Kinderbuch verewigt hat. Das war 1821, und es dauerte nicht lange, da tauchte Santa Claus in einem Gedicht von Clement C. Moore auf, als fröhlicher dicker Mann in einem Schlitten, der von acht Rentieren gezogen wird, von denen jedes einen Namen besitzt.

Merry Old Santa Claus, von Thomas Nast in »Harpers Weekly«, 1881

Weihnachtsfamilie, von V. Katzler

Der Weihnachtstisch wurde um 1800 in Berlin mit grünen (Tannen) Zweigen geschmückt. Diese Sitte hatten französische Emigranten mitgebracht, und in Briefen von Schleiermacher und Arndt kann man lesen, daß es damals als vulgär galt, schlesische Pyramiden mit Äpfeln und Nüssen oder Tannenbäume aufzustellen.

Julklapp ist eine vorpommersche, mecklenburgische und skandinavische Sitte, Geschenke zu verteilen. Sie werden eingewickelt, oft in irreführenden Größen und Formen, jedes Paket trägt den Namen des Adressaten, und der Spender wirft es ins Zimmer oder in den Flur, nachdem er laut angepocht und »Julklapp! Julklapp!« gerufen hat, darf sich dabei aber nicht erwischen lassen.
Im Paket muß ein Gedicht oder ein Spruch liegen, der sich auf das Geschenk oder auf den Beschenkten bezieht, es wird vorgelesen, darf aber anonym bleiben. Denn das Geschenk kann auch eine Albernheit darstellen oder dem Beschenkten eine unangenehme Lektion erteilen. Eitle Mädchen bekamen zum Beispiel einen Blechspiegel, Verfressenen kann man eine Kalorientabelle schenken, Streitsüchtigen einen Papphahn und ähnliches.

Die Rauh- oder Rauchnächte haben ihre Bezeichnung und Herkunft vermutlich von der Sitte, in den 12 Tagen und Nächten zwischen den Jahren die bösen Geister auszuräuchern und alles zu vermeiden, was Unsegen bringen könnte.
Man glaubte auch, daß die Hexen und bösen Geister im Rauch aus dem Schornstein führen, gelöst wären und als schiache Perchten Unheil stiften könnten. Deshalb die vielen Lärmumzüge, deshalb die Kombination von christlichen Heiligen- und Lichtgestalten mit Naturgeistern (siehe Dezembergestalten). Deshalb in England das schützende Grün an den Hauswänden, bei uns die vor Weihnachten blitzsauber geputzten Häuser und Ställe: in Schlesien schaut Rübezahl, in Hessen Frau Holle, in Mecklenburg Fru Gode nach, ob alles sauber und in Ordnung ist, sonst stürzten sich ihre oder Wotans Hunde über alles und zerstören es.
In diesen Tagen muß man alle geliehenen Gegenstände zurückgeben, man darf nicht waschen, muß auf seine Träume achten, denn sie gehen in Erfüllung, muß den sogenannten »Zwölferbesen« binden, der Zauberkräfte hat, krankes Vieh heilen und saure Milch wieder süß machen kann.

Das Zwölferspiel: In Mecklenburg durfte man in den zwölf Nächten die wilden Tiere aus Wotans Zug nicht beim rechten Namen nennen, weil man sie sonst ins Dorf ruft. Statt Fuchs mußte man also Langschwanz, statt Maus Beenlöper sagen, wer das vergaß, mußte Strafe zahlen, die nach dem Dreikönigstag von allen gemeinsam vertrunken wurde.

Der Julfriede: In den zwölf Nächten der Julzeit herrschte in vorchristlichen Jahren allgemeiner Friede, die Waffen ruhten, der persönliche Streit wurde in der Öffentlichkeit geschlichtet (siehe Mistelzweig und Julklotz). Noch im Mittelalter gab es Männer, die über diese Feiertags- und Waffenruhe wachten. Bis in unsere Zeit hinein herrscht die Sitte, die die Sinnlosigkeit von Kriegen erst deutlich macht, in den Weihnachtstagen das gegenseitige Feuer einzustellen.
In dieser Zeit der zwölf Nächte arbeiteten die Frauen nicht, was unter anderem die großen Brote und Früchtekuchen zu Weihnachten erklärt, die in so großer Menge gebacken wurden, und sich so lange halten mußten.
Man glaubte, daß in dieser Zeit die Götter über das Land gingen oder in Wotans wilder Jagd über die Wolken brausten, man blieb deshalb zu Hause, lud sich Freunde ein, um den Schutz des Hauses noch zu verstärken und feierte nach Herzenslust, aber auch um die Götter mit den Opfergaben zu erfreuen. Die meisten unserer Weihnachtsgerichte und Gebäcke gehen auf Symbole alter Tier-, Haar- und Getreideopfer zurück, zu denen sich dann Dinge mit christlichem Bezug gesellt oder versucht haben, den heidnischen Sinn mit einem christlichen Symbolgehalt zu überstrahlen.

Die erste Rauchnacht ist der Heilige Abend, deshalb sind in der Alpen-

Die Rauh- oder Rauchnächte

gegend die Bauern beim Einbruch der Dunkelheit durch Haus und Stall gegangen und haben die bösen Geister ausgeräuchert, und zwar mit christlichem Weihrauch und Weihwasser, während Frau, Kinder und Gesinde den Rosenkranz gebetet haben. Zum Schluß wurden Felder und Bienen mit Weihrauch und Weihwasser gesegnet. In manchen Gegenden gibt es den

Rauchwecken, ein Schwarzbrot oder ein Kletzenbrot, das wie ein Fatschenkind geformt und in der Mitte eine Kuhle für die Mettenkerze hat. Nach dem Räuchern stärkten sich alle mit Kletzenbrot und Bier, weil der Heilige Abend noch Fastentag ist und brachen dann zur Weihnachtsmette auf.

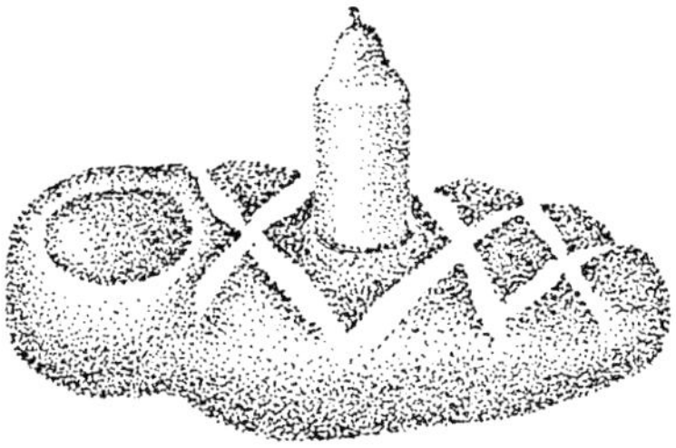

Der Geist der Gastlichkeit und des Friedens herrschte zwischen Weihnachten und Dreikönig überall. Alle zwölf Tage lang stand jedem jedes Haus offen, jeder tischte auf, was er besaß, es wurde gesungen, gespielt, Rätsel wurden als Orakelfragen an die Zukunft gestellt, es gab Musik und Tanz: Vorbild für den Weihnachtsfrieden, der heute noch gehalten werden sollte, und für die Weihnachtsfestlichkeiten, zu denen sich Familienangehörige und Freunde versammeln.

Das Julfest war in der vorchristlichen Zeit das Fest der Wintermitte, der Sonnenwende. Jul bedeutet Rad, Sonnenrad, und es war üblich, am Heiligen Abend mitten im Schnee große Holzräder anzuzünden, die oft mit Strohseilen umwickelt waren, damit sie besser brannten, und einen Hügel oder Berg herunterrollen zu lassen: Beschwörung der Natur, das Licht wirklich wieder wachsen zu lassen.

Jul-Nisse: Das ist der skandinavische Weihnachtskobold, der in der Scheune lebt, für die Tiere und damit für den ganzen Hof sorgt. Der Nisse ist ein freundlicher kleiner Kerl, kann aber Schabernack treiben, wenn man ihn nicht gut behandelt. Er bekommt in der Weihnachtsnacht ein Schüsselchen mit Weihnachtsgrütze hingestellt, die er, wie die Kinder glauben, gemeinsam mit der Hauskatze verzehrt.
Die Jul-Nissen tauchen auf allen Weihnachtskarten, Tischdecken und Weihnachtskalendern auf und tragen wie der deutsche Weihnachtsmann einen roten Kittel und eine rote Zipfelmütze.
Auch die dänischen Kinder stellen den Nissen eine Schüssel mit Reisbrei und Milch hin, um sich die Zwerge geneigt zu halten.

Der Julbock ist das schwedische Weihnachtstier, oft überlebensgroß aus Stroh geflochten und gebunden. Es soll Thors Ziegenbock darstellen und es bringt auf seinem Rücken die Geschenke. In einer anderen Version stellt das fest zusammengebundene Stroh des Bockskörpers ein Weihnachtsscheit dar.

Der Juleber oder der Julbock tauchen auch in anderer Form auf: in Schweden backt man Hörnchen, die die Hörner des Bocks darstellen und ein Brot, auf das ein Eber oder ein Bock mit zwei Hörnern gestempelt werden.

Der Klapperbock der Alpenländer hieß auch Julbock. Das ist ein Bursche gewesen, der sich als Schreckgeist verkleidet und unartige Kinder gestoßen hat. Er steckte meistens unter einem Gestell aus einer Lederdecke und einer langen Stange mit einem hölzernen Bockskopf, oft prachtvoll mit Widderhörnern verziert, dessen Kinnlade der Bursche unter der Decke bewegen konnte. Er ließ fleißig das Maul klappern und erschreckte damit die Kinder, die nicht beten wollten.

Weihnachtsorakel
Es gibt eine Reihe von traditionellen Spielen am Heiligen Abend, bei denen man nach der Bescherung einen Blick in die Zukunft tun zu können meint.
Man tropft das heiße Wachs der Kerzen in eine Schüssel mit Wasser und deutet die Tropfen so wie das Blei in der Silvesternacht.
Man klebt brennende Pfennigkerzen in halbe Walnußschalen, läßt sie schwimmen, und wessen Bötchen am längsten oder weitesten fährt, hat im künftigen Jahr Glück oder bekommt den besten Mann.
Man steckt zwei Stechpalmenblätter als Symbol für ein Mädchen und seinen Liebsten in das Weihnachtsscheit. Krümmen sie sich beim Verbrennen zueinander, so bedeutet das neue Liebe und glückliche Vereinigung.
Wer Spaß an solchen Dingen hat, schreibt Wahrsagesprüche auf winzige Zettel, faltet sie, steckt sie in eine leere Walnuß, deren Hälften

säuberlich zusammengeklebt, vergoldet und an den Weihnachtsbaum gehängt werden. Diese prophetischen Nüsse pflückt man sich dann am Heiligen Abend oder Silvester.

Das Zwiebelorakel ist ebenfalls berühmt. Man schneidet Zwiebeln in zwei Hälften, legt zwölf Schalen nebeneinander und benennt jede nach einem Monat. Dann streut man auf alle Hälften etwas Salz, und so wie sie bis zum nächsten Morgen Wasser gezogen haben oder nicht, so trocken oder so feucht werden die entsprechenden Monate sein.
Ein anderes Zwiebelorakel: man bezeichnet jede Stubenecke mit dem Namen einer Jahreszeit, legt eine Zwiebel in jede Ecke und schaut am Dreikönigstag nach: wenn eine Zwiebel ausgetrieben hat, so bedeutet das, daß die betreffende Jahreszeit reich und fruchtbar sein wird.

Weihnachtsgebäck und Weihnachtsspeisen

Der Christstollen oder Striezel, das »Königliche Kindlein« ist ein Abbild des Jesukindes in seiner schneeweißen Windel, die vom Zuckerguß dargestellt wird.

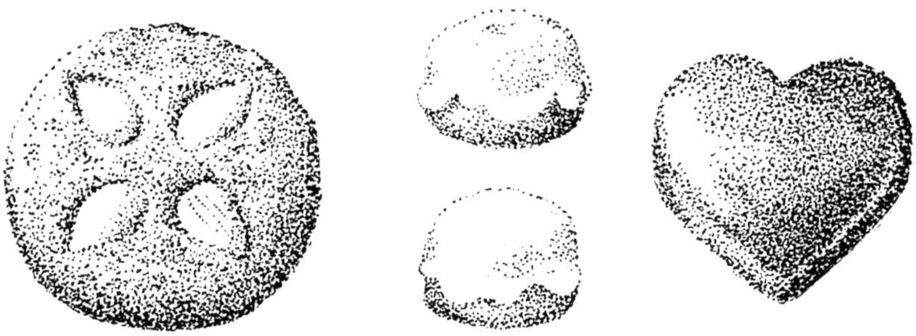

Die Pfefferkuchen sind früher tatsächlich mit Pfeffer gewürztes Honiggebäck gewesen, weil der Pfeffer das teuerste Gewürz und deshalb gerade kostbar genug für eine Weihnachtsspeise war.
Mit Pfeffer bezeichnete man aber auch alle anderen Gewürze, die aus Indien und von den Gewürzinseln kamen, Kardamom und Zimt, Nelken und Muskat.

Weihnachtsgebäck und Weihnachtsspeisen

Honigkuchen: Vor der Erfindung des raffinierten Rohr- oder Rübenzuckers war der Honig das einzige edle Süßmittel, der außerdem bei der reichen Wachsproduktion des Mittelalters abfiel und verbacken wurde.

Die Pfeffernuß mit ihrem weißen Zuckerguß ist ein Symbol für den Essigschwamm, mit dem sich Christus am Karfreitag die Lippen netzte.

Die Brezel soll zweierlei darstellen: die beim Beten gekreuzten Arme des Klosterbruders, der die Hände in die Kuttenärmel steckt, oder den Strick, mit dem Christus vor der Geißelung die Hände zusammengebunden bekam.

Die Pflastersteine erinnern an die Marter des heiligen Stephan und an die Steine, mit denen er gesteinigt worden ist.

Zuckerwerk am Tannenbaum oder im bunten Teller stellt die Süßigkeit von Gottes Gnade dar.

Das Flittergold auf vergoldeten Nüssen, die Rauschgoldengel und alles andere Goldene und Glänzende soll mit dem Glanz an das Gold erinnern, das die Heiligen Drei Könige dargebracht haben.

Die englischen Mince Pies, kleine Mürbeteigpasteten, die mit einer Mischung aus Äpfeln, Nüssen und Rosinen gefüllt sind, sollten ursprünglich die Krippe darstellen. Früher legte man ein Kind aus Zuckerguß in die Krippe aus Teig. Später, als die Kreuzritter die Mandeln, Rosinen und Gewürze aus dem Morgenland mitbrachten, bettete man

das Kind auf eine süße Fülle, die an die reichen Gaben und Spezereien der Heiligen Drei Könige aus dem Morgenland erinnern sollen, und aus dem Zuckerkind wurde der profane Zuckerguß.
Eine andere Version erklärt den Sinn der Pasteten so: sie waren früher aus einer Fülle mit minced meat, kleingewiegtem Fleisch von Huhn und Gans, Rind und Schwein samt Eiern, Rosinen und Gewürzen gefüllt, und diese reiche Fülle sollte als Segenssymbol das Gute des kommenden Jahres darstellen, vom Mürbeteig so fest umhüllt wie vom Dunkel der Zukunft. Das erklärt, warum man sich die Mince Pies gegenseitig mit dem Weihnachtswunsch schenkte.

Marzipan wird aus geriebenen Mandeln, Zucker und Rosenwasser geknetet. Das steht fest. Woher das süße Brot stammt, ist jedoch umstritten.
Lübeck: Ein Kaufmann soll 1407 während der Hungersnot auf seinem Speicher noch je einen Sack Mandeln und Zucker entdeckt, daraus Brote geformt und seinen Freunden geschenkt haben.
Venedig: Auch dort geschah es zu Zeiten einer Hungersnot, daß die Bürger zum Heiligen Markus, dem Schutzpatron der Stadt, beteten, und dann, als sie überraschend wieder Mehl bekamen, die ersten kleinen Brote *marci pane*, Brot des Markus, nannten. Später wurden die Brote denn beim dankbaren Gedenken der Rettung durch den Heiligen aus Mandeln zubereitet, behielten aber den Namen.
Mittelalter: Die Bäckergesellen, die auch Marzipanbrote herstellten, wurden im Mittelalter Markusbrüder genannt.

Ambrosia: Das ist die Speise, die der Sage nach die Götter Griechenlands aßen, um ihre Unsterblichkeit zu bewahren. Sie soll aus den sagenhaften goldenen Früchten bereitet worden sein.
Irdisches Ambrosia stellt man aus Orangenschnitzen (ohne Haut) und geraspelten Kokosnüssen her, schichtweise mit Zucker in eine Kristallschale gehäuft. Im Süden der USA ein klassischer Weihnachtsnachtisch.

Fische, auch in Lebkuchenform, sind Glücksbringer. Vielleicht weil sie in der Halbmondform dem Horn ähneln, dem magischen Schutzsymbol von Unheil, vielleicht weil sie rasch und unbeirrt vorwärts schwimmen. Wenn man es ganz richtig machen will, so ißt man den Fisch auch in dieser Richtung, vom Schwanz zum Kopf, und in manchen Gegenden der Alpen hat die ›Seele‹, das unversehrte Grätengestell, als Orakel gedient: Wenn man sie an die Stubendecke warf, und wenn sie dort am Gebälk kleben blieb, so kam der Weihnachtsfisch »in hundert Jahren als goldenes Rössel wieder«!

Der Karpfen steht nicht seit altersher auf der Liste der Weihnachtsspeisen, aber er schmückt sich mit allem, was sich in Glauben und Aberglauben auf die Fische bezieht: sie sind uralte Symbole für das Wasser, für Leben und Erneuerung und Fruchtbarkeit, und in diesem letzten übertrumpft der Karpfen alle anderen Artgenossen: ein Karpfenweibchen verfügt über Millionen von Eiern, und früher war es Sitte, mit Vorliebe einen Rogner zu kaufen. Das verhieß Reichtum und Potenz, und oft bekam der Hausvater als ersten Happen den Karpfenkaviar mit ein paar Tropfen Zitrone serviert. Aber auch die anderen Gäste am Tisch konnten des Karpfenglücks teilhaftig werden: wer sich beim Weihnachts- oder Neujahrsessen eine Schuppe in die Tasche oder die Geldbörse steckt, der wird bis zum nächsten Jahr den Beutel nie leer finden (natürlich nicht; es steckt ja die Karpfenschuppe drinnen). Für den frommen Christen ist der Fisch auch in folgendem Sinne ein tröstliches Zeichen: der Fluch, der in der Sintflut alle Tiere traf, hat die Meeresbewohner verschont, und wenn der Mensch in der Taufe – früher: im Wasser stehend – neues Leben erwirbt, so unterscheidet er sich von allen anderen, so wie es die Fische von allen anderen Tieren tun.

Seit wann der Karpfen bei uns heimisch ist, kann man nicht ganz genau sagen. Als unser heutiges Deutschland christlich wurde, schwamm er wohl noch nicht in Germaniens Teichen und Flüssen. Vermutlich war die Donau die Heimat der europäischen Karpfen. Sie wohnten in den Flußmündungen im Kaspischen und im Schwarzen Meer, denn je wärmer das Wasser ist, desto wohler fühlt sich der Karpfen. Die einen behaupten, schon Karl der Große habe ihn auf seinen Gütern in Teichen gehalten, die anderen meinen, erst der mittelalterlich lateinische Name, der in den Berichten über die Anlagen des Deutschen Ordens bei Marienburg auftaucht, habe mit unserem Cyprianus, dem Karpfen, zu tun. Auf jeden Fall haben sich die Mönche des Mittelalters des Karpfens und der Karpfenzucht angenommen, haben die Teichwirtschaft erfunden und den Spiegelkarpfen mit seinen wenigen Schuppen und der kurzen hohen Form gezüchtet. Die Fastenregel soll einen Fisch vorgeschrieben haben, der nicht über den Teller ragt.

Karpfen blau mit Salzkartoffeln und Meerrettichsauce macht der Hausfrau zwar viel Arbeit im letzten Moment, ist aber trotzdem in Norddeutschland Weihnachtssitte geblieben. Der böhmische Karpfen ist im Süden unseres Landes beliebter. Er wird in Stücke geschnitten, beim Karpfen sagt man gespalten, und diese ziehen in einer Sauce aus Fischsud, Zuckereinbrenn, Lebkuchen, Mandeln und Rosinen gar. Wer sich's bequem machen will, kocht eine ungarische Karpfensuppe, Halásclé, aus Fischsud, Karpfenfleisch und Paprikapulver, zum Schluß mit Butternudeln angereichert, die gar ist, wenn die Finger vom fetten Dampf der Suppe klebrig werden.

Bemooster Karpfen: Das Moos auf dem gekochten und erkalteten Fisch besteht aus einer kunstreichen Mischung aus harten Eigelben, feingewiegten Zwiebeln, Gewürzgurken, Krebsfleisch samt Senf, Olivenöl und Mayonnaise, in die Petersilienröschen wie echtes Moosgekräusel gesteckt werden. Schmeckt vorzüglich und hat den großen Vorteil, in Ruhe vorbereitet werden zu können und im Kühlen darauf zu warten, bis alle am Heiligen Abend am Eßtisch sitzen.

Weihnachtsgans: Die Gans ist ein verhältnismäßig junges Weihnachtstier. Die Germanen brieten sich zur Wintersonnenwende den Eber oder das Schwein, während die Weihnachtsgans aus England stammt, aus der Zeit der großen Ersten Elizabeth. Ihr soll just am Heiligen Abend des Jahres 1588 eine Gans aufgetischt worden sein, als die Nachricht vom Sieg über die spanische Armada gebracht wurde, und zur Erinnerung an diesen Tag ist die Gans zum Festbraten geworden. Diese englische Gans ist sozusagen auf die kontinentale Martinsgans gestoßen, und beide Sitten zusammen haben sich als unwiderstehlich erwiesen.
Die Weihnachtsgans füllen wir mit Äpfeln und Rosinen, weil es so Sitte ist und weil es gut schmeckt. Früher, als die Menschen in der fetten Gans den Segen der Erdgöttin spürten und im schwellenden, runden Apfel das Zeichen für das immer wieder fruchtbare reifende

Der Gänsebraten, von J. E. Gaiser

Jahr sahen, als man den Gänsen das Weihnachtskorn in den Stall legte, um ihnen für die Fülle des Herbstes zu danken, damals versah man die Gans zusätzlich mit dem Symbol der Fruchtbarkeit und gab die getrockneten Weinbeeren dazu, die mit ihrer Süße das Sinnbild für Gottes süße Gnade sind. Und man steckte die pelzigen Blätter und Blüten von Beifuß dazwischen, weil man wußte, daß dieses bittere Kraut dem Magen wohltat und Krämpfe verhinderte.
Mit einer fetten Gans haben die Bauern früher zum Jahreswechsel den Lehrer und den Pastor bezahlt, und es ist kein Wunder, daß überall die verschiedensten Gänserezepte entstanden sind, gefüllt und ungefüllt mit Kohl oder mit Maronen, eingelegte Keulen, süßsaures Gänsejus, gefüllte Hälse und schwarze Blut- oder Metzelsuppe mit getrockenten Früchten. Wenn es nicht der Schinken war, so war die Gans der Mittelpunkt der Festtafel am Weihnachtstag.

Der Gänsemagen dient dem Orakel: wenn man ihn aufschneidet, so kann man erkennen, ob es ein karges oder ein fruchtbares Jahr geben wird, und Kinder können hoffen, daß extra für sie ein geheimnisvolles Geschenk im Gänsemagen steckt.

Das Gänserupfen: Henriette Davidis beschreibt in ihren Kochbüchern aus der Jahrhundertwende noch genau, wie man Gänse schlachtet, ausnimmt und rupft. Das war ein ungeheurer Spaß für Kinder, weil es in der Küche, oder in der Spülküche wirklich einen Tag lang so aussah, als sei Frau Holle durch den Raum gehuscht. Dadurch, daß die Gans auch zum bürgerlichen Weihnachtsvogel geworden ist, geriet die Sitte des Federspleißens im vorigen Jahrhundert auch in die Stadt. Viele kleine Mädchen haben sich damals die Puppenkissen mit den weichen Daunen gestopft.
In Wales ist die englische Gans besonders köstlich zubereitet worden: sie ist mit Semmelbröseln, Salbei, Äpfeln, den Innereien (Leber und Magen), feingewiegten Zwiebeln und einem Ei gefüllt gebraten worden, und dazu gab es ein

Würziges Apfelmus
Man kocht 250 Gramm Apfelwürfel mit einer kleinen gewürfelten und in Butter angedünsteten Zwiebel, zwei Eßlöffeln Zucker, und einem achtel Liter Ale oder Stout zu Brei. Dann rührt man zwei Eßlöffel Semmelbrösel, einen Teelöffel Essig, einen Teelöffel Senf, einen halben Teelöffel gemahlenen Zimt und etwas Gänsebratensauce plus Fett dazu und kocht alles zehn Minuten durch.

Weihnachts-Gänse-Pie
Eine entbeinte Gans wird mit einer gekochten und gepökelten Kalbszunge gefüllt und gebraten, dann in Mürbteig gewickelt, der vorher mit Mincemeat bestrichen wird. Den Teig am Rand gut befeuchten und versiegeln, dann die ganze Pastete golden backen. Dieses Gericht gab es in Wales in der Weihnachtswoche.

Weihnachtsgebäck und Weihnachtsspeisen

Der englische Plumpudding ist durch moderne Transportmethoden so weltberühmt geworden, daß er auch oft bei uns als besonderes Weihnachtsdessert gegessen wird. Engländer würden eher auf die traditionelle Gans oder Pute, selbst auf die Mince Pies als auf den Plumpudding verzichten.

»Hurrah for the Pudding!« aus: »Little Folks«, 1870

Ursprünglich war dieses Gericht im Mittelalter ein Pflaumenporridge, ein steifer Brei aus Hammel- oder Rinderbrühe mit Schwarzbrot, Backpflaumen, Rosinen, Ingwer und Muskatnuß, und wurde in einer gewaltigen Terrine als erster nahrhafter Gang des Weihnachtsessens aufgetragen. Damals hieß es schon, daß der Brei bei Tagesanbruch aufs Feuer müsse und bis zum üppigen Weihnachtsmahl nach der Kirche zu kochen habe, »sonst sollen zwei junge Männer die Köchin bei den Armen packen und mit ihr um den Marktplatz laufen, bis sie für ihre Faulheit um Gnade fleht«. Erst im 18. Jahrhundert begann der Plumporridge durch Zusatz von Mehl seine jetzige Form anzunehmen. Er wurde kugelrund und in einer Serviette gekocht, »alive with sixpennies« von Münzen strotzend. Der wachsende Reichtum machte auch die anderen Zutaten üppiger.

Zum Rühren muß ein Holzlöffel als Erinnerung an die hölzerne Krippe benutzt und damit von Osten nach Westen gerührt werden, so wie die Drei Weisen gewandert sind. Beim Rühren konnte man sich insgeheim etwas wünschen, und in einem anständigen Haushalt sind im

vorigen Jahrhundert zwölf Plumpuddings gekocht worden, einen für jeden Monat nach dem kommenden Weihnachtsfest und als Erinnerung an die zwölf Apostel.
Noch heute wird der Plumpudding Wochen vor Weihnachten viele Stunden gekocht, dann wohlverwahrt und am Weihnachtstag wieder erhitzt. Mit Stechpalmenzweigen geschmückt und in der blauen Flamme des brennenden Brandy wird er ins dunkle Weihnachtszimmer getragen.
Zum Ausprobieren ein etwas modernisiertes Rezept, bei dem man mit vier Stunden Kochen im Wasserbad auskommt:

Der englische Plumpudding

250 g Rindertalg,
3 Äpfel, Zitrone, Orange,
150 g Rosinen,
150 g Korinthen,
100 g Mehl,
300 g Semmelbrösel,
200 g brauner Zucker, Salz,
50 g Orangeat,
50 g Zitronat, gemahlener Zimt, Muskatnuß, Piment,
50 g kandierte Kirschen,
50 g gestiftelte Mandeln,
1 geriebene Mohrrübe,
4 Gläschen Rum,
6 Eier, Hagelzucker, hochprozentiger Alkohol

Den Rindertalg so klein wie möglich schneiden oder durch den Fleischwolf drehen, die Äpfel schälen, entkernen, vierteln und kleinhacken, Saft und abgeriebene Schale einer Zitrone und einer Orange dazugeben, dann die gewaschenen und abgetrockneten Rosinen und Korinthen, Mehl, Semmelbrösel, braunen Zukker, einen Teelöffel Salz, Orangeat und Zitronat, je einen gestrichenen Teelöffel gemahlenen Zimt, Muskatnuß und Piment, feingewiegte kandierte Kirschen, gestiftelte Mandeln, die geriebene Mohrrübe, Rum und Eier. Alles gut miteinander vermengen, und zwar mit der Hand und mit dem Holzlöffel, weil die Knetarme des Elektrogerätes die Rosinen und Trokkenfrüchte zu stark zerschlagen könnten. Die Schüssel zudecken, über Nacht rasten lassen, dann den Teig in eine gut ausgefettete und ausgebröselte Puddingform füllen und vier Stunden im Wasserbad kochen. Die Form aus dem Wasserbad nehmen, etwas abkühlen lassen, den Pudding auf eine feuerfeste Platte stürzen, mit Hagelzucker bestreuen, mit in einer Saucenkelle angewärmtem hochprozentigen Alkohol übergießen, anzünden und so auftragen. Dazu gibt es die sogenannte harte Sauce, die man aus Butter und Brandy rührt.

Der Christmaspudding der englischen Königsfamilie
625 Gramm Rindertalg, 500 Gramm brauner Zucker, 500 Gramm Rosinen, 500 Gramm Sultaninen, 125 Gramm Zitronat, 125 Gramm Orangeat, ein gestrichener Teelöffel Lebkuchengewürz, ein halber Teelöffel geriebener Muskat, 500 Gramm Semmelbrösel, 250 Gramm Mehl miteinander vermengen, 500 Gramm Eier, in der Schale gewogen, schaumig schlagen, mit einem viertel Liter Milch zu den festen Zutaten geben, gut verrühren und zwölf Stunden lang in der kalten Speisekammer gut durchziehen lassen. Dann ein Weinglas Brandy dazugießen, den Teig in gut gefettete Puddingformen füllen und vier Stunden oder länger im Wasserbad kochen. Diese Menge reicht für zwanzig bis achtundzwanzig Personen.

Brandybutter
125 Gramm Butter weich werden, aber nicht schmelzen lassen, mit etwa 100 Gramm feinem Zucker weiß-schaumig rühren. Mit dem letzten Löffel Zucker einen Eßlöffel Brandy dazugeben, noch einmal gut durchrühren, die Sauce in den Kühlschrank stellen.

Das Restessen vom Weihnachtspudding findet in manchen Gegenden in der Weihnachtswoche oder am letzten Tag des Jahres statt. Auch da gibt es bestimmte Traditionen:
Allgemein üblich ist es, den kalten Plumpudding oder Christmaspudding in Scheiben zu schneiden, in eine gebutterte Auflaufform zu legen und so lange in den auf Höchsthitze vorgeheizten Ofen zu schieben, bis die Scheiben dampfend heiß sind. Dann werden sie üppig mit angewärmtem Brandy begossen, dieser wird angezündet, und das Resteessen wird ebenso feierlich aufgetragen wie der ganze Plumpudding.
Reste in dicke Scheiben schneiden, in heißer Butter auf beiden Seiten aufbacken, entweder mit Zimtzucker bestreuen oder mit Scheiben von Rumbutter belegen. Sie wird genau wie Brandybutter hergestellt, statt des Weinbrands nimmt man echten dunklen Rum.

In Lancastershire zerbröckelt man den Puddingrest, befeuchtet ihn mit etwas Rum oder Brandy, rollt ihn als Füllung in einen Mürbeteigstrudel oder füllt damit eine Mürbeteigtorte, die mit einem Teiggitter oder einer Teigplatte zugedeckt, mit zerquirltem Ei bestrichen und mit grobem Zucker bestreut wird. Backen und heiß zum Tee servieren.
In Devon schneidet man den Puddingrest in Würfel, schüttet diese in eine sehr gut mit Butter ausgestrichene Auflaufform, verquirlt dann ein viertel bis einen halben Liter Milch mit einem Löffel Zucker, etwas Vanillearoma und drei bis sechs Eiern, schiebt das Ganze in den mittelheißen vorgeheizten Ofen und backt es fünfundvierzig bis sechzig Minuten.
Der Segen des Weihnachtsmahles wird erhöht, wenn man den ganzen Heiligen Abend Brot und brennende Kerzen auf dem Tisch hat.

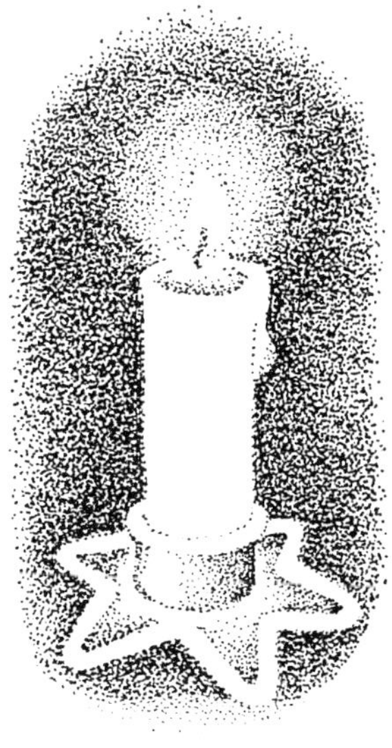

Weihnachtsgebäck und Weihnachtsspeisen

Largum sero heißt die (große Ernte-) Gabe, und das Wort bezeichnet eine altdeutsche Sitte, nach der sich die Nachbarn und Freunde für die Festtafel am Heiligen Abend eine Schüssel mit einem besonders leckerem und schön zurechtgemachtem Gericht zusandten. Zur Jahrhundertwende war diese Schüssel auch gern von einem Korb mit den dazugehörigen Flaschen begleitet.
Das ist eine der wenigen Sitten, die in dem vom Versandhandel oder Lebensmittelgeschäften fertig zusammengestellten Freßkorb immer weiter lebte, die aber auch durch unsere Neigung zu selbstgemachten Geschenken aus der eigenen Küche neue Impulse bekommen und neue Formen angenommen hat. Wie damals versuchen wir, Gericht und Gefäß aufeinander abzustimmen und diese Gabe noch durch eine spezielle Zutat, Bestecke, passende, selbstbestickte Servietten oder ähnliches zu komplettieren.

Vullbuuksabend heißt der 24. Dezember in Niederdeutschland, weil man in der Nacht nach der Mette und nach dem Fasten endlich wieder essen darf.

Lillejulaften heißt auf deutsch: kleiner Weihnachtsabend und zeigt am dänischen Beispiel, wie gut man das Weihnachtsfest ohne Hast und Hetze begehen kann. Zum kleinen Weihnachtsabend trifft man sich nämlich schon am Nachmittag des 23. Dezember mit Freunden, Nachbarn oder Familienangehörigen, die spätestens an diesem Tag zu Weihnachten angereist kommen. Man trinkt entweder Tee zu Honigkuchen und den berühmten dänischen Apfelküchlein, eine Mischung aus einem festen Pfannkuchenteig und feingewürfeltem Apfelfleisch, die in der Spiegeleierpfanne im heißen Fett ausgebacken wird. Oder man lädt zu einem frühen Abendessen ein, zu einem Fastengericht, also zu einer Fischsuppe oder zu eingelegten Heringen mit Schwarzbrot. Bei dieser Gelegenheit werden die Weihnachtstage geplant, die letzten Vorbereitungsarbeiten verrichtet und der Weihnachtsbaum geschmückt.

In Schweden wird das Weihnachtsessen am Heiligen Abend nach dem Julklapp (s. Seite 343) serviert, oft als gewaltiges Buffet. Der Tradition nach gibt es den Weihnachtsschinken, gepökelt, gekocht oder im Ofen gebacken, dazu Rotkohl mit reichlich Zucker süßsauer geschmort, grünen Kohl und weitere zahlreiche Speisen, wie Heringssalat, eingelegte rote Bete, Fleischbällchen, Bratwürste, Leberpastete oder Stockfisch in Béchamelsauce mit Senf oder gekochten Kartoffeln mit grünen Erbsen. Danach gibt es Reisbrei, natürlich mit einer Mandel, der auch oft als bescheidener Abendimbiß vor der Bescherung gegessen wird. Klassische Getränke sind Glögg und Mumma.
In Skandinavien feiert man Weihnachten so wie andere Feste besonders lange und gründlich, wohl weil die Menschen in Kälte und Dunkelheit ein größeres Bedürfnis nach Wärme und Wohlgefühl haben als die Menschen im Süden.

Bild rechte Seite: Der Christkindlesmarkt zu Nürnberg, von Wilhelm Ritter, 1891

Wilhelm Ritter.
Nbg. 1891.

Glögg

1 Liter Rotwein,
1 Liter Muskateller,
¼ Liter weißer Wermut,
1 Eßlöffel Angostura,
100 g Rosinen, Schale von
2 abgeriebenen Orangen,
6 zerstoßene Kardamom-Körner, 5 Nelken, 1 Zimtstange,
1 Glas Aquavit,
150 g Zucker,
100 g abgezogene
ganze Mandeln

Rotwein, Weißwein und Wermut mit den Rosinen, abgeriebenen Orangenschalen, Kardamom, Nelken und Zimt über Nacht durchziehen lassen. Am nächsten Tag erhitzen, den Zucker, die Mandeln und den Aquavit hinzufügen und gleich servieren.

Mumma

Drei eiskalte Flaschen Bier (Porter) mit zwei Flaschen dunklem Bier und einem Deziliter Madeira mischen. Dazu kommt eine Flasche farblose Limonade, damit das Getränk schön prickelt. Sofort in großen Gläsern servieren.

Weihnachtsgebäck und Weihnachtsspeisen

»Der Geist des Weihnachtsfestes darf das Haus nicht verlassen«, sagt man, und deshalb steht die Wohnung an allen Feiertagen allen Freunden und Gästen offen, und jeder Fremde, der anklopft, bekommt einen Bissen. Das soll an die Heilige Familie erinnern, die in der Weihnachtsnacht überall vergeblich angeklopft hat. Diese gastfreundliche Sitte haben Auswanderer mit in die USA genommen, wir begegnen ihr dort als Open House wieder.
Der Imbiß für die Gäste besteht in Skandinavien aus frischgebackenen Honigkuchen und Glögg, einem gut gewürzten Rotweinpunsch.
Die Tiere im Stall und die Nisser (s. Seite 345) bekommen ebenfalls ihre Weihnachtsration, Korn oder eine Schüssel Grütze.

Der skandinavische Reisbrei: In den spärlich besiedelten Gebieten Skandinaviens haben sich viele Sitten besonders lange gehalten. So findet man heute noch überall das gleiche Weihnachtsessen.
Der finnische Riisipuuro wird mit Milch oder Wasser und Reis ziemlich weich gekocht, mit Zucker und einer Prise Salz gewürzt und in einer großen Ton- oder Birkenholzschüssel aufgetragen. Auf dem Tisch stehen Zimtzucker und ein Krug mit Milch, und wer in seiner Portion eine ganze Mandel findet, hat Glück bis zum nächsten Jahr.
In Dänemark gehören zum Reisbrei Satten, also kleine tiefe Teller, und Breilöffel. Beides sind Sammelgegenstände geworden, in der Gestalt der berühmten blauen Weihnachtsteller und der Silberlöffel, die jedes Jahr mit einem neuen Dekor herausgebracht werden.

Der erste Weihnachtsteller stammt aus dem Jahre 1895 und ist von Bing und Grøndahl in Kopenhagen in dem tiefen Kobaltblau hergestellt worden, das seitdem beibehalten wurde.

Der erste silberne Weihnachtslöffel aus Sterlingsilber wurde 1898 zum Gedenken des achtzigsten Geburtstags von König Christian IX. von einem dänischen Silberschmied entworfen. Dieser Löffel war ein solcher Erfolg, daß sich der Silberschmied, N. C. Dyrlund, überlegte, wie man diese Idee variieren könne. So kam 1910 der erste Weihnachtslöffel auf den Markt. Er hieß »Der Stern von Bethlehem« und hatte den gleichen Erfolg wie der Königslöffel. Deshalb beschert sich Dänemark alle Jahre wieder einen silbernen Weihnachtslöffel, immer aus Sterlingsilber, (das heißt: 925 Teile Silber sind mit 75 Teilen Messing legiert) immer nach dem Entwurf eines berühmten dänischen Designers und immer am Griff reich und schön verziert. Diese Löffel wirken besonders gut, wenn man sie nach dänischer Sitte zusammen, sich gegenseitig in Farbe und Form ergänzend, auf der großen weihnachtlichen Familientafel sieht, wo sie mit ihren silbernen, goldenen oder mit farbigem Emaille manchmal üppig dekorierten Stielen einen Schmuck nicht nur für den Reisbrei darstellen.
Diese Löffel weisen auch auf die skandinavischen Weihnachtssitten hin, die in den verschiedenen Jahren auf den Stielen verewigt werden: da gibt es »Das kleine Mädchen mit den Schwefelhölzchen« nach Christian Andersen (1913), »Vögel in der Weihnachtsgarbe« (1937), »Reich mit Geschenken behangener Weihnachtsbaum« (1939), den »Julbock« (1948), »Sankt Nikolaus und das Rentier« (1952), »Dänische Jul-Nisser« (1957) und die »Luciabraut« (1959).

Ein Julhög oder ein Julhäufchen findet jeder am 25. Dezember auf seinem Frühstücksteller: dieser Festimbiß besteht aus einer schön zurechtgeschnittenen Scheibe Roggenbrot, darauf liegt ein Hefekranz oder eine Hefeschnecke, die mit Zucker und gehackten Mandeln bestreut ist, darauf ein Safranbrötchen mit Rosinen, darauf ein brauner Kuchen in Herzform und auf ihm ein blank geriebener roter Apfel.

Weihnachtsfeier in Dänemark, von Viggo Johansen, 1891

Der Tanz um den Weihnachtsbaum gehört in Schweden zu jedem Weihnachstfest. Wie in Dänemark legen im Laufe des Nachmittags alle ihre verpackten Geschenke unter den Weihnachtsbaum, der oft nur mit Papierfähnchen in den Landesfarben geschmückt ist. Am Abend werden die Geschenke ausgepackt, dann ertönt – meist aus dem Radio – der »Tanz um den Weihnachtsbaum«, und Alt und Jung, Familie und Gäste fassen sich an, singen mit und tanzen, oft eine Stunde lang. Das ist wieder Magie und Beschwörung, denn der Kreis der Tänzer ist ein geschlossener Ring, und der Ring hält böse Geister, Unheil und alle nur möglichen Unholde aus Wolkenfernen und Wassertiefen fern. Nach dem Tanz setzen sich alle an den Tisch, essen Weihnachtsschinken zur Schinkenbrühe, dann Stockfisch und als Nachtisch Reisgrütze.
In Dänemark gibt es die köstliche, mit Äpfeln und Pflaumen gefüllte Gans, zu der man Rotkohl, in Zucker karamelisierte Kartoffeln und Moosbeerenkompott reicht.

Weihnachtsgebäck und Weihnachtsspeisen

In England wird der Heilige Abend nicht richtig gefeiert. Es gibt nur eine Party im Büro, die meist recht fröhlich und feucht ausgehen kann, und es gibt in Familien mit Kindern die Aufregung mit den Strümpfen: die Kinder hängen den Weihnachtsstrumpf an den Bettpfosten und hoffen, daß er bis zum Weihnachtsmorgen vom Father Christmas, der mit seinem Rentierschlitten über die Dächer fährt, mit kleinen Geschenken gefüllt ist. Die Sitte soll auf Königin Elizabeth I. zurückgehen und auf die Seidenstrümpfe, die sie von einer ihrer Hofdamen geschenkt bekam: das waren die ersten Seidenstrümpfe in England.
In der Nacht legen die Eltern die richtigen Geschenke unter den Weihnachtsbaum, denn die Bescherung findet am Weihnachtsmorgen statt, so gemütlich wie möglich, in Pyjama und Schlafrock.

Beim festlichen Weihnachtsessen herrscht oft noch die alte Sitte, daß der Hausherr die Gans oder den Puter tranchiert und sich selbst mit den Schenkeln bedient. Zum Puter gibt es Würste, Bacon, die Truthahnfülle, Bratkartoffeln und Gemüse, dazu Brotsauce und Bratensaft. Nach diesem Hauptgericht werden die Vorhänge zugezogen, und der im blauem Flackerlicht brennende Christmaspudding wird aufgetragen. Dann geht die Jagd nach dem Glücks-Penny los, und außer dem Christmaspudding kann man zwischen Mince Pies, zu denen es Brandybutter gibt (s. S. 355), Orangen und Ananas wählen. Zu dieser Frucht gehört wieder ein Glücksspiel: Man zupft die grünen Blätter aus dem Tuff und wettet, wieviel Blätter er enthält. Wer gewinnt, bekommt eine Silberkrone auf den Kopf gesetzt, alle anderen Gäste werden auch mit Papiermützen geschmückt, die Kinder und die jungen Leute vergnügen sich mit Knallbonbons, die Erwachsenen trinken Port.
Wenn es dunkel wird, werden die Kerzen am Baum angezündet, die Kinder spielen Spiele, Blindekuh und Pantoffeljagd, wer Spaß daran hat, küßt unter dem Mistletoe und läßt sich küssen, und wer noch nicht satt ist, futtert Weihnachtskuchen, Marzipan und Zuckerwerk.

Das Geschichtenerzählen gehört in England, Schottland und Irland zum Advent und zur Weihnachtszeit. So endet dieser Abend oft mit Geistergeschichten am flackernden Kaminfeuer.

Der Lord of Misrule war bei den mittelalterlichen weihnachtlichen Narrenfesten der Anführer. (Siehe Dreikönig S. 33.) Er stellte die gewohnte Ordnung auf den Kopf, die Herren mußten nach seinem Befehl den Knechten dienen, die Frauen übernahmen die herrschende Rolle der Männer, und in manchen Regimentern haben noch in diesem Jahrhundert die Offiziere die Mannschaft bedient.
Etwas von diesem spielerischen Geist lebt in den Stegreifspielen weiter, die Weihnachten gern von den Kindern aufgeführt werden. In vielen Grafschaften werden auch noch regelrechte Weihnachtsspiele in prachtvollen alten Kostümen aufgeführt.

Dezember

Wassail: Der Dezember ist, wie man in England sagt, der Nachbarschaftsmonat, die Zeit des Jahres, in der man von Haus zu Haus geht, an die Türen klopft und die guten Wünsche kreisen läßt.
Älter als die Carols, die im Kreise gesungenen Weihnachtslieder, in denen die Geburt des Erlösers verkündet und gepriesen wird, sind die Wassail songs, Freudenlieder aus alter Zeit, mit denen sich die Nachbarn im tiefen Winter Glück wünschten. Glück, damit sie Kälte, Frost und vielleicht auch Hunger vor der neuen Ernte überlebten, Glück, damit Felder und Vieh auch im kommenden Frühling fruchtbar blieben und für neuen Vorrat und neue Fülle sorgten. Die Wassailsitte gehört deshalb nicht nur zu Weihnachten, sondern auch zum Neujahr.
Das Wort Wassail stammt vermutlich von einem skandinavischen Glückwunsch ab, Ves Heill, soviel wie: Möge deine Gesundheit gut sein! Der Begriff kann aber auch von zwei anglo-sächsischen Wörtern abstammen *was* und *hal,* die zusammen heißen: Mögest du ganz (gesund und heil) bleiben. Auf jeden Fall trank man sich dabei aus dem Wassail, aus dem Becher zu. Den zeigten noch im letzten Jahrhundert die Wassailsänger klagend und leer bei ihrem Umzug vor und ließen ihn sich von jedem Angesungenen füllen.
Diese Sitte, sich die Glückgrüße mit einer Gabe erwidern zu lassen, ist im 17. Jahrhundert aufgekommen, und manchmal wurde ein Neckspiel daraus: die Sänger, immer Gruppen von Männern und Kindern, klingelten und sangen einen Nachbarn mitten in der Nacht heraus. Dafür, daß sie ihn aus dem Schlaf gerissen und von ihm eine Handvoll Münzen bekommen hatten, sagten sie ihm Stunde und Wetter an.

Old Christmas, von Randolph Caldecott, 1875

Das Wassail-Singen ist schon früh mit Wassail-Trinken verbunden gewesen. Aus dem Jahre 1494 berichtet ein Chronist vom königlichen Hof folgendes: die Sänger mußten sich in der großen Halle an eine Wand stellen, dann trat der Steward mit dem Wassail ein, die Sänger riefen dreimal »Wassail!«, worauf der Chor mit einem Choral antwortete.

Wassail-Bowl: Das ist ein heißer Punsch aus Ale mit Zucker und Gewürz, oft auch Eier und Sahne, mit Kuchenbrocken und Bratäpfeln angereichert.

Die Milly-box: Das Wort kommt von My Lady, der Gottesmutter und bezeichnet eine Schachtel, die mit Zuckerwerk und Orangen ausgelegt ist. Damit gehen die Kinder herum und singen und sammeln.

Winterliche Heischegänge, die früher beides angesprochen haben, die christliche Mildtätigkeit und die Traditionen der heidnischen Opferfeste, waren damals notwendiger, als wir es uns vorstellen können. Der Mittwinter war für die Armen immer die schlimmste Zeit des Jahres. Die Kälte setzte ihnen härter zu, es gab keine Arbeit in Dorf und Feld, Salzfisch, Räucherfleisch und andere Vorräte waren teurer als sonst, und wer betteln mußte, stieß im Winter eher als im Sommer auf verschlossene Türen.
Wassail-Lieder:

Die Weihnachtstage kommen,
die Gänse sind fest und gut.
Ach, werft doch einen Penny
einem alten Mann in den Hut.

Sitzt ihr am warmen Feuer,
liebe Hausfrau und lieber Herr,
denkt bitte an uns arme Kinder
im Schnee, wir frieren so sehr.

Liebe schöne Dame, ich will nicht lügen,
ich will ein Stück vom Weihnachtskuchen kriegen.
Liebe schöne Dame, ich will nicht parlieren,
ich will einen Schluck vom Weihnachtsbier probieren.

Quaint Cut (Holzschnitt) von Joseph Crawhall

In Irland stellt man am Heiligen Abend brennende Kerzen ins Fenster, »um dem Christkind den Weg zu weisen« und die Heilige Familie nicht ein zweites Mal ohne Unterkunft zu lassen.

In Cornwall kümmert man sich in der Weihnachtsnacht besonders um die Äpfel, die klassischen Früchte dieser Gegend. Man begießt die Apfelbäume, im Januar zieht man mit Gesang durch die Apfelgärten, und bei der Ernte läßt man die kleinsten Früchte hängen: für die *Pixies,* die Wichtelmänner. Und am Heiligen Abend trinkt man

›**Lammwolle**‹: Sie besteht aus Ale, das mit einer Prise Zimt und Piment heißgemacht und zu Bratäpfeln serviert wird, die mit Nelken besteckt sind. Dazu gibt es Nüsse und ofenheißes Gebäck. Zu den Bratäpfeln gibt es die sogenannte

feste Sauce: 125 Gramm Butter mit 125 Gramm Zucker weichrühren, ein Eischnee darunterheben, mit Zimt und Muskat bepudern, außer zu Bratäpfeln köstlich zu Eis, Apfelaufläufen und Semmelpuddings.

25. Dezember

In Wales begannen die Weihnachtsfeierlichkeiten in der Morgenfrühe zwischen drei und sechs Uhr mit einer Messe. Danach wurde gegessen oder das Haus weihnachtlich geschmückt, Weihnachtslieder gesungen und abermals gegessen. Dann folgte die Bescherung.

In den USA spielen die Weihnachtsdekorationen eine besonders große Rolle: das ganze Haus samt Vorgarten ist geschmückt, die Weihnachtskarten werden auf den Kamin gestellt oder an einer roten Leine mit Wäscheklammern festgesteckt.
Am 24. Dezember gibts wie bei einer Cocktailparty Eggnogpunsch, und am 25. findet im Pyjama und Morgenrock die Bescherung für die Kinder statt, abends das festliche Dinner, denn am 26. ist wieder Arbeitstag.
Gastlichkeit und gutes Essen stehen im Mittelpunkt der Festlichkeiten.

Open house: Die Sitte der gegenseitigen Besuche von Freunden und Verwandten, wobei heißer Punsch oder andere Getränke und Weihnachtsbrot oder Weihnachtsgebäck angeboten werden.

Der Gästebaum ist ebenfalls eine freundliche Sitte, die Weihnachtsfreude mit Nachbarn und Verwandten zu teilen. Der Gästebaum steht in der Nähe der Haustür, und wer am Weihnachtstag zu Besuch kommt, darf sich ein eingewickeltes Geschenk vom Baum pflücken, Süßigkeiten oder Gebäck, Spielzeug oder andere Winzigkeiten. Wenn man weiß, wer zu Besuch kommt, kann man ganz spezielle Päckchen vorbereiten.

Der Weihnachtsbrief oder das Weihnachtsgedicht ist eine Sitte, die Einwanderer aus Italien mitgebracht haben. Die Kinder legen den Eltern einen festlich geschriebenen und gemalten, unter Umständen auch gereimten Brief am Weihnachtstag unter den Eßteller oder versteckt unter die Serviette. In diesem Brief bedanken sie sich für all die Liebe, die sie vom Vater und von der Mutter empfangen haben, sie können aber auch auf Dinge anspielen, die ihnen im vergangenen Jahr nicht behagt haben. Wichtig ist es nur, daß diese Kritik so vorgebracht und in Worte gefaßt wird, daß sie in einen Weihnachtsbrief paßt. Die Eltern geben vor, den Brief nicht zu bemerken und lesen ihn erst nach dem Essen der ganzen Familie vor.

Bild rechte Seite: Weihnachtsmann, von Karl Voss

Weihnachtsengel spielen ungeduldige amerikanische Kinder am Weihnachtsmorgen, wenn die Eltern zu lange schlafen und die Kinder des-

Winter, von Ingeborg Braun, 1941

halb auf die Bescherung warten müssen. Sie huschen dann zur Schlafzimmertür der Eltern, singen Weihnachtslieder, machen die Tür einen Spalt weit auf und rufen ins Schlafzimmer: »Habt ihr nicht gehört, die Engel waren da?«

In Frankreich bekommen die Kinder keine Bescherung, sie findet nicht zu Weihnachten, sondern zu Neujahr statt; an diesem Tag tauschen auch die Erwachsenen Geschenke aus.
Am Heiligen Abend stellen die französischen Kinder jedoch, wie anderswo zum Nikolaustag, die Schuhe vor den Kamin. Wenn dann die ganze Familie in die Kirche geht, lassen sich die kleinen Kinder vor der erleuchteten Krippe die Weihnachtsgeschichte erzählen. Die großen Kinder gehen mit den Erwachsenen und Freunden in die Mitternachtsmesse, nach der erst das große festliche Weihnachtsessen stattfindet.

Réveillon de Noël: Das Festmahl wird entweder zu Hause, gern aber auch im Restaurant eingenommen. Überall gilt die gleiche traditionelle Speisenfolge: Austern als Vorspeise, dann die Potage de Noël, eine Mandelsuppe mit gerösteten und gezuckerten Weißbrotscheiben, die es schon in frühchristlicher Zeit zu Weihnachten gegeben hat, als nächstes Boudin blanc und Boudin noir, also: eine Weißwurst (aus Hühnerfleisch) und eine sogenannte schwarze Wurst, die unserer Blut-

wurst ähnelt. Beide Würste gehören genauso wie verschiedene Pasteten der einzelnen Regionen oder Fische wie Forelle, Steinbutt oder Barbe als Zwischengericht zum Weihnachtsmenü. Der Höhepunkt einer Réveillon ist jedoch immer der mit Trüffeln oder Maronen gefüllte Truthahn. Nach dem Käse ißt man als Nachtisch ein Stückchen von der Bûche de Noël, dem Weihnachtsbaumstamm, der mit Buttercreme oder Maronencreme gefüllt ist. Dazu gibt es glasierte Maronen, die fertig gekauft werden, verschiedene anderen Süßigkeiten, Bratäpfel oder Montblanc, eine Süßspeise aus Schlagsahne mit Früchten. Das Getränk ist Champagner oder die großen Tafelweine aus Bordeaux und Burgund.
Eine Sondersitte für große Gesellschaften oder eine Gruppe von Freunden, die im Laufe des Jahres gemeinsam jagen:

»**Das Jahr wird verspeist**«, und zwar in einem ungeheuren Festmahl, das mit einem Hahn beginnt, der das Jahr darstellt. Dann werden zwölf gebratene Feldhühner aufgetischt, die zwölf Monate, und dreißig Eier und dreißig schwarze Trüffeln: die dreißig Tage und Nächte jedes Monats.

Im Elsaß ist der Heilige Abend Sperrnacht: die Arbeit in der Spinnstube war abgeschlossen und ruhte bis zum 6. Januar, was mit einem Festessen der Spinnerinnen gefeiert wurde.

Weihnacht im Elsaß, 1898

25. Dezember

In Italien lädt man am Heiligen Abend die Familienangehörigen ein, keiner soll alleine sein.
Wie in allen katholischen Ländern werden daheim und in der Kirche Krippen aufgestellt und am Heiligen Abend enthüllt. Man geht zur Mitternachtsmesse, und am Weihnachtstag ist pollo al riso ein klassisches Essen, Huhn mit Reis.

Pollo al riso
Das Huhn wird tranchiert, in Speck eingewickelt und in Öl angebraten. Dann gibt man eine Tasse Reis und ein paar kleingewürfelte Tomaten, gewürfelten gekochten Schinken, kleingeschnittene frische Pilze dazu, dünstet das alles rasch mit an, gießt drei Tassen Fleischbrühe dazu und läßt das Gericht in einer halben Stunde zugedeckt auf dem Herd oder offen im Herd garen.

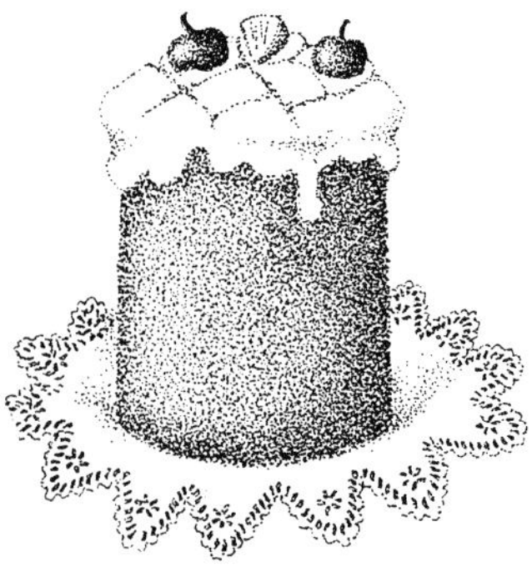

Panettone
ist das klassische Weihnachtsgebäck; einen Hefeteig aus 500 Gramm Mehl, 20 Gramm Hefe, ⅛ Liter lauwarmen Wasser, abgeriebener Schale einer halben Zitrone, 125 Gramm Zucker, 125 Gramm Butter, sechs Eidottern und einem halben Teelöffel Salz zubereiten, gut durchkneten, bis er seidig glänzt, ein bis zwei Stunden gehen lassen, dann mit je fünfzig Gramm Zitronat und Orangeat, 100 Gramm Sultaninen oder halb Sultaninen, halb Korinthen verkneten. Den Teig nun entweder in eine große runde Springform füllen oder in eine oben gut und glatt abgeschnittene Zwei-bis-drei-Kilo-Konservendose. Die Form auf jeden Fall gut ausfetten und ausbröseln. Den Teig noch einmal gehen lassen, die Oberfläche kreuzförmig einschneiden und in den auf 180 Grad Celsius vorgeheizten Backofen schieben und etwa 50 Minuten backen. Nach etwa einer halben Stunde Backzeit zwei- oder dreimal mit zerlassener Butter bestreichen. Der ausgekühlte Panettone wird mit Zuckerguß wie mit einer Schneehaube überzogen und mit kandierten Früchten oder Weihnachtssüßigkeiten dekoriert.
Der Panettone wird in der Zeit zwischen Weihnachten und Neujahr als Dessert aufgetragen. Man ißt ihn zum Champagner oder zum Espresso.

In Spanien stellt man keinen Weihnachtsbaum, sondern eine Krippe auf. Und die Kinder ziehen singend und tamburinschlagend vom Nachmittag bis in die Nacht hinein durch die Straßen.
Am Weihnachtsabend findet das große Familienessen statt, bei dem es nach einem Fischgang meistens Truthahn oder Huhn gibt. Es gibt immer ein Gericht aus Eiern, und als Nachtisch Weintrauben, Marzipan und Turrone.
Die Kinder holen sich in Spanien und in Italien manchmal kleine Geschenke aus der sogeannten »Urne des Schicksals«: sie ist bis zum Rand mit vielen winzigen eingewickelten Geschenken gefüllt, unter denen sich auch Nieten befinden. Jeder darf so lange ziehen, bis er ein

25. Dezember

richtiges Geschenk erwischt. Die Urne des Schicksals wird meistens nach dem Essen auf den Tisch gestellt, und in manchen Familien ist es Sitte, daß es nicht nur anonyme Geschenke gibt, sondern daß ein paar Gaben den Namen des Kindes oder des Erwachsenen tragen.

In Ungarn gibt es ebenfalls am Heiligen Abend Fisch, und als Dessert der Tradition nach Powidltascherln, Baratfüle.

In Polen setzt man sich am Heiligen Abend zu Tisch, sobald der erste Stern am Himmel aufblinkert und ißt dann die letzte Fastenmahlzeit, Karpfen. Unterm Tischtuch liegt Stroh, als Sinnbild für das Stroh aus der Krippe.

26. Dezember

In der Pfalz ißt man an diesem Tag eine Gans und einen Hasen, der Hase gilt auch als Symbol der Fruchtbarkeit. Abends wird Hasenpfeffer gegessen, zur Gans gibt es Kartoffelklöße, die gewaltige Taler symbolisieren.

Tag des heiligen Stephanus
Der Erzmärtyrer, der sich für seinen Glauben als erster Märtyrer zu Tode steinigen ließ.

Weiß- und Rotweinweihen: Sie haben früher an diesem Tag stattgefunden. Ein Grund, Freunde zu einem Essen mit gutem Wein oder zu Lebkuchen und Glühwein einzuladen.
Der Stephanstag ist auch ein großer Pferdetag, der vielerorts noch durch Umritte, Pferde- und Viehsegnungen begangen wird.

Menschertag: Ebenso wie der Oster- und der Pfingstmontag. An diesen Tagen durften die jungen Burschen zum ersten Mal ihre Mädchen öffentlich ausführen. Das Ja oder Nein der Mädchen war ans Kletzenbrot gebunden: die jungen Männer gingen sich Weihnachten bei ihrer Erwählten »das Kletzenbrot abholen«. Bekamen sie es, so bedeutete das ein Ja, wurde es ihnen verweigert, so mußten sie sich ein anderes Mädchen suchen.

Zum Kerzendiner trifft man sich in Holland im Dezember, meist am zweiten Weihnachtstag. Die festlichen Mahlzeiten bei Kerzenschimmer finden meist zu Hause statt.

Boxing Day heißt der 26. Dezember in England. Die Lehrlinge sollen an diesem Tag mit Schachteln, Boxes, herumgegangen sein und Geld gesammelt haben.

26. Dezember In manchen Familien schenkt man den Kindern Schokoladentaler oder kleine selbstgemachte Süßigkeiten, die in Silberpapier oder Goldfolie eingewickelt werden, Symbole für das ursprüngliche Geld.

Boxing Day Meet: Das ist eine beliebte Tradition in England, die Reiter auf dem Lande treffen sich, die ganze Reiterschar macht einen Tagesausritt, bekommt nach den Festtagen frische Luft und Bewegung und hat abends wieder Appetit auf ein Weihnachts-Resteessen.

Fuchsjagd und Pferderennen fanden am Stephanstag in England, Hasenjagd in Österreich statt. Im mittelalterlichen England gab es auch die grüne Jagd; die Mistelzweige wurden aus den Bäumen geschossen.

Die Weihnachtsjagd hängt mit dem Lärm und Krach zusammen, mit dem man nach dem alten Glauben die bösen Geister verjagen wollte, die so wie die Winterdunkelheit die lebensspendende Sonne zu verschlingen drohten. Darum die Schüsse am Heiligen Abend, darum die verschiedenen Formen der Jagd, darum der Weihnachtsumgang der Kinder in manchen englischen und amerikanischen Gemeinden, wo mit allem gescheppert und gerasselt und gedonnert wird, was es in Küche und Geräteschuppen nur gibt: Töpfe, Topfdeckel, Waschbretter, Schaufeln, Blechkanister und ähnliches.

Christbaumplündern ist ein wichtiges Kinderfest der Nachweihnachtszeit. Es findet manchmal in der Weihnachtswoche, manchmal zwischen Neujahr und Dreikönig statt, spätestens am 13. Januar.

In Schweden laden die Kinder ihre Freunde immer mit einem kleinen Briefchen ein, begrüßen die Gäste an der Haustüre und nehmen ein Geschenk in Empfang. Zuerst wird geschmaust, dann tanzen alle ein letztes Mal um den Weihnachtsbaum herum, plündern ihn und werfen ihn zum Fenster hinaus. Danach werden Spiele gespielt und vor allem Geschenke geangelt, die in Tüten stecken und die die Gäste mit nach Hause nehmen, ohne sie vorher zu öffnen.

Der Tag des Apostels und Evangelisten Johannes **27. Dezember**
In Erinnerung an den Giftkelch, den der Heilige ungefährdet ausgetrunken hat, läßt man in der Kirche Wein weihen, nimmt ihn mit heim und hebt ihn für Krankheitsfälle auf. Früher wurde dieser geweihte Wein als Minnetrank, Johannisminne oder Johannissegen, bei der Kommunion ausgeteilt. Es war ein Trank, dem man höchste Kräfte zuschrieb, denn der Johannistag liegt dicht bei Weihnachten, dem Fest der Geburt, aber bei steigendem Licht, was als Zeichen für die wachsende Gottesminne betrachtet wurde. Auch im Hinblick auf das kommende Jahr galt dieser Wein als segensreich.
In manchen bayerischen und österreichischen Gegenden wurde der Johanniswein bei der Brautmesse ausgegeben.
Am Tag des Lieblingsjüngers Christi, Beschützer Mariä, später Lehrer, Bischof und einer der Evangelisten, die die Heilige Geschichte aus eigenem Erleben dargestellt haben, wechselten früher die Mägde und die Knechte die Stellung und haben sich mit einem Tanzabend verabschiedet.

Das Weiberdingete ist eine alte Ehesitte: der Mann dingt seine Frau am Johannistag fürs kommende Jahr, führt sie formvollendet ins Wirtshaus und lädt sie zu einem Festessen ein. Sie muß dabei den Wein bezahlen, wobei sie dem Handel zustimmt und sich für weitere zwölf Monate verpflichtet.

Tag der Unschuldigen Kindlein **28. Dezember**
Der Gedenktag für die Kinder, die König Herodes auf der Suche nach dem Christkind ermorden ließ, und für alle Kinder, die für Christus Zeugnis abgelegt haben und für ihn gestorben sind. Ein Tag auch, der mit der violetten Kirchenfarbe auf den Schmerz der armen Mütter hinweist, die ihre Kinder durch Krieg oder Krankheit verloren haben.
Im unbekümmerten Egoismus der Jugend haben die Schüler schon im Mittelalter diesen Tag zu dem ihren erklärt, führen in Internaten das Regiment, dürfen daheim bestimmen, was zu geschehen hat, sagen Geschwistern und Eltern mit gereimten Sprüchen ihre Meinung.
Im Mittelalter bis etwa 1300 war dieser Tag einer der Kinderbeschenktage.

Frau Holle ging nach dem alten Glauben an der Spitze aller Kinder, die im kommenden Jahr geboren werden sollten, in dieser Nacht um. Die Bauern haben ihnen eine Schüssel Suppe hingestellt.

28. Dezember **Pfeffertag:** Diese Bezeichnung kann von einer Pfefferabgabe stammen, weil der 28. Dezember ein wichtiger Zins- und Zahltermin war. Auf jeden Fall bezeichnet das Verb pfeffern den kräftigen Streich, den in Süddeutschland die Knaben den heiratsfähigen Mädchen so oft gaben, bis sie ein Lösegeld erhielten.

Die Pfeffernuß bezeichnete die Gabe, die die Knaben als Lösegeld bekamen, die die Kinder ihren Paten, Schüler ihren Lehrern schenkten oder die Burschen ihren Mädchen: ursprünglich mögen es wirklich Nüsse gewesen sein, später wurde daraus ein nußähnliches Gebäck.
In Schwaben bekamen die Kinder für das oft zierlich geschmückte Klöpflesscheit, das sie zum Pfeffern benutzten, eine Buckelnuß als Gegengabe.

Einen Lebkuchenreiter bekamen die Buben in Bayern am Tag der Unschuldigen Kinder von ihrem Paten zum Geschenk und die Mädchen eine Lebkuchenfrau.

30. Dezember **Rezal Day:** Auf den Philippinen zündet man Kerzen in Laternen aus Papier und Bambus an, die oft wie Sterne geformt sind, und bietet Kindern und Gästen Sternkekse an.

31. Dezember
Silvester **Väterchen Frost** erscheint in Rußland und ersetzt den Weihnachtsmann. In Schulen, Kindergärten und anderen Gemeinschaftsräumen werden Tannenbäume geschmückt, Väterchen Frost verteilt Geschenke, und am Abend wird mit einem üppigen Mahl daheim gefeiert.

Silvesterabend. Er gilt als Heilignacht wie Weihnachten und Dreikönig. Die Bauern haben die Stube ausgeräuchert und die Mettenkerze

31. Dezember
Silvester

ein zweites Mal angezündet und brennen lassen, bis das neue Jahr begann.
In dieser Nacht zwischen den Jahren ging es neben der Abwehr der bösen Geister – durch Geknalle, Rummelpott, lärmende Umzüge vermummter Gestalten, und, später, Feuerwerk – vor allem um das, was das Dunkel des kommenden Jahres erhellen konnte.

Mit Bleigießen versucht man an diesem Abend die Zukunft zu deuten.

Das Bleigießen der Mägde in Thüringen, von Edmund Herger

Der Traum in der Silvesternacht geht natürlich ebenso in Erfüllung, wie es Fruchtbarkeit für den Garten bedeutet, wenn der Bauer in der Neujahrsnacht hinausgeht und seinen Obstbäumen ein gutes Jahr wünscht. Oft wurden die Obstbäume mit Stroh oder Strohseilen umwickelt, damit sie im kommenden Jahr reichlich Frucht tragen sollten. Dabei war es wichtig, daß im Stroh noch volle Garben waren: Fruchtbarkeit brachte Fruchtbarkeit. Wenn man den Obstbaum in der Silvesternacht rüttelte und schüttelte, so weckte man den Baumgeist, der im Baume wohnte, um ihn an seine Pflicht zu erinnern. Die Sitte, in der Silvesternacht durch die kahlen Obstbäume zu schießen, sollte wahrscheinlich dem gleichen Zweck dienen.

Silvesterwünsche: Sogenannte Gutjahrswünsche wurden am letzten und am ersten Tag des Jahres gewechselt.

Silvester heißt in Holland derjenige, der am Silverstertag als letzter aufwacht oder aufsteht. Er oder sie muß am Abend bei der Silvesterfeier etwas zum Besten geben.

Als Silvester oder altes Jahr verkleidete sich in den Alpentälern ein Bursch, der den ganzen Silvesterabend am Ofen saß und jedes Mädchen küßte, daß ihm zu nahe kam. Vor Mitternacht verteilte der Hausherr oder der Wirt an alle Gäste grüne Tannenzweige, und beim Glokkengeläut des Neuen Jahres trieben alle den Silvester aus dem Haus.

Heiratsorakel werden auf die verschiedenste Art und Weise gestellt. Zeigt z. B. der Schuh, den das Mädchen über den Kopf geworfen hat, zur Tür, so bedeutete das Hochzeit, Auszug aus dem Elternhaus.

Die Schnabelgeiß ist eine dunkle Schreckgestalt, ein Teufel, der in der Schweiz von einem hellen Geist oder Engel durchs Dorf geführt wurde. So soll das Gute das Böse auch im kommenden Jahr im Zaume halten.

Der Neujahrsbock oder Neujahrsschimmel bestand aus zwei vermummten Burschen, die den Kindern in Ostpreußen und Norddeutschland Geschenke brachten oder die Mädchen im Schutz der Verkleidung neckten, mit Lebensruten schlugen und die Zukunft sagten.

Heischeumzug mit dem Neujahrsschimmel und dem Klapperbock, 1898

31. Dezember
Silvester

Der heilige Silvester war in der Zeit nach den Christenverfolgungen Papst und Bekenner, er führte die Kirche unter dem ersten christlichen Kaiser Konstantin dem Großen in die Periode des Friedens. So ist er der rechte Heilige zum Anbruch eines neuen Jahres, seine Treue und seine Wachsamkeit sollen als Beispiel gelten.

Das Essen am Silvesterabend hat daheim oder im Wirtshaus, auf jeden Fall im Kreis der Familie oder der Freunde stattgefunden. Denn wie beim Geburtstag wurde der Mensch »zwischen den Jahren« als besonders gefährdet betrachtet. Die Gruppe schützt jeden Einzelnen, der Freundeskreis um den Tisch symbolisiert den magischen geschlossenen Kreis, den kein Dämon zu zerstören vermag.
Von allen Silvesterspeisen muß man bis zum Neujahrstag einen Rest stehen lassen, dann geht einem das Essen im ganzen Jahr nicht aus.

Erbsensuppe ist das klassische Silvestergericht, das Reichtum und Segen bringt.

Gutjahrsessen ist ein Brauch aus Südwestdeutschland. Am Silvesterabend versammelt sich die ganze Familie samt allen Kindern und ange-

Lustige Gesellschaft, von Jan Steen

31. Dezember
Silvester

heirateten Kindern, Enkeln und Urenkeln im Elternhaus zu einem festlichen Essen, bei dem es den Gutjahrsring als Nachspeise gibt. Das ist ein mit Glücks- und Fruchtbarkeitssymbolen verzierter und reich mit Rosinen und anderen guten Sachen versehener Hefekranz.
Gutjahrsessen heißt in anderen Gegenden das Festessen, das das Mädchen für die Kollegen und Freunde seines Liebsten oder Verlobten kocht. Nicht nur eine Gelegenheit, die Kochkünste unter Beweis zu stellen, sondern eine der vielen im Brauchtum für junge Leute vorgesehenen Möglichkeiten, sich im ungezwungenen Rahmen und ohne die strengen prüfenden Augen der Alten nur in der Jahrgangsgruppe kennenzulernen.

Bechtelsmahl: Als Bechtelistag bezeichnete man den Tag, an dem das Hausgesinde vorm neuen Jahr die Stellung wechselte.

Bechteln bedeutet im übertragenen Sinn das Fest und die Mahlzeit, die die jungen Mädchen und Burschen zusammen vorbereiten und feiern. An Silvester, Neujahr und Dreikönig wurde auch daheim gebechtelt: der Hausvater gab der Familie und dem Gesinde eine festliche Mahlzeit, bei der auch zum ersten Mal der junge Wein getrunken wurde.

Quaint Cut (Holzschnitt) von Joseph Crawhall

Hogmanay heißt der Silvesterabend in Schottland. Man serviert den sogenannten Schwarzen Laib, Black Bun, der in den früheren Generationen erst in der zwölften Nacht aufgeschnitten wurde. Black Bun ist gut und üppig und schwer und sollte wie alle Früchtekuchen ein paar Wochen im Vorhinein gebacken werden, damit er reifen kann.
Man begrüßt das Neue Jahr inmitten der Familie, lädt ein paar Freunde ein und ißt mit ihnen Haggis (vom französischen hachis, kleinhakken), einen köstlich gefüllten Schafsmagen. Und zwischen den Bissen trinkt man Whisky aus kleinen Gläsern. Man feiert bis es zwölf Uhr schlägt, und stößt mit Hot Pint an, einem Punsch aus Starkbier, Whisky und Eiern. Früher wurde dieses Getränk in großen Kupferkesseln zubereitet und Stunden vor Mitternacht durch die Straßen geschleppt. Es war Sitte, den Nachbarn damit Glück zu wünschen. Trafen sie sich unterwegs, so blieben sie stehen und tranken.

First foot: War man der erste Besuch im Neuen Jahr, so hieß man »der erste Fuß«. Das brachte aber nur Glück, wenn man nicht mit leeren Händen als erster die Schwelle überschritt, man mußte etwas mitbringen, Brot, Käse, Kuchen, dann wurde man selbst beschenkt und bekam einen Schluck zu trinken.

In Griechenland backt man ins Basiliusbrot (siehe Seite 23) eine Glücksmünze ein, am Vorabend des Neujahrsfestes, das diesem freundlichen Heiligen gewidmet ist, bleiben alle, auch die Kinder auf, begrüßen das Neue Jahr mit Liedern des Heiligen, und dann werden Orakel befragt, Nüsse geknackt (leere Walnüsse bedeuten Unheil), und der Familienvater bricht einen Granatapfel auf: je mehr Kerne, desto mehr Glück und Reichtum im künftigen Jahr.

Feuerzangenbowle
wird in vielen Familien gern am Silvesterabend zubereitet. Für diesen klassischen Punsch braucht man fünf Zutaten: drei Liter Rotwein kommen in einen Topf, eine Orange und eine Zitrone werden ganz dünn abgeschält, die Schale kommt zum Wein. Dann fügt man einige Gewürznelken, eine ganze Zimtstange, nach Belieben den Saft der Zitrone und einer Orange hinzu, läßt alles zusammen heiß werden, aber nicht kochen. Dann fischt man die Orangen- und die Zitronenschale wieder heraus, legt einen Zuckerhut auf die Feuerzange und tränkt ihn vorsichtig und löffelweise mit Rum. Dann ist der spannende Moment gekommen, alle Lichter im Raum werden gelöscht, und der Zuckerhut wird vorsichtig angezündet. Durch die Hitze beginnt der Zucker zu schmelzen und tropft brennend in die Bowle. Die kleinen blauen Flammen tanzen so lange auf der Oberfläche, bis der Alkohol verbrannt ist. Sollte die Flamme auf dem Zuckerhut kleiner werden, gießt man etwas Rum in eine Kelle und träufelt vorsichtig noch ein paar Tropfen Rum auf den Zuckerhut. Wenn dieser vollkommen geschmolzen und die Flammen erloschen sind, wird das Licht wieder angemacht und die Feuerzangenbowle zu Lebkuchen verzehrt.

31. Dezember
Silvester

Der dreizehnte Monat

Wie säh er aus, wenn er sich wünschen ließe?
Schaltmonat wär? Vielleicht Elfember hieße?
Wem zwölf genügen, dem ist nicht zu helfen.
Wie säh er aus, der dreizehnte von zwölfen?

Der Frühling müßte blühn in holden Dolden.
Jasmin und Rosen hätten Sommerfest.
Und Äpfel hingen, mürb und rot und golden,
im Herbstgeäst.

Die Tannen träten unter weißbeschneiten
Kroatenmützen aus dem Birkenhain
und kauften auf dem Markt der Jahreszeiten
Maiglöckchen ein.

Adam und Eva lägen in der Wiese.
Und liebten sich in ihrem Veilchenbett,
als ob sie niemand aus dem Paradiese
vertrieben hätt.

Das Korn wär gelb. Und blau wären die Trauben.
Wir träumten, und die Erde wär der Traum.
Dreizehnter Monat, laß uns an dich glauben!
Die Zeit hat Raum!

Verzeih, daß wir so kühn sind, dich zu schildern.
Der Schleier weht. Dein Antlitz bleibt verhüllt.
Man macht, wir wissen's, aus zwölf alten Bildern
kein neues Bild.

Drum schaff dich selbst! Aus unerhörten Tönen!
Aus Farben, die kein Regenbogen zeigt!
Plündre den Schatz des ungeschehen Schönen!
Du schweigst? Er schweigt.

Es tickt die Zeit. Das Jahr dreht sich im Kreise.
Und werden kann nur, was schon immer war.
Geduld, mein Herz. Im Kreise geht die Reise.
Und dem Dezember folgt der Januar.

Erich Kästner

Geburt

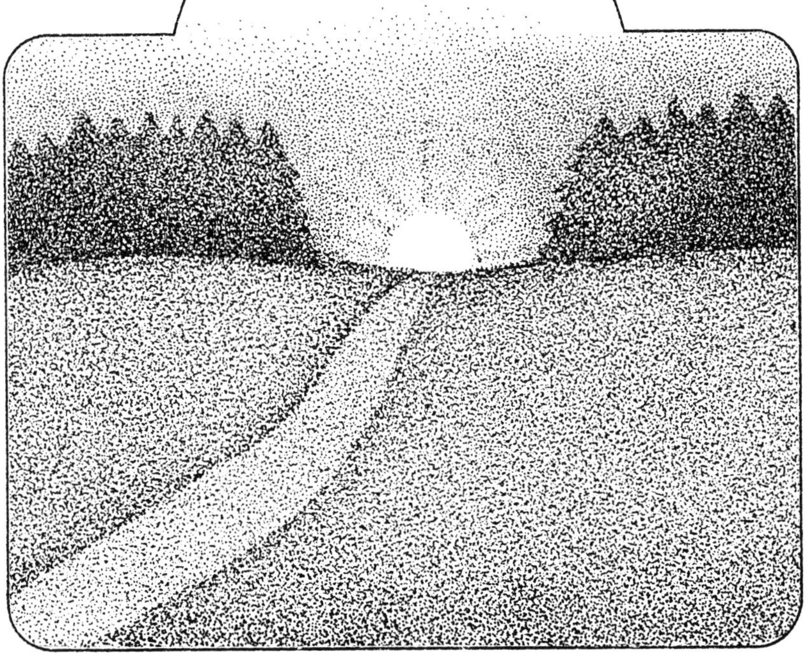

Schwangerschaft

Wenn eine Frau ein Kind erwartete, ist sie früher mit ähnlichem Aberglauben umgeben gewesen wie die Mutter Erde, der die neue Saat anvertraut war und die dann vor Dämonen und Unwetter geschützt werden mußte.
Deshalb durfte sich eine Schwangere nachts nicht aus dem Haus begeben, denn die Nacht ist die Zeit der Hexen und Dämonen, und die bösen Geister hätten ihr oder dem ungeborenen Kind etwas antun können. Die Schwangere sollte auch nichts Häßliches sehen, durfte nie über Kreuzwege gehen, weil das die Geburt hätte erschweren können, und nicht unter einer Stange hindurchgehen, weil sich sonst das Kind mit der Nabelschnur umwickeln könnte.
Schwangere wurden von allen ehrfürchtig behandelt, in Württemberg bekamen sie zum Beispiel immer zu essen angeboten, wenn sie jemanden trafen, der gerade aß, oder wenn sie ein Haus betraten, in dem die Bewohner gerade zu Tisch saßen.
Sie durften auch frei von Obst und von Wein pflücken, denn man glaubte, daß ihre Fruchtbarkeit anstecke: ein Sympathieglaube, der für die Geburtsaberglauben typisch ist.

Geburt

Im Volksbrauch geht es in dieser Stunde vor allem um die Abwehr der bösen Geister, denn es geht um zwei Menschen, die sich in einer Übergangssituation befinden und deshalb ganz besonderen Schutz brauchen: das Mädchen, das Mutter wird, und das Kind.
So hat man mit allem, was man hatte, für Segen und Heil gesorgt: mit christlichen Amuletten und Kreuzen, Gebeten und geweihten Gegen-

ständen, aber man hat auch die alten Hexenabwehrmittel benutzt: Schlüssellöcher wurden verstopft, damit keine Hexen hindurchschlupfen konnten, Türen wurden geschlossen gehalten, es durfte aber kein Schloß zugesperrt sein: das würde auch den Geburtsweg versperren.
In vorchristlicher Zeit wurde das Neugeborene auf den Stubenboden gelegt. Der Vater hob es zum Zeichen der Anerkennung auf, und dann wurde das Kind mit einem Namen versehen und mit Wasser begossen: das ist ein alter Fruchtbarkeits- und Segensritus, der in der christlichen Taufe weiter lebt.

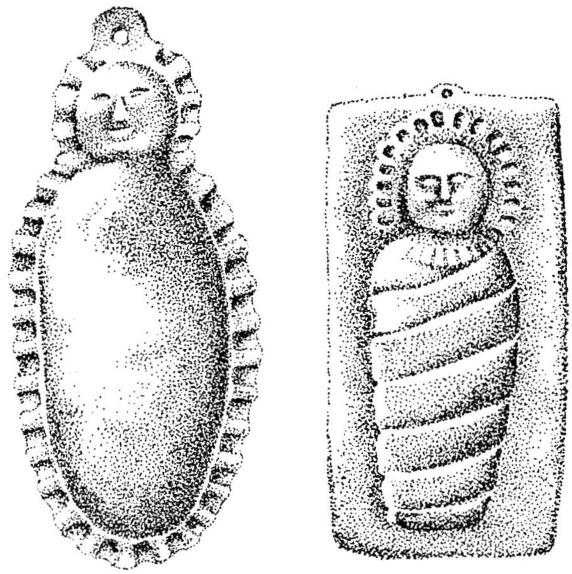

In manchen bäuerlichen Gegenden wurde das Neugeborene direkt nach der Geburt auf die nackte Erde gelegt, um von ihr Kraft und Leben zu empfangen, von der dem alten Glauben nach alles Lebendige stammt.

Die Wochenbettage sind Ruhetage für Mutter und Kind, haben aber nicht nur in der medizinischen Fürsorge ihren Ursprung: die Wöchnerin durfte die Stube erst verlassen, wenn sie wieder kräftig war, auch kräftig genug, Hexen und Geistern zu widerstehen.
Früher setzte sie sich bei ihrem ersten Ausgang in den Garten den Hut ihres Mannes auf, narrte damit die Geister, oder sie hüllte sich in den Brautmantel und schreckte das Böse mit etwas Geweihtem ab.

Die Aussegnung nannte man den ersten Kirchgang der Wöchnerin nach der Geburt. Interessanterweise hielt man die Mutter erst danach wieder für eine richtige Christin: der Vorgang der Geburt hat in den Männern wohl atavistische Urängste geweckt. Man ließ die Mutter, wie bei der Taufe, über die auf die Schwelle gelegte Axt in die Kirche treten, denn vor Metall fürchten sich die bösen Geister.

Die Kindbettsuppe wurde den Wöchnerinnen meist von den Nachbarinnen gekocht und gebracht. Sie zeichnete sich durch eine Kombination von kräftiger Fleischbrühe mit Fleisch und nahrhaftem Getreide oder reichlich verquirlten Eiern, Fruchtbarkeitssymbolen, aus.
In Friesland brachten Nachbarinnen jedoch einen Brandwienskop, eine Suppe mit viel Zucker und Rosinen und sicher einem kräftigen Schuß Branntwein, von der die Mutter natürlich nur einen Höflichkeitslöffel aß, während sich die Nachbarinnen nach Herzenslust daran gütlich taten.

Die lütte Jungenwost (Wurst) wurde im Solling zu diesem Anlaß vom Vater aus der Räucherkammer geholt, wo sie vorsorglich schon lange auf diesen Tag gewartet hatte. Zu diesem Essen, bei dem man die Wurst zusammen mit reichlich Schnaps verzehrte, wurden die Verwandten zum ersten Mal ans Kindbett eingeladen.
In vielen Gegenden war es üblich, erst am neunten Tag einen Besuch bei der Wöchnerin zu machen, und heute hat sich die Sitte entwickelt, daß Nachbarn und Nachbarinnen die aus der Klinik heimkehrende Mutter nicht gerade mit einer Suppe, aber mit einem fertig gekochten Gericht begrüßen, das im oder auf dem Herd warmsteht. Nur: im

Das Neugeborene, von Albert Anker

Mittelalter hockten die Frauen in großen Scharen um das Kindbett herum und schwatzten und gaben Rat und aßen und tranken ohne Unterlaß, heute gönnt man lieber der Wöchnerin gerade an diesem Tag Ruhe.

Ein Begrüßungsgeschenk fürs Kind: Das war meist ein Ei, das Fruchtbarkeitssymbol, das auch Glück und Segen bringen sollte.

Die Taufe, von Emil Brack

Die Taufe ist das Fest, mit dem das Kind in die Gemeinde der Christen aufgenommen wird, und die Macht des Teufels ist durch das christliche Sakrament gebrochen oder vermindert.

Tauf-Feier: Während der Messe in der Nacht von Karsamstag zu Ostersonntag kehrt das Licht in die Kirche zurück, und es wird alles erneuert, auch das Taufgelöbnis.
So ist die Tauf-Feier ganz selbstverständlich mit dem Gottesdienst in der Osternacht verbunden, und ein Kind kann nicht besser und glücklicher in die Gemeinschaft der Kirche aufgenommen werden als beim Klang der Glocken, die nach dem trauervollen Schweigen während der Kartage nun wieder dröhnen und lobpreisen.
Schon in der Frühzeit der christlichen Kirche zogen die Gläubigen in dieser Nacht zum Taufbrunnen oder in die Taufkirche in Rom. Dort fand dann die Weihe des Wassers und die Taufe statt, und danach kehrte die Prozession in die Gemeindekirche zurück.
Wenn auch im europäischen Norden das Osterfeuer, die Weihe von Wasser, Weihrauch und der Kerze oft unter freiem, regen- und schneelosem Himmel vor der Kirche stattfinden kann, so bleiben Kinder, Paten und Eltern lieber unter dem sicheren Dach des Kirchenhauses. Es ist schön, wenn die Ostertäuflinge dann der versammelten Gemeinde vorgestellt werden und alle mit den Paten und Eltern des Kindes das Glaubensbekenntnis sprechen und ihr eigenes Taufversprechen erneuern. Aber im Grunde genommen kommt es nicht auf den Tag an. Die Taufe ist immer ein Sakrament, »ein sichtbares Zeichen für die unsichtbare Gnade Gottes«, wie es im Katechismus steht.

Haustaufen werden wieder Mode, nicht nur, wenn es sich um eine Nottaufe handelt, oder wenn die Wöchnerin zu schwach ist, die Taufgesellschaft in die Kirche zu begleiten. Haustaufen können für die ganze Familie zu einer besonders schönen Erinnerung werden.
Taufen sind vor allem auf dem Lande von allerlei Volksglauben begleitet gewesen. Auch hier ging es um den Schutz des Täuflings. Deshalb haben die Burschen mit Peitschen geknallt oder mit Dreschflegeln an ein Scheunentor geschlagen, wenn das Kind zur Kirche getragen wurde, um böse Geister zu verscheuchen. Deshalb mußte in Ostpreußen die ganze Taufgesellschaft über eine Axt und einen Besen schreiten, die man auf die Kirchschwelle gelegt hatte: vorm Metall fürchten sich die bösen Geister ebenso wie vor den Lebensreisern, die der Besen symbolisiert.
Es ging bei diesem Aberglauben auch um die künftige Entwicklung des Kindes, wie bei den Neujahrssitten wurden Ähnlichkeiten und Entsprechungen bedeutsam genommen: Wenn die Taufgesellschaft schnell zur Kirche geht, so lernt das Kind besonders früh laufen. Wenn sich der Pate vor der Taufe nicht ordentlich gewaschen hat, so wird auch das Kind ein Schweinigel.

Taufe Dem Paten obliegt es, die christliche Erziehung seines Patenkindes zu überwachen und zu unterstützen. In Süddeutschland ist diese Verbindung, die auf jeden Fall bis zur Konfirmation und Firmung hält, zur Taufbestätigung für das einst noch unmündige Kind fester als im Norden und reicht oft bis zur Heirat des Patenkindes.

Paten-Schmuck: Der Rosmarin, eine Heilpflanze und früher als Lebensrute benutzt, galt seines starken Duftes wegen als besonders kräftig gegen jeden Zauber, und deshalb hat sich früher der Taufpate ein Rosmarinsträußchen ins Knopfloch gesteckt und manchmal dem Patenkind ein Zweiglein in die Wiege gelegt.

Die Siebenzahl: Die Sieben ist eine heilige Zahl, was auf den Mond und seine Umlaufzeit von 28 Tagen zurückgeht, und da der Mond viel mit dem Rhythmus der Frauen und der Geburt zu tun hat, spielt die Zahl Sieben im Kinderleben und auch bei den Patenregeln eine große Rolle. Im siebten Monat bekommt das Kind Zähne, im siebten Jahre verliert es die Milchzähne wieder, im siebten Lebensjahr kommt es in die Schule, mit zweimal sieben Jahren war die Schulzeit früher beendet. Im siebten Jahr ist das Kind in manchen Gegenden vom Paten mit einem Anzug ausgestattet worden, meist werden Patengeschenke gegeben, bis zweimal sieben Jahre vorüber sind.
Die Siebenzahl bezieht sich auch auf den Paten selber: das Patenkind erbt den siebten oder den dritten Teil seiner Eigenschaften.
Während der Taufe blieben früher die Eltern des Kindes daheim. Da war es wieder wichtig, was sie zu dieser Zeit taten: beteten sie, so wurde das Kind fromm, verrichteten sie irgendwelche nützlichen Hausarbeiten, so wurde auch das Kind fleißig. Wenn die Taufgesellschaft dann heimkehrte, meist nach einer Einkehr ins Wirtshaus, so nahm der Vater vom Paten feierlich statt eines kleinen Heiden den kleinen Christen entgegen.

Das Einsteckgeld hat man in Bayern die Goldmünze genannt, die der Pate dem Täufling in die Windel gesteckt hat. Es wurde als Grundstock des Heiratsgutes betrachtet, und es gab extra kleine Einstecktascherln, die mit Herzen, Blumen und Sprüchen bestickt waren. Das Geschenk dazu war oft eine große zinnerne Gedenkschüssel mit einem Dreifuß als Deckel für Salz, die beim Taufessen gleich auf den Tisch gestellt wurden. Der Dreifuß wurde dann abgenommen und als eigenes Gefäß auch auf den Tisch gestellt. Die Buben bekamen in Bayern natürlich einen Maßkrug, die Mädchen eine Kaffeetasse mit dem Namen.

Den bösen Zauber vom Täufling abwehren sollte die schwarze Henne, die dem Kind mitgebracht wurde, und mit der die bösen Geister in ihm geschlachtet werden. Die Taufgäste brachten Schmalz, Butter, Zucker, Kaffee und Semmeln zum Taufessen mit, es mußten aber zwei Semmeln im Korb lieben bleiben und wieder mit heimgenommen werden. Nur dann war deutlich, daß, obwohl viel gegessen und getrunken worden war, das Essen trotzdem nicht ausgegangen ist: ein gutes Omen für die künftige Wirtschaft des Täuflings.

Das Paten-Fest: In Hessen hatte die Patin das Recht, ihre Freundinnen und Arbeitskameradinnen – das waren früher die Spinnstubenkameradinnen – zur Tauffeier mitzubringen. Die jungen Mädchen erschienen dann alle mit Blumenkränzen geschmückt.
Überall wird nach dem Taufakt ein festliches Essen gegeben, an dem als Ehrengäste der Geistliche und die Taufpaten teilnehmen. Zum

Kindlmahl oder zur Kinderkirmes traf sich die Taufgesellschaft oft im Wirtshaus. Der Name Kinderkirmes deutet schon daraufhin, daß fröhlich und viel gegessen und getrunken wurde. In Bayern hat der Pate oder Götel oft die Kosten dieses Festes getragen.

Zum Taufessen gab es Reis oder Hirsebrei, Brot und Kuchen, und wenn man das Fest zu Hause feierte, brachte man etwas vom Kindlmahl zu den Nachbarn.
Oft wurde ein Paket für die Familie der geladenen Gäste gepackt und mit nach Hause geschickt.
Die Taufpaten bekamen oft einen ganzen Gevatterkorb mit, in den für die Frauen Kuchen, Brot, Zucker, Kaffee, Reis und Wurst gepackt wurde, während die Männer nur Wurst und Schnaps bekamen.

Spießeinrecken: Das war eine Sitte im Vogtland. Die Spießeinrecker ließen beim Kindlmahl einen langen Spieß zum Fenster hineinragen. Daran hingen Zettel mit Gedichten auf die Taufgesellschaft, ein leerer Sack und eine leere Flasche. Fanden die Verse Anklang, so wurden Sack und Flasche mit Essen und Wein gefüllt.

Kindtaufkaffee ist in vielen Gegenden fast noch wichtiger als das Kindlmahl gewesen. Es war eine große Bewirtung von Verwandtschaft und Nachbarn am Nachmittag, mit viel Kaffee und Kuchen, wobei man im Sommer an langen Tischen im Schatten der Obstbäume saß.

Dundee Cake
Dieser Kuchen wird in Schottland bei Taufen, Hochzeiten und Weihnachten angeboten. In einer Blechdose hält er sich mehrere Monate.
200 Gramm Butter, 200 Gramm Zucker, 4 Eier, 50 Gramm gemahlene Mandeln, 250 Gramm Rosinen, 250 Gramm Korinthen, 100 Gramm Zitronat und Orangeat, 100 Gramm kandierte Kirschen, abgeriebene Schale und Saft einer Zitrone, 350 Gramm Mehl, 1 Beutel Backpulver, 1 Gläschen Brandy oder Rum, 1 Prise Salz.
Für die Dekoration: 1 Eßlöffel Zucker, 2 Eßlöffel Milch, 1 Handvoll abgezogene Mandeln
Die kandierten Früchte fein wiegen, Rosinen und Korinthen waschen und gut abtrocknen. Beides mit der abgeriebenen Zitronenschale mischen und ganz leicht mit Mehl bestäuben. Butter, Zucker, Eier, gemahlene Mandeln, Zitronensaft, Mehl, Backpulver, Rum und Salz in eine Rührschüssel geben und mit dem Handrührgerät, Schneebesen, in zwei bis drei Minuten cremig rühren. Mit der Hand Rosinen und Trockenfrüchte darunterheben und den Teig in eine gut gefettete und mit Backpapier ausgekleidete Springform füllen. In den auf 160 Grad Celsius vorgeheizten Ofen schieben, etwa eine Stunde backen, dann mit Mandeln bestreuen oder verzieren und eine weitere Stunde bakken. Auf jeden Fall die Garprobe machen und den Kuchen mit Aluminiumfolie abdecken, falls er zu stark bräunen sollte. Die Temperatur kann in der zweiten Stunde auf 180 Grad Celsius erhöht werden. Kurz vorm Ende der Backzeit Milch und Zucker aufkochen lassen und den Kuchen damit bestreichen. Der Dundee Cake soll in der Form erkalten.

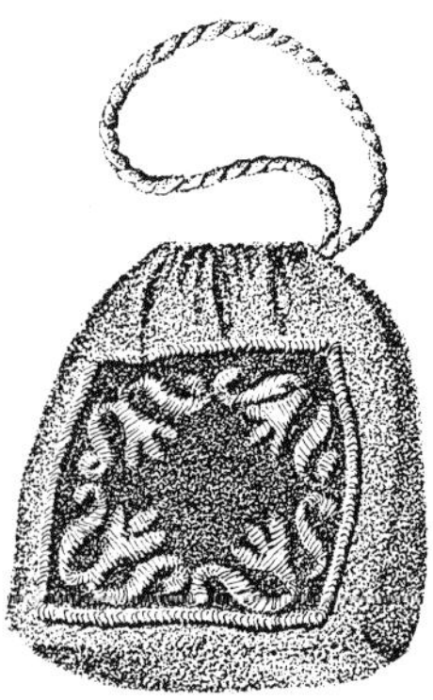

Patengeschenke: Der Pate oder die Patin haben dem Kind früher meistens Geld geschenkt, schöne große Goldstücke, die vor der Taufe in die Windel gesteckt wurden, damit dem Kind das Geld nie ausgeht. In der Rhön kamen die Geldstücke in den Tödebüdel (Patenbeutel), das war ein buntes Stoffbeutelchen, das dem Kind unter das Kopfkissen geschoben wurde, und das die Mutter erst nach der Taufe entdecken durfte. In anderen Gegenden ist es auch üblich, dem Kind ein Buch oder Stahlschreibfedern zierlich eingewickelt in die Fatsche, das Wikkelband, zu stecken, damit das Kind klug wird.
Die Paten haben auch den älteren Geschwistern und den Dienstboten Geldgeschenke gegeben, damit sie das Kind »fein wiegen und warten«. Auch zur Taufe bekamen die Kinder oft Eiergeschenke.

Das Patengeschenk soll das Kind sein Leben lang an diesen wichtigen Tag erinnern, an dem es in die große Gemeinde der Christen aufgenommen worden ist. Deshalb schenken die Paten Gold nicht nur in Münzenform, sondern einen silberenen Pokal oder eine Flasche (Ka-

Der Besuch, von Franz von Defregger

raffe) oder einen Taufbecher mit eingraviertem Datum und Namen. Aus diesen Gefäßen soll der Täufling bei allen großen Festen seines Lebens trinken oder zu trinken geben.
Mädchen bekommen eine Kette und das erste Teil des Silberbestecks, das mit jedem Geburtstag oder Namenstag vermehrt und bis zur Konfirmation oder Hochzeit weitergeschenkt wird.

Die Taufkerze hebt man vielerorts auf und zündet sie an, wenn das Kind krank oder in Gefahr ist.

Tauf-Erinnerungsgeschenk: In manchen Gegenden ist es üblich, auch für die Paten und Gäste ein Erinnerungsgeschenk vorzubereiten: auf dem Lande war es der Patenwecken, mit dem der Segen heimgetragen werden konnte, manchmal ist es eine Goldmünze mit der Jahreszahl der Taufe.

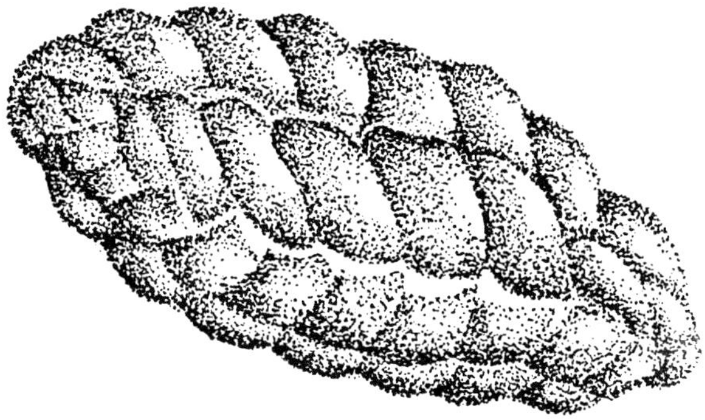

Hausbau und Richtfest

Ein Haus hat früher etwas anderes bedeutet als heute. Im Dorf wurde es von allen gemeinsam und unentgeltlich gebaut, selbst die Kinder halfen und reichten Ziegel zu und bekamen als Dank eine Hausbrezel. Dieses Haus wurde dann der Ort, an dem die Familie gegründet wurde und wuchs, ein Haus gehörte Generationen lang derselben Familie, und deshalb tat der Hausherr den ersten Spatenstich beim Bau, schlug den ersten Pfahl ein, legte den Grundstein, oft einen Bruchstein, den er selber herbeigeschleppt hatte und schlug im First den ersten Nagel ein.

Die Ufrichtmess war in manchen katholischen Gegenden der Beginn der Arbeit, auf jeden Fall knieten die Hausleute auf dem untersten Balken und baten um Segen beim Bau und für das Leben in diesem Haus.

Das Richtfest ist ein Dank an alle, die beim Bau geholfen haben. Im Dorf sind früher von den Nachbarn Geschenkkörbe zum Richtfest ins Haus geschickt worden, wer genug Geld hatte, lud selber alle ein: zum

Obschlag: Der Bauherr wurde acht Tage vor dem Richtfest von den Kindern im Dorf gefragt, ob er feiern wolle, dann machten sie ihm das Krönchen.
Das Richtfest wird gefeiert, sowie das Dachgebälk aufgerichtet ist. Auf die höchste Spitze des Hauses setzen die Zimmerleute dann ein buntgeschmücktes Tannenbäumchen oder bringen den Richtkranz an. Das erinnert an den Maien, den grünen Birkenzweig, der dem Haus mit seiner Fruchtbarkeit und Lebenskraft Segen bringen soll.

Das Richtkrönchen ist oft geschmückt: mit Bändern, seidenen Tüchern, Schnupftüchern, Pfeifen, Brezeln, Münzen oder Blumen. Manchmal hängen auch noch ein Glas und eine Flasche Wein am Richtbaum, und wenn der Zimmermann auf das Dach steigt und seinen Segensspruch gesagt hat, trinkt er ein Glas Wein auf das Wohl des künftigen Hausbesitzers und seiner Familie. Dabei gibt es allerhand Aberglauben: in Schlesien mußte der Zimmermann den Wein in drei Zügen austrinken, und danach mußte er das Glas auf den Erdboden werfen, weil man einen Gegenstand, den man für eine Weihe benutzt hat, im Alltagsleben nicht mehr benutzen soll. Deshalb bringt es Glück, wenn das Glas zerspringt.

Schutzbrief aus Neuruppin, 1724

Wenn der Richtkranz reich behängt war, so warf der Zimmermann das Gebäck oder die Brezeln für die Kinder hinunter, pflückte Tücher und Münzen ab und brachte sie mit hinunter, wo sie von denen, die beim Bauen geholfen hatten, verteilt wurden: wenn ein Bursch einem Mädchen eins von den Seidentüchern geschenkt hatte und es band sich dieses gleich um, so war das ein Zeichen dafür, daß es den ganzen Abend lang seine Tanzpartnerin sein wollte.
Wenn Kinder den Richtkranz geschmückt hatten, so liefen sie mit den Sachen herum und versuchten, sie gegen Geld oder Eßgeschenke einzutauschen.
In Württemberg werden vom Bauherrn Münzen in die Erde geschlagen, und für jeden Schlag muß er einen Liter Wein stiften. Wenn er erst dann den Grundstein legt, so kostet ihn das zwanzig Liter Wein.

Hausbau und Richtfest

Das Essen beim Richtfest war früher so ausgiebig, wie man es sich leisten konnte. Manche luden schon zum Frühstück mit Weißbrot und Butter ein, mittags gab es Fleisch und Bohnen, als Nachtisch Eierstich, Kaffee und Kuchen, dazwischen immer Schnaps und Brezeln für die Kinder. Heute wird gern eine Erbsensuppe oder ein anderer deftiger Eintopf serviert.

Das Fest am Abend eröffnet der Zimmermann, er tanzt mit der Kranzjungfrau, dann gibt es ein Abendessen, Tanz und Schnaps.

Der erste Sonntag nach dem Einzug: Das ist der Tag, an dem Verwandte und Nachbarn zum Kaffee eingeladen werden.

Einzug: Er findet meistens in einem festlichen Rahmen statt, Freunde oder Nachbarn umkränzen die Tür, ein Nußbaum wird vorm Haus gepflanzt, weil er vor dem Blitzschlag schützt.
Freunde oder Nachbarn backen ein Brot und tragen es mit Salz über die Schwelle, was Segen für das Haus bedeutet und vor Hunger schützt.

Tischrücken: Das war ein Neckspiel für den Einzugstag. Der Tisch wurde von den Hausleuten an die Stelle gestellt, wo er für alle Zeiten stehen sollte. Burschen aus dem Dorf schoben und rückten ihn aber in eine andere Ecke und hielten ihn dort besetzt. Die Hausleute mußten

Ein Zweckessen auf dem Lande, von Max Vautier

sich den Tisch mit Speise und Trank zurück erkaufen, sonst wurde der Tisch in die Nachbarschaft geschleppt.

»**Für den Tisch**« bringen die Nachbarn zum Einzug allerlei Geschenke mit: Zucker und Eier für den Kuchen, Geschirr für die Küche, Decken für die Tische.

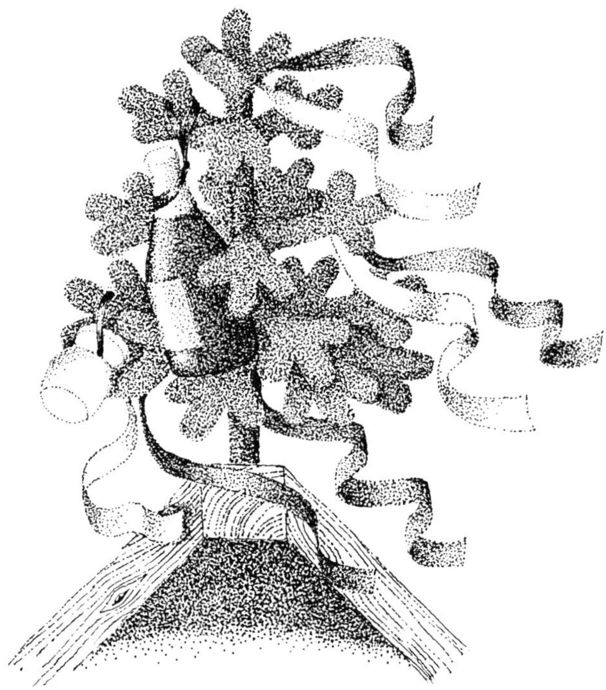

Richt-Reime: Beim Überreichen des Richtkranzes wurde immer ein Segens- oder ein Heischegedicht gesagt, und wenn der Zimmermann oder seine Kameraden geschickt im Reimen sind, so grüßt er die versammelte Gesellschaft der Handwerker, Nachbarn und Freunde mit einem schönen Gedicht.

Spruch beim Überreichen des Richtkranzes:

> Nun wollen wir euch erzählen,
> was wir uns für das Kränzlein wählen:
> einen schneeweiß gedeckten Tisch
> und darauf gesottenen Fisch.
> Auf jeder Eck
> für'n Kronentaler Weck,
> und mitten auf den Tisch
> ein Krug mit Wein.
> Dann wollen wir Jungfern und Burschen
> brav lustig sein.

Geburtstag

All unsere bekannten Geburtstagssitten haben einen alten magischen Ursprung. Man gratuliert sich gegenseitig zum neuen Lebensjahr, weil man in alten Zeiten glaubte, daß sich die bösen Geister besonders leicht an einen Menschen heranmachten, wenn dieser ungeschützt zwischen den Jahren stand. Deshalb scharten sich die Freunde und Verwandten dicht um ihn herum, um ihn zu behüten.

Je früher am Tag so ein Glückwunsch überreicht wurde, desto sicherer wirkte er, weil er ja den bösen Geistern zuvorkam.

Ein Geschenk multiplizierte die gute Wirkung ungeheuer. Die bösen Geister flüchteten sich erst recht ins Dunkel zurück, wenn Menschen miteinander aßen und feierten, und die Kerzen, die dabei brannten, strahlten Zauberkraft aus und trugen die guten Wünsche außerdem spornstreichs empor zu den Göttern.
Deshalb entstanden Geburtstagseinladungen und Feste: eine Schutzgeste und Garantie für Sicherheit im kommenden Lebensjahr.
Selbst die Spiele, die bei uns nur noch von den Kindern gespielt werden, dienten einstmals dazu, die Dämonen zu verwirren und zu verjagen. Eine große Rolle haben dabei die Reihentänze gespielt, bei denen sich alle anfassen und einen Kreis bilden. Viele Kreisspiele, bei denen einer im Kreis – und damit geschützt steht – und von einem anderen außerhalb des Kreises gejagt werden muß, wiederholen das Spiel vom Kampf zwischen Gut und Böse.
Früher wurden nur die Könige und Hochgestellten für wichtig genug

erachtet, Geburtstag zu feiern. Später wurde es allgemein Brauch, auch für Kinder.

Kindergeburtstag, eine Sitte aus Deutschland, die in die ganze Welt hinausgewandert ist. Bei uns wird heute noch der Geburtstagskuchen mit Kerzen geschmückt, wobei ein geheimer Wunsch in Erfüllung geht, wenn das Geburtstagskind alle Kerzen auf einmal ausblasen kann. Es gibt für jedes Lebensjahr eine Kerze, und oft steht eine rote Lebenskerze mitten im Kerzenkranz – auch das eine magische Geste. Früher begann der Geburtstag mit einer Morgenmesse, die das Geburtstagskind mit Eltern und Geschwistern feierte, bei der es die heilige Kommunion empfing und Gott für das vergangene Jahr dankte.

Geburtstagskinder begannen ihr neues Lebensjahr oft mit neuen und besonders schönen Kleidern, Mädchen trugen Kränze oder Schleifen im Haar, Jungen bekamen neue Schuhe.

Für den Kindergeburtstag wird das Gericht gekocht, daß das Geburtstagskind am liebsten ißt, wobei man früher darauf geachtet hat, Gerichte mit vielen Eiern zuzubereiten, eine Beschwörung des Fruchtbarkeitszaubers.

Der bekränzte Stuhl oder das Kränzlein um den Teller des Geburtstagskindes erinnert ebenfalls an den Segen, den man früher den grünen Maien zugeschrieben hat.

Geburtstagsspiele bei den Kinderfesten sind im Grunde genommen Wettspiele und Geschicklichkeitsbeweise. Sie sollen der Familie und den anderen Gästen zeigen, welche Fortschritte das Kind seit dem vorigen Geburtstag gemacht hat. Es ist daher verständlich, daß Eltern stolz auf die Leistungen des Kindes sind und sie mit einem Kränzchen oder mit einer Papierkrone auszeichnen.

Der Geburtstagsbaum, den Eltern und Paten vor allem in verschiedenen Gegenden Deutschlands, aber auch in Afrika, in der Südsee und bei den nordamerikanischen Indianern anläßlich der Geburt des Kindes pflanzten, blieb diesem auf geheimnisvolle Art und Weise verbunden: sein Gedeih und Wachstum, seine Fruchtbarkeit waren Symbole. In Deutschland war es Sitte, einen Apfelbaum für einen Jungen und einen Birnbaum für ein Mädchen zu pflanzen.

Der Geburtstagsstein: Zu jedem Monat gehört ein Edel- oder Halbedelstein, der dem Glück bringt, der ihn ständig trägt.

Januar:	Granat
Februar:	Amethyst
März:	Aquamarin oder Blutstein
April:	Diamant oder Saphir
Mai:	Smaragd oder Achat
Juni:	Mondstein oder Perlen
Juli:	Rubin, Onyx oder Karneol
August:	Chrysolit
September:	Saphir
Oktober:	Opal oder Turmalin
November:	Topas
Dezember:	Türkis oder Lapislazuli

Geburtstagsblumen: Mit den Blumen ist es genauso. Jeder Monat besitzt seine spezielle Blume, und wenn man zum Geburtstag mit einem Blumenstrauß gratulieren will, so stellt man ihn gern mit oder um die Blumen herum zusammen, die für den betreffenden Monat zuständig sind.

Januar:	Nelke
Februar:	Veilchen
März:	Osterglocke
April:	Gänseblümchen
Mai:	Maiglöckchen
Juni:	Rose
Juli:	Rittersporn
August:	Gladiole
September:	Aster
Oktober:	Calendula
November:	Chrysantheme
Dezember:	Narzisse

Geburtstag

Ring und Kette: Wer dem Kind zum Geburtstag eine Kette schenkt und mit einem Medaillon oder einem Weihpfennig um den Hals legt, versucht auf heidnische und christliche Art und Weise etwas für den gesegneten Lebensweg des Kindes zu tun.

Das geweihte Muttergottesbild oder das Kreuz soll das Kind vorm Bösen, vor den Versuchungen des Satans schützen und sein irdisches und ewiges Heil bewahren.

Die Kette und der Ring gehen tiefer in die Vergangenheit zurück. Beide sind Symbole der Geschlossenheit, des heilen Kreises und können deshalb bösen Geistern den Zutritt verwehren, Unheil und Pestilenz fernhalten. Deshalb kann der Ring im Märchen Wünsche erfüllen, unbesiegbar machen, Schlangen bannen und was sonst noch geleistet werden muß.
Um ein Kind vor dem bösen Blick zu schützen, reichte es schon, ihm ein rotes Bändchen um den Hals zu legen: eine Sitte, die in manchen Gegenden am Hochzeitstag wiederholt wird.
Man bannte auch die Naturkräfte, wenn man einen Ring oder eine runde Münze in Brunnen und Meere (Venedig) warf, was oft als Opfer mißverstanden wird.

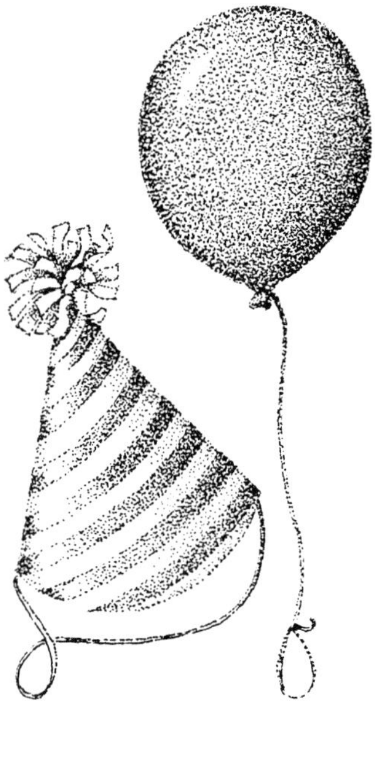

In den USA schmückt man ein Geburtstagskind von oben bis unten mit Blumen und Girlanden, singt morgens das berühmte Geburtstagslied »Happy Birthday to you« und treibt großen Luxus mit reich dekorierten Geburtstagskuchen. Das Kind darf seine Kerzen ausblasen und bekommt das erste Stück Torte.

In England gehören Knallbonbons, Luftschlangen, Papierhüte, Luftballons, Klappern, Tuten und andere Lärminstrumente ebenso wie allerlei Wahrsagerei zum Geburtstag. Im Geburtstagskuchen werden verschiedene Orakel- und Glücksymbole mitgebacken, ein Knopf bedeutet zum Beispiel Armut, eine Münze natürlich Reichtum, ein Fingerhut heißt, du wirst eine alte Jungfer werden. Man schickt sich zum Geburtstag Gratulationskarten, die wie die Weihnachtskarten als Dekoration benutzt und an eine Leine gehängt oder auf den Kamin gestellt werden. Die Einladungskarten werden mit gereimten Texten versehen. Es gibt oft Kostümfeste, und die Gäste bekommen einen Luftballon oder eine Laterne mit nach Hause.

In Holland feiert man die ungeraden Geburtstage als Halbkronenjahre und die gerade als Kronenjahre, wobei man in den letzteren mehr und schönere Geschenke bekommt und das Fest aufwendiger feiert. In jedem Fall wird der Stuhl des Geburtstagskindes bekränzt, das Wohnzimmer mit Girlanden geschmückt, den ganzen Tag steht das Haus für alle Gäste offen, und es gibt ein immerwährendes Essen und Trinken.

In Dänemark baut die Familie dem Geburtstagskind still und heimlich ganz in der Frühe alle Geschenke ums Bett herum, versucht sie sogar unterm Kopfkissen zu verstecken, während das Geburtstagskind noch schläft, und dann wird es von allen gemeinsam, oft mit einem Lied, geweckt. In manchen Familien gibt es noch heute eine Geburtstagsfahne, die den ganzen Tag vorm Fenster oder vorm Haus flattert, und im Miniformat auf dem Eßtisch vorm Gedeck des Geburtstagskindes steht.

In Schweden schart sich ebenfalls die ganze Familie um das Bett des Geburtstagskindes, weckt es mit Küssen auf und wünscht ihm einen glücklichen Geburtstag. Wenn Freunde oder Bekannte in der Nähe wohnen, so tauchen auch sie in aller Herrgottsfrühe auf, singen ein Geburtstagslied und gratulieren, ehe das Geburtstagskind aufgestanden ist. Wenn jemand Flöte, Geige oder Ziehharmonika spielen kann, so bekommt das Geburtstagskind ein Ständchen gebracht. Danach sitzen alle Familienangehörigen und Freunde um das Bett herum und werden mit heißer Schokolade und köstlichem Gebäck bewirtet. Wie bei uns werden bei runden Geburtstagstagen größere Feste gefeiert und schönere und bleibendere Geschenke mitgebracht.

In Irland hat man sich früher den Geburtstagspuff oder -stoß gegeben, für jedes Lebensjahr einen. Das ist eine Erinnerung an heidnische Bräuche, nach denen man die bösen Geister mit einem Stoß oder einem Backenstreich austreiben konnte.

Many Happy Returns of the Day, von William P. Frith

Geburtstag

In Belgien verstecken sich die Familienangehörigen in aller Herrgottsfrühe, und wenn das Geburtstagskind aufwacht, muß es aufpassen, denn jeder versucht, es zu überraschen und mit einer Nadel zu stechen, was genauso wie der Geburtstagsstreich Glück bringen soll.

Venezianische Blumenverkäuferin, von Sir Luke Fildes

In Italien feiert man wie in vielen katholischen Ländern den Namenstag mehr als den Geburtstag. Zum Geburtstag schenkt man sich vor allem viele Blumen, und die Kinder ziehen manchmal schön gekleidet durchs ganze Dorf oder Stadtviertel und singen und spielen.

In Mexiko feiert man auch Namens- und Geburtstag, beides den ganzen Tag lang, wobei sich beim Namenstag die gesamte Familie in der Kirche zur Frühmesse versammelt und der Priester das Namenstagskind segnet.

In Westindien wird der Geburtstag ebenfalls den ganzen Tag lang gefeiert. Alle Freunde und Familienangehörigen kommen von weit hergewandert, auch Nachbarn und Lehrer werden eingeladen. Das Haus oder die Wohnung werden mit Lampions, Girlanden und Luftballons geschmückt, überall stehen Blumen, und wer es sich leisten kann, bestellt einen Zauberer.

Geburtstag des ersten Zahns
In Schottland bekommt ein Kind, dem der erste Zahn durchbricht, einen Bannock, ein rundes Kleingebäck aus Hafermehl, Butter und Sahne, in das ein Ring eingebacken wird. Das Kind spielt mit dem Gebäck, und wenn es zerbricht, bekommt jedes Familienmitglied ein Stück zu essen, während das Kind den Ring als Beißring benutzt.

Der 50. Geburtstag
hat eine besondere Bedeutung, weil man ein halbes Jahrhundert, hoffentlich gesund und erfolgreich, hinter sich gebracht hat. In vielen Ländern hat man dem Geburtstagskind eine goldene Bohne in den Kuchen gebacken, und wer die Bohne in seinem Stück Kuchen fand, hatte Glück. Wenn es das Geburtstagskind selber war, so durfte es sich etwas wünschen.

Großvaters Geburtstag, von F. Godtknecht

Geburtstag

Früher hat man zum 50. Geburtstag von allen Freunden eine dicke rote Kerze geschenkt bekommen, ein Lebenslicht, das in katholischen Gegenden geweiht war.

Die Bauern an der Elbe haben früher einen halb lebensgroßen Teig-Menschen in einem Holzmodel gebacken bekommen, das nur einmal für diesen einzigen Tag verwendet worden ist. Der Teig-Mensch wurde zierlich mit Zuckerguß und Perlen geschmückt und gezeichnet. Ob dieser 50er-Kerl gleich zum Geburtstag verzehrt wurde, hing sicher von seiner Schönheit ab.

Insgesamt ist es Brauch, zu diesem Geburtstag die Freunde des ganzen

Namenstagsbrief

Lebens einzuladen, also Schulfreunde genauso wie Bürokollegen, selbstverständlich die ganze Familie, und auf dem Land mietet man sich ein Wirtshaus oder schlägt ein Zelt auf. Zur Bewirtung helfen die Gäste: Jeder Nachbar bringt für den großen Geburtstagskaffee einen Kuchen mit.

Namenstag

In katholischen Gegenden gibt man gern dem Kind den Namen eines Heiligen, dessen Tag in der Nähe des Geburtstages liegt, und man feiert diesen Tag des Namenspatrons ebenso oder feierlicher noch als den Geburtstag.
Italienische Kinder werden oft direkt nach dem Heiligen genannt, an dessen Tag sie geboren sind, und Geburtstag und Namenstag werden zusammen gefeiert.

Der erste Schultag

Der sogenannte Ernst des Lebens beginnt, und deshalb wird dieser Tag gehörig gefeiert. In der Alpengegend gingen die Kinder früher selbst auf die Suche nach ihren künftigen Kameraden und fragten von Haus zu Haus, bis sie alle Gleichaltrigen zusammen hatten. Diese Gruppe feierte dann ein Fest.

Brezeltag hat der erste Schultag früher auch geheißen. Teils sind die ABC-Schützen sogenannte Schenkgeber gewesen, die so viele Brezeln verschenken mußten, wie sie Jahre zählten. Eine oder zwei Brezeln haben die Schulanfänger auch als erste Wegzehr mit in den Ranzen gesteckt bekommen.

Erster Schultag, Plauen, 1911

Einen Schulumzug mit Gesang und Musik hat es in Orten mit Kloster- oder Domschulen gegeben. Die älteren Schüler haben sich als Engel, als Magister, Handwerker, Mohr, Heide oder Narr verkleidet und haben entweder Krach gemacht oder für die ABC-Schützen ein Stück aufgeführt. Diese Sitte ist lebendig geblieben, den ABC-Schützen wird von den älteren Kindern ein Märchenspiel oder ein lustiges Stück aufgeführt, in der die Schule schlechthin oder bestimmte Lehrer durch den Kakao gezogen werden. Die Oberschüler begrüßen ihre neuen Kameraden gern mit einem fremdsprachigen Stück, das allerdings so drastisch und komisch sein muß, daß man es verstehen kann, ohne die Sprache zu kennen.

Schultüte – Zuckertüte: Der Brauch, den Kindern etwas zum Schulbeginn zu schenken, ist relativ alt. Schon der Pädagoge Basedow hatte 1787 in seinem Buch »Neues Werkzeug zum Lesenlernen« vorgeschlagen, den Kindern schöne große Buchstaben aus Brotteig backen zu lassen. Mit diesen ABC-Buchstaben sollten sie spielerisch begreifen und Wörter bilden lernen, und zur Belohnung durften sie ihr knuspriges ABC auffuttern.
In Thüringen und Sachsen scheint wenig später die Sitte der Schultüte entstanden zu sein. Sie wird 1817 erwähnt. Doch es hat rund 100 Jahre gedauert, bis aus der Schul- eine Zuckertüte geworden ist.

Diese Luxusgabe haben vor dem Ersten Weltkrieg nur Kinder reicher Eltern bekommen, und es ist in Hamburg überliefert, daß die Eltern den Kindern empfahlen, ihre Zuckertüte im Ranzen zu verstecken, um keinen Neid zu erregen. Zu Beginn des Ersten Weltkriegs hieß es in einem pädagogischen Lexikon: »Die (Un)Sitte, den Schulanfängern den schweren Schulanfang durch riesige Zuckertüten zu erleichtern, findet sich nur noch vereinzelt.«
Dieser Autor hat sich ziemlich geirrt. Heute freilich machen sich Eltern, die an der Gesundheit ihrer Kinder und an deren heilen Zähnen interessiert sind, wieder Gedanken um diese symbolische Gabe, die den Kindern den Ernst des Lebens versüßen soll. Sie stecken nicht nur Zuckersachen in die Tüte, sondern andere Kleinigkeiten, die ein Schulkind braucht: Anspitzer, lustige Radiergummis, Taschenbücher, Buntstifte und ähnliches.

Einen Schulmaien hat man im Westen manchmal für die Kinder errichtet, das waren Zuckerbäume, an deren Querstangen Brezeln und bunte Bänder hingen. Die Schulkinder mußten danach klettern.
Eine gebratene Taube hat das Kind nach seinem ersten Schultag im Hannoverschen ganz allein für sich serviert bekommen.

Hochzeit

Polterabend

Der Polterabend ist als Polterfest älter als unsere christlichen Hochzeitszeremonien. Schon in alttestamentarischen Zeiten glaubte man, mit dem Geklapper und Geklirr zerschellender Amphoren und Krüge die bösen Geister vom Hochzeitshaus fortzuscheuchen.
In Deutschland ist es Sitte, vor den Häusern der Verlobten alte Töpfe und Tassen entzwei zu werfen. Die Polterer sind früher oft maskiert gewesen, auf jeden Fall schließt sich nach dem Lärm ein Fest an, zu dem Braut und Bräutigam ihre Freunde einladen.

Hühnerabend hat der Polterabend früher auch geheißen, weil die Gäste und Nachbarn Hühner zur Hochzeit schenkten und das Geflügel schon am Vortag mitbrachten.
In manchen Gegenden ist es üblich, daß die Kinder, vor allem die Jungen der Nachbarschaft, im Lauf des Polterabends alle auf einmal angestürmt kommen, ihr Gepolter, Geschrei und Gelächter vollführen und dann gesittet auf ein Stück Kuchen warten.

Die Polterscherben müssen auf jeden Fall aus Steingut oder Porzellan bestehen, Glas würde in diesem Fall Unglück bringen, weil Glas das Symbol für Glück ist, das ja gerade in der künftigen Ehe heil bleiben soll. Es gilt hie und da als Zeichen künftigen Ehefriedens, wenn das Brautpaar gemeinsam am Ende des Festes die Scherben zusammenkehrt, anderswo erwartet man jedoch vom Bräutigam, daß er allein und sofort die Schaufel als Sinnbild des Eheruders ergreift.
Der Sitte nach ist die Braut Gastgeberin beim Polterabend, sie lädt zwar ein, der Polterabend wird jedoch gern als »offenes Haus« be-

trachtet: Nachbarn und Freunde können auch unangemeldet erscheinen und mitfeiern. Geschwister und die besten Freunde der Brautleute überraschen diese gern mit einer Hochzeitszeitung oder einem Stück, das sie gemeinsam aufführen. In beiden Fällen werden lustige und wichtige Ereignisse aus dem bisherigen Leben des jungen Paares in Gedichtform dargestellt. Zum Schluß werden der Braut vielerorts Brautschleier und Myrtenkranz von den besten Freundinnen überreicht, und auch der Bräutigam erhält feierlich den Myrtenstrauß.

Schräppeln

Am Montag vor der Hochzeit finden sich die Freundinnen der Braut zum Schräppeln in deren Haus ein. Das Schräppeln bedeutet: die Blumenkränze, Girlanden und Laubbögen werden zurechtgemacht, wobei viele der Laubgewinde mit roten Taschentüchern dekoriert werden, weil man früher angenommen hat, daß die rote Farbe imstande ist, Hexen und böse Geister abzuwehren.

Beim Schräppeln muß auch der Hochzeitslader dabei sein, von dem erwartet wird, daß er der Braut ein Tischtuch schenkt, außerdem der Bräutigam, die beste Freundin der Braut und deren Patin.

Die Hochzeit wurde früher nicht in den Fastenzeiten, dafür in den Monaten und Wochen gefeiert, in denen die Bauern Zeit hatten: von Dreikönig bis Aschermittwoch, vom Weißen Sonntag bis zur Ernte und dann wieder ab Kathrein bis zum Advent.

Die christliche Hochzeit hat im 14. Jahrhundert vor der Kirchentür, »vor dem Volke«, also in aller Öffentlichkeit stattgefunden. Noch in Luthers Traubüchlein wird die Eheschließung vor der Kirche erwähnt. In manchen Städten wurden die Bürger zu Hause, Paare ohne Bürgerrecht aber unter dem Brauttor verheiratet. So oder so: danach ging das Paar in die Kirche und hörte eine Messe.

Noch heute liegen die Dorfkirchen inmitten des Friedhofs, und im Mittelalter waren auch die Dome und Kirchen in der Stadt vom Friedhof umgeben. Infolgedessen war es selbstverständlich, daß das junge Paar nach der kirchlichen Trauung zu den Gräbern der Angehörigen, besonders etwa schon verstorbener Eltern ging und sie um ihren Segen bat. Sie wurden »zu Gaste geladen«, wie man das nannte.

Die bösen Hochzeitsgeister: Überall hat man geglaubt, daß das Brautpaar bis zur Hochzeit von bösen Geistern und Mächten umdroht sei, die ihm sein Glück mißgönnten. Deshalb wand man der Braut bestimmte schützende Kräuter in den Strauß, auch rote Bänder, weil die rote Farbe das Übel abwehren kann. Deshalb schlang sich die Braut ein rotes Seidenband um den Hals, deshalb ging das Brautpaar nicht alleine zur Kirche, sondern war von Brautjungfern und Brautführern dicht umgeben. Deshalb tragen der alten Sitte nach auch die Brautjungfern die gleiche oder zumindest eine ähnliche Kleidung wie die Braut selbst, damit die Geister über die wahre Braut im Ungewissen bleiben. Deshalb durfte die Jungfrau auch nicht die Türschwelle ihres

Hochzeitslader

neuen Heims mit den Füßen berühren, sondern mußte darüber springen oder getragen werden, damit sie nicht mit den ihr noch fremden Geistern des Hauses in Berührung kam, die unter der Schwelle leben. In manchen Gegenden saß die Braut während des ganzen Hochzeitsmahles in der geschützten Ecke des Herrgottswinkels.
In Brandenburg hat man die Stuhllehne der Braut mit Glöckchen und Spiegelscherben geschmückt, weil der Glockenklang die Geister vertreibt und ihr Spiegelbild sie abschreckt. Auch die Kerzen auf dem Hochzeitstisch sollen die bösen Geister vertreiben und die Segenswünsche zum Himmel tragen. Segen brachte es nach der Meinung unserer Vorfahren auch, wenn die Trauung bei zunehmendem Tageslicht, also am Vormittag vollzogen wurde.

Hochzeit

Hochzeitslader: In Baden war es Sitte, daß die Braut selbst mit einem Korb am Arm im Dorf herumging, um die Gäste zur Hochzeit zu laden. Sie bekam in jedem Haus ein Stück Brot, das sogenannte Glücksbrot, damit es ihr in ihrem künftigen Hausstand nie ausgehen möge.
In anderen Gegenden zieht der Hochzeitslader herum, ein Freund des Bräutigams, der eine angemessene Zeit vor der Hochzeit alle Nachbarn und Freunde selber einlädt, dafür natürlich mit einem Glas Schnaps oder Bier belohnt wird, und der während der Hochzeit eine Art Festführer ist.

Die Gelbe Frau: Das ist die Patin der Braut, die in manchen Gegenden die Oberaufsicht über alle Hochzeitsvorbereitungen hat. Der Name wird mit den gelben Schuhen der Ostara, der Frühlingsgöttin, in Verbindung gebracht, und die Gelbe Frau nimmt als Ehrenmutter der Braut den Kranz ab, um ihn ins Herdfeuer zu werfen. Verbrennt er rasch, so betrachtet man das als eine glückliche Vorbedeutung, jedoch als besorgniserregendes Zeichen gilt, wenn er Funken sprüht oder nur langsam Feuer fängt.

Blume und Kranz: Beides sind magische Zeichen: die Blume oder der Maien ist ein Zeichen des Lebens und schon deshalb ein Mittel zur Geisterabwehr, und der Kranz, der geschlossene Kreis, verstärkt diese gleichzeitig abwehrende und schützende Wirkung noch.

Springerle mit Brautpaar und Amor

Rosmarin ist die alte Hochzeitspflanze, sie taucht aber auch bei Taufe und Begräbnis auf, wurde bei der Hochzeit für den Brautkranz verwendet, und Bräutigam und Gäste schmücken sich auch heute noch mit Rosmarinsträußchen. In Bayern tragen die Frauen eine Zitrone oder Orange (die goldenen Lebensäpfel) während der Brautmesse in der Hand, in die Früchte wird je ein Stengel Rosmarin gesteckt. Rosmarin stammt aus dem Mittelmeerraum, war ursprünglich die Pflanze, die wie die Myrte der Aphrodite heilig war, später der germanischen Göttin Hulda, ist ein Symbol der Liebe, gehört zu den Lebensruten, galt des starken Geruchs wegen als ein vorzügliches Mittel, Hexen zu vertreiben, und das Wachsen und Welken des Rosmarinstockes, der für die Hochzeit gepflanzt wurde, bedeutete Gedeih oder Verderb in der Zukunft. Oft wird das bei der Hochzeit getragene Rosmarinzweiglein nach dem Fest als Steckling in einen Blumentopf gepflanzt. Schlägt es Wurzeln und blüht weiter, so gilt das als gutes Zeichen für die Zukunft der Ehe.

Myrten sind seit dem 17. Jahrhundert Hochzeitspflanzen. Jakob Fuggers älteste Tochter war die erste, die Myrte statt Rosmarinzweigen verwendet hat. Auch der Myrtenkranz ist mit seinen immergrünen Blättern ein Symbol von Segen und Lebenskraft. Deshalb wird der Kranz nicht nur feierlich überreicht, auch sein Abschied wird gefeiert:

Hüllenmahlzeit: Das ist eine üppige Mahlzeit, mit der ein Übergang gefeiert wird. Nachts um zwölf wird in manchen Gegenden der Braut der Kranz abgenommen, und sie bekommt die Frauenhaube aufgesetzt. Die unverheirateten jungen Mädchen schließen dann einen Kreis um die Braut, die die Augen verbunden bekommt und den Kranz hält. Die Mädchen beginnen um die Braut herumzutanzen, und diese versucht, einer den Kranz auf den Kopf zu drücken: das wird im nächsten Jahr die Braut sein.

Der Kranzraub: Das geht umgekehrt vonstatten. Die junge Frau behält den Kranz auf und steht im Kreis von Brautjungfern und Burschen. Sie beginnen einen Ringeltanz und versuchen dabei, der jungen Frau den Kranz vom Kopf zu ziehen, wogegen sich ihr Ehemann wehrt. Wenn es den Tänzern jedoch gelungen ist, bekommt die Frau ihre Haube. Dann werden ihr die Augen verbunden, und sie muß einem von den jungen Leuten den Kranz aufsetzen. Wen sie erwischt, der wird zuerst heiraten.

Der Kronentanz: Alle Brautjungfern und Burschen bilden einen Kreis, in dem die Braut steht. Außerhalb der Tanzenden steht zuerst ein junger Bursch, dann ein Mädchen mit verbundenen Augen, und beide müssen jeweils versuchen, in den Kreis zu kommen und die Braut zu erhaschen. Wenn sie beide Glück haben, so wird aus ihnen ein Paar, und ihre Hochzeit wird im Laufe des nächsten Jahres stattfinden.

Erwischt nur einer von ihnen die Braut, so heiratet er innerhalb des nächsten Jahres, aber nicht seine Spielpartnerin.

Den Kranz und den Brautstrauß hebt man gern zur Erinnerung auf. Bis zum heutigen Tag ist es üblich, daß der Braut am Schluß des Hochzeitstages von den Freundinnen Schleier und Kranz oder Brautkrone abgenommen wird, und wenn der Brautschleier nicht für die nächste Hochzeit in der Familie sorgfältig zusammengelegt und weggepackt, sondern in Stücke geschnitten und an die Brautjungfern und Freundinnen verteilt wird, so erhalten sie dabei nicht nur ein Erinnerungszeichen an dieses Fest, sondern sie bekommen einen Teil von dem reichen Segen, den das Brautpaar an diesem Tag empfangen hat.

Großmutters Brautkrone, von Adolf Tidemand

Ehrenbogen: Der grüne Segen kommt aber nicht nur vom Brautkranz. In Norddeutschland war es üblich, einen Ehrenbogen zu Hause vorm Gartentor oder vor der Haustür aufzuschlagen. Der Bogen war meist mit Wacholder und roten Bändern umwunden, mit Rosen besteckt, und nach der Kirche wurde die junge Frau dort von der Schwiegermutter oder vom Hausvater mit einem Spruch oder einem Schluck Wein begrüßt.

Einen Hochzeitsbaum, bunt geschmückt, haben die Freunde des Bräutigams früher in Thüringen vor dem Hochzeitshaus aufgestellt. Der Hochzeitsbaum bestand aus einer Stange, an der ein großer grüner Kranz hing, der an eine Brautkrone erinnerte, und der mit roten Blumen oder roten Schleifen verziert war.

Einen grünen Weg hat man in Norddeutschland gepflanzt: der Weg zur Kirche war rechts und links mit Wacholder, dem nördlichen Immergrün, gesäumt, und der Weg wurde mit bunten Papierschnitzeln bestreut.

Der Brautwagen, auf dem die Braut die Aussteuer ins neue Heim brachte, wurde mit Ilex und Efeu geschmückt, ein Hochzeitshaus wurde je nach Gegend und Einfall mit Tannenreisern oder Tannenkränzen dekoriert, und der Schmuck auf dem Hochzeitstisch bestand früher nur aus Grün.

Die Bräutigamspflanzung: Der Bräutigam mußte einen oder mehrere Bäume nach der Hochzeit pflanzen. Das diente dem ganzen Dorf, erinnert aber auch an den Sympathiezauber: ein Hochzeitsbaum soll wie die Ehe gute Früchte bringen.

Der Kuß, den sich die Brautleute vorm Altar geben, ist der alte Friedenskuß, den der Ehemann früher im Lauf der Messe vom Priester entgegennahm und an seine Frau weitergab. Wenn das Brautpaar im Rahmen einer Brautmesse die heilige Kommunion empfing, so brach der Priester eine Hostie und gab jedem der Brautleute eine Hälfte. In manchen Gegenden ist es auch Brauch, dem Ehepaar in der Messe nicht nur Brot, sondern auch Wein zu geben, um damit anzudeuten, daß den Eheleuten jetzt alles gemeinsam ist. Diesen symbolischen Schluck auf die beginnende Hausgemeinschaft hat das Ehepaar früher stehend entgegengenommen.

Johannisminne: In Süddeutschland war es üblich, daß der Geistliche dem Brautpaar aus einem dem Evangelisten Johannes geweihten Pokal die sogenannte Johannesminne zu trinken gab.

Der Schleier: Der von den Römern übernommene Brautschleier ist vor der Christenzeit ein Schutz vor den Geistern gewesen. Unter dem Tuch war die Braut wie versteckt. Im Mittelalter wurde der Brautschleier oder das Brauttuch wie ein Baldachin über das Paar gespannt, oder es wurden damit die Schultern des Mannes und der Kopf der Frau bedeckt, so wie sich Rebecca verhüllt hat, als sie Isaak sah. So hält man es noch oft in Italien.

Die Kerze gehört seit dem Mittelalter zu jeder Brautmesse. Die Kerzen sollen wie zu Weihnachten die Gebete um Glück und Segen zum Himmel tragen, aber die Brautjungfern tragen auch deshalb Kerzen, weil das Licht die bösen Geister vertreibt. Früher hat man mit Kerzen Prunk getrieben, sie sind lang und dick gewesen und so schwer, daß kaum ein Mann sie tragen konnte.
In manchen Gegenden trägt die Braut statt des Blumenstraußes eine schön und reich verzierte Kerze, die während der Brautmesse brennend neben ihr steht. In anderen Gegenden wird die Kerze von einem kleinen Mädchen getragen, das den Brautzug damit eröffnet. Diese Kerze brennt entweder schon, oder sie wird vom Küster zu Beginn der Brautmesse am ewigen Licht entzündet, und sie steht dann während der Messe brennend neben der Braut.

Kette und Ring: Wenn der Bräutigam der Braut vorm Kirchgang oder schon am Polterabend eine Kette um den Hals legt, ist dies nicht nur ein Liebes- sondern auch ein magisches Zeichen. Auch der Ringwechsel der Verlobten und Hochzeiter geht auf diesen Glauben an die magische Kraft des geschlossenen Kreises zurück.
Einen doppelten Schutz verhieß folgende Sitte aus Hessen: die Verlobten tauschten nach dem Brautraub einen Doppeltaler, aus denen Ringe geschmiedet wurden, die die beiden Eheleute bei allen großen Festen trugen.

Die Brautsuppe durfte früher besonders auf dem Lande nicht fehlen. Es gab fest überlieferte und geheimgehaltene Rezepte, meist bestand das Gericht aus Rindfleisch, aus dem eine kräftige Brühe gekocht wurde. In der Brühe kochte man Reis und Rosinen mit Zimt weich, dann wurde das Fleisch gewürfelt und wieder dazu gegeben. Zu dieser Suppe lud man Freunde und Verwandte ins Brauthaus ein, und man aß sie am frühen Vormittag, vor dem Kirchgang. War die Gesellschaft zu groß, so trafen sich die Gäste zur

Morgensuppe im Wirtshaus, ebenfalls vorm Kirchgang. Da man früher diese Suppe zu reichlich Bier und Schnaps aß, mag manche Hochzeitsgesellschaft recht heiter in der Kirche erschienen sein. Dies war die Schattenseite einer Sitte, durch die sich noch gegenseitig fremde Familienangehörige und Freunde bei einem Teller Suppe entspannt und fröhlich kennenlernen konnten, so daß die Hochzeit selbst ein richtiges Freundes- und Versöhnungsfest zwischen zwei Familien wurde.
Die Brautsuppe mußten Braut und Bräutigam aus dem gleichen Teller essen und dazu aus einem Glas trinken, um die beginnende Lebensgemeinschaft zu weihen und zum Ausdruck zu bringen.
Bei der Morgensuppe können der Kranz und der Blumenschmuck

Haustrauung auf Föhr, von O. Braren

übergeben werden. Braut oder Bräutigam werden von den jungen Burschen des Dorfes, in das hineingeheiratet wird, zu Pferde abgeholt. Unterdessen haben sich alle Freunde, Geschwister und Nachbarn im Brauthaus versammelt, haben dort ihre Geschenke abgegeben und marschieren nun alle miteinander paarweise hinter der Musikkapelle her zum Wirtshaus zur Morgensuppe. Beim Essen teilt der Hochzeitsbitter die Rosmarinsträuße aus. Zuerst erhält das Brautpaar Kranz und Sträußchen, dann alle Männer einen Strauß mit Rosmarin fürs Knopfloch. Die Frauen bringen sich ihren Rosmarin meist selber mit. Nach der Morgensuppe geht es in die Kirche.
Die Brautsuppe ist in einigen Gegenden eine ganze Mahlzeit aus Suppe, einem Fleischgericht, Wein und Backwerk für alle, die die Braut mit der Musikkapelle zum Kirchgang abholen.

Kannenlauf: Bei dieser Sitte aus Westfalen handelt es sich um einen Wettlauf über eine Strecke von ein bis drei Kilometern, der vor der Kirchentür begann und beim Brauthaus endete. Teilnehmer waren die jungen Leute, der Zeitpunkt direkt nach der Trauung. Der erste Sieger bekam eine Kanne aus Silber, Zinn oder Blech, die der Brautvater gestiftet hatte, und an deren Henkel ein Taschentuch mit einem eingeknüpften Geldstück festgebunden war. Der zweite Sieger bekam einen Reisigbesen, den die Braut selber gebunden haben mußte, und ein Taschentuch mit einer etwas geringeren Münze.

Schlüssellauf: Dazu sind die Läufer nur mit Hemd und Hose bekleidet, laufen auch nicht im Ernst, sondern hampeln und zappeln vor dem

Brautpaar her, und am Ende des Dorfplatzes wartet das Ziel in Form eines großen Heu- oder Strohhaufens. Wer das Rennen gewinnt, der bekommt vom Bräutigam ein Goldstück und einen vergoldeten Holzschlüssel, den er sich als Zier an den Hut stecken kann. Die übrigen Teilnehmer werden mit Freibier belohnt, der langsamste bekommt ein Schweineschwänzchen hinten an die Jacke gesteckt.

Brautholen: In Hessen muß ein Bursche die Braut aus dem Brauthaus holen, doch die Braut hat sich versteckt, und zweimal versucht der Brautvater, dem Burschen eine falsche Braut vorzuführen. Erst beim dritten Mal ist es die richtige, die vom Bräutigam akzeptiert wird.

Elsaß: Die Braut wird eingeholt

Daran schließt sich ein Spiel: die Braut sträubt sich und flieht in ihre Kammer. Der Hochzeitslader geht zur Brautmutter, um sich über die Tochter zu beklagen, doch die Mutter gibt vor, ihn nicht zu verstehen, bis er ihr ein Silberstück in die Hand drückt, das symbolisch den Schlüssel zur Brautkammer darstellt. Daraufhin spricht die Brautmutter ein Machtwort, und die Braut läßt sich gehorsam aus der Kammer führen. Die Musik spielt zu ihrer Begrüßung einen Tusch, dann marschiert der Zug in der richtigen Reihenfolge in die Kirche.

Brautstehlen: Das ist die fast bekannteste Sitte, junge Leute aus dem Heimatdorf der Braut rauben sie vorm Kirchgang, vorm Essen oder bei anderen Gelegenheiten, und der Bräutigam muß sie wieder freikaufen. Im Schwarzwald ist die Braut von den ledigen Burschen regelrecht versteigert worden, und zwar gegen Wein. In manchen Ortschaften wird nicht die Braut, sondern nur einer ihrer Schuhe gestohlen und unter den Anwesenden versteigert, was meist Gelächter hervorruft.

Der Kammerwagen, auf dem die Braut ihre Aussteuer in die neue Heimat bringt, ist ebenfalls Gegenstand heftiger Kämpfe. Er wird zum Beispiel durch ein Seil aufgehalten, das die Burschen aus dem Dorf des Bräutigams quer über den Weg spannen, und das Brautpaar oder der Brautvater muß sich mit Geld von den Kindern oder den jungen Burschen loskaufen. Im Brandenburgischen sind die Kinder spornstreichs vors Brauthaus gezogen und haben gesungen: »Braut, Braut, komm heraus und teile deinen Kuchen aus!«, bis sie ihr Stück erhalten haben.

Die große Tür mußte in Norddeutschland erkämpft werden, die Haupttür ins Brauthaus, die der Hausvater oft regelrecht verrammelt hatte. Der Hochzeiter oder der Hochzeitlader mußten dann dreimal mit einem Stab gegen die Tür schlagen und die Braut herausfordern.

Die Hochzeitskrone, die wie eine Mai- oder Erntekrone aus Zweigen geflochten im Niederdeutschen über der Hochzeitstafel hing, wird nach all diesen Kämpfen und Wettläufen als Friedenskrone betrachtet: für den Frieden, der zwischen den Brautleuten und der Familie geschaffen ist und hoffentlich lange anhält.

Der Brautzoll in seinen verschiedenen Arten erinnert daran, daß sich früher durch eine Hochzeit nicht nur zwei Individuen, sondern zwei Familien, oft zwei Dörfer miteinander verbanden, daß jede Bauernhochzeit einen Güterausgleich darstellte und es oft um Ehrgeiz und Selbstbewußtsein, auch um Habgier, aber auch um den Dorffrieden und die Sicherheit aller nach außen gegangen sein muß. Diese widerstrebenden Gefühle haben sich in vielen Spielen und Wettkämpfen Luft gemacht. Der Tag der Hochzeit beginnt also mit Krach und Böllerschüssen, die Braut wird geraubt, dem Brautzug der Weg versperrt, statt der Braut wird dem Bräutigam eine verkleidete alte Frau zugeführt. Die echte Braut mußte er mit einem Zoll auslösen.

Der Brautfang: Wenn die Braut von der Kirche heimkehren will, wird ihr mit Stricken oder vorgehaltenen Stangen der Weg versperrt, und sie muß sich durch ein Lösegeld wieder freikaufen.

Glücksgetreide: Wenn die Hochzeitsgesellschaft dem Brautpaar Erbsen, Rcis oder Weizen nachwirft, so ist das ebenso ein Segenssymbol wie der mit drei Goldstücken gespickte Apfel, der vorm Teller der Braut steht und in den auch die Gäste noch Goldstücke stecken. Glück bringen auch die Äpfel, die die Braut den Kindern zuwirft.

Sperren des Brautzugs im Sundgau

Getreide gilt in den verschiedensten Ländern unserer Erde als Fruchtbarkeitssymbol. Deshalb wird das heimkehrende Brautpaar mit Getreide beworfen oder überschüttet, legt sich beim Kirchgang ein paar Körner in die Schuhe, bekommt ein paar Weizenähren unter den Strohsack geschoben.

Verlobungs- und Hochzeitsessen

Das Essen spielte bei der Hochzeit eine große Rolle, wobei die Kosten viel unbefangener als heute von denen übernommen wurden, die es sich leisten konnten. Wer nicht viel Geld hatte, gab nur, wie in Holstein eine

Lütte Kost, die aus Kaffee und Kuchen am Nachmittag bestand, und jeder der Gäste schenkte dem Brautpaar einen Taler.

Grote Kost: Auch dazu steuerten alle bei: Am Tag vorher brachte die ganze Nachbarschaft Milch und Butter zum Stutenbacken und wurde dafür mit Warmbier bewirtet.

Der Weise: Im allgemeinen bezahlten die Hochzeitsgäste ihr Hochzeitsmahl selber und gaben überdies noch ein Geldgeschenk.

Das Mahlgeld für die Gäste haben auch reiche Bauern angenommen, wenn sie zur Hochzeit der Tochter ins Wirtshaus luden.
Die Nachbarn beteiligten sich auf die verschiedenste Art und Weise an

Verlobungs- und Hochzeitsessen

den Festmahlzeiten: am Hochzeitsmorgen sandte jede Hausfrau mehrere Satten oder Krüge Milch, ehe die Gäste zum Frühstück eintrafen.

Gebekörbe wurden im Sauerland ein paar Tage vor der Hochzeit ins Haus geschickt. In den Gebekörben waren Schinken und Mehl, oft auch ein lebendiges Huhn, und zum Dank mußte der Bräutigam den Gebern jeden Wunsch erfüllen, mußte auf einem Fuß tanzen, mußte ein Lied singen, mußte schwarze oder weiße Handschuhe anziehen: lauter Dinge, die vom Pfänderspiel bekannt sind.

Für alle festlichen Gelegenheiten hat es in jeder Landschaft, in jedem Ort zeremonielle und festliche Speisen gegeben. Oft zeigen sie an, was es in der betreffenden Gegend reichlich und gut gab, oft haben sie eine alte und symbolische Bedeutung.
Wenn der Brautwerber in Westfalen mit einem dick bestrichenen Butterbrot empfangen wurde, so bedeutete die Antwort auf seine Anfrage: nein!
In Tirol hieß die Antwort ja, wenn der Werber gebackene Strauben angeboten bekam.
In Oberbayern wurde das Ja mit einem üppigen Schmarren symbolisiert. In Baden waren es ebenfalls die Strauben.
In Gotland wurde der Werber hungrig fortgeschickt, wenn die Antwort nein lautete, sonst bekam er die Freiergrütze, einen süßen Reisbrei.
In England gab man ihm den Wedding Cake als Pfand mit. In Holland wurde ihm der Hylikmaker, ein Honigkuchen, angeboten, doch wer mit dem Korb wieder heimkam, in dem der Kuchen getragen worden war, der hatte »einen Korb bekommen«.

Der Hochzeitskuchen
Zur Hochzeit sind früher keine so üppigen Torten mit Sahne oder Buttercreme gebacken worden, wie man sie heute kennt, sondern

Hochzeit

Hochzeitsfladen, also Plattenkuchen, oder Hochzeits-Lebzelten. Der Lebkuchen ist ein Kuchen, »welcher aus Mehl, Honig, Mandeln und allerlei Gewürzen verfertigt und im Hochdeutschen auch Pfefferkuchen genannt wird«. Er hat seinen Namen vom Lebhonig, das ist der grob gezeidelte Honig oder Jungfernhonig, der nicht mehr von selbst aus den Scheiben läuft, sondern ausgepreßt wird. Lebkuchen hat es früher nicht nur zu Weihnachten, sondern auch zu anderen großen Festen gegeben.

In Thüringen wurden die Hochzeitszelten aus Lebkuchenteig im ganzen Dorf herumgeschickt. Sie trugen das Familienwappen oder das Stadtwappen und waren ein Symbol für Kindersegen.

In England hat sich die Sitte des reichen Wedding Cake entwickelt. Er wurde schon in alter Zeit in drei Lagen gebacken und war erst nach drei Monaten schmackhaft, wobei die Zahl drei nicht nur den Reichtum der Familie beweist, sondern die heilige Drei wiederholt. Die erste und oberste Lage bestand aus weißem Zucker, das war das Zeichen für die Liebe, ganz süß. Die zweite Lage bestand aus Marzipan, ein Symbol für den Brautstand: unter die süßen Mandeln waren ein paar bittere gemischt. Die dritte Schicht war ein Plume Cake (Rosinenkuchen), ein Symbol für den Ehestand: süß und zugleich nahrhaft, aber bisweilen schwer verdaulich.

In Litauen wurde der Kuchen von der Brautmutter gestiftet, er bestand aus Brotteig, war mit Tieren aus Teig, mit Rauten und ähnlichem Zierat geschmückt und mit dreimal neun weißen Wachskerzen besteckt. Dieser Lichterkuchen wurde mit brennenden Kerzen in die Brautstube getragen, und Schwiegermutter und Braut umtanzten den Opferkuchen. Er blieb auf dem Tisch stehen, bis die Lichter abgebrannt waren, dann wurde er an alle Hochzeitsgäste verteilt.

Im Solling begrüßt die Brautmutter die Hochzeitsgesellschaft unter der Tür des Hauses mit einem Stück Kuchen und einem Glas Wein. Sie gibt als erstes dem Schwiegersohn und der Tochter ein Glas, die es leert und dann über die Schulter wirft. Das Glas soll zerschellen, nicht weil das Glück bringt, sondern weil aus diesem Glas niemand mehr trinken soll.

In den Ardennen bekommt jeder Gast beim Abschied einen ganzen Kuchen mit.

In Poitou werden die Gäste zuerst dazu eingeladen, die Hochzeitskuchen zu besichtigen, dann wird der Brauthahn vorgeführt, damit man auch seine Stärke und Pracht bewundern kann.

Im Vendée wird der Hochzeitskuchen mit Ginster und Dornzweigen besteckt, die sich die Gäste dann mit nach Hause nehmen.

In den Alpenländern gehören oft Wurfkuchen zur Hochzeit, Nüsse, Konfekt, Schifferln, Beugel (Hörnchen), Zeltchen: damit werden die Geister und die Seelen in den Lüften zur Versöhnung abgespeist.

Im übrigen gibt es von den Fruchtbarkeitssymbolen, von den Zipferln und Spaltbrötchen aus dem Mittelalter bis zum Baumkuchen (die vielen Schichten bedeuten die Jahresringe und damit ein langes Leben) und dem gebackenen Hut mit der Feder (ein Symbol für den Hahn, dem Fruchtbarkeitsdämon) keinen Kuchen, den es nicht irgendwo zur Hochzeit gegeben hätte.

Das Hochzeitsessen

Das Schwein ist das alte Opfertier der Germanen (siehe Weihnachten), war auch das Opfer, das man bei der Hochzeit brachte. Deshalb eröffnete ein Schweinskopf, ursprünglich mit dem Rosmarinstengel im Maul, später mit Zitrone oder Rose das Essen, und dieses erste Gericht wurde feierlich von einer Jungfrau aufgetragen.
In Schweden tischte man oft ein gebratenes Spanferkel oder ein ganzes Schwein auf, das eine Blume oder einen Zweig Rosmarin oder Immergrün unter das Schwänzchen gesteckt bekommen hatte.
In Böhmen und Ungarn war das Schwänzchen für die Braut reserviert und war mit einem farbigen Seidenband geschmückt.

Das Huhn gehört ebenso oft zum Hochzeitsessen, es wird als Fruchtbarkeitsgeschenk mitgebracht, wird als Schutz vor den Dämonen geschlachtet, muß »Glück gackern«, taucht in der Morgensuppe am Hochzeitstag auf, und Gackelhenne oder Göckel heißt der Blumen-

Fruchtbarkeitsgabe

strauß oder Rosmarinstrauß, den der Bräutigam am rechten Oberarm trägt. Eine Hahnenfeder steckt oft im Hochzeitskuchen, und wenn das Bräutlhuhn nicht schon beim Polterabend überbracht worden war, so wurde es früher den Neuvermählten vorm Kirchgang in die Schlafstube gescheucht. In Dänemark ist die Hochzeitssuppe eine Hühnersuppe.

Körner und Getreide sind glücksverheißend. Deshalb gibt es in vielen Gegenden den sogenannten weißen Brei zur Hochzeit, der aus Hirse, Reis und Milch gekocht wird, mit Honig, Hutzeln oder Rosinen gesüßt.
In Skandinavien und in den Alpen hieß es, daß die Zwerge zuerst davon essen müßten, die aus Dank ein Goldstück unter den Teller legten.
In Niederösterreich aß das Brautpaar den Ahndl-Koch, den Brei zur Erinnerung an die Voreltern, mit einem blumengeschmückten Brautlöffel, der ebenso sorgfältig wie Brautkranz und Brautstrauß aufgehoben wurde.
Im Zillertal und Tirol hat man das Koch, den Brei, mit Wein oder getrockneten Früchten versehen, und in Schweden ist die Brautgrütze aus Weizenmehl, Rahm und Eiern, mit Sirup oder Honig gesüßt, in Grützenbutten aus Holz von den Gästen gebracht und unter Musik auf den Hochzeitstisch gestellt worden.
In Deutschland hat es oft eine Suppe aus Brot oder Stuten (Semmel), eine sogenannte Glücksbrotsuppe gegeben, die für alle auf den Tisch gebracht wurde. Daher stammt der Ausdruck: gemeinsam eine Suppe auslöffeln.
Wo Wein angebaut wurde, gab es eine Weinsuppe, in Schwaben und Bayern besonders gute Fleischsuppen mit vielerlei üppigen Einlagen, Fleischklößchen, Flädle, Schöberl, und ähnliches.

Das Brot spielt auch beim Hochzeitsessen eine große Rolle, und es bringt immer Glück, wenn andere vom Hochzeitsbrot, dem Heilbrot mitessen. Die Reste des Brotes werden oft an Kinder oder an die Bettler verteilt. Wenn Bräutigam und Braut gemeinsam ein Stück Brot mit Salz aßen, so hat das in vorchristlicher Zeit bedeutet, daß das Paar in der Sippe, die einen gemeinsamen Seelen- und Totenkult hatte, aufgenommen worden ist. Oft bekommen auch die Pferde vorm Brautwagen ein Stück vom Brautbrot.
In Schlesien, wo die Schwiegermutter Bestmutter genannt worden ist, hat sie das junge Paar mit Salz und Brot im neuen Haus begrüßt, hat das Brot angeschnitten und das erste Stück gegessen. Das übriggebliebene Brot haben die Armen erhalten. Beim Hochzeitsessen ißt jeder Gast zuerst ein Stück Brot, das in einen hölzernen Teller mit Salz getunkt wird.
In Hessen empfängt die Braut das gesalzene Brot von den Brautjungfern.

Brotbrechen wurde als Zeichen der Gemeinsamkeit und der Zugehörigkeit betrachtet. »Hochzeitsbrocken« ist in manchen Gegenden die Bezeichnung für die ganze Brautmahlzeit, und das Anschneiden des Hochzeitsbrotes spielt meistens eine große Rolle. Oft wird eine Suppe aus Scherzeln (Brotanschnitten) gekocht, oft wird das Scherzel in den ersten Brotteig der jungen Frau gebrockt, oft wird das ganze Hochzeitsbrot, ein besonders schönes Schaubrot, ehrfürchtig aufgehoben, denn so lange das Hochzeitsbrot hält, fehlt kein Brot im Haus.

Das Eßbesteck brachten die meisten Gäste in Norddeutschland selber mit, was bei Hochzeitsgesellschaften von 50 oder gar 200 Personen sehr praktisch ist.
Das Hochzeitsessen selber war nach heutigem Geschmack recht bescheiden, es gab eine Suppe aus frischem Fleisch oder eine Graupensuppe, danach Stuten, also Hefegebäck. Reis mit Zimt und Zucker war oft der Nachtisch, und dazu wurden Schnaps und Bier aus Krügen angeboten.

Der Abdanker hat in vielen Gegenden das Hochzeitsmahl beendet, indem er eine wohlgesetzte oder gereimte Rede gehalten hat. Wenn das Hochzeitsessen mittags stattgefunden hatte, so zerstreuten sich alle im Dorf zum Kaffeetrinken, weil jeder bei jedem gewesen sein wollte, oder der allgemeine Tanz begann und dauerte bis in die Nacht hinein.

Am Tag nach der Hochzeit hat es oft ein Essen beim Bräutigam gegeben, bei dem derbe Scherze üblich waren, auch Rüpeleien, die in Prügeleien endeten.

Hochzeitssträuße wurden nach dem Essen präsentiert, und Scherzgeschenke, die zum Beispiel aus einem Kind bestanden, das aus einer Rübe geschnitzt war, oder aus einem Nachttopf, aus einem Pantoffel. Diese Sachen wurden von jungen Burschen gebracht, die gut Gedichte machen und Possen reißen konnten, manchmal verkleidete sich auch einer als Postbote und brachte das Geschenk dick und geheimnisvoll eingewickelt. Manchmal kamen die Gäste mit dem Mistwagen oder anderen verrückten Fahrzeugen angefahren, verlangten nach einem Katerfrühstück und brachten dazu selber einen ganzen Schinken und Sauerkraut mit. Der Ehemann wurde spaßhaft balbiert, wobei Schweinsborsten verwendet wurden, und der Frau wurde von jemandem mit viel Geschick eine Runkelrübe als Zahn gezogen.

Am zweiten Tag der Hochzeitsfeier bekamen auch diejenigen einen Korb mit Essen geschickt, die am Fest nicht teilnehmen konnten.

Die Prügeleien, mit denen das Fest oft endete, waren sicher als verständliche Bewegungsgier nach dem langen Sitzen und Essen zu verstehen, sollten aber auch ein possenhaftes Abbild des Ehekrieges darstellen.

Hochzeit

Das Ochsenschlagen war in Franken ein nicht ungefährlicher Spaß: ein Bursche verkleidete sich mit Wolldecken und Fellen als Ochse und stülpte sich einen großen Tontopf auf den Schädel. Wer dem Ochsen mit einem einzigen Stockschlag den Kopf zertrümmerte, hatte einen Krug Bier gewonnen.

Die Tänze bei der Hochzeit verliefen in den verschiedenen Gegenden nach bestimmten Ritualen und hatten zeremonielle Bedeutung. Immer wird nach dem Essen getanzt, immer gibt es zuerst Ehrentänze: Die Braut muß der Reihe nach mit allen Männern der eigenen und der angeheirateten Familie tanzen, selbst mit den Buben und mit dem alten Großvater. Nach einem kurzen Rundtanz fordert der jeweilige Tanzpartner eine Brautjungfer oder eine andere Partnerin aus der eigenen oder der neuen Familie auf, so daß schließlich alle Angehörigen der beiden Familien auf dem Tanzboden sind. Erst dann tanzt der Bräutigam mit seiner Braut.

Lichtertanz: Das ist in vielen Gegenden der erste Tanz nach dem Essen oder nach dem Kaffee. Drei Brautjungfern tanzen zuerst allein, jede mit einer großen Kerze, dann fordert eine einen Partner auf und tanzt mit ihm die Runde, dann gesellt sich die nächste und schließlich die dritte dazu, und danach dürfen alle tanzen.

Kesseltanz: Das ist noch einmal ein Höllenlärm, der die Geister vertreiben soll. Er findet meist um Mitternacht des Hochzeitstages statt, die Frauen verstecken dann die Braut, der der Kranz gegen die Frauenhaube vertauscht wird.
Bei einer Hochzeit ist früher unaufhörlich gegessen und getanzt worden. Das Hochzeitsmahl dauerte vom Mittag bis zum Sechs-Uhr-Läuten, und zwischen jedem Gang – es sind immer sechs oder sieben gewesen – wurde getanzt.

Der Hochzeitshahn: Thor ist der germanische Gott der Fruchtbarkeit gewesen, weshalb sein Tier, der Hahn, in mannigfacher Form bei bäuerlichen Hochzeiten aufgetaucht ist. Man hat einen Hahn aus Butter geformt und mitten auf den Tisch gesetzt. Die Brautjungfern brachten einen Hahn aus Tonerde, den sie selber geknetet und mit Federn und mit künstlichen Blumen geschmückt hatten. Der Bräutigam bekam von den Brautführern eine ebenso schön geschmückte Henne.

Der Brauthahn ist ein Gestell, das wie ein Faß aus Holz zusammengeschlagen worden ist, und das bei einem Wettreiten am ersten oder am zweiten Hochzeitstag das Ziel darstellt. Auf dem Faß steht ein Hahn, an den Seiten ist das Faß mit Knebeln gespickt, an denen rote Bänder und rote Schnupftücher, Apfel- oder Nußketten hängen.
Brauthahn wurde auch eine Mahlzeit für diejenigen genannt, die den wirklichen Brauthahn überbracht hatten. Sie haben dafür Tücher, Ringe und Geld erhalten, und sind bewirtet worden.

Der Brautstreich erinnert an die Schläge mit der Lebensrute, die zu den Oster- und Weihnachtssitten gehören. In Norddeutschland sind junge Eheleute mit jungen Fichtenstöcken geschlagen worden, und man hat dazu gesungen:

»Ich pfeffre sie aus Herzensgrund.
Ich pfeffre eure junge Frau,
Gott halte sie gesund.«

Schenktag: Auch wenn die Braut eine reiche Mitgift in die neue Familie brachte, so war sie persönlich unvermögend. Deshalb spielt das Schenken bei der Hochzeit eine so große Rolle: was der Frau selbst geschenkt wird, das ist und bleibt ihr eigener Besitz.

Die Schenke hat in Württemberg eine Schüssel geheißen, die nach dem Essen vor das Brautpaar gestellt wurde. Jeder legte ein Geldstück hinein und sagte einen passenden Spruch dazu. Oder: Am zweiten oder am dritten Tag der Hochzeit setzte sich das Brautpaar auf zwei Stühlen vors Haus, hatte einen langen Tisch voll Kuchen vor sich, und die ganze Hochzeitsgesellschaft wanderte paarweise durch das Dorf zu ihnen hin. Der junge Ehemann oder der Hochzeitsbitter bedankte sich dann in Reimen, auf jeden Fall spaßhaft, bei allen und betonte, er habe keine Mühe gescheut, um das Fest so schön wie möglich zu gestalten. Dann legte jeder Gast einen Taler oder ein Goldstück auf den Tisch, bekam dafür ein Glas Wein vom Ehemann, einen halben Kuchen von der jungen Ehefrau. Die Musik spielte dazu, zum Schluß bedankte sich der Ehemann, und dann fand »der Brautgriff« statt: die Braut durfte sich mit einem einzigen Griff so viele Münzen aus dem Sammelteller holen, wie sie nur fassen konnte. Das war dann ihr Besitz, der Rest gehörte demjenigen, der die Hochzeit ausgerichtet hatte. Wenn die Brautleute nicht in diesem Dorf wohnten, wurden sie nun von der ganzen Gesellschaft nach Hause begleitet.

Das Handgeld: Da geht es auch um einen kleinen persönlichen Geldvorrat für die Braut. Der Freier besucht mit den Brauteltern die künftigen Schwiegereltern, um das Verlöbnis zu bestätigen. Zum Abschied drückt er dem Mädchen einen Glückstaler in die Hand. Diese Münze wird von der Braut sorgfältig für die höchste Not aufgehoben. Oft taucht dabei die Dreizahl, die Glückszahl auf: es sind drei Taler oder drei Goldstücke oder drei verschiedene Münzen oder drei Ringe.

Hochzeit

Der Brautrocken ist in Thüringen im Laufe der ersten Ehewoche abgehalten worden. Dabei wanderte die Braut mit einer Freundin zu allen Nachbarn, wurde überall freundlich empfangen und bewirtet und bekam Flachs für ihren Rocken, Töpfe und Teller, selbstgeschnitzte Holzlöffel und was man sonst für Küche und Hausstand braucht. In manchen Gegenden bringen die Nachbarn am Hühnerabend so viele Dinge für den neuen Haushalt, daß die jungen Leute von den Linsen und Bohnen, dem Eingemachten und dem Mehl gut ein halbes Jahr lang auskommen können.

Der Brautmaien ist in der Woche nach der Hochzeit in Schwaben für die Braut aufgeputzt worden: das war ein kleiner Tannenbaum, der über und über mit Stoffbeuteln behängt wurde, in denen haltbare Lebensmittel steckten. Auch das war ein Vorrat oft für ein halbes Jahr.

Der Frauennachmittag: Eine Hochzeit dauerte früher auf dem Land mehrere Tage, weil sich – wie auch heute – die Familie von weit und nah versammelte und dieses Treffen auch genießen wollte. Innerhalb dieses Generationen-Festes anläßlich der Familienvergrößerung gab es immer Veranstaltungen für bestimmte Gruppen. So trafen sich in der Ostschweiz am Nachmittag des Tages nach der Hochzeit alle Frauen der Familie zum Hochzeitskaffee.

Dankessen: Acht Tage nach der Hochzeit sind die frischgebackenen Eheleute bei den Eltern der Braut zum Essen eingeladen, auch wenn diese im Nachbardorf wohnen, und bedanken sich für alles Liebe und Gute, das die junge Frau in ihrem Leben von ihnen empfangen hat.

Pferd- und Kuhnehmen: Bei dieser Gelegenheit wurde im Alten Land das junge Paar mit dem ersten Vieh versorgt: am Sonntag nach der Hochzeit besuchte das junge Paar die Eltern der Braut nach der Kirche. Der Brautvater durfte sich sein bestes Pferd und die beste Kuh beiseite führen, dann stellte er dem Schwiegersohn frei, sich von den übrigen je ein Tier auszusuchen.

Tod und Beerdigung

Weiß ist die ursprüngliche Todesfarbe in vielen Sagen und Märchen und auch im Volksbrauch, weil, wie es Forscher interpretieren, der Nebel das Element der Geister und des Todes ist: weiße Frauen geistern in Schlössern und Burgen, Gevatter Tod wird im weißen Gewand dargestellt, in Tirol ist der weiße Hirsch der Todesbote, und nach Abraham a Santa Clara reitet der Teufel auf einem Schimmel und sammelt die armen Seelen ein.
In manchen Alpengegenden war Weiß die Farbe der Trauerkleidung, und noch heute sind weiße Blumen für viele unheimlich, weil man früher glaubte, sie lockten den Tod ins Haus.

Den Sterbewein hielten die Winzer früher im Rheingau für ihre Todesstunde bereit. Es war meist ein alter Wein, »der Tote zum Leben erwecken sollte«. Das knüpft an einen Brauch an, der im Mittelalter und bis zum Ende des 18. Jahrhunderts allgemein üblich war: man reichte dem Sterbenden einen Schluck Wein, die sogenannte Johannisminne, ein Wein, der dem Heiligen Johannes geweiht war und der eine kirchliche Segnung darstellte. Der Wein gehörte aber auch zum Aberglauben: das Sterbebett war nach mittelalterlicher Auffassung von Dämonen umlagert, die der Wein vertreiben kann.

Die Familie versuchte, dem Sterbenden den Übergang zum anderen Dasein zu erleichtern: man hat das Fenster aufgemacht oder einen Ziegel vom Dach abgehoben, damit die Seele nicht hängen bleibt und zum Himmel ziehen kann. Ein sterbendes Kind hat man im Erzgebirge mit dem Brautkleid der Mutter bedeckt, und in Tirol bekommt die

Ruhe
in Frieden
Friede
seiner Asche
Ihr Eltern laßt mich fort,
Mich heißt Jesus kommen
Verwehrt mir nicht den Ort,
Da ich wert aufgenommen,
Ich gehe aus den Leiden,
Und komm zu Himmelsfreuden.

Braut auf dem Weg zur Kirche als letztes Abschiedsgeschenk aus dem Elternhaus von der Mutter ein Tränentuch überreicht, ein reich besticktes Taschentuch, mit dem die Braut während der Trauung die Tränen abtupft, und das der Toten, hoffentlich Jahrzehnte später, auf die geschlossenen Augen gelegt wird.

Das Gebot der Stille herrscht im Sterbehaus, deshalb soll man auch Weinen und lautes Klagen unterdrücken.

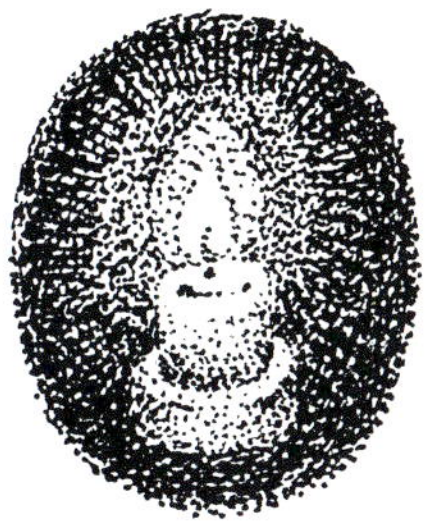

Kerzen werden neben den Sterbenden angezündet, die Taufkerze, die Kommunionskerze, die Lichtmeßkerze oder eine dicke rote Wachskerze. Das Licht ruft den Segen herbei und trägt die Gebete der Familie in den Himmel. In der Schweiz zündet man dem Toten eine Öllampe an, die dreißig Tage und Nächte ununterbrochen neben dem Kruzifix brennen soll.

Wasser besitzt eine ähnliche läuternde und belebende Kraft und weist Dämonen ab. Deshalb wird der Sterbende mit Weihwasser besprengt, weil es wie das Taufwasser die Sünden abwäscht, und aus dem gleichen Grund wird die Leiche gewaschen.

Auge und Mund werden den Toten auch heute noch geschlossen, obgleich der ursprüngliche Grund für diese Geste in Vergessenheit geraten ist: man glaubte, daß der Blick des Toten den nach sich ziehen könnte, den er traf. Deshalb hat man den Toten in manchen Gegenden je ein Geldstück auf die Augen gelegt oder die Augen mit einem Tuch bedeckt.
Das Kinn wird mit einem Tuch festgebunden, so daß der Mund geschlossen ist, oder das Gesangsbuch oder die Bibel wird so unter das Kinn gelegt, daß der Mund geschlossen bleibt. Auch dahinter steht der Aberglaube, der Tote könne mit seinem offenen Mund einen Lebenden zu sich rufen und nachziehen. Außerdem glaubte man, daß dem Sterbenden die Seele durch den Mund entweiche und schloß daraus, daß sie auch durch den offenstehenden Mund in den Körper zurückkehren könne. Das aber machte den Toten zu einem Wiedergänger, den man für einen gefährlichen und schrecklichen Ungeist hielt.

Die Uhr anhalten: Das hat die Familie getan, weil die Uhr das Zeichen der Zeit ist, aus der der Tote in die zeitlose Ewigkeit gerufen worden ist. Die angehaltene Uhr zeigt, daß die Lebenszeit abgelaufen ist, und verhindert, daß die arme Seele ruhelos weiter umherirren muß.

Der Spiegel wird verhängt, damit sich die Seele leichter aus dem irdischen Leben lösen kann. Der Spiegel wurde als ein Werkzeug des Teufels betrachtet, er hängt mit der irdischen Eitelkeit zusammen und man nimmt dem Bösen die Macht, wenn man sein Werkzeug verhängt.
In manchen Gegenden wird der Spiegel verhängt, weil man annimmt, er sei der Sitz der Totengeister.

Foto linke Seite: Totenbretter

Register

Bildquellen

Akademie der Bildenden Künste, Wien: S. 375.
Amerikahaus, München: S. 193, 264, 295, 296.
Archiv für Kunst und Geschichte, Berlin: S. 262.
Baader Planetarium KG, Mammendorf: S. 137.
Bayerische Staatsbibliothek, München: S. 11, 89, 99, 174, 315.
Bayerische Staatsgemäldesammlungen, München: S. 27, 160, 190, 195, 250, 312, 387, 391.
„Bayerischer Heimatbund", Landesstelle für Volkskunde, München: S. 15, 32 (Foto: Bruno Kerschner), 67, 119 (Foto: Bruno Kerschner), 314, 400.
Bayerisches Nationalmuseum, München: S. 38, 280, 390.
Dr. Franz Brändl, München: S. 17, 25, 37, 138, 139, 155, 212, 306, 332.
Braith-Mali-Museum, Biberach an der Riß: S. 57, 173, 200.
Birgit Braun, Weingarten: S. 84.
British Tourist Authority, London: S. 143, 277, 337.
Aus: Franz Joseph Bronner, Von deutscher Sitte und Art. München, 1908: S. 10, 26, 77, 186.
Bruckmann Bildarchiv, München: S. 39, 96, 150, 192, 196, 215, 234, 259, 305, 382, 399, 408, 411.
Aus: Georg Buschan, Das deutsche Volk in Sitte und Brauch. Stuttgart, 1922: S. 313, 412, 414.
Aus: Bilder von Defregger, Geschichten von Rosegger. Wien, 1880: S. 197.
Dover Publications, New York, aus: Joseph Crawhall, Quaint Cuts in the Chap Book Style. New York, 1974: S. 276, 363, 376 und aus: Old Christmas, from the Sketch Book of Washington Irving, 1875: S. 324, 342, 353, 362.
Germanisches Nationalmuseum, Nürnberg: S. 179, 203, 268.
Erika Groth-Schmachtenberger, Murnau: S. 31, 105, 148, 151, 166, 172, 211.
Verlag Gruner + Jahr, Hamburg: S. 285 (Foto: Rudolf Nüttgens).
Hamburger Kunsthalle: S. 91, 398.
Klaus Hansmann, Stockdorf: S. 141.
Harrogate Art Gallery: S. 397.
Peter Heman, Basel: S. 69.
Hirschsprungsche Sammlung, Kopenhagen: S. 360.
KNA-Pressebild, Frankfurt: S. 302.
Kunstmuseum Bern (aus Privatbesitz): S. 41, 101, 177, 243.
Landesbildstelle Baden, Karlsruhe: S. 46, 198, 260.
Verlag Karl Robert Langewiesche Nachf., Königstein: aus: Ludwig Richter, Die gute Einkehr. Königstein und Leipzig, 1928: S. 83, 134.
Klaus Lehmann, Seulbitz: S. 153, 162.
Rupert Leser, Bad Waldsee: S. 53, 61, 65, 97, 133, 146, 205, 216, 241, 265, 377, 406.
Leykam AG, Kalenderverlag, Graz, aus: Alter Bauernkalender für das Schaltjahr 1980 (Steirischer „Mandelkalender"): S. 19, 20, 222/23.
Heinz Moos Verlag, München: Aus: Toni Roth Greifenberg, Max Raffler. München, 1969: S. 278.
Münchner Stadtmuseum: S. 258, 343.
Musée Cantonal des Beaux Arts, Lausanne: S. 381.
Aus: F. Nork, Der Festkalender. Stuttgart, 1847: S. 52, 100.
Österreichische Galerie, Wien: S. 165.
Österreichische Nationalbibliothek, Wien: S. 70, 187, 228, 310.
Orell Füssli Verlag, Zürich, aus: M. Wolgensinger/W. Baumann, Folklore Schweiz. Zürich, 1979: S. 252 (Foto: M. Wolgensinger).
Fernand Rausser, Bolligen bei Bern: S. 110.
Aus: Otto Frhr. von Reinsberg-Düringsfeld, Das festliche Jahr. Leipzig, 1898: S. 30, 158, 231, 307, 308, 367, 374.
Residenz Verlag, Salzburg, aus: Klaus Beitl, Volksglaube. Salzburg, 1978: S. 424.
Rheinisches Landesmuseum, Bonn: S. 92.
Schleswig-Holsteinisches Landesmuseum, Schleswig: S. 180.
Schweizer Verkehrsbüro, Frankfurt: S. 287.
Schweizerische Verkehrszentrale, Zürich: S. 81, 248.
Christian Schwizgebel, Gstaad/Schweiz, aus: Christian Rubi, Scherenschnitte aus hundert Jahren. Bern, 1959, Verlag Hans Huber: S. 163.
Staatliche Graphische Sammlung, München: S. 55, 79, 93, 159, 237, 317.
Staatliche Kunsthalle, Karlsruhe: S. 24, 185, 298.
Staatliche Museen Preußischer Kulturbesitz, Berlin: S. 214 (Kupferstichkabinett, Sammlung der Zeichnungen), 318.
Stadtbibliothek Memmingen: S. 213.
Stadtbibliothek Nürnberg, Fotos: Armin Schmidt: S. 60, 303.
Städelsches Kunstinstitut, Frankfurt: S. 219.
Städtisches Museum, Flensburg: S. 210.
Stoja Kunstverlag, Nürnberg: S. 357.
Süddeutscher Verlag, Bildarchiv, München: S. 246 (Foto: Horst Bach), 405 (Foto: Hans Bittner).
Heinrich Täuber: S. 401.
Aus: Wilhelm Theopold, Votivmalerei und Medizin. München, 1977, Verlag Karl Thiemig: S. 48, 224.
Aus der Zeitschrift „Über Land und Meer": S. 127, 236, 293, 417.
Universität Marburg, Bildarchiv des Forschungsinstituts für Kunstgeschichte: S. 351.
Universitätsbibliothek Würzburg, aus: Heinrich Pfister, Handbuch der vorzüglichsten Denk- und Merkwürdigkeiten der Stadt Nürnberg, 1830: S. 54.
Hannelore Wernhard, München: S. 115, 121, 124, 126, 129 (Foto: Marianne Beil), 208, 272, 322, 327, 394.
Georg Westermann Verlag, Werkarchiv: S. 341, 365.
Westfälisches Landesmuseum für Kunst und Kulturgeschichte, Münster: S. 168.
Württembergisches Landesamt für Denkmalpflege, Stuttgart: S. 64.
Württembergisches Landesmuseum, Stuttgart, J. F. Schreiber Archiv: S. 288.
Alle anderen Illustrationen von Hannelore Wernhard, München, außer S. 12, 16, 33, 49, 51, 59, 106, 113, 142, 161, 188, 256, 300, 333, 366, 373.

Textnachweis:
Atrium Verlag, Zürich: Gedicht von Erich Kästner, Der dreizehnte Monat: S. 378.